여러분의 합격을 응원하는

해커스공무원의 특별 혜택

FREE 공무원 국어 특강

해커스공무원(gosi.Hackers.com) 접속 후 로그인 ▶
상단의 [무료강좌] 클릭 ▶ 좌측의 [교재 무료특강] 클릭

필수 어휘암기장 (PDF)

해커스공무원(gosi.Hackers.com) 접속 후 로그인 ▶
상단의 [교재·서점 → 무료 학습 자료] 클릭 ▶
본 교재의 [자료받기] 클릭

합격예측 모의고사 응시권 + 해설강의 수강권

86633A383D4FCBKL

해커스공무원(gosi.Hackers.com) 접속 후 로그인 ▶
상단의 [나의 강의실] 클릭 ▶ 좌측의 [쿠폰등록] 클릭 ▶
위 쿠폰번호 입력 후 이용

* 쿠폰 등록 후 7일간 사용 가능(ID당 1회에 한해 등록 가능)

해커스 매일국어 어플 이용권

D2EKJRUH2KS95S15

구글 플레이스토어/애플 앱스토어에서 [해커스 매일국어] 검색 ▶
어플 다운로드 ▶ 어플 이용 시 노출되는 쿠폰 입력란 클릭 ▶
쿠폰번호 입력 후 이용

* 쿠폰 등록 후 30일간 사용 가능(ID당 1회에 한해 등록 가능)
* 해당 자료는 [해커스공무원 국어 기본서] 교재 내용으로 제공되는 자료로,
공무원 시험에 도움이 되는 유용한 자료입니다.

해커스공무원 온라인 단과강의 20% 할인쿠폰

9E592AB5764B7297

해커스공무원(gosi.Hackers.com) 접속 후 로그인 ▶
상단의 [나의 강의실] 클릭 ▶ 좌측의 [쿠폰등록] 클릭 ▶
위 쿠폰번호 입력 후 이용

* 쿠폰 등록 후 7일간 사용 가능(ID당 1회에 한해 등록 가능)

해커스 회독증강 콘텐츠 5만원 할인쿠폰

B798D4B5DEB4D64C

해커스공무원(gosi.Hackers.com) 접속 후 로그인 ▶
상단의 [나의 강의실] 클릭 ▶ 좌측의 [쿠폰등록] 클릭 ▶
위 쿠폰번호 입력 후 이용

* 쿠폰 등록 후 7일간 사용 가능(ID당 1회에 한해 등록 가능)
* 특별 할인상품 적용 불가
* 월간 학습지 회독증강 행정학/행정법총론 개별상품은 할인쿠폰 할인대상에서 제외

무료 모바일 자동 채점 + 성적 분석 서비스

교재 내 수록되어 있는 문제의 채점 및 성적 분석 서비스를 제공합니다.

* 세부적인 내용은 해커스공무원(gosi.Hackers.com)에서 확인 가능합니다.

바로 이용하기 ▶

쿠폰 이용 관련 문의 **1588-4055**

단기 합격을 위한 해커스 커리큘럼

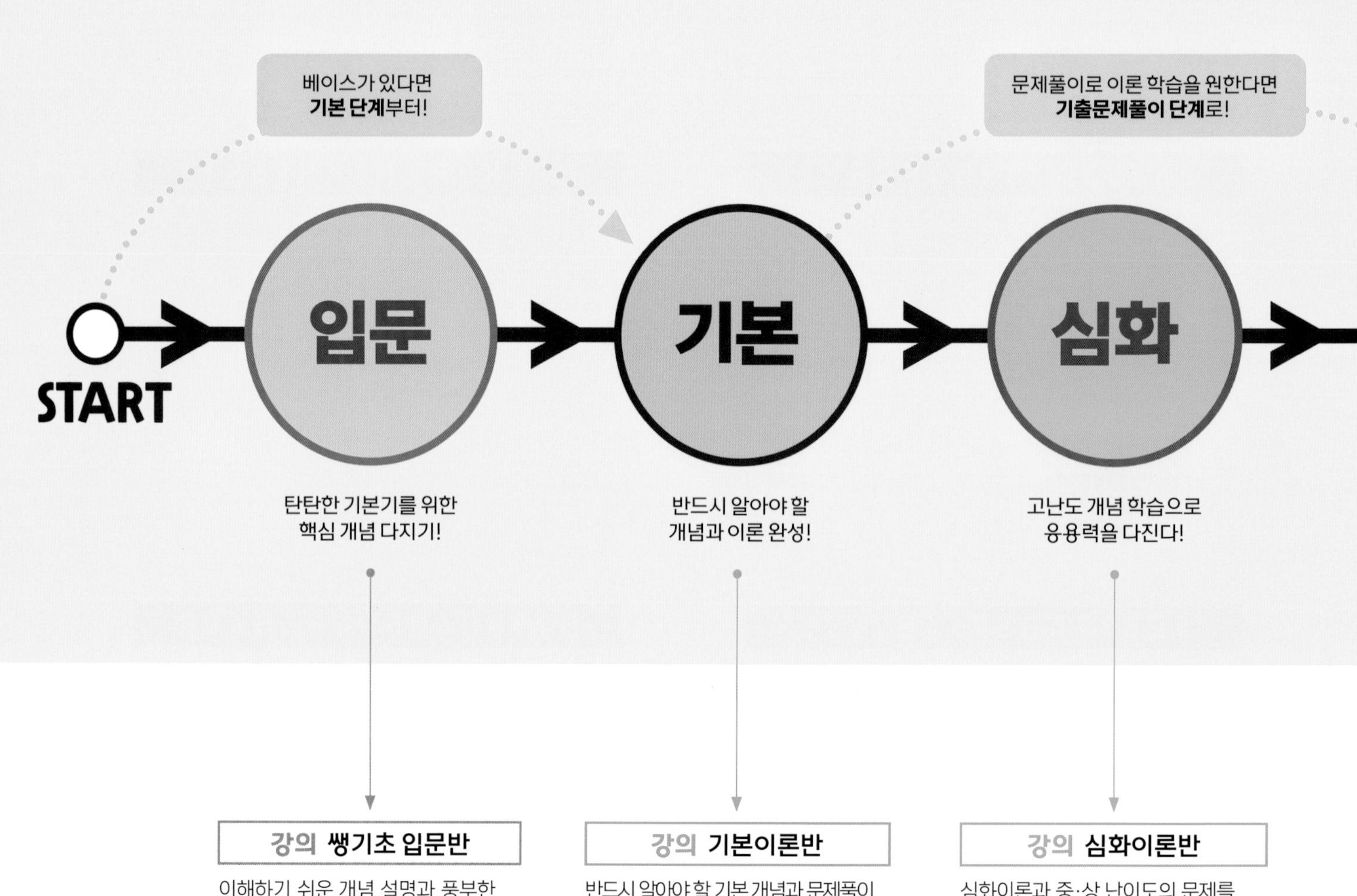

강의 쌩기초 입문반

이해하기 쉬운 개념 설명과 풍부한 연습문제 풀이로 부담 없이 기초를 다질 수 있는 강의

강의 기본이론반

반드시 알아야 할 기본 개념과 문제풀이 전략을 학습하여 핵심 개념 정리를 완성하는 강의

강의 심화이론반

심화이론과 중·상 난이도의 문제를 함께 학습하여 고득점을 위한 발판을 마련하는 강의

단계별 교재 확인 및
수강신청은 여기서!

gosi.Hackers.com

* 커리큘럼은 과목별·선생님별로 상이할 수 있으며, 자세한 내용은 해커스공무원 사이트에서 확인하세요.

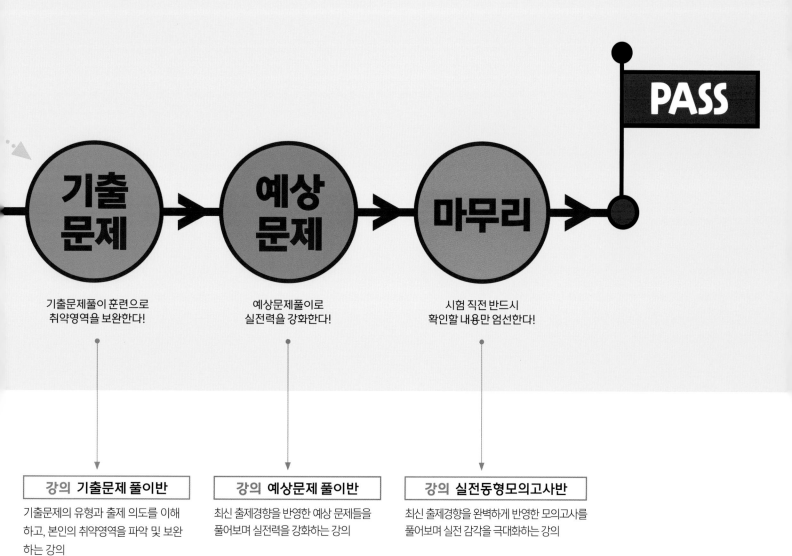

기출문제 → 예상문제 → 마무리 → PASS

기출문제

기출문제풀이 훈련으로
취약영역을 보완한다!

강의 기출문제 풀이반

기출문제의 유형과 출제 의도를 이해하고, 본인의 취약영역을 파악 및 보완하는 강의

예상문제

예상문제풀이로
실전력을 강화한다!

강의 예상문제 풀이반

최신 출제경향을 반영한 예상 문제들을 풀어보며 실전력을 강화하는 강의

마무리

시험 직전 반드시
확인할 내용만 엄선한다!

강의 실전동형모의고사반

최신 출제경향을 완벽하게 반영한 모의고사를 풀어보며 실전 감각을 극대화하는 강의

강의 봉투모의고사반

시험 직전에 실제 시험과 동일한 형태의
모의고사를 풀어보며 실전력을 완성하는 강의

나의 목표 달성기

나의 목표 점수	나의 학습 플랜
____________ 점	□ 막판 2주 학습 플랜 □ 막판 1주 학습 플랜 * 일 단위의 상세 학습 플랜은 p. 10에 있습니다.

각 모의고사를 마친 후 해당 모의고사의 점수를 아래 그래프에 ●로 표시하여 본인의 점수 변화를 직접 확인해 보세요.

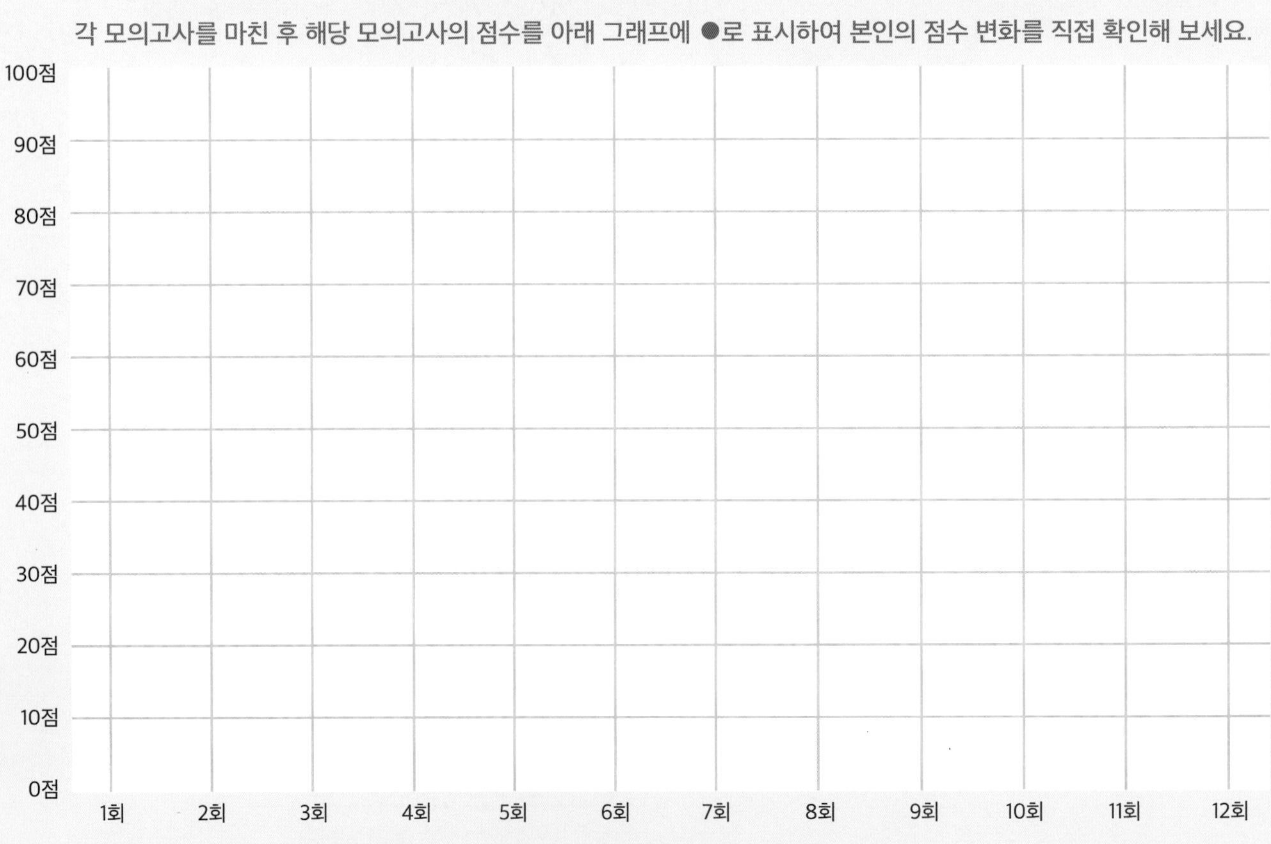

해커스공무원
실전동형 모의고사
국어 1

해커스공무원

"공무원 시험 책을 처음 펼쳤던 날을 기억하시나요?"

공무원 시험 준비를 하면서
때로는 커다란 벽에 부딪혀 앞이 캄캄해졌던 때도 있었을 겁니다.
또 때로는 그 벽 앞에 주저앉아 포기하고 싶었던 때도 있었을 겁니다.

하지만, 기억하시나요?
새로운 도전에 대한 떨림과 각오로 책을 처음 펼쳤던 날.

이제 그 도전의 결실을 맺을 순간을 앞두고 있습니다.
합격의 길, 마지막까지 해커스가 함께하겠습니다.

최신 출제 경향을 완벽 반영하여 적중률을 높인 12회분의 모의고사와
교재에 수록된 필수 어휘와 표현 암기를 위한 <필수 어휘암기장>까지

「해커스공무원 실전동형모의고사 국어 1」로 함께하세요.

공무원 시험 합격을 위한 여정,
해커스 공무원시험연구소가 함께합니다!

: 목차

실전동형모의고사 문제집

약점 보완 해설집 [책 속의 책]

OMR 답안지 [부록]

필수 어휘암기장 [PDF]

해커스공무원(gosi.Hackers.com) 접속 후 로그인 ▶ 상단의 [교재·서점 → 무료학습자료] 클릭 ▶ 본 교재의 [자료받기] 클릭하여 이용

: 합격으로 이끄는 이 책의 특징과 구성

실전을 그대로 보여 주는 동형모의고사 수록!

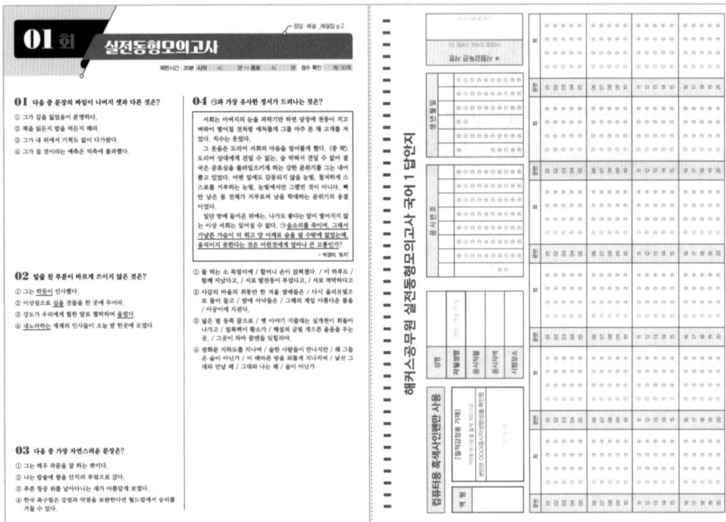

① 공무원 국어 시험 경향을 완벽 반영한 실전동형모의고사 12회분 수록

실제 공무원 국어 시험과 동일한 문제 유형과 영역별 문항 수로 구성된 실전동형모의고사 12회분을 제공하여 실전 감각을 극대화하고 실전 대비를 보다 철저히 할 수 있게 하였습니다.

② 제한시간 제시 및 답안지 제공

모의고사 1회분의 풀이 제한시간(20분)을 제시하고, 제한시간 안에 문제를 풀면서 답안 체크까지 할 수 있도록 OMR 답안지를 제공하였습니다. 이를 통해 시간 안배 연습을 효율적으로 할 수 있습니다.

한 문제를 풀어도 진짜 실력이 되게 해 주는 상세한 해설 제공!

① 정답표 및 취약영역 분석표

모든 문제의 영역이 표시된 정답표를 제공하여, 맞거나 틀린 문제의 영역을 바로 확인할 수 있습니다. 또한 취약영역 분석표를 통해 자신의 약점을 진단하고 취약영역을 집중 보완할 수 있도록 하였습니다.

② 정답 설명·오답 분석

모든 문제에 정확한 정답 설명과 오답 분석을 제공하였습니다.

③ 지문 풀이

한문 문장이나 고전 문학 작품의 현대어 풀이를 수록하여 학습이 용이하며, 지문에 대한 이해도를 높일 수 있습니다.

④ 이것도 알면 합격!

출제 포인트 및 문제와 관련해 반복 출제될 가능성이 높은 핵심 이론을 정리하여, 만점 달성에 필요한 심화 학습을 할 수 있도록 하였습니다.

어휘 암기까지 확실하게 책임지는 학습 구성!

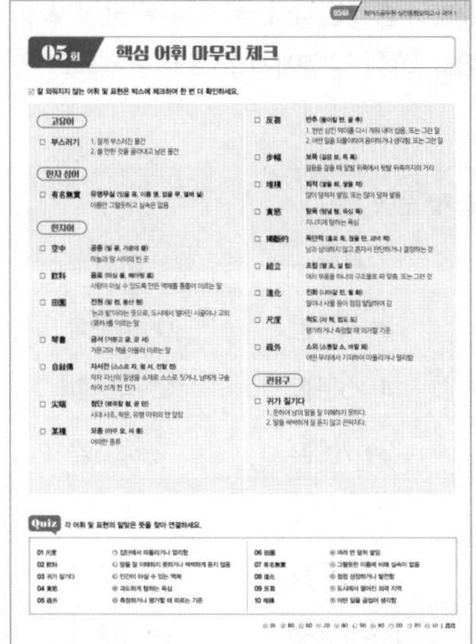

① 핵심 어휘 마무리 체크

매 회 모의고사에 나온 고유어, 한자 성어, 한자어, 속담, 관용구 등을 따로 정리하여 모의고사를 푼 후에 중요한 어휘와 표현을 다시 한 번 복습하며 암기할 수 있도록 하였습니다. 또한 어휘 리스트 하단에 암기 여부를 확인할 수 있는 퀴즈가 함께 제공되므로 시험 전 마무리 학습용으로도 활용할 수 있습니다.

② 온라인 무료 〈필수 어휘암기장〉 제공

해커스공무원 사이트(gosi.Hackers.com)에서 교재에 수록된 필수 어휘를 모은 〈필수 어휘암기장〉 PDF를 무료로 제공합니다. 이를 통해 반드시 알아 두어야 할 어휘와 표현을 편리하게 복습하고 암기할 수 있습니다.

목표 점수 달성을 위한 특별 구성!

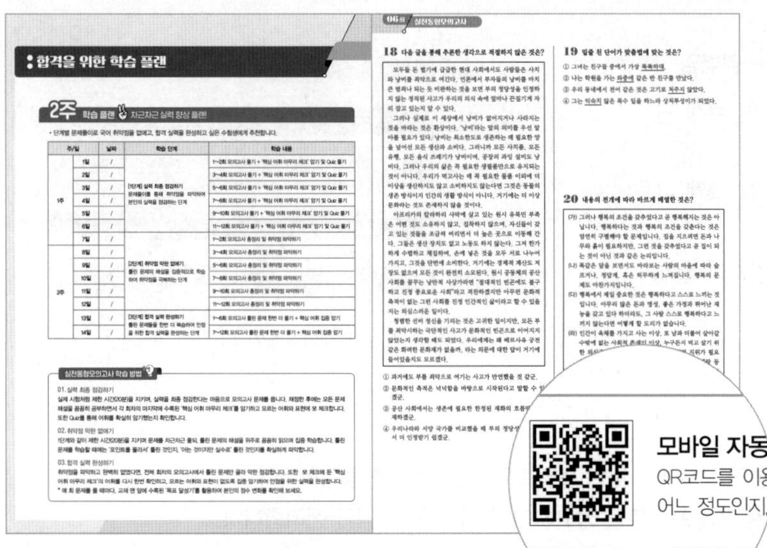

① 학습 플랜

12회분 모의고사를 2주 동안 풀 수 있도록 구성한 막판 2주 학습 플랜과, 시험 직전 단기간에 문제풀이를 끝낼 수 있는 막판 1주 학습 플랜을 제공하였습니다.

② 모바일 자동 채점 + 성적 분석 서비스

모의고사 문제풀이 직후 문제집 각 회차마다 수록된 QR코드를 이용하여 채점 결과를 확인할 수 있으며, 성적 분석 서비스를 통해 나의 취약점과 현재 위치를 점검할 수 있습니다.

최신 출제 경향과 학습 전략

공무원 국어 시험 출제 영역

공무원 국어 시험은 보통 20~25문항으로 구성되며, 크게 4개 영역(어법, 비문학, 문학, 어휘)에서 출제됩니다. 국가직·지방직·서울시·국회직 시험은 평균적으로 어법 영역에서 31%, 비문학 영역에서 38%, 문학 영역에서 28%, 어휘 영역에서 10%가 출제되고 있으며, 법원직은 48% 이상이 문학에서 출제되고 있습니다.

시험 구분	총 문항 수	영역별 출제 문항 수			
		어법	비문학	문학	어휘
국가직 9급	총 20문항	2~4문항	8~12문항	3~6문항	0~4문항
지방직 7/9급	총 20문항	1~6문항	8~11문항	4~5문항	2~4문항
서울시 9급	총 20문항	8~11문항	1~5문항	3~7문항	1~2문항
국회직 8급	총 25문항	8~11문항	7~12문항	2~3문항	1~4문항
국회직 9급	총 20문항	6~7문항	6문항	5~6문항	1~2문항
법원직 9급	총 25문항	3~10문항	5~10문항	8~16문항	0~1문항

영역별 최신 출제 경향 및 학습 전략

1. 어법

최신 출제 경향

- 국가직·지방직·서울시에서 꾸준히 출제되는 영역임
- 이론 문법 중 필수 문법의 출제 비중이 가장 크게 나타남
- 국어 규범 중 어문 규정의 출제 비중이 가장 크게 나타남
- 국어의 특질과 같은 내용을 다루는 언어 일반의 출제 비율이 줄어들고 있는 추세임

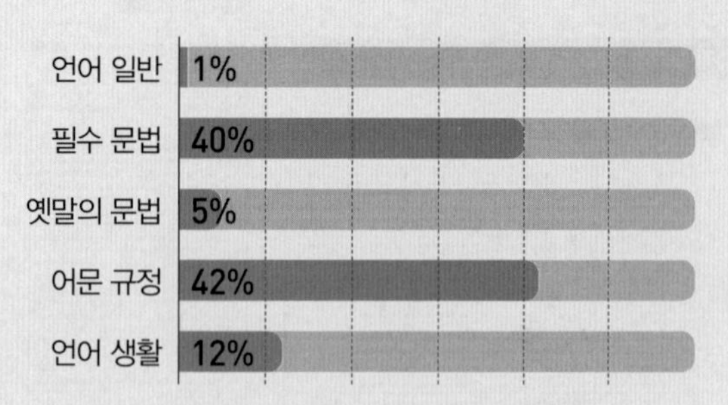

[최근 5개년 어법 문제 유형별 출제 비율]

학습 전략

① 틀린 문제는 반드시 정답 설명과 오답 분석을 통해 문제에서 묻는 포인트와 틀린 이유를 점검합니다.
② 약점 보완 해설집의 '이것도 알면 합격'에 제시된 어법 포인트를 참고하여, 주요 어법 개념을 정리합니다.
③ 복습 시에는 혼동됐던 어법 포인트 위주로 반복 학습하여 취약 부분을 보완합니다.

2. 비문학 · 문학

최신 출제 경향

- 비문학 영역은 점점 출제 비중이 높아지고 있는 추세임
- 비문학 영역에서는 사실적 독해와 추론 및 비판적 독해 모두 상당한 비율로 출제됨
- 사실적 독해 중 세부 내용 파악의 출제 비중이 가장 크게 나타남
- 추론 및 비판적 독해 중 내용 추론의 출제 비중이 가장 크게 나타남
- 문학 영역에서는 운문·산문 문학 작품을 여러 관점으로 감상하고 분석하는 독해 문제의 출제 비중이 가장 크게 나타남

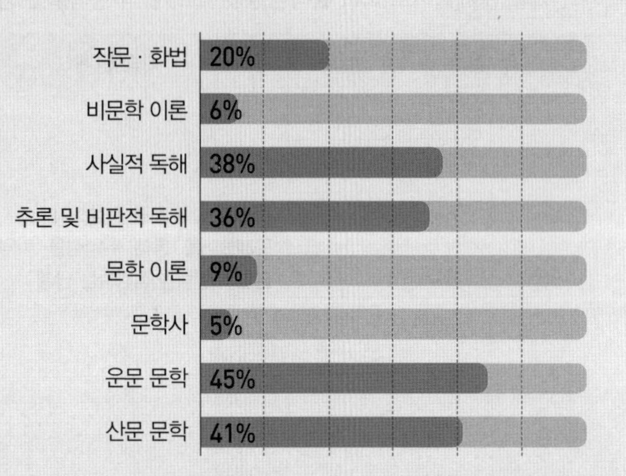

[최근 5개년 비문학 · 문학 문제 유형별 출제 비율]

학습 전략

① 제시문에서 언급된 내용과의 일치 여부를 빠르게 파악하고 이해할 수 있도록 연습합니다.
② 낯선 작품이 출제되어도 당황하지 않도록 다양한 작품의 문제를 많이 풀어 보아야 합니다.
③ 제시문의 길이가 길어지고 있으므로, 회차마다 시작 시각과 종료 시각을 기록하여 문제풀이 시간을 단축하는 연습을 합니다.

3. 어휘

최신 출제 경향

- 한자 성어, 한자어와 고유어가 모두 높은 비율로 출제됨
- 한자 성어의 경우 기출된 어휘가 반복 출제되기도 하며 최근에는 독음 없이 출제되는 추세임
- 한자어와 고유어에서는 한자어의 출제 비중이 높은 편이며 한자어의 표기를 묻거나 한자어의 독음을 묻는 문제가 주로 출제됨

[최근 5개년 어휘 문제 유형별 출제 비율]

학습 전략

① 매 회 모의고사에 수록된 어휘를 정리한 '핵심 어휘 마무리 체크'를 통해 주요 어휘를 완벽하게 암기합니다.
② 해커스공무원 사이트(gosi.Hackers.com)에서 무료로 제공하는 〈필수 어휘암기장〉 PDF를 활용하여 실전동형모의고사에 출제된 어휘를 반복 학습합니다.

합격을 위한 학습 플랜

2주 학습 플랜 차근차근 실력 향상 플랜!

• 단계별 문제풀이로 국어 취약점을 없애고, 합격 실력을 완성하고 싶은 수험생에게 추천합니다.

주/일		날짜	학습 단계	학습 내용
1주	1일	/	[1단계] 실력 최종 점검하기 문제풀이를 통해 취약점을 파악하여 본인의 실력을 점검하는 단계	1~2회 모의고사 풀기 + '핵심 어휘 마무리 체크' 암기 및 Quiz 풀기
	2일	/		3~4회 모의고사 풀기 + '핵심 어휘 마무리 체크' 암기 및 Quiz 풀기
	3일	/		5~6회 모의고사 풀기 + '핵심 어휘 마무리 체크' 암기 및 Quiz 풀기
	4일	/		7~8회 모의고사 풀기 + '핵심 어휘 마무리 체크' 암기 및 Quiz 풀기
	5일	/		9~10회 모의고사 풀기 + '핵심 어휘 마무리 체크' 암기 및 Quiz 풀기
	6일	/		11~12회 모의고사 풀기 + '핵심 어휘 마무리 체크' 암기 및 Quiz 풀기
	7일	/	[2단계] 취약점 막판 없애기 틀린 문제의 해설을 집중적으로 학습하여 취약점을 극복하는 단계	1~2회 모의고사 총정리 및 취약점 파악하기
2주	8일	/		3~4회 모의고사 총정리 및 취약점 파악하기
	9일	/		5~6회 모의고사 총정리 및 취약점 파악하기
	10일	/		7~8회 모의고사 총정리 및 취약점 파악하기
	11일	/		9~10회 모의고사 총정리 및 취약점 파악하기
	12일	/		11~12회 모의고사 총정리 및 취약점 파악하기
	13일	/	[3단계] 합격 실력 완성하기 틀린 문제들을 한번 더 복습하여 만점을 위한 합격 실력을 완성하는 단계	1~6회 모의고사 틀린 문제 한번 더 풀기 + 핵심 어휘 집중 암기
	14일	/		7~12회 모의고사 틀린 문제 한번 더 풀기 + 핵심 어휘 집중 암기

실전동형모의고사 학습 방법

01. 실력 최종 점검하기

실제 시험처럼 제한 시간(20분)을 지키며, 실력을 최종 점검한다는 마음으로 모의고사 문제를 풉니다. 채점한 후에는 모든 문제 해설을 꼼꼼히 공부하면서 각 회차의 마지막에 수록된 '핵심 어휘 마무리 체크'를 암기하고 모르는 어휘와 표현에 ☑ 체크합니다. 또한 Quiz를 통해 어휘를 확실히 암기했는지 확인합니다.

02. 취약점 막판 없애기

1단계와 같이 제한 시간(20분)을 지키며 문제를 차근차근 풀되, 틀린 문제의 해설을 위주로 꼼꼼히 읽으며 집중 학습합니다. 틀린 문제를 학습할 때에는 '포인트를 몰라서' 틀린 것인지, '아는 것이지만 실수로' 틀린 것인지를 확실하게 파악합니다.

03. 합격 실력 완성하기

취약점을 파악하고 완벽히 없앴다면, 전체 회차의 모의고사에서 틀린 문제만 골라 막판 점검합니다. 또한 ☑ 체크해 둔 '핵심 어휘 마무리 체크'의 어휘를 다시 한번 확인하고, 모르는 어휘와 표현이 없도록 집중 암기하여 만점을 위한 실력을 완성합니다.

* 매 회 문제를 풀 때마다, 교재 맨 앞에 수록된 '목표 달성기'를 활용하여 본인의 점수 변화를 확인해 보세요.

1주 학습 플랜 단기 실력 완성 플랜!

• 시험 직전 막판 1주 동안 문제풀이에 집중하여, 실전 감각을 극대화하고 싶은 수험생에게 추천합니다.

주/일		날짜	학습 내용
1주	1일	/	1~3회 모의고사 풀기 ① 모의고사를 풀고 해설을 꼼꼼히 학습하기 ② '핵심 어휘 마무리 체크' 암기 및 Quiz 풀기
	2일	/	4~6회 모의고사 풀기 ① 모의고사를 풀고 해설을 꼼꼼히 학습하기 ② '핵심 어휘 마무리 체크' 암기 및 Quiz 풀기
	3일	/	**1~6회 모의고사 총정리하기**
	4일	/	7~9회 모의고사 풀기 ① 모의고사를 풀고 해설을 꼼꼼히 학습하기 ② '핵심 어휘 마무리 체크' 암기 및 Quiz 풀기
	5일	/	10~12회 모의고사 풀기 ① 모의고사를 풀고 해설을 꼼꼼히 학습하기 ② '핵심 어휘 마무리 체크' 암기 및 Quiz 풀기
	6일	/	**7~12회 모의고사 총정리하기**
	7일	/	**시험 직전 막판 점검하기** ① 1~12회 모의고사 틀린 문제 한번 더 풀기 ② '핵심 어휘 마무리 체크' 집중 암기

실전동형모의고사 학습 방법

01. 각 회차 모의고사를 풀고 '핵심 어휘 마무리 체크' 암기 및 Quiz 풀기

(1) 모의고사를 풀고 해설 학습하기

① 실제 시험처럼 제한 시간(20분)을 지키며 모의고사 문제를 풉니다.

② 채점 후 틀린 문제를 중심으로 해설을 꼼꼼히 학습합니다. 해설을 학습할 때에는 틀린 문제에 나온 포인트를 정리하고 반복해서 암기함으로써 이후에 동일한 포인트의 문제를 틀리지 않도록 합니다. 또한 '이것도 알면 합격!'에서 제공하는 심화 개념까지 완벽히 암기합니다.

(2) '핵심 어휘 마무리 체크' 암기 및 Quiz 풀기

① 매 회 마지막에 수록된 '핵심 어휘 마무리 체크'를 철저하게 암기하고, 잘 외워지지 않는 어휘는 체크하여 반복 암기합니다.

② 암기 후에는 Quiz를 통해 어휘와 표현을 확실히 암기했는지 확인합니다.

02. 모의고사 총정리하기

(1) 틀린 문제를 풀어 보고, 반복해서 틀리는 문제는 해설의 정답 설명, 오답 분석을 다시 한 번 꼼꼼히 읽고 모르는 부분이 없을 때까지 확실히 학습합니다.

(2) '핵심 어휘 마무리 체크'에서 체크해 둔 어휘가 완벽하게 암기되었는지 확인합니다.

03. 시험 직전 막판 점검하기

시험 전날에는 전체 회차의 모의고사에서 틀린 문제만 골라 막판 점검합니다. 또한 ☑ 체크해 둔 '핵심 어휘 마무리 체크'의 어휘를 다시 한 번 확인하고, 모르는 어휘와 표현이 없도록 집중 암기하여 만점을 위한 실력을 완성합니다.

* 매 회 문제를 풀 때마다, 교재 맨 앞에 수록된 '목표 달성기'를 활용하여 본인의 점수 변화를 확인해 보세요.

합격으로 이끄는 공무원 국어 학습 전략!

* 최근 5개년 국가직 · 지방직 · 서울시 9급 시험 기준

어법

필수 문법을 완벽하게 정리한 후 어문 규정을 학습한다.

어법 영역은 음운, 단어, 문장 등의 필수 문법과 한글 맞춤법, 표준 발음법 등의 어문 규정에서 가장 많은 문제가 출제됩니다. 필수 문법과 어문 규정은 서로 연관되는 부분이 많으므로, 필수 문법을 통해 개념과 용어들을 완벽하게 정리한 후, 어문 규정의 내용을 학습하는 것이 효율적입니다.

비문학 · 문학

다양한 글과 작품을 반복적으로 접해 보아야 한다.

비문학 영역은 독해 문제의 출제 비중이, 문학 영역은 작품을 감상하는 능력을 묻는 문제의 비중이 가장 높습니다. 비문학은 독해 문제를 많이 풀어 보며 빠르고 정확한 독해 능력을 기르는 것이 중요하며, 문학은 다양한 문학 작품을 학습하여 올바르게 감상하고 문제에 적용할 수 있는 능력을 길러야 합니다.

어휘

한자 성어와 한자어를 꾸준히 암기해야 한다.

최근 공무원 국어 시험에서 한자 성어와 한자어 문제가 1문제씩 꾸준히 출제되었습니다. 어휘는 출제 범위가 넓고 반복 출제되므로, 매일 꾸준하게 기출 어휘를 외우고, 이후에 예상 어휘를 암기하는 방식으로 어휘량을 점차 늘려 나가야 합니다. 또한 독음 없이 출제되는 경우도 있으므로 한자의 음과 뜻을 모두 완벽하게 암기해야 합니다.

실전동형 모의고사

잠깐! 실전동형모의고사 전 확인사항

매 회 실전동형모의고사 풀이 전, 아래 상황을 점검하고 실전처럼 시험에 임하세요.

✔ 휴대전화는 전원을 꺼 주세요.

✔ 연필과 지우개를 준비하세요.

✔ 제한시간 20분 내 최대한 많은 문제를 정확하게 풀어 보세요.

01회 실전동형모의고사

정답 · 해설 _해설집 p.2

제한시간 : 20분 시작 시 분 ~ 종료 시 분 점수 확인 개/ 20개

01 다음 중 문장의 짜임이 나머지 셋과 다른 것은?

① 그가 길을 잃었음이 분명하다.
② 책을 읽든지 밥을 먹든지 해라.
③ 그가 내 뒤에서 기척도 없이 다가왔다.
④ 그가 질 것이라는 예측은 억측에 불과했다.

02 밑줄 친 부분이 바르게 쓰이지 않은 것은?

① 그는 깍듯이 인사했다.
② 이삿짐으로 실을 것들을 한 곳에 두어라.
③ 강도가 우리에게 험한 말로 협박하며 을렀다.
④ 내노라하는 재계의 인사들이 오늘 밤 한곳에 모였다.

03 다음 중 가장 자연스러운 문장은?

① 그는 매우 작문을 잘 하는 편이다.
② 나는 밥솥에 쌀을 안치러 부엌으로 갔다.
③ 푸른 창공 위를 날아다니는 새가 아름답게 보였다.
④ 한국 축구팀은 강점과 약점을 보완한다면 월드컵에서 승리를 거둘 수 있다.

04 ㉠과 가장 유사한 정서가 드러나는 것은?

> 서희는 아버지의 눈을 피하기만 하면 당장에 천둥이 치고 벼락이 떨어질 것처럼 애처롭게 그를 마주 본 채 고개를 저었다. 치수는 웃었다.
>
> 그 웃음은 도리어 서희의 마음을 얼어붙게 했다. 〈중 략〉 도리어 상대에게 견딜 수 없는, 숨 막혀서 견딜 수 없어 결국은 공포심을 불러일으키게 하는 강한 분위기를 그는 내어뿜고 있었다. 어떤 일에도 감동되지 않을 눈빛, 철저하게 스스로를 거부하는 눈빛, 눈빛에서만 그랬던 것이 아니다. 뼈만 남은 몸 전체가 거부로써 남을 학대하는 분위기의 응결이었다.
>
> 일단 방에 들어온 뒤에는, 나가도 좋다는 말이 떨어지지 않는 이상 서희는 일어설 수 없다. ㉠숨소리를 죽이며, 그래서 가냘픈 가슴이 더 뛰고 양 어깨로 숨을 쉴 수밖에 없었는데, 움직이지 못한다는 것은 어린것에게 얼마나 큰 고통인가?
>
> – 박경리, '토지'

① 물 먹는 소 목덜미에 / 할머니 손이 얹혀졌다. / 이 하루도 / 함께 지났다고, / 서로 발잔등이 부었다고, / 서로 적막하다고
② 샤갈의 마을의 쥐똥만 한 겨울 열매들은 / 다시 올리브빛으로 물이 들고 / 밤에 아낙들은 / 그해의 제일 아름다운 불을 / 아궁이에 지핀다.
③ 넓은 벌 동쪽 끝으로 / 옛 이야기 지줄대는 실개천이 휘돌아 나가고 / 얼룩백이 황소가 / 해설피 금빛 게으른 울음을 우는 곳, / 그곳이 차마 꿈엔들 잊힐리야.
④ 광화문 지하도를 지나며 / 숱한 사람들이 만나지만 / 왜 그들은 숲이 아닌가 / 이 메마른 땅을 외롭게 지나치며 / 낯선 그대와 만날 때 / 그대와 나는 왜 / 숲이 아닌가

05 다음 글에 대한 설명으로 가장 적절한 것은?

어떤 정책이 부자에게 100의 이득을 주는 반면, 가난한 사람에게는 1의 이득만 준다고 하자. 전통적 경제 이론에 따르면 이것은 의심할 여지없이 바람직한 정책이다. 가난한 사람의 이득이 1에 불과하지만 그렇다고 해서 손해를 보는 것은 아니다. 손해를 보는 사람은 아무도 없고 모두가 이득을 보니 당연히 사회후생이 더 높은 수준으로 올라간다. 따라서 모두가 이 정책을 지지하리라는 것이 전통적 경제 이론의 예측이다. 그러나 이와 같은 예측은 인간 본성에 대한 잘못된 가정에 기초하고 있다.

전통적 경제 이론은 인간이 자신의 이익을 합리적으로 추구하는 존재라고 가정한다. 자신의 이익만을 합리적으로 추구한다면 남이 얼마나 큰 이득을 얻든 상관할 필요가 없다.

그렇지만 현실은 절대 그렇지 않다. 부단히 나와 남을 비교하면서 살아가는 것이 인간 본연의 모습이다. 어느 누구도 다른 사람은 100의 이득을 얻는데 자신은 1의 이득밖에 얻지 못하는 정책을 달가워할 리 없다. 그러나 전통적 경제 이론의 틀에 얽매인 사람들은 이와 같은 진실을 보지 못한다.

① 전통적 경제 이론에 대한 전문가들의 견해를 소개하고 있다.
② 열거의 방식을 사용하여 전통적 경제 이론의 특징을 소개하고 있다.
③ 인간 본성과 관련된 가정을 근거로 들어 전통적 경제 이론을 반박하고 있다.
④ 구체적인 통계 수치를 활용하여 경제 이론에 대한 새로운 주장을 펼치고 있다.

06 다음 글의 중심 내용을 고려할 때, 글쓴이의 의도에 부합하는 반응으로 가장 옳은 것은?

놀이는 도전을 의미한다. 다시 말해서 하지 않던 것을 해보거나 할 수 없었던 것을 날마다 조금씩 도전해 가는 과정 자체가 놀이인 것이다. 물론 놀이터에서 자주 다쳐서는 결코 안 된다. 하지만 도전하는 과정에서 아이들이 겪는 회복 가능한 수준의 작은 부상은 무엇이 위험한 것이고, 그러한 일을 겪지 않으려면 어떻게 조심해야 하는지 아이들 스스로 깨닫게 하는 데에 도움이 된다. 초등학생들을 대상으로 하는 놀이터를 유아 수준의 놀이터로 만들어 놓고, 안전한 놀이터를 만들었다고 자만하는 것은 오히려 아이들에게 스스로 안전한 방법을 찾을 기회를 주지 않는 것이다. 이제 놀이터는 아이들이 진취적인 행동과 긍정적인 사고를 키워 갈 수 있도록 도전하고 모험할 수 있는 공간이 되어야 한다.

① 이미 해 보았던 것을 다시 경험하는 과정이 놀이이군.
② 놀이는 새로운 것에 대한 도전이라는 점에서 자립심을 길러 주는군.
③ 아이들의 수준보다 높아 도전할 수 있는 놀이터가 아이들에게 필요한 공간이군.
④ 약간의 위험이 담보된 놀이 경험은 안전을 지키는 방법을 터득하는 기회를 주는군.

07 ㉠에 들어갈 주장으로 가장 적절한 것은?

안전 펜스는 야생 동물들의 교통사고 문제를 해결하기 위해 설치되었다. 그러나 본래의 목적과는 다르게 오히려 동물들이 좁고 날카로운 펜스에 눌려 부상을 입는 사고가 발생하고 있다.

이러한 사고의 원인은 무엇일까? 그것은 바로 동물들이 자신의 몸 크기를 쉽게 가늠하지 못한다는 데에서 기인한다. 또한 어두운 밤에는 특히나 펜스가 잘 보이지 않아 몸집이 큰 동물들이 펜스에 눌려 다치기도 한다. 이 때문에 신호음이 울리는 센서를 설치하는 방안이 제시된 바 있으나 펜스가 설치되는 장소의 특성상 주변이 시끄러워 그에 대한 한계가 지적되었다. 현실적으로 현재 상황에 가장 적합하면서도 근본적인 문제 원인을 해결할 수 있는 방법을 찾아야 한다. 따라서 (㉠)

① 안전한 소재로 만든 안전 펜스로 교체해야 한다.
② 야생 동물을 위한 안전 펜스의 개수를 늘려야 한다.
③ 펜스가 설치되는 주변 지역의 소음을 규제해야 한다.
④ 경고 신호음이 반복적으로 울리는 센서를 설치해야 한다.

08 다음 글에서 파악할 수 있는 내용으로 가장 옳은 것은?

문자는 사물이나 자연 현상을 그림으로 나타내는 그림 문자에서 시작되었다고 한다. 그림 문자를 추상화하고 모양을 간략하게 한 것이 한자와 같은 표의 문자이다. 표의 문자는 하나의 개념을 하나의 글자로 표시해야 했기 때문에 점점 수가 늘어나 기억하기가 불편하게 되었다. 그리하여 표의 문자보다 글자 수가 훨씬 적으며, 글자를 의미와 직접 관련되지 않는 발음 표시 기호로 사용하는 표음 문자가 만들어졌다. 이 표음 문자는 음절 전체를 하나의 글자로 나타낸 음절 문자와, 더 나아가 자음과 모음 각각을 글자로 나타낸 음운 문자로 다시 나뉜다. 우리에게 익숙한 문자 중에서 음절 문자에는 일본의 가나가, 음운 문자에는 영어 알파벳이 있다.

① 표음 문자는 점점 그 수가 늘어나 기억하기가 어렵다.
② 음절 문자에는 알파벳이, 음운 문자에는 가나가 있다.
③ 한자는 표의 문자이면서도 음절 문자의 특성을 가지고 있다.
④ 그림 문자를 추상화하고 모양을 간략하게 한 것이 표의 문자이다.

09 다음 중 밑줄 친 부분의 한자 표기가 가장 적절한 것은?

① 어르신을 뵙게 되어 <u>진정</u> 기쁩니다. - 眞正
② 국가 기관에 나의 억울한 사정을 <u>진정</u>했다. - 進呈
③ 여론의 <u>진정</u>을 위해 정부는 담화를 발표했다. - 鎭停
④ 그는 그녀의 충고가 <u>진정</u>에서 나온 것임을 깨달았다. - 盡情

10 다음 글이 궁극적으로 주장하고 있는 것은?

미국의 한 심리학자는 사형 제도에 찬성, 반대하는 대학생들에게 사형 제도의 효과에 관한 상반된 연구 결과를 제공한 후 반응을 살피는 실험을 수행하였다. 그 결과 자신의 생각을 지지하는 연구 결과에 대해서는 '역시 그렇지.'라고 반응한 반면, 자신의 생각과 반대되는 연구 결과에 대해서는 받아들이지 않고 여러 이유를 들어 그 연구가 잘못되었을 가능성을 제기하는 반응을 보였다.

이처럼 자신의 생각이나 주장과 일치하는 정보만을 선택적으로 수집하고 그렇지 않은 것은 의도적으로 무시하는 심리적 경향을 확증 편향이라고 한다. 확증 편향에 빠질 경우 비판적 사고를 하기 어려워 비합리적인 판단을 내리기 쉽다. 또한 확증 편향에 의해 형성된 사고방식은 사회적으로 편향된 통념을 형성하여 사회 문제를 야기할 수 있다.

따라서 확증 편향에 빠지지 않기 위해서는 먼저 반대 입장에서 생각해 보는 자세를 지녀야 한다. 왜냐하면 고려의 대상이 되지 않았던 기존 증거들을 탐색하게 되어 판단의 착오를 줄일 수 있기 때문이다. 진화론을 주장한 찰스 다윈은 자신의 생각이 옳다는 확신이 강해질수록 그와 모순되는 증거들을 더 적극적으로 찾아 나섰기에 학문적 업적을 이룰 수 있었다.

다음으로는 토의와 같은 집단 의사 결정 방법을 거치도록 해야 한다. 이를 통해 확증 편향에 빠질 때 발생할 수 있는 개인의 판단 착오를 발견하여 수정할 수 있으며, 더 나아가 구성원 간 상호 작용을 통해 시너지 효과를 거둘 수 있기 때문이다.

① 비합리적인 판단을 유도하는 확증 편향적 사고를 지양해야 한다.
② 확증 편향에 빠지지 않도록 다양한 노력을 적극적으로 해야 한다.
③ 우리 사회의 여러 문제에 내재된 확증 편향의 통념을 발견해 수정해야 한다.
④ 학문적 업적을 이루기 위해서는 자신의 정보에 확신이 들수록 그와 반대되는 정보들을 점검해야 한다.

11 밑줄 친 말의 의미와 거리가 먼 것은?

- 이번 시험만큼은 <u>미역국을 먹고</u> 싶지 않다.
- 그는 승진의 기회에서 번번이 <u>미역국을 먹고</u> 말았다.

① 脫落　② 落款
③ 科落　④ 落第

12 다음 대화에서 '지후'의 의사소통 방식으로 적절한 것은?

유진: 지후야, 나 오늘 엄마랑 말다툼을 하느라 학교에 지각했어.
지후: 왜? 무슨 일 있었어?
유진: 글쎄, 엄마가 자꾸 잔소리를 하시잖아.
지후: 정말? 어떤 잔소리를 하시는데?
유진: 어제 학교 끝나고 학원 다녀와서 너무 피곤해서 잠깐 누워 있었더니, 숙제 안 하냐고 잔소리를 하시는거야. 딱 5분만 누워 있다가 하려고 했는데 그 말을 듣고는 속상해서 더 하기가 싫은 거 있지.
지후: 학원 끝나고 지쳐서 잠깐 쉬었다가 하고 싶었는데, 어머니께서 이해를 못 하시고 잔소리를 하시니 속상했다는 말이구나.
유진: 맞아. 난 그냥 엄마가 수고했다고 말해주면 더 힘이 나서 열심히 하게 되거든.
지후: 나도 아버지께서 그러신 적이 있었어. 그래서 시간을 내서 아버지께 솔직한 마음을 말씀드렸더니 아버지께서도 내 맘을 이해해 주시더라. 그 후론 잔소리보다는 격려를 더 많이 해주셔서 공부를 더 열심히 하게 돼. 너도 말씀드려 보는 게 어때?

① 상대방의 말을 요약한 뒤 논리적으로 분석하고 있다.
② 자신의 경험을 예로 들어 상대방의 문제 해결을 돕고 있다.
③ 자신의 처지로 의미를 재구성하면서 문제를 일반화하고 있다.
④ 상대방이 솔직한 심정을 털어놓도록 격려하면서 문제를 객관적으로 볼 수 있게 한다.

13 다음 글에 대한 이해로 가장 적절하지 않은 것은?

여러 번 낙산사(洛山寺) 관음보살(觀音菩薩) 앞에 나가 남몰래 인연을 맺게 해 달라고 빌었으나 몇 년 뒤 그 여자에게 배필이 생겼다. 조신은 다시 관음 앞에 나아가서, 관음보살이 자기의 뜻을 이루어 주지 않았다고 원망하며 날이 저물도록 슬피 울었다. 그렇게 그리워하다 지쳐 얼마 뒤 잠시 선잠이 들었다. 꿈에 갑자기 김 씨의 딸이 기쁜 모습으로 문으로 들어오더니 활짝 웃으면서 말했다.

"저는 일찍이 스님의 얼굴을 본 뒤로 사모하게 되어 한순간도 잊은 적이 없었습니다. 부모의 명령을 어기지 못해 억지로 다른 사람의 아내가 되었지만, 이제 같은 무덤에 묻힐 벗이 되고 싶어서 왔습니다."

조신은 기뻐서 어쩔 줄을 모르며 함께 고향으로 돌아가 사십여 년을 살면서 자식 다섯을 두었다. 그러나 집이라곤 네 벽뿐이오, 콩잎이나 명아줏국 같은 끼니도 댈 수 없어 마침내 실의에 찬 나머지 가족들을 이끌고 사방으로 다니면서 입에 풀칠을 하게 되었다. 이렇게 십 년 동안 초야(草野)를 떠돌아 다니다 보니 옷은 메추라기가 매달린 것처럼 너덜너덜해지고 백 번이나 기워 입어 몸도 가리지 못할 정도였다. 강릉 해현령(蟹縣嶺)을 지날 때 열다섯 살 된 큰아들이 굶주려 그만 죽고 말았다. 조신은 통곡하며 길가에 묻고, 남은 네 자식을 데리고 우곡현(羽谷縣) – 지금의 우현(羽縣) –에 도착하여 길가에 띠풀로 엮은 집을 짓고 살았다. 〈중 략〉

이리하여 서로 작별하고 길을 떠나려 하는데 꿈에서 깨었다. 타다 남은 등잔불은 깜박거리고 밤도 이제 새려고 한다. 아침이 되었다. 수염과 머리털은 모두 희어졌고 망연히 세상일에 뜻이 없다. 괴롭게 살아가는 것도 이미 싫어졌고 마치 한평생의 고생을 다 겪고 난 것과 같아 재물을 탐하는 마음도 얼음 녹듯이 깨끗이 없어졌다. 이에 관음보살의 상(像)을 대하기가 부끄러워지고 잘못을 뉘우치는 마음을 참을 길이 없다. 돌아와서 꿈에 아이를 묻은 해현에서 땅을 파 보니 돌미륵(石彌勒)이 나왔다.

– 작자 미상, '조신의 꿈'

① 조신은 애정적 욕구를 절대자에게 표출했다.
② 조신의 입몽 과정과 각몽의 과정 모두 제시되어 있다.
③ 꿈을 통해 조신은 세속적 욕망의 덧없음을 느끼고 있다.
④ 조신이 묻은 아이는 꿈에서 '돌미륵'으로 나타나 증거물의 기능을 한다.

14 다음 진행자 'A'의 대화 진행 전략으로 적절하지 않은 것은?

> A: 여러분, 안녕하세요? 한 환경 단체가 'Love earth, Love us'라는 캠페인을 진행 중인데요. 오늘은 그 관계자 한 분을 모시고 말씀을 들어 보겠습니다. 안녕하세요.
> B: 네, 안녕하세요. 저는 지구사랑 환경 단체장 김○○입니다.
> A: 단체장님! 슬로건만으로는 어떤 캠페인을 하시는 건지 자세히 알 수가 없는데요, 추가적인 설명 부탁드립니다.
> B: 말 그대로 지구를 사랑함으로써 우리의 건강과 행복을 추구하자는 것입니다. 여기서 말하는 '우리'에는 인간뿐 아니라 동식물도 포함되어 있습니다. 그래서 모든 생물이 상생할 수 있는 환경을 만드는 것이 캠페인의 궁극적인 목적입니다.
> A: 네, '모든 생물이 상생하는 지구 만들기'라는 친환경적 캠페인의 목적을 먼저 말씀해 주셨군요. 그렇다면 구체적으로 어떤 활동을 하시나요?
> B: 진행 중인 캠페인은 '노인과 어린이가 함께하는 빨대·마스크 줄 잘라 버리기 캠페인', '청소년이 참여하는 환경 정화 캠페인', '대학생 나무심기 캠페인', '부모와 자녀가 함께 하는 길고양이 집짓기 캠페인'입니다.
> A: (고개를 끄덕이며) 총 4가지 캠페인이 진행 중이군요. 그런데 각 활동별로 주체를 지정해 둔 이유가 있을까요?
> B: 모든 사람들이 자신이 소속되어 있는 계층에 책임감을 가지고 캠페인에 참여하길 바라는 마음에서 활동 주체를 정해 두었습니다.
> A: 그럼 '대학생 나무심기'에 참여하고 싶은 중·고등학생은 어떻게 하나요?
> B: 저희 단체 홈페이지에 접속하여 신청란을 누르고 별도의 양식에 따라 신청서를 작성해 제출하면 캠페인 참여가 가능합니다.
> A: 네, 그렇군요. 아무쪼록 캠페인이 성공적으로 진행되어 지구 환경에 조금이나마 도움이 될 수 있길 바랍니다.

① 상대방의 말에서 추가 설명이 필요한 부분을 보충 질문한다.
② 상대방의 말에서 신뢰성이 없는 부분을 논리적으로 지적한다.
③ 상대방의 말을 재진술함으로써 대화에 집중하고 있음을 드러낸다.
④ 비언어적 표현을 통해 상대의 말을 이해하고 경청하고 있음을 드러낸다.

15 다음 글과 같은 방식으로 논리를 전개한 것은?

> 삼권 분립의 원칙이 실현되려면 국회의 입법권이 침해되지 않아야 한다. 그런데 법률이 위임하는 사항과 범위를 구체적으로 한정하지 않고 특정 행정 기관에 입법권을 포괄적으로 위임하는 것은 국회의 입법권을 침해하는 것이다. 따라서 포괄적 위임은 삼권 분립의 원칙을 위반하는 것이다.

① 인간은 이성적인 동물이다. A는 이성적으로 사고한다. 그러므로 A는 인간이다.
② 지구 밖의 태양계에 지구처럼 생물이 살 수 있는 행성은 분명 존재한다. 지구에만 생물이 살 수 있다는 증거가 없기 때문이다.
③ 법과 관습은 다른 점이 있다. 법은 위반하면 사회에 해악을 끼치고 그에 응당하는 법적 제재가 가해진다. 반면에 관습은 공동체 통합을 저해하고, 법적 제재가 가해지지는 않으나 지속적으로 관습을 어길 경우 문화 공동체 내에서 배제될 수도 있다.
④ 공부는 '모래 탑 쌓기'와도 같다. 모래 탑을 처음 쌓을 때는 잘 쌓이지도 않을뿐더러 티도 잘 나지 않는다. 하지만 갈수록 모래가 굳어 튼튼한 탑이 쌓인다. 이와 마찬가지로 공부도 처음 할 때는 막막함을 느끼고 성적도 단기간에 오르기 어렵지만, 지속적으로 노력하면 어느새 목표에 가까워진다.

16 글의 통일성을 고려할 때 ㉠에 들어갈 문장으로 가장 적절한 것은?

> 약 10여 년 전부터 밝은 전망이 예상되었던 모바일 어플 산업은 더 발전할 수 없을 정도로 단시간에 눈부신 발전을 거듭해왔다. 모바일 어플리케이션 사용이 일반화된 이후 우리나라에서는 쉽게 각종 어플리케이션을 설치·사용하고 있다. 요즘은 어딜 가든 이를 활용하여 입장하는 일이 잦으며, 각종 사이트에서 물건을 구매할 때에도 결제 어플을 설치하지 않으면 불가능한 경우가 많다. 심지어는 은행 업무도 모바일 어플로 대체되는 추세이다. (　　　㉠　　　)
> 이 때문에 문제시되는 것이 바로 모바일 기기 사용에 익숙하지 않은 사람들의 어플 사용이다. 예를 들어 모바일 기기를 많이 다뤄 보지 못한 노년층은 어플 사용에서 소외될 수 있다는 것이다. 따라서 이를 보완하기 위한 사회적 배려가 필요하다.

① 모바일 산업의 守株待兎라고 할 수 있다.
② 그야말로 은행 업계의 指鹿爲馬의 태도이다.
③ 어플 사용에 익숙하지 않은 사람들은 進退維谷의 상황이다.
④ 어플 산업의 전망을 예상하지 못했던 기업들은 十日之菊이다.

17 다음 글에 대한 이해로 적절하지 않은 것은?

미국의 헌정 원리는 권력 분립에 기초하여 의회와 행정부 간에 견제와 균형을 유지하는 것이다. 그리고 행정부를 영도하는 대통령의 정당과 의회 다수당이 일치하지 않는 분할 정부의 상황이 자주 초래된다. 이러한 헌정 원리에 비추어 행정부를 상시 감독하는 의회의 활동은 너무나 당연하다. 미국은 연방제에서 나타나듯이 지역적으로 분권화가 많이 이루어졌을 뿐만 아니라, 국가 기관 내부에 있어서도 정책 결정 권한의 분권화가 현저하다. 그리하여 특정 정책 분야에서는 행정부 부처, 의회 위원회와 이익 집단 간의 긴밀한 삼각관계에 토대를 둔 하위 정책 체계가 매우 중요한 역할을 수행하고 있다. 미국 연방 의회 의원들은 행정부의 장관에 국한되지 않고 고위 관료와 빈번한 접촉을 전개하며 감독 활동을 전개한다.

한편, 영국은 국가 정책의 집행을 맡은 내각이 의회 내 다수 정파에 의하여 구성되는 권력 융합의 헌정 원리를 채택하고 있다. 의회 내 소수 정파가 내각을 비판하려는 노력을 부단히 전개하지만 미국과 같이 의회와 행정부라는 국가 기관 간의 상시적 견제와 균형의 관계가 정립되어 있지는 않다. 또한 장관 책임의 원리는 의회가 행정 관료의 행위에 대한 통제를 용이하지 않게 하고 있다. 이 원리에 따르면 장관이 자신의 부처에 속한 관료를 통제하며 장관은 개별적으로 의회에 책임을 지게 되어 있다.

– 박찬욱, '미국과 영국 의회의 정책집행 감독활동'

① 영국은 미국과 국가 정책 집행 방식이 다르다.
② 미국은 국가 기관 간 견제와 균형 관계가 견고하다.
③ 미국은 지역적으로 통치 권력이나 권리가 분산된 경우가 많다.
④ 미국은 대통령의 소속이 의회 다수당과 불일치하는 경우가 거의 없다.

18 다음 글을 통해 추론할 수 있는 것만을 〈보기〉에서 모두 고르면?

과학이 언제 시작되었는가? 이 질문에 답을 하려면 '과학이란 무엇인가'에 대한 논의가 전제되어야 한다. 인간이 자연과 관계를 맺는 것을 과학으로 본다면, 과학의 시작은 인류의 탄생으로 거슬러 올라갈 수 있다. 인류는 거친 자연 환경 속에서 생존하기 위해 도구를 만들고 활용하는 데 많은 노력을 기울여 왔던 것이다. 이와 달리 자연에 대한 관념, 즉 자연관을 과학의 요체로 간주한다면, 생각하는 인간을 뜻하는 호모 사피엔스가 등장함으로써 과학이 시작되었다고 볼 수 있다. 현생 인류는 오랫동안 신화적 자연관을 가지고 있는데, 그것은 신의 의지, 사랑, 미움 등을 통해 자연 현상을 설명하는 형태를 띠었다. 자연 현상에 대한 관점을 넘어 자연 현상에 대한 기록을 과학으로 규정한다면, 문자가 발명되고 도시 문명이 출현한 시기에 과학이 시작된 것으로 보아야 한다. 대략 기원전 3,000년을 전후하여 이집트, 메소포타미아, 인도, 중국 등지에서는 하늘이나 땅에서 벌어지는 각종 자연 현상을 지속적으로 기록하는 작업이 전개되었다. 그밖에 오늘날의 과학 교과서에 실린 지식을 과학으로 간주하는 사람들은 과학이 16~17세기에 시작되었다고 할 것이고, 직업으로서의 과학에 주목한다면 과학에 대한 교육과 연구가 제도화된 19세기에 이르러서야 과학이 시작되었다고 볼 수 있다.

많은 과학사학자들은 과학이 기원전 6세기에 밀레토스 학파에서 시작되었다고 평가한다. 밀레토스 학파는 만물을 지배하는 근본 물질 혹은 원질이 무엇인지에 대해 논의했다.

〈중략〉

밀레토스 학파의 논의는 오늘날의 관점에서 보면 유치한 수준이지만, 이전과는 다른 성격을 띠고 있었다. 이전에는 자연 현상의 변화를 초자연적인 존재의 탓으로 돌렸는데, 밀레토스 학파가 활동하던 기원전 6세기부터는 자연 안에서 자연 현상의 원인을 찾은 것이다.

보기

ㄱ. 자연 현상을 기록하기 위한 고대의 벽화에는 초자연적 존재가 등장했을 것이다.
ㄴ. 많은 과학사학자들은 밀레토스 학파가 자연 현상의 근원을 설정했다는 점에서 과학이 태동했다고 판단한다.
ㄷ. 자연 현상의 원인을 자연 안에서 찾으려는 노력이 이루어지면서 자연 현상을 글로 남기는 작업이 시작되었다.

① ㄱ
② ㄱ, ㄴ
③ ㄱ, ㄷ
④ ㄱ, ㄴ, ㄷ

19 다음 글을 바탕으로 추론한 생각 중 적절하지 않은 것은?

> 남과 북의 분단은 한국어의 사회적인 차이를 심화하고 있기도 하다. 사실 남과 북의 언어 차이는 지역 방언의 성격과 사회 방언의 성격을 모두 가지고 있다. 북한의 경우 평양말을 중심으로 한다는 점에서 서울말을 중심으로 하는 남한과 지역적인 차이가 있기도 하고, 남과 북의 사회적인 체제 차이로 언어가 달라진다는 점에서는 사회적인 차이가 있기도 하다. 북한에서는 문화어 운동 등을 통해 외래어나 한자어를 고유어로 순화하는 운동을 지속적으로 전개하여 남한의 표준어와 큰 차이를 가지게 되었으며, 많은 경우 노동자 계급의 말을 표준어로 삼았다는 점이나 체제나 이념을 포함하여 기존의 어휘를 다르게 사용하면서 더 큰 차이를 보이게 되었다.

① 한 나라의 체제는 언어나 어휘 발달에 영향을 미치는군.

② 북한은 지속적인 언어 순화로 인해 고유어가 더 발달했겠군.

③ 평양말을 표준어로 삼은 북한은 남한과 비교할 때 지역 방언의 성격을 띠고 있군.

④ 북한은 기존의 어휘에 이념을 포함시켜 다양하게 사용하므로 남한보다 다의어가 발달했겠군.

20 다음 글을 바탕으로 ㉠을 이해할 때 적절하지 않은 것은?

> 왜 ㉠고전을 읽어야 하느냐. 오늘날 기술은 과거와 비교하면 엄청나게 발달했고, 사회관계도 현대화하였고, 복잡해졌고, 자본화하였습니다. 그렇다면, 기술 환경이나 사회관계가 완전히 달라진 지금 시점에서 왜 옛날 책을 읽어야 하는가. 이 질문에 대한 중요한 답변이 있습니다. 아무리 사회가 달라져도, 인간에게는 바뀌지 않는 경험의 조건들이 있습니다. 예를 들어 인간은 언제 어디서 살든 유한성의 경험을 피할 수 없습니다. 인간은 죽는 존재입니다. 한계가 많습니다. 무한히 살 수도 없고, 능력이 무한할 수도 없습니다.
>
> 길가메시3 서사시는 대략 4,500년 전에 씌어졌습니다. 그 서사시의 주제 가운데 하나가 인간은 왜 죽는가, 영원히 살 길은 없는가 하는 겁니다. 길가메시 왕은 죽어서 바닥에 쓰러져 있는 친구 앞에서 눈물을 흘리고 탄식하며 묻습니다. 오, 친구여, 나도 너처럼 죽어서 영원히 일어설 수 없단 말인가…. 이러한 유한성의 경험은 시대를 초월합니다.
>
> 또한, 인간에게는 좌절과 고통의 경험이 있습니다. 〈중 략〉 또 있습니다. 양심의 경험이라는 게 있습니다. 뭔가 잘못해 놓고 벌벌 떠는 경험 있잖아요. 그리고 고민합니다. '이렇게 하는 것이 옳은 것일까, 저렇게 하는 것이 옳은 걸까….' 이처럼 양심의 경험을 하게 하는 삶의 조건도 예나 지금이나 다름없습니다.
>
> 고전은 인간의 경험이 종속되었던 이런 근본적인 조건들에 대한 인간의 반응을 기록해 놓았습니다. 그런 반응은 시대에 속박되지 않아요. 시간적 거리와 상관없이 여전히 우리 가슴을 칩니다.

① 미래의 사람들도 고전을 읽고 감동을 느낄 것이다.

② 인간이 만약 도덕적으로 완전하고 전지전능하다면 고전을 읽을 필요성이 줄어들 것이다.

③ 고전의 시간적 제약은 현대의 기술로 극복될 수 있으므로 고전은 시대를 초월하는 가치가 있다.

④ 경험의 내용은 시대에 따라 다르고 개인마다 다를지라도, 인간의 고유성을 바탕으로 한 경험의 조건은 같다.

정답·해설 _해설집 p.2

01회 핵심 어휘 마무리 체크

☑ 잘 외워지지 않는 어휘 및 표현은 박스에 체크하여 한 번 더 확인하세요.

한자 성어

□ 守株待兎 **수주대토 (지킬 수, 그루 주, 기다릴 대, 토끼 토)**
한 가지 일에만 얽매여 발전을 모르는 어리석은 사람을 비유적으로 이르는 말

□ 十日之菊 **십일지국 (열 십, 날 일, 갈 지, 국화 국)**
'한창때인 9월 9일이 지난 9월 10일의 국화'라는 뜻으로, 이미 때가 늦은 일을 비유적으로 이르는 말

□ 指鹿爲馬 **지록위마 (가리킬 지, 사슴 록, 할 위, 말 마)**
1. 윗사람을 농락하여 권세를 마음대로 함을 이르는 말
2. 모순된 것을 끝까지 우겨서 남을 속이려는 짓을 비유적으로 이르는 말

□ 進退維谷 **진퇴유곡 (나아갈 진, 물러날 퇴, 벼리 유, 골 곡)**
이러지도 저러지도 못하고 꼼짝할 수 없는 궁지

한자어

□ 起因 **기인 (일어날 기, 인할 인)**
1. 일이 일어나게 된 까닭
2. 어떠한 것에 원인을 둠

□ 分權化 **분권화 (나눌 분, 권세 권, 될 화)**
통치 권력이나 권리 등이 분산됨. 또는 그렇게 되게 함

□ 醇化 **순화 (전국술 순, 될 화)**
잡스러운 것을 걸러서 순수하게 함

□ 豫測 **예측 (미리 예, 헤아릴 측)**
미리 헤아려 짐작함

□ 原則 **원칙 (언덕 원, 법칙 칙)**
어떤 행동이나 이론 따위에서 일관되게 지켜야 하는 기본적인 규칙이나 법칙

□ 委任 **위임 (맡길 위, 맡길 임)**
어떤 일을 책임 지워 맡김. 또는 그 책임

□ 理念 **이념 (다스릴 이, 생각 념)**
이상적인 것으로 여겨지는 생각이나 견해

□ 從屬 **종속 (좇을 종, 무리 속)**
자주성이 없이 주가 되는 것에 딸려 붙음

□ 眞正 **진정 (참 진, 바를 정)**
거짓이 없이 참으로

□ 體制 **체제 (몸 체, 절제할 제)**
1. 사회를 하나의 유기체로 볼 때에, 그 조직이나 양식, 또는 그 상태를 이르는 말
2. 일정한 정치 원리에 바탕을 둔 국가 질서의 전체적 경향

□ 胎動 **태동 (아이 벨 태, 움직일 동)**
어떤 일이 생기려는 기운이 싹틈

□ 回復 **회복 (돌아올 회, 회복할 복)**
원래의 상태로 돌이키거나 원래의 상태를 되찾음

관용구

□ **미역국을 먹다**
1. 시험에서 떨어지다.
2. 직위에서 떨려 나다.

Quiz 각 어휘 및 표현의 알맞은 뜻을 찾아 연결하세요.

01 委任	㉠ 무슨 일이 발생하려는 기운이 꿈틀됨	**06** 回復	㉥ 어찌할 도리 없는 어려운 처지
02 胎動	㉡ 이상적인 것으로 생각하는 견해	**07** 守株待兎	㉦ 하나에 집착하여 발전을 못함
03 分權化	㉢ 어떤 일에 대한 임무를 맡김	**08** 進退維谷	㉧ 본래의 상태를 되찾음
04 原則	㉣ 일관되게 지켜야 하는 기초적인 규칙	**09** 從屬	㉨ 시험에서 떨어지거나 직위에서 밀려남
05 理念	㉤ 권력 등이 나뉨	**10** 미역국을 먹다	㉩ 자주성 없이 주가 되는 것에 딸려 붙음

정답 | 01 ㉢ 02 ㉠ 03 ㉤ 04 ㉣ 05 ㉡ 06 ㉧ 07 ㉦ 08 ㉥ 09 ㉩ 10 ㉨

정답·해설 _해설집 p.8

02회 실전동형모의고사

제한시간 : 20분 시작 시 분 ~ 종료 시 분 점수 확인 개/ 20개

01 밑줄 친 부분 중에서 품사가 다른 하나는?

① 연재야, 이리 와서 나 좀 도와줄래?

② 눈이 꽤 많이 쌓여 출근길이 걱정이다.

③ 동생은 밥은 아니 먹고, 과자만 먹었다.

④ 그는 구경만 할 뿐 어떠한 행동도 하지 않았다.

02 다음 대화 상황에서 의사소통에 장애가 일어났다고 한다면, 그 이유로 가장 적절한 것은?

> **교사**: 창의적 체험 활동의 결과물을 오늘까지 내라고 하지 않았니?
> **학생 1**: 네, 선생님. 저는 아까 쉬는 시간에 제출했어요. 저는 결과물 작성하는 데, 총 3일 정도 걸렸어요. 그리고 결과물은 5쪽인데, 활동하는 사진을 세 장 넣었어요. 아! 그 사진에 있는 남자아이가 저의 막냇동생이에요. 사진은 저희 어머니가 찍어주셨어요.
> **학생 2**: 선생님, 이번에 수학여행 사진 좀 인화해 주세요.
> **교사**: 그 이야기는 나중에 하자. 다른 친구들은 모두 창의적 체험 활동 결과물을 제출했니? 혹시 오늘까지 제출하기 힘든 학생들은 점심시간까지 반장에게 이야기하렴. 다음 주 수요일까지 제출하는 것으로 제출 기한을 조정해보자.
> **학생 3**: 글쎄요.
> **학생 4**: 배고픈데, 오늘 점심 뭐 나오는지 아는 사람?

① 학생 1은 불필요한 내용까지 함께 대답을 하고 있어 질의 격률을 위배하였다.

② 학생 2는 대화 상황에 벗어나는 이야기를 하고 있어 관련성의 격률을 위배하였다.

③ 학생 3은 교사의 권위적인 태도 때문에 대답을 회피하고 있다.

④ 학생 4는 모호하고 중의적인 표현을 사용하고 있어 태도의 격률을 위배하였다.

03 다음 글의 필자가 궁극적으로 강조하는 내용으로 가장 적절한 것은?

> 신화는 인간에 대한 근원적 진실을 보여 줄 수 있는 매개체이다. 탈마법화를 추구하며 이성을 중요시하는 현대인의 입장에서는 신화가 허무맹랑한 창작물로 보일 수 있다. 그러나 옛날부터 현재에 이르기까지 신화는 사람들에게 영향을 미치고 있다. 현대에 와서도 사람들이 신화를 찾아보는 이유는, 신화를 통해 현재를 비판할 수 있고, 더 나은 방향으로 발전할 수 있기 때문이다. 예를 들어 그리스 로마 신화에 등장하는 메두사 이야기는 현대 페미니즘 논쟁과 연결 지어 생각해 볼 수 있으며, 현대 심리학에서는 오이디푸스 이야기가 등장하곤 한다. 즉 신화는 과거에 머물러 있는 것이 아니라, 시간의 흐름에 따라 끊임없이 확대 및 재생산되고 있는 것이다.

① 사람들은 자신의 존재에 대해 탐구하기 위해서 신화를 찾아봐야 한다.

② 현대인들은 신화를 참고하여 현대 사회를 발전시키는 방향으로 이끌어야 한다.

③ 신화 속 인물들의 행동 및 심리는 옛 사람들의 관점에서 다시 분석할 필요가 있다.

④ 현대인들이 신화에 대해 부정적인 태도를 취하는 이유는 신화가 비(非)이성적이기 때문이다.

04 두 사람의 대화에 적용된 공감적 듣기의 방법이 아닌 것은?

> "해라 씨, 나 이번 입사 면접 정말 망친 것 같아."
> "그래? 어떤 점 때문에 망친 것 같다고 말하는 거야?
> "아주 철저하게 준비한 면접이었어. 그런데 질문의 의도를 제대로 파악하지 못해서 엉뚱한 답을 한 것 같아."
> "질문의 의도를 파악하지 못해 적합한 답변을 하지 못했다는 거구나. 그 회사에 입사하고 싶은 마음이 간절해서 제우 씨가 더 완벽하게 답변하고 싶었던 것 같아."

① 해라는 제우의 말을 듣고 요약 및 정리하고 있다.

② 해라는 제우가 본인의 감정을 정리할 수 있도록 돕고 있다.

③ 해라는 제우가 말을 계속 이어나갈 수 있도록 관심을 표현하고 있다.

④ 해라는 제우의 말에 자신의 경험을 근거로 해결 방안을 제시하고 있다.

05 다음 글에 대한 설명으로 옳지 않은 것은?

그때에 사립문을 박차는 듯이 한 남자 안으로 들어선다. 그는 우편배달부다. 소포를 들었다.
우편배달부: (들어서며) 왜 밖에 문패도 없소?
모녀: (무언)
우편배달부: 빨리 도장을 내요.
명서: 도장?
명서 처: (금녀에게 의아한 듯이) 너의 오빠가 아니지?
금녀: 배달부예유.
명서: (실망한 듯이) 칫!
우편배달부: 얼른 소포 받아 가요! 원, 무식해도 분수가 있지. 빨리 도장을 내요.
명서: (반항적 어조로) 내겐 도장 같은 건 없소.
우편배달부: 그럼, 지장이라도…….
명서: (떨리는 손으로 지장을 찍는다. 우편배달부 퇴장)

– 유치진, '토막'

① 공간적 배경은 문패가 없는 허름한 대문 앞이다.
② '우편배달부'는 '명서'에게 고압적인 어조로 말하고 있다.
③ '문패'와 '도장'을 통해 명서 일가의 가난한 처지를 파악할 수 있다.
④ '명서'는 '우편배달부'의 태도에 화가 나서 도장이 없다고 거짓말을 한다.

06 토론자들의 말하기 방식에 대한 설명으로 적절한 것은?

사회자: 동물 실험으로 인간을 위해 죽어가는 동물이 연간 1억 마리에 달하며, 수많은 동물들의 희생으로 동물 실험을 금지해야 한다는 여론이 일고 있습니다. 오늘은 '의약품 개발을 위한 동물 실험을 금지해야 한다'라는 주제로 토론을 해 보겠습니다. 먼저 찬성 측 입론해 주시기 바랍니다.
찬성 1: 동물 실험은 윤리적이지 않다는 문제가 있습니다. 동물 실험에 사용될 동물에게는 먹이를 주지 않는다거나 특정 사료만을 강제로 먹이기 때문입니다. 그뿐만이 아닙니다. 화장품 중 마스카라는 안전성 테스트를 위해 토끼의 눈에 마스카라 액을 3000번 이상 주입합니다. 실험에 사용된 토끼는 결국 실명되고 안락사 당하게 됩니다. 동물 실험을 대체할 수 있는 다른 연구 방법을 활용하여 희생되는 동물이 줄어들도록 해야 합니다.
사회자: 네, 반대 측 토론자 교차 신문 해 주시기 바랍니다.
반대 1: 그래도 인간을 위한 의약품 개발에는 동물 실험이 꼭 필요한데요. 이 동물 실험을 대체할 만한 연구가 있습니까?
찬성 1: 연구 중에 있으나 대체할 수 있는 방법은 없는 것으로 보입니다.
반대 1: 현재까지 동물 실험을 대체할 연구가 없다면, 동물 실험만한 것이 없기 때문에 여전히 필요한 것이 아닌가요?
찬성 1: 그렇기는 하지만, 윤리적이지 않은 이 방법을 계속 방관해서는 안 된다고 생각합니다.
사회자: 네, 다음은 반대 측에서 입론해 주시기 바랍니다.
반대 2: 동물 실험은 윤리적으로 큰 문제가 없습니다. 현재 동물 실험은 법적 규제 아래에서 진행되고 있기 때문입니다. 한 사례로 미국에서 시행 중인 동물복지법이나 우리나라의 동물보호법 등이 있습니다. 또한 동물 실험을 실시하는 각 기관에서는 실험 전에 계획서를 철저히 심사할 뿐 아니라, 적절한 방법으로 실험하는지에 대한 여부도 철저하게 감독하고 있으므로 동물 실험은 비윤리적이지 않습니다.

① 찬성 1은 사례를 들어 자신의 주장을 강화하고 있다.
② 찬성 1은 반대 1의 질문에 대해 객관적인 자료를 들어 답변하고 있다.
③ 반대 1은 찬성 1의 입론 내용에 질문하며 찬성 1의 주장을 지지하고 있다.
④ 반대 2는 자신의 경험을 사례로 들어 찬성 1의 주장에 대해 반박하고 있다.

07 밑줄 친 어휘의 쓰임이 옳은 것만을 모두 고른 것은?

ㄱ. 그녀가 어떤 마음인지 가늠할 수 없어 답답하다.
ㄴ. 돈이 생겨나기 전에는 돈을 소금으로 갈음하여 사용했다.
ㄷ. 아버지는 우리 가족의 행복을 기원하는 건배로 치사를 가늠하셨다.
ㄹ. 진우는 방향을 바닥에 떨어진 나뭇잎으로 갈음하여 산을 빠져 나왔다고 한다.

① ㄱ, ㄴ ② ㄱ, ㄷ
③ ㄴ, ㄹ ④ ㄷ, ㄹ

08 다음 글이 들어갈 곳으로 가장 적절한 것은?

노조는 최대 2.5%로 임금 인상 요구를 억제하고 노동 시장 유연화를 수용하는 대신, 사측은 직업 훈련과 파트타임 고용의 확대를 통한 신규 고용에 주력할 것에 합의했다.

1980년대 후반 경제 성장 국면에서 노조는 주당 노동 시간을 36시간으로 단축할 것을 주장한다. (㉠) 그러나 1990년대 초반 경제가 다시 불황국면에 접어들면서 노-사간에 새로운 타협이 불가피해졌다. (㉡) 1993년 네덜란드 노-사는 '신노선(A New Course)' 협약을 체결한다. (㉢) 이 과정에서 정부는 노-사 양측의 협약을 강제하고 보조하기 위해 세금 감면, 비정규 노동자의 법적 지위 강화 등을 실시하였다. (㉣) 이어 10년마다 변화하는 정치, 경제적 환경 변화를 반영하기 위해 2003년 노-사는 재협의에 들어갔고 '노-사간 고용 조건 정책'을 통해 다시 바세나르 정신으로 돌아가 노-사 협약을 통한 임금 안정 정책에 합의하였다.

① ㉠ ② ㉡
③ ㉢ ④ ㉣

09 다음 글을 통해 추론한 내용으로 적절하지 않은 것은?

일반적으로 고용 보험은 실업 급여 제도를 통해 실업자의 안정적인 소득을 유지시키면서 스스로 적절한 일자리를 찾도록 하는 방법과 일자리에 대한 정보 제공, 직업 훈련, 고용 안정 및 창출 프로그램 등을 통해 취업을 유도하는 적극적 노동시장 정책으로 나눌 수 있다. 이 두 가지 프로그램의 궁극적인 목표는 사람들이 적절한 일자리를 찾을 수 있도록 하는 것이다. 하지만 고용 보험 중 실업 급여 제도가 본래의 취지와 달리 부정적 효과가 있을 수 있다는 주장이 있다. 즉, 실업 급여 제도가 오히려 실업률을 상승시킨다는 것이다.

'일자리 탐색 모형'은 일자리를 찾는 사람과 일자리를 제공하는 사람들이 서로에 대한 정보가 불완전한 상태에서 일자리 탐색이 이루어지는 현상을 분석한 이론이다. 이 이론에서는 일자리를 찾는 사람이 받아들일 수 있는 최소한도의 임금을 '의중 임금'으로 설정하고, 일정 수준의 의중 임금을 갖고 있는 사람은 그 이상의 임금을 제시하는 일자리만을 택하게 된다고 본다. 따라서 의중 임금이 높을수록 쉽게 취업할 가능성은 줄어들고, 실업자의 의중 임금은 실업자의 실업 상태의 비용을 줄이거나 자신의 가치를 높이는 모든 요인들에 의해 상승한다.

– 김태성, '고용 보험과 실업과의 관계'

① 실업 급여가 의중 임금을 상승시킬 것이다.
② 의중 임금이 낮을수록 실업률은 줄어들 것이다.
③ 실업 상태의 비용을 줄이면 실업률은 늘어날 것이다.
④ 실업 급여의 지급을 일정 기간으로 제한하면 의중 임금은 상승할 것이다.

10 〈보기〉의 괄호에 알맞은 한자 성어는?

보기

어떠한 문제가 발생했을 때, 몇몇 사람들은 이를 쉽게 해결하고자 한다. 그러나 문제를 쉽게 해결하고자 하는 생각은 노력 없이 편한 방식을 택하게 만들고, 이는 궁극적으로 본질적인 문제를 해결하지 못하는 결과를 초래한다. 얕은꾀에서 나온 해결책은 완벽하지 못하기 때문이다. 흔히 속담에 '언 발에 오줌 누기'라는 말이 바로 여기에 해당할 것이다. 따라서 눈앞의 위기 상황만을 해결하기 위한 (   )의 어리석음을 저질러서는 안 된다.

① 牽強附會 ② 敎學相長
③ 道聽塗說 ④ 姑息之計

11 다음 시조에 드러난 화자의 정서와 가장 가까운 것은?

> 오백 년(五百年) 도읍지(都邑地)를 필마(匹馬)로 도라드니,
> 산천(山川)은 의구(依舊)ᄒᆞ되 인걸(人傑)은 간 듸 업다.
> 어즈버, 태평연월(太平烟月)이 ᄭᅮᆷ이런가 ᄒᆞ노라.

① 풍수지탄(風樹之歎) ② 파경지탄(破鏡之歎)
③ 맥수지탄(麥秀之歎) ④ 후시지탄(後時之嘆)

12 다음 글의 특징으로 적절하지 않은 것은?

> 나는 꿈꾸었노라, 동무들과 내가 가지런히
> 벌 가의 하루 일을 다 마치고
> 석양에 마을로 돌아오는 꿈을,
> 즐거이, 꿈 가운데.
>
> 그러나 집 잃은 내 몸이여,
> 바라건대는 우리에게 우리의 보습 대일 땅이 있었더면!
> 이처럼 떠돌으랴, 아침에 저물손에
> 새라 새로운 탄식을 얻으면서.
>
> 동이랴, 남북이랴,
> 내 몸은 떠가나니, 볼지어다,
> 희망의 반짝임은, 별빛이 아득임은,
> 물결뿐 떠올라라, 가슴에 팔다리에.
>
> 그러나 어쩌면 황송한 이 심정을! 날로 나날이 내 앞에는
> 자칫 가늘은 길이 이어 가라. 나는 나아가리라.
> 한 걸음, 또 한 걸음. 보이는 산비탈엔
> 온 새벽 동무들, 저 저 혼자…… 산경(山耕)을 김매이는.
>
> – 김소월, '바라건대는 우리에게 우리의 보섭 대일 땅이 있었더면'

① 도치법과 영탄법을 사용하여 시상을 전개하고 있다.
② 강인한 어조를 사용하여 현실 극복의 의지를 나타내고 있다.
③ 땅을 잃은 농민들이 슬픔을 잊기 위해 농사를 짓는 상황이 묘사되어 있다.
④ 국권을 상실한 상황이라는 점을 고려할 때 '별빛'은 국권 회복에 대한 희망을 상징한다.

13 다음 글에 대한 설명으로 적절하지 않은 것은?

> (가) 1907년 미국 정부는 한 해 동안 늑대 1,800마리와 코요테 2만 3,000마리를 잡아 죽였다. 그 동물들이 인간뿐만 아니라 다른 약한 야생 동물에게도 해를 끼치기 때문에 죽여도 괜찮다고 생각했다. 늑대와 코요테뿐만이 아니다. 퓨마나 곰처럼 날카로운 이빨과 발톱을 지닌 동물은 토끼나 사슴 같은 초식 동물에게 위협을 준다고 생각해 아무런 거리낌 없이 죽였다. 당시 사람들은 다른 동물을 잡아먹고 사는 포식 동물을 없어져야 할 악당처럼 여겼기 때문이다. 그렇다면 약하고 순한 동물들에게 악당이 사라진 자연은 천국이었을까?
>
> (나) 카이밥고원에서 있었던 일이 그에 대한 답이 될 수 있겠다. 미국의 그랜드 캐니언 북쪽에 있는 카이밥고원에는 1906년에 약 4,000마리의 검은꼬리사슴들이 살고 있었다. 이곳에서도 악당을 없애는 작업이 시작되어 25년 동안 퓨마, 늑대, 코요테, 스라소니 등이 무려 6,000마리나 사라졌다. 포식 동물이 확 줄어들자 1923년에는 검은꼬리사슴이 6~7만 마리까지 늘어났다. 그런데 어찌 된 일인지 그 뒤로는 사슴의 수가 갈수록 줄어들었다. 1931년에는 2만 마리로, 1939년에는 1만 마리로…….
>
> (다) 사슴은 왜 갑자기 늘어났다가 갑자기 줄어들었을까? 사슴이 갑자기 늘어난 까닭은 쉽게 짐작할 수 있을 것이다. 사슴을 잡아먹는 포식 동물이 사라졌으니 자연스럽게 사슴의 수가 늘어난 것이다. 그럼 사슴은 왜 계속 늘지 않고 줄어들기 시작했을까? 사슴이 너무 많아지자 먹이가 부족해졌기 때문이다. 먹이가 모자라니 굶어 죽는 사슴이 늘어날 수밖에. 〈중 략〉
>
> (라) 인간은 늑대나 코요테 같은 악당이 없어지면 카이밥고원이 평화로운 낙원이 될 것이라고 생각했다. 그런데 그 예측은 보기 좋게 빗나갔다. 사나운 포식 동물이 사라진 카이밥고원은 검은꼬리사슴들에게도 결코 살기 좋은 곳이 아니었다. 늑대 같은 포식 동물이 있어서 검은꼬리사슴은 카이밥고원에서 굶어 죽지 않고 살아갈 만큼 적당한 수를 유지할 수 있었다. 그런데 포식 동물이 사라지자 저희끼리 먹이를 두고 경쟁이 심해졌다. 인간은 먹고 먹히는 자연의 세계에 끼어들어 그 질서를 마음대로 바꾸어 보려 했지만 결국 성공하지 못했다.

① (가)는 미국 정부의 사례를 통해 문제를 제기하고 있다.
② (나)는 구체적인 수치를 언급하여 미국 정부의 포악함을 강조하고 있다.
③ (다)는 인과의 방법을 통해 사슴의 수가 변동되었음을 설명하고 있다.
④ (라)는 인간의 생태계 개입에 대한 위험성을 제시하고 있다.

14 다음 글에 대한 설명으로 옳지 않은 것은?

> 윤 직원 영감은 사뭇 사람들 아무나 하나 잡아먹을 듯, 집이 떠나게 큰 소리로 포효를 합니다.
>
> "으응? 그놈이 사회주의를 허다니! 으응? 그게, 참말이냐? 참말이여?"
>
> "하긴 그놈이 작년 여름 방학에 나왔을 때버틈 그런 기미가 좀 뵈긴 했어요!"
>
> "그러머넌 참말이구나! 그러머넌 참말이여, 으응!"
>
> 윤 직원 영감은 이마로, 얼굴로 땀이 방울방울 배어 오릅니다.
>
> "……그런 쳐 죽일 놈이, 깎어 죽여도 아깝잖을 놈이! 그놈이 경찰서장 하라닝개루 생판 사회주의 허다가 뎁다 경찰에 잽혀? 으응?…… 오— 사 육시를 헐 놈이, 그놈이 그게 어디 당헌 것이라구 지가 사회주의를 하여? 부자 놈의 자식이 무엇이 대껴서 부랑당패에 들어?"
>
> 아무도 숨도 크게 쉬지 못하고, 고개를 떨어뜨리고 섰기 아니면 앉았을 뿐, 윤 직원 영감이 잠깐 말을 그치자 방 안은 물을 친 듯이 조용합니다.
>
> "…… 오죽이나 좋은 세상이여? 오죽이나……."
>
> 윤 직원 영감은 팔을 부르걷은 주먹으로 방바닥을 땅 — 치면서 성난 황소가 영각을 하듯 고함을 지릅니다.
>
> "화적패가 있너냐아? 부랑당 같은 수령(守令)들이 있더냐?…… 재산이 있대야 도적놈의 것이요, 목숨은 파리 목숨 같던 말세(末世)넌 다 지내 가고오…… 자 부아라, 거리거리 순사요, 골골마다 공명헌 정사(政事), 오죽이나 좋은 세상이여……. 남은 수십만 명 동병(動兵)을 히여서, 우리 조선 놈 보호히여 주니, 오죽이나 고마운 세상이여? 으응……? 제 것 지니고 앉어서 편안하게 살 태평 세상, 이걸 태평천하라구 허는 것이여, 태평천하!…… 그런디 이런 태평천하에 태어난 부자 놈의 자식이, 더군다나 왜 지가 떵떵거리구 편안허게 살 것이지, 어찌서 지가 세상 망쳐 놀 부랑당패에 참섭을 헌담 말이여, 으응?" – 채만식, '태평천하'

① '화적패', '순사' 등의 단어를 통해 당대 시대상을 파악할 수 있다.

② 경어체를 사용하여 등장인물에 대한 풍자나 조롱을 극대화하고 있다.

③ 윤 직원 영감의 대사를 통해 그가 왜곡된 현실관을 가지고 있음을 알 수 있다.

④ '그놈'의 소식을 들은 후 '그놈'에 대한 윤 직원 영감의 기대가 무너졌음을 알 수 있다.

15 (가)와 (나)를 통해서 추정하기 어려운 내용은?

> (가) 송강(松江)의 '관동별곡(關東別曲)', '전후사미인곡(前後思美人曲)'은 우리나라의 이소(離騷)이나, 그것은 문자(文字)로써는 쓸 수가 없기 때문에 오직 악인(樂人)들이 구전(口傳)하여 서로 이어받아 전해지고 혹은 한글로 써서 전해질 뿐이다. 어떤 사람이 칠언시로써 '관동별곡'을 번역하였지만, 아름답게 될 수가 없었다.
>
> (나) 정철의 작품은 문집의 일부를 이루고 목판에 새겨놓은 형태로 전하고 있다. 작자 시비가 있을 수 없다. 이본에 따라 약간 차이가 있기는 하지만 원래의 모습이 충실하게 전하고 있다고 인정된다. 시조가 79수이고, 〈성산별곡〉(星山別曲), 〈관동별곡〉(關東別曲), 〈사미인곡〉(思美人曲), 〈속미인곡〉(續美人曲) 네 편은 가사이다. 〈장진주사〉(將進酒辭)는 가사보다 시조에 더 가까운 독립된 형태의 작품이라고 보아 마땅하다.

① 문학 작품들을 목판에 새겨 책을 만들기도 하였다.

② 송강 정철의 작품은 이본에 따라 작자명이 달랐다.

③ 우리말로 쓰인 작품을 한시의 형태로 번역하기도 하였다.

④ 송강 정철이 살았던 시대에는 시조나 가사를 읊어주는 사람이 있었다.

16 독음이 모두 바른 것은?

① 결국(結局), 멱몰(汨沒), 멸시(蔑視)

② 작열(灼熱), 발휘(發揮), 미주(未足)

③ 주선(周旋), 사치(奢侈), 해이(懈怠)

④ 형극(荊棘), 오한(惡寒), 알현(謁見)

17 다음 글의 내용과 부합하는 것은?

시민으로서 자신에게 주어진 책임을 다하기 위해 그들은 시민 단체의 원칙에 따라 행동한다. 개인의 수입에 따라 접근 권한을 차별하지 않고 보편적인 권리를 바탕으로 활동한다. 그들은 관계의 내적인 가치를 중요하게 생각한다. 이런 가치는 생산 비용이나 수익을 고려하여 거래할 수 있는 것들이 아니다. 그들은 '박애'라는 말의 진짜 의미, 즉 '인간을 사랑한다'는 원칙을 그대로 실천한다. 몇 세대를 거치면서 공동체 운동가와 사회 운동가들은 이런 원칙에 따라 자신들이 맡은 분야에서 차별과 부정을 비판하고 가난한 자를 돌보며 자연을 보호해 왔다.

반면, 세상의 다른 한편에선 박애 사상이 전혀 다른 모양으로 발전했다. 기업적 사고와 시장이라는 수단이 세상을 구할 것이라는 믿음에 매튜 비숍과 마이클 그린은 '박애자본주의'라는 새로운 이름을 만들어 냈다. 이들은 세상을 구하면서 돈도 벌 수 있다고 말한다. 록밴드 유투의 멤버인 보노와 프로덕트레드라는 브랜드를 설립한 보비 슈라이버는 프로덕트레드 로고를 단 제품들이 많이 팔릴수록 '에이즈 · 결핵 · 말라리아 퇴치를 위한 국제기금'의 재원도 늘어나고 '바닷가 호화 별장을 사는 데'에도 보탬이 된다고 말한다.

① 박애자본주의자는 관계의 내적인 가치는 거래할 수 없다고 강조한다.

② 시민 단체의 활동을 통해 박애 사상의 실천과 수익 창출이 동시에 이루어질 수 있다.

③ 시민 단체는 인간의 보편적인 권리를, 박애자본주의자는 시장의 경쟁 원리를 가장 우선시한다.

④ 시민 단체와 박애자본주의자는 박애 사상을 바탕으로 하지만, 경제적 이익에 대한 관점에서는 차이를 보인다.

18 다음 글에서 추론한 내용으로 가장 적절한 것은?

채권은 여러 요인에 따라 거래 가격이 결정된다. 미래의 현금 흐름을 현재 시점에서 평가한 값을 현재 가치라고 하는데, 정기적으로 받게 될 이자액과 액면 금액의 현재 가치를 합한 금액이 채권의 현재 가치이다. 채권 투자자들은 액면 금액이 아니라 이 채권의 현재 가치에서 채권의 매입 가격을 뺀 순수익의 크기에 관심이 있다. 이처럼 채권 보유로 인해 미래에 받을 것이라 예상되는 금액을 현재 가치로 환산하여 평가할 때에는 금리를 이용한다. 만약 연 금리가 10%이고, 내년에 1,100원을 지급받을 예정이라면 이자가 100원이므로, 1,100원의 현재 가치는 1,000원이다. 다시 말해서 시중 금리는 현재 가치에 역방향으로 영향을 미친다. 따라서 금리가 상승하면 채권의 현재 가치는 하락하고, 이에 따라 채권의 가격도 하락한다. 이처럼 현재 가치의 평가 구조를 고려할 때, 시중 금리는 아무 때나 변동되므로 채권 가격의 변동에 영향을 주게 되는 것이다.

채권의 만기도 채권의 가격 변동에 영향을 준다. 만기란 채권의 매입 시점부터 만기일까지의 기간을 의미한다. 다른 지급 조건이 동일한 경우 보통 만기가 길수록 채권의 가격이 금리 변화에 더 민감하므로 가격 변동의 위험성이 높아지고, 만기일이 얼마 남지 않을수록 채권의 가격은 상대적으로 금리 변화에 덜 민감해진다. 따라서 채권 투자자들은 만기가 긴 채권에 높은 순수익을 기대하게 되고, 액면 이자율이 더 높은 채권을 선호하게 된다.

채권 가격에 영향을 미치는 또 다른 요인에는 지급 불능 위험이 있다. 이는 발행자가 정한 날짜에 액면 금액과 이자액을 지급할 능력이 없는 경우에 해당한다. 이를테면 채권을 발행한 회사의 경영난으로 지급 능력이 떨어지면, 이 회사에서 발행한 채권에 투자자들은 이 위험성을 감수해야 하는 보상을 요구하게 되므로 채권의 가격은 낮게 책정된다.

① 지급 불능 위험도가 높을수록 채권의 가격은 높게 형성된다.

② 만기가 짧은 단기 채권의 가격은 금리 변화와 무관하게 책정된다.

③ 투자자들은 채권의 매입 가격이 낮을수록 높은 순수익을 기대한다.

④ 필자는 채권 가격 변동 요인에 대해 채권 투자자의 입장에서 분석하고 있다.

19 다음 글에 대한 설명으로 적절하지 않은 것은?

언제부터인가 구멍가게가 자취를 감추기 시작했다. 슈퍼마켓이 그 자리에 들어서 규모와 가격으로 세력을 확장했고, 그 슈퍼마켓마저 얼마 전부터는 대형 할인점에 밀려나고 있다. 슈퍼마켓은 더는 '슈퍼'하지 않다. 하기야 아예 '미니 슈퍼'라는 기묘한 합성어가 일찌감치 등장하지 않았던가.

구멍가게와 슈퍼마켓이 대형 할인점에 위협당하는 가운데 동네마다 속속 들어선 소형 매장이 있으니 바로 24시간 편의점이다. 1927년 미국에서 생겨나 1989년 한국에 첫선을 보인 편의점은 그동안 그 규모가 급속하게 신장하여 2006년 전국의 편의점 수는 1만 개를 돌파하였고 전체 매출액은 4조 6천억 원으로 매년 10퍼센트 이상씩 늘어났다. 이렇듯 놀라운 성장의 비결은 무엇인가?

그 경쟁력은 우선 '24시간'이라는 영업시간 때문이다. 매출이 가장 높은 시간대가 밤 8시에서 자정까지라는 통계에서 알 수 있듯이 편의점의 성장은 도시인들의 생활 양식 변화와 밀접하게 맞물려 있다. 도시인들은 귀가 시간이 점점 늦어질 뿐 아니라, 집에 와서도 밤늦게까지 이런저런 일을 하거나 텔레비전을 본다. 특히 최근에는 인터넷 때문에 잠자는 시간이 더 줄어든다. 이러한 생활의 변화는 편의점의 신장과 관련된다. 편의점에서 가장 많이 팔리는 품목이 우유와 삼각 김밥이라는 통계에서 알 수 있듯이 우리는 심야에 출출할 때 간단하게 먹을 음식이나 일상에서 소소하게 필요한 것들을 편의점에서 간편하게 조달할 수 있다.

① 편의점은 간단한 음식이나 소소한 생필품을 판매한다.

② 현대인들은 귀가 시간이 늦고 다양한 심야 활동을 한다.

③ 1989년 우리나라에 처음 등장한 편의점은 그 수가 급속하게 늘어났다.

④ 슈퍼마켓은 그 규모가 작아짐에 따라 '미니 슈퍼'라는 이름으로 불렸다.

20 ㉠과 ㉡에 대한 설명으로 적절한 것은?

천상(天上)의 견우직녀(牽牛織女) 은하수(銀河水) 막혀서도 칠월 칠석(七月七夕) 일년 일도(一年一度) 실기(失期)치 아니거든 우리 님 가신 후는 무슨 ㉠약수(弱水) 가렷관듸 오거나 가거나 소식(消息)조차 ᄭᅳ첫는고. 난간(欄干)의 비겨 셔서 님 가신 ᄃᆡ 바라보니 초로(草露)ᄂᆞᆫ 맺쳐 잇고 모운(暮雲)이 디나갈 제 죽림(竹林) 푸른 고ᄃᆡ ㉡새소리 더욱 설다. 세상의 서룬 사람 수업다 ᄒᆞ려니와 박명(薄命)ᄒᆞᆫ 홍안(紅顔)이야 날 가ᄐᆞ니 ᄯᅩ 이실가. 아마도 이 님의 지위로 살동말동 ᄒᆞ여라.

– 허난설헌, '규원가'

① ㉠은 임을 비유한 것이고, ㉡은 화자를 비유한 것이다.

② ㉠은 임이 소유하고 있는 것이며, ㉡은 화자가 소유하고 있는 것이다.

③ ㉠은 화자와 임의 거리감을 부각시키고, ㉡은 화자의 슬픔을 부각시킨다.

④ ㉠은 화자의 소식을 임에게 전달하고, ㉡은 임의 소식을 화자에게 전달하는 대상이다.

정답·해설 _해설집 p.8

02회 핵심 어휘 마무리 체크

☑ 잘 외워지지 않는 어휘 및 표현은 박스에 체크하여 한 번 더 확인하세요.

고유어

□ **일찌감치** 1. 조금 이르다고 할 정도로 얼른
2. 될 수 있는 한 얼른

□ **출출하다** 배가 고픈 느낌이 있다.

한자 성어

□ **牽强附會** **견강부회 (이끌 견, 강할 강, 붙을 부, 모일 회)**
이치에 맞지 않는 말을 억지로 끌어 붙여 자기에게 유리하게 함

□ **姑息之計** **고식지계 (시어머니 고, 쉴 식, 갈 지, 셀 계)**
우선 당장 편한 것만을 택하는 꾀나 방법

□ **教學相長** **교학상장 (가르칠 교, 배울 학, 서로 상, 길 장)**
'가르치고 배움으로써 서로 성장한다'라는 뜻으로, 스승과 제자가 가르치고 배우는 과정에서 서로 성장함을 이르는 말

□ **道聽塗說** **도청도설 (길 도, 들을 청, 칠할 도, 말씀 설)**
길에서 듣고 길에서 말한다는 뜻으로, 길거리에 퍼져 돌아다니는 뜬소문을 이르는 말

□ **麥秀之嘆** **맥수지탄 (보리 맥, 빼어날 수, 갈 지, 탄식할 탄)**
고국의 멸망을 한탄함을 이르는 말

□ **破鏡之歎** **파경지탄 (깨뜨릴 파, 거울 경, 갈 지, 탄식할 탄)**
'깨어진 거울 조각을 들고 하는 탄식'이라는 뜻으로, 부부의 이별을 서러워하는 탄식을 이르는 말

□ **風樹之嘆** **풍수지탄 (바람 풍, 나무 수, 갈 지, 탄식할 탄)**
효도를 다하지 못한 채 어버이를 여읜 자식의 슬픔을 이르는 말

□ **後時之嘆** **후시지탄 (뒤 후, 때 시, 갈 지, 탄식할 탄)**
시기에 늦어 기회를 놓쳤음을 안타까워하는 탄식

한자어

□ **短縮** **단축 (짧을 단, 줄일 축)**
시간이나 거리 등이 짧게 줄어듦. 또는 그렇게 줄임

□ **續續** **속속 (이을 속, 이을 속)**
자꾸 잇따라서

□ **伸張** **신장 (펼 신, 베풀 장)**
세력이나 권리 등이 늘어남. 또는 늘어나게 함

□ **討論** **토론 (칠 토, 논할 론)**
어떤 문제에 대하여 여러 사람이 각각 의견을 말하며 논의함

□ **合意** **합의 (합할 합, 뜻 의)**
서로 의견이 일치함. 또는 그 의견

□ **犧牲** **희생 (희생 희, 희생 생)**
1. 다른 사람이나 어떤 목적을 위하여 자신의 목숨, 재산, 명예, 이익 등을 바치거나 버림. 또는 그것을 빼앗김
2. 사고나 자연재해 등으로 애석하게 목숨을 잃음
3. 천지신명 등에 제사 지낼 때 제물로 바치는, 산 짐승

□ **擴張** **확장 (넓힐 확, 베풀 장)**
범위, 규모, 세력 등을 늘려서 넓힘

Quiz 각 어휘 및 표현의 알맞은 뜻을 찾아 연결하세요.

01 擴張	㉠ 되도록 이르게	**06** 討論	㉥ 서로 같은 의견
02 後時之嘆	㉡ 부부간의 이별을 슬퍼함	**07** 合意	㉦ 권세와 이익이 늘어남
03 麥秀之嘆	㉢ 고국이 망하여 없어진 것을 탄식함	**08** 伸張	㉧ 당장 간편한 것만을 고르는 수단이나 방식
04 破鏡之歎	㉣ 영역이나 기세의 힘을 넓혀 감	**09** 姑息之計	㉨ 길거리에 퍼져 돌아다니는 근거 없는 소문
05 일찌감치	㉤ 적당한 때나 기회를 놓친 것을 안타까워함	**10** 道聽塗說	㉩ 여러 사람이 한 문제에 대한 의견을 나누고 논의함

정답 | 01 ㉣ 02 ㉤ 03 ㉢ 04 ㉡ 05 ㉠ 06 ㉩ 07 ㉥ 08 ㉦ 09 ㉧ 10 ㉨

정답·해설 _해설집 p.14

03회 실전동형모의고사

제한시간 : 20분 시작 시 분 ~ 종료 시 분 점수 확인 개/ 20개

01 ㉠~㉣의 문장을 고쳐 쓰기 위한 방안으로 적절한 것은?

> 민수가 같은 반 학생인 주희와 싸웠다는 전화를 받고 학 교로 달려갔다. ㉠민수의 작년 담임선생님이 멀직이 보였으나 다가가서 인사를 할 만한 여유는 없었다. ㉡교실에 도착 하니, 주희의 부모님과 담임선생님께서 아이들과 함께 계셨다. ㉢주희는 넓적다리에 보기 싫게 흉이 져 있었다. ㉣두 아이를 화해시킨 뒤 끝인사를 하고 나왔지만 무언가 마음이 개운치 않았다.

① ㉠의 '멀직이'는 표준어에 맞게 '멀찍이'로 고친다.

② ㉡의 '함께'는 의미상 자연스럽게 '어울려'로 고친다.

③ ㉢의 '넓적다리'는 표기법에 맞게 '넙적다리'로 고친다.

④ ㉣의 '끝인사'는 표기법에 맞게 '끝 인사'로 고친다.

02 다음과 같은 뜻의 속담은?

> 옷차림이나 지닌 물건 등이 제격에 맞지 않아서 어울리지 않는 경우를 말한다.

① 개 발에 주석 편자

② 깻묵에도 씨가 있다.

③ 절에 가서 젓국 달라 한다.

④ 눈치가 빠르면 절에 가도 젓갈을 얻어먹는다.

03 다음의 개요를 기초로 하여 글을 쓸 때, 주제문으로 가장 적절한 것은?

> 서론: 자사 신차(新車) 매출 부진 실태 파악
> 본론: 매출 부진의 원인 분석
> 1. 외부적 요인
> ㄱ. 원달러 환율 하락
> ㄴ. 국제 유가의 상승
> ㄷ. 감염병 장기화로 인한 출하 부진
> 2. 내부적 요인
> ㄱ. 영업 직원들의 근무 태만
> ㄴ. 신차에 대한 홍보 부진
> ㄷ. 진출 시장과의 국가적 교류 약화
> ㄹ. A/S 업무 지연으로 고객 불만족 상승
> 결론: 매출 실적 부진의 원인 요약 및 매출 실적 향상 방안 제시

① 회사의 대표는 신차(新車) 생산에 적극 투자해야 한다.

② 국제 유가 상승을 막기 위해 대외적인 정책 방향을 변경해야 한다.

③ 영업 직원들도 A/S 업무를 겸할 수 있도록 관련 업무를 교육해야 한다.

④ 매출 실적이 부진한 원인을 분석하여 적절한 대응책을 마련해야 한다.

04 다음 글의 글쓰기 방식에 대한 설명으로 적절한 것은?

정부 부처 산업통상자원부의 보고서에 따르면 우유팩의 폴리에틸렌 필름은 매립해도 썩지 않으며 소각할 때 발암 물질인 다이옥신을 1.5g 배출하는 것으로 밝혀졌다. 이 때문에 우유팩 재활용 산업이 2001년부터 시행되었다.

하지만 누군가 입을 대고 마셨던 우유팩의 재생 산업에 대한 우리나라 국민들의 인식은 여전히 좋지 않다. 일반 폐지의 재활용률이 71.8%인 것에 반해 우유팩의 재활용률은 20%대에 그친다는 것이 이를 방증한다.

한편 앞서 언급한 보고서에서 국가별 우유팩 재활용률을 확인해 보았을 때 유럽 국가들은 68%의 재활용률을 보였으나 우리나라는 27.4%인 것으로 밝혀졌다.

① 통념에 대한 반론을 제시하여 논지를 강화하고 있다
② 문제의 긴급성을 강조하여 빠른 변화를 촉구하고 있다.
③ 객관적인 근거를 사용하여 논거의 타당성을 확보하고 있다.
④ 전문성이 결여된 자료를 인용하여 신뢰성을 떨어뜨리고 있다.

05 밑줄 친 한자 성어의 쓰임이 적절하지 않은 것은?

① 10년 우정인 그와 서로 <u>肝膽相照</u>하는 사이이다.
② 생각의 차이가 전혀 없으니, 이것 참 <u>隔世之感</u>이야.
③ 그녀는 새로운 회사에서도 <u>群鷄一鶴</u> 같은 존재이다.
④ 왠지 이 친구는 나와 <u>同病相憐</u>의 처지에 있는 것 같다.

06 다음 글의 연결 순서로 가장 자연스러운 것은?

(가) 즉, 원시 집단 종교 의식은 주문과도 같은 단순한 소리에서 복잡한 짜임을 가진 이야기로 점차 발전해 나간 것이다. 의식을 위한 이야기는 공동체 내에서 공유할 수 있는 내용을 담고 있어야 했다. 여기에서 신화가 생겨났고, 신화는 연극의 좋은 밑거름이 되었다.

(나) 연극은 인간의 삶의 기저에서 경험한 것과 밀접하게 닿아 있다. 문명 이전의 인간은 공동체를 형성하고 생존하고자 자연물을 신비적 존재로 숭상했다. 그들은 자연물에 상징성을 부여하고 그것들이 상징으로서 살아 숨 쉬게 되기를 바랐다.

(다) 이와 같은 연극의 유래는 세계 어디서나 비슷한 양상을 보인다. 한국의 경우 여러 고대 국가의 집단 종교 의식에서 춤과 노래를 연행했다고 전해지는 데서 연극의 시초를 알 수 있다. 또한 단어 '굿'이 '여러 사람이 모여 떠들썩하거나 신명 나는 구경거리'라는 의미를 지녔다는 점에서 연극과 그 뜻이 일맥상통한다. 이는 연극이 어디에서 비롯되었는지 잘 말해 주고 있다.

(라) 인간은 상징성을 지닌 자연물에 생명을 불어 넣고자 여러 의식들을 만들어 냈다. 또한 자연물로부터 보호받기 위해서도 의식이 이행되었는데, 그 형태는 제의(祭儀)·놀이·굿 등으로 다양하게 나타났다. 이와 같은 원시 집단 종교 의식은 문화적 축적을 이루었고 여기에서 연극이 유래했다.

① (나) – (가) – (다) – (라)
② (나) – (라) – (가) – (다)
③ (라) – (가) – (나) – (다)
④ (라) – (나) – (다) – (가)

07 ㉠~㉣ 중 내포적 의미가 다른 하나는?

창(窓)밖에 ㉠ 밤비가 속살거려
㉡ 육첩방(六疊房)은 남의 나라,
시인(詩人)이란 슬픈 천명(天命)인 줄 알면서도
한 줄 시(詩)를 적어 볼까,
땀내와 사랑 내 포근히 품긴
보내 주신 학비 봉투(學費封套)를 받아
대학(大學) 노—트를 끼고
늙은 교수(敎授)의 강의(講義) 들으러 간다.
생각해 보면 어린 때 동무들
하나, 둘, 죄다 잃어버리고
나는 무얼 바라
나는 다만, 홀로 침전(沈澱)하는 것일까?
인생(人生)은 살기 어렵다는데
시(詩)가 이렇게 쉽게 씌어지는 것은
부끄러운 일이다.
육첩방(六疊房)은 남의 나라
창(窓)밖에 밤비가 속살거리는데,
등불을 밝혀 ㉢ 어둠을 조금 내몰고,
시대(時代)처럼 올 ㉣ 아침을 기다리는 최후(最後)의 나,
나는 나에게 작은 손을 내밀어
눈물과 위안(慰安)으로 잡는 최초(最初)의 악수(握手).

– 윤동주, '쉽게 씌어진 시'

① ㉠
② ㉡
③ ㉢
④ ㉣

08 다음 글에서 추론한 것으로 가장 적절한 것은?

필리핀은 원래 섬 지방을 중심으로 몇 가지 고유 문자를 갖고 있었다. 1521년 마젤란이 세계 일주를 하면서 필리핀에 들렀을 때 원주민들이 이미 고유 문자를 갖고 있었다는 기록은 이러한 사실을 잘 보여준다. 그러다가 1571년 스페인의 지배가 시작되면서부터 로마자를 쓰기 시작했으며, 1898년 미국의 지배 이후 더욱 널리 사용하게 되었다. 그리고 고유 문자는 자취를 감추었다.

현재 필리핀에서는 영어가 지성 언어의 역할을 하고 있기 때문에 대부분의 교육용 책과 교양서적, 정론지에 해당하는 신문들은 영어로 쓰인다. 필리핀어도 표기는 영어 알파벳을 사용한다. 이런 상황에서 영어와 필리핀어가 혼합된 특이한 언어, 즉 일종의 피진어를 구사하는 하층민이 늘어나게 되었고, 이는 언어의 계급화로 이어졌다. 이로 인해 사회적 의사소통에 문제가 발생할 뿐만 아니라 타갈로그어를 제외한 필리핀의 토착어들은 생존을 위협받는 처지에 놓이게 되었다.

이처럼 다른 문자를 빌려 고유의 말을 담는다는 것은 한계가 있을 수밖에 없다. 특히 다른 문자를 빌려 쓰는 상황에선 문자와 함께 언어가 들어오기 마련이라 고유 언어는 강력한 상대와 경쟁해야 할 처지에 놓일 수밖에 없다. 고유 문자 대신 로마자를 사용하는 나라에서 언어가 변하고 소멸하는 빈도가 높은 이유가 바로 이 때문이다.

① 필리핀어는 영어와의 경쟁에서 공용어로서의 지위를 잃었다.
② 외래 문자를 차용하는 과정에서 새로운 언어가 생겨나기도 한다.
③ 로마자가 도입되면서 필리핀어를 문자로 기록할 수 있게 되었다.
④ 영어를 구사하는 계층과 타갈로그어를 구사하는 계층은 상이하다.

09 다음 글에 대한 이해로 가장 적절한 것은?

재작년이던가 여름날에 있었던 일이다. 날씨가 화창하여 밀린 빨래를 해치웠었다. 성미가 비교적 급한 나는 빨래를 하더라도 그날로 풀을 먹여 다려야지 그렇지 않으면 찜찜해서 심기가 홀가분하지 않다. 그날도 여름 옷가지를 빨아 다리고 나서 노곤해진 몸으로 마루에 누워 쉬려던 참이었다. 팔베개를 하고 누워서 서까래 끝에 열린 하늘을 무심히 바라보고 있었다. 그러다가 모로 돌아누워 산봉우리에 눈을 주었다. 갑자기 산이 달리 보였다. 하, 이것 봐라 하고 나는 벌떡 일어나, 이번에는 가랑이 사이로 산을 내다보았다. 우리들이 어린 시절 동무들과 어울려 놀이를 하던 그런 모습으로.

그건 새로운 발견이었다. 하늘은 호수가 되고, 산은 호수에 잠긴 그림자가 되었다.

우리가 일상적으로 사람을 대하거나 사물을 보고 인식하는 것은 틀에 박힌 고정 관념(固定觀念)에 지나지 않는다. 그렇기 때문에 이미 알아 버린 대상에서는 새로운 모습을 찾아내 기 어렵다.

〈중략〉

그러나 보는 각도를 달리함으로써 그 사람이나 사물이 지닌 새로운 면을, 아름다운 비밀을 찾아낼 수가 있다. 우리들이 시들하게 생각하는 그저 그렇고 그런 사이라 할지라도 선입견에서 벗어나 맑고 따뜻한 '열린 눈'으로 바라본다면 시들한 관계의 뜰에 생기가 돌 것이다.

– 법정, '거꾸로 보기'

① 두 대상의 대조적인 특성을 보여주고 있다.
② 일부의 속성을 들어 전체를 나타내고 있다.
③ 유추의 형식을 활용해 주제를 형상화하고 있다.
④ 필자의 경험을 통해 비판적 인식을 드러내고 있다.

10 (가)~(라)에 대한 설명으로 적절하지 않은 것은?

(가) 더우면 곳 퓌고 치우면 닙 디거늘
솔아 너ᄂᆞᆫ 얻디 눈서리를 모ᄅᆞᄂᆞᆫ다.
구천(九泉)에 블희 고ᄃᆞᆫ 줄을 글로 ᄒᆞ야 아노라.
(나) 서방(書房)님 병(病) 들여 두고 쓸 것 업셔
종루(鐘樓) 져ᄌᆡ 달ᄅᆡ 파라 ᄇᆡ 사고 감 사고 유자(榴子)
사고 석류(石榴) 삿다 아ᄎᆞ아ᄎᆞ 이저고 오화당(五花糖)을
니저발여고나
수박(水朴)에 술 ᄭᅩᄌᆞ 노코 한숨계워 ᄒᆞ노라.
(다) 사랑이 거즛말이 님 날 사랑 거즛말이
ᄭᅮᆷ에 와 뵈단 말이 긔 더옥 거즛말이
날갓치 ᄌᆞᆷ 아니 오면 어늬 ᄭᅮᆷ에 뵈오리.
(라) 서검(書劍)을 못 일우고 쓸ᄃᆡ 업쓴 몸이 되야
오십 춘광(五十春光)을 ᄒᆡ옴 업씨 지ᄂᆡ연져
두어라 언의 곳 청산(靑山)이야 날 ᄭᅴᆯ ᄶᅮᆯ이 잇시랴.

① (가): 의인법을 통해 예찬적 태도를 드러낸다.
② (나): 열거법을 사용하여 운율감을 형성하고 있다.
③ (다): 반복법과 설의법을 통해 정서를 강조하고 있다.
④ (라): 대유법과 설의법을 통해 벼슬길에 대한 내적 갈등을 드러낸다.

11 진행자의 말하기 방식에 대한 설명으로 적절하지 않은 것은?

진행자: 오늘은 독서 포트폴리오에 대해서 김○○ 교수님 모시고 말씀 들어 보겠습니다.
김 교수: 안녕하세요, 반갑습니다.
진행자: 교수님, 독서 포트폴리오가 무엇인가요?
김 교수: 학생들 입장에서는 진로 관련 독서 이력과 다양한 독서 활동 내용을 기입해, 입시에 활용하는 것입니다. 관계부처 입장에서는 성적과 대회 수상 경력 위주로 평가하던 입시 부담을 완화하고, 갈수록 줄어드는 학생들의 독서량을 늘리려는 것입니다.
진행자: 그렇다면 결과적으로 학생들의 독서를 장려하면서 입시에 도움이 되게 하는 것이겠군요. 그런데 학생들의 독서량이 갈수록 줄어든다는 근거가 있나요?
김 교수: 문화체육관광부의 자료에 따르면, 학생의 독서량은 2년 전에 비해 1.3권 감소했습니다. 초등학생의 연간 독서량은 75.7권, 중학생의 연간 독서량은 23.9권, 고등학생의 연간 독서량은 12.5권입니다. 이마저도 매년 조금씩 줄어드는 추세입니다.
진행자: 그렇군요. 아무래도 스마트폰 때문에 청소년들이 장문의 텍스트를 읽는 것에 익숙하지 않기 때문에 갈수록 독서량이 줄어드는 것 같은데요. 제가 이해한 게 맞을까요?
김 교수: 네, 그것도 하나의 요인이 될 것입니다.
진행자: 그런데 독서 포트폴리오를 작성했을 때 학생들이 얻는 실질적인 이점이 큰가요?
김 교수: 네, 현재 모든 대학에서 권장 도서를 제시하고, 해당 도서들을 포트폴리오에 반영한 경우 가산점을 주고 있습니다.
진행자: 가산점을 준다고 하더라도 실질적인 독서량 증가와 직접적인 상관관계가 있을까요? 단순히 포트폴리오에 기입하기 위한 형식적인 독서를 할 수도 있지 않나요?
김 교수: 방금 말씀하신 것처럼 부적합한 도서 목록과 단편적인 독서가 문제입니다.
진행자: 음, 그 점은 보완해야 할 것 같군요. 그런데 '부적합한 도서 목록'은 무엇을 의미하나요?
김 교수: 네, 몇몇 대학의 권장 도서 목록을 살펴보면 대학교 교양수업 수준의 도서이거나, 심지어 분량이 800페이지 가까이 되는 책들도 있습니다. 학생들 수준이 상이하긴 하나 전반적인 10대 학생들 수준에 맞지 않는 도서들이 부적합한 도서 목록에 해당됩니다.
진행자: 네, 그럴 경우 독서 포트폴리오가 지닌 본래의 목적이 전도될 수 있겠네요. 교수님, 오늘 말씀 감사합니다.

① 상대방의 말을 요약하고 보충 질문을 한다.
② 상대방이 제시한 문제점에 대해 해결 방안을 제시한다.
③ 상대방이 제시한 자료를 통해 현상의 원인을 추론하여 이해한 바가 맞는지 확인한다.
④ 상대방이 제시한 정보에서 변수 간의 직접적인 상관관계를 지적하고 예상되는 문제 상황을 제기한다.

12 다음 글에 나타난 필자의 견해로 볼 수 없는 것은?

영웅이 어떻게 만들어지는가, 어떻게 신비화되고 통속화되는가, 영웅에 대한 기억이 시대에 따라 어떤 변천을 겪는가를 탐구하는 것은 '더 사실에 가까운 영웅'의 모습에 다가서려는 이들에게 필수적이다. 영웅을 둘러싼 신화가 만들어지고 전승되는 과정과 그 메커니즘을 이해하고 특히 국민 정체성 형성에 그들이 간여한 바를 추적함으로써, 우리는 영웅을 만들고 그들의 초상을 새롭게 덧칠해 온 각 시대의 서로 다른 욕망을 읽어 내어 그 시대로부터 객관적인 거리를 획득한다.

무릇 영웅이란 죽고 나서 한층 더 길고 파란만장한 삶을 살아가며, 그런 사후 인생이 펼쳐지는 무대는 바로 후대인들의 변화무쌍한 기억이다. 잔 다르크는 계몽주의 시대에는 '신비와 경건을 가장한 바보 처녀'로 치부되었지만, 프랑스 혁명기와 나폴레옹 집권기에 와서는 애국의 화신으로 추앙받기 시작했다. 〈중략〉

영웅에 대한 후대인들의 기억이 어떻게 만들어지는가를 추구하는 문제의식의 배경에는 '기억의 관리'가 부와 권력의 분배 못지않게 중요한 사회적 과제라는 전제가 깔려 있다. 인간의 기억은 기본적으로 사회적 틀 내에서 형성되며, 시간적, 공간적으로 제한된 특정한 사회 집단에 의해서 선택적으로 전해진다.

① 영웅에 대한 탐구는 영웅의 사실화를 위해 필수적이다.
② 영웅은 사후 후대인들에게 각기 다른 평가를 받을 수 있다.
③ 영웅을 통해 시대의 욕망을 읽어냄으로써 그 시대를 객관적으로 파악할 수 있다.
④ 영웅에 대한 후대인들의 기억에는 부와 권력의 분배보다 기억의 관리가 더 영향을 미친다.

13 다음 글의 제목으로 가장 적절한 것은?

루만은 도덕을 본질적으로 접근하지 않고 기능적으로 분석한다. 그는 사회와 인간을 동질적인 것으로 보며 이 둘을 규범으로 접착시키는 전통적인 관점도 거부한다. 루만은 규범의 절대성도 인정하지 않으면서, 도덕을 사람들이 상호 간에 표현하는 존중/무시를 결정하는 사회적 조건이라는 경험적 현상으로 파악할 것을 제안한다. 그는 경험적 현상으로 파악된 도덕을 윤리학은 선악 약호에 따라 평가하고, 사회학은 사실 약호에 따라 관찰할 것을 권고한다.

루만은 이른 바 도덕 논증의 윤리학을 지양하고, 도덕적 사실의 이론적 토대를 마련하는 윤리학을 추구한다. 도덕 현상에 관한 루만의 사회학적 관찰과 분석은 여러 의미 있는 발견을 제시한다. 〈중 략〉 도덕 사회학에 대한 루만의 이러한 공헌들은 사회학에 내재하는 도덕주의적 요소들을 제거하고, 경험적 도덕 사회학을 정립할 발판으로 평가할 만하다.

① 사회와 인간의 동질성 분석

② 도덕을 선악 약호로 평가하는 방법

③ 도덕적 사실과 경험적 현상에 근거한 윤리학

④ 사회학에 내재하는 도덕 요소에 대한 의미 있는 발견

14 다음 글에 대한 설명으로 적절하지 않은 것은?

다섯 놈이 서로 소근대기를,

““예기(禮記)”에 이르기를 ‘과부의 문에는 함부로 들지 않는다.’ 하였는데, 북곽 선생과 같은 점잖은 어른이 과부의 방에 들어올 리가 있겠나. 우리 고을의 성문이 무너진 데에 여우가 사는 굴이 있다더라. 여우란 놈은 천 년을 묵으면 사람 모양으로 둔갑할 수가 있다더라. 저건 틀림없이 그 여우란 놈이 북곽 선생으로 둔갑한 것이다.”

하고 함께 의논했다.

“들으니 여우의 머리를 얻으면 큰 부자가 될 수 있고, 여우의 발을 얻으면 대낮에 그림자를 감출 수 있고, 여우의 꼬리를 얻으면 애교를 잘 부려서 남에게 예쁘게 보일 수 있다더라. 우리 저놈의 여우를 때려 잡아서 나누어 갖도록 하자.”

다섯 놈이 방을 둘러싸고 우르르 쳐들어갔다. 북곽 선생은 크게 당황하여 도망쳤다. 사람들이 자기를 알아볼까 겁이 나서 모가지를 두 다리 사이로 쑤셔 박고 귀신처럼 춤추고 낄낄거리며 문을 나가서 내닫다가 그만 들판의 구덩이 속에 빠져 버렸다. 그 구덩이에는 똥이 가득 차 있었다. 간신히 기어 올라 머리를 들고 바라보니 뜻밖에 범이 길목에 앉아 있는 것이 아닌가.

범은 북곽 선생을 보고 오만상을 찌푸리고 구역질을 하며 코를 싸쥐고 외면을 했다.

“어허, 유자(儒者)여! 더럽다.”

북곽 선생은 머리를 조아리고 범 앞으로 기어가서 세 번 절하고 꿇어앉아 우러러 아뢴다.

① 부정적 인물을 의인화하여 우회적으로 비판하고 있다.

② ‘다섯 놈’이 쳐들어가자 도망치는 북곽 선생의 비굴한 모습을 희화화하고 있다.

③ 북곽 선생이 똥구덩이에 빠지는 장면은 북곽 선생의 위선을 풍자하기 위함이다.

④ ‘다섯 놈’의 대화를 통해 상황을 파악하지 못하는 당대인들의 어리석음을 나타낸다.

15 다음 글에 대한 설명으로 가장 적절한 것은?

"양심을 버리고, 윤리와 관습을 무시하고, 법률까지도 범하고!?"

흥분한 철호의 큰 목소리에 영호는 지금까지 철호의 얼굴에 주었던 시선을 앞으로 죽 뻗치고 앉은 자기의 발끝으로 떨구었다.

"저도 형님을 존경하고 있어요. 고생하시는 형님을. 용케 이 고생을 참고 견디는 형님을. 그렇지만 형님은 약한 사람이야요. 용기가 없는 거지요. 너무 양심이 강해요. 아니 어쩌면 사람이 약하면 약한 만치, 그만치 반대로 양심이란 가시는 여물고 굳어지는 것인지도 모르죠."

"양심이란 가시?"

"네, 가시지요. 양심이란 손끝의 가십니다. 빼어 버리면 아무렇지도 않은데 공연히 그냥 두고 건드릴 때마다 깜짝깜짝 놀라는 거야요. 윤리요? 윤리. 그런 나이롱 빤쓰 같은 것이죠. 입으나 마나 불알이 덜렁 비쳐 보이기는 매한가지죠." 〈중 략〉

"아니 남들은 다 벗어던지구 법률선까지도 넘나들면서 사는데, 왜 우리만이 옹색한 양심의 울타리 안에서 숨이 막혀야 해요. 법률이란 뭐야요. 우리들이 피차에 약속한 선이 아니야요?"

영호는 얼굴을 번쩍 들며 반쯤 끌러 놓았던 넥타이를 마저 끌러서 방구석에 픽 던졌다.

– 이범선, '오발탄'

① 영호가 얼굴을 드는 장면은 영호의 성공적 미래를 암시한다.

② 양심에 대한 영호의 주장에서 철호에 대한 적개심이 드러난다.

③ 철호의 성격에 대한 작가의 비판적인 시각을 보여주는 서술이 있다.

④ 철호의 큰 목소리는 영호의 가치관이 철호에게는 받아들일 수 없는 것임을 의미한다.

16 다음 글에서 추론한 내용으로 적절하지 않은 것은?

플라톤의 입장에서 가장 수학적인 개념을 잘 구현하고 있는 자연은 하늘의 천체였기에 플라톤은 천문학을 가장 고상한 자연철학이라고 생각했다. 그에 비해서 생물학 같은 분야는 매우 천박하게 여겼다. 플라톤은 철학의 목적 중 하나를 이성의 단련으로 보았는데 그런 점에서 자연을 논하는 것은 수학에 비하여 질료의 불완전성에 더 깊이 빠져드는 것이기 때문에 그렇게 좋은 방법은 아니지만 자연 속에서도 형상의 세계의 완전한 질서의 실마리를 발견할 수 있기 때문에 제한된 가치를 갖는 것으로 보았다. 그렇기 때문에 플라톤의 철학적 논의의 다양성과 깊이를 고려해 볼 때 플라톤의 자연철학적 논의는 매우 양이 적다. 그의 자연철학적 논의의 핵심은 『티마이오스』(Timaios)에서 대부분 찾을 수 있다.

플라톤은 우주를 완전한 구형이라고 보았다. 이것 역시 형상의 세계의 완전성이 반영되었기 때문이다. 그러므로 우주는 항상 천구라고 하는 둥근 하늘에 의해 둘러싸여 있었다. 이 둥근 하늘에 별들이 고정되어 지구 주위를 회전한다는 것이다. 그는 행성들의 일견 불규칙적으로 보이는 운동조차도 엄밀한 수학적 법칙에 의해 움직인다고 보았다. 이러한 행성의 운동을 설명하기 위해서 플라톤은 에우독소스(Eudoxos of Cnidus, B.C. 455-322)의 견해를 채용하여 여러 겹으로 이루어진 행성 천구의 개념을 제시하였다. 이를 동심천구설이라고 부른다. 플라톤은 행성들의 순서를 지구에서 가까운 것부터 달, 수성, 금성, 태양, 화성, 목성, 토성이라고 보았다. 이 중에서 복잡한 역행 운동을 보이는 행성들에 대해서는 그 복잡한 운동을 기술하기 위해서 하나의 축을 중심으로 회전하는 또 하나의 구를 상정하고 그 구 안쪽에 축을 약간 어긋난 방향으로 갖는 또 다른 구를 상정하였다.

① 에우독소스는 태양을 중심으로 주변 행성들이 움직인다고 보았다.

② 플라톤에 의하면 역행 운동을 하는 행성들의 움직임도 수학적 법칙에 의해 설명이 가능하다.

③ 플라톤은 동물을 연구하는 학문보다 행성의 움직임을 연구하는 학문이 더 고상하다고 보았다.

④ 우주의 형체가 조건에 따라 변할 수 있다고 보는 입장은 플라톤에게 비판의 대상이 될 수 있다.

17 다음 ( ) 속에 들어갈 말로 가장 적절한 것은?

중국의 춘추전국 시대에 위나라 '혜왕'과 제나라 '위왕'이 우의를 지키기 위한 조약을 맺었으나, 제나라가 일방적으로 그 조약을 어겼다. 위나라 '혜왕'은 괘씸하다고 생각되는 제나라 '위왕'을 보복시키기 위해 여러 신하들과 논의했으나 신하들의 의견이 분분했다. 어느 날 혜왕이 한 학자에게 의견을 묻자, 그 학자는 우주의 무궁함에 비한다면 이와 같은 문제는 매우 사소한 것에 불과한다며 '蝸角之爭'으로 비유된다고 답했다. '혜왕'의 ( )과 같은 태도를 비판한 것이다.

① 大器晩成　② 孤掌難鳴

③ 見蚊拔劍　④ 近朱者赤

18 다음 중 한자의 표기가 옳은 것은?

① 침체되었던 경제가 일시적으로나마 浮楊하였다.

② 시력을 儉査한 뒤 상태에 맞는 안경을 착용해야 한다.

③ 회사는 투자자에게 손실을 賠償하라는 판결이 나왔다.

④ 건물주의 안전 관리 消忽이 화재 발생의 원인으로 판명되었다.

19 다음 글에서 추론한 바로 적절하지 않은 것은?

기술적 모순이란 두 개의 기술적 변수의 값이 서로 충돌하는 것이다. 가령 비행기의 속도를 높이려면 출력이 높은 엔진을 장착해야 한다. 그런데 출력을 높이려면 엔진이 커져야 하고, 그에 따라 엔진은 무거워진다. 결국 출력이 높은 엔진을 장착하면 비행기의 무게가 증가하여 속도는 떨어지게 된다. 그렇다고 가벼운 엔진을 장착하면 출력의 한계 때문에 속도를 증가시키기 어렵다.

트리즈에는 이와 같은 기술적 모순을 해결하기 위한 40가지 발명의 원리가 있다. 현장에서 부딪히는 기술 문제에 발명의 원리를 하나씩 적용한다면 다양한 해결 방안들이 쏟아져 나올 것이다. 비행기의 속도 문제 해결에 '복합 재료를 사용하라'는 40번째 발명의 원리가 적용된 예가 있다. 당시, B1 폭격기의 무게를 줄여 달라는 정부의 요청을 받은 항공기 제작 회사는 금속 재료 대신 에폭시 계열의 플라스틱 복합 재료로 비행기의 날개를 만들어 폭격기 전체 무게의 15%를 줄였으며 비용도 절감하였다. 〈중 략〉

한편, 물리적 모순이란 하나의 변수가 서로 다른 값을 동시에 가져야 하는 것이다. 예컨대, 비행기는 이착륙 시에 바퀴가 반드시 있어야 하지만, 비행 중에는 공기의 저항을 최소화하기 위하여 바퀴가 없어야 하는 모순을 갖는다. 비행 중에도 바퀴가 동체에 그대로 붙어 있는 초창기 비행기의 모습을 떠올릴 수 있는데, 오늘날 초음속 비행기에서 동체의 바퀴는 엄청난 공기 저항을 유발하여 치명적인 사고를 불러올 수 있으므로 비행 중에는 반드시 없어져야 한다.

① 폭격기의 재료 구성에 따라 비용이 결정된다.

② 복합 재료를 사용하여 동체의 무게를 조절할 수 있다.

③ 속도의 향상에는 엔진 무게와 출력 변수가 서로 상충된다.

④ 착륙 시의 동체 바퀴도 공기 저항을 크게 받으므로 가능한 한 크기가 작아야 한다.

20 '독서'에 대한 견해 중에서 밑줄 친 세종대왕의 입장과 부합하는 것은?

> "뜻이 어려운 글도 여러 번 반복하여 읽고 외면 글의 뜻을 스스로 깨쳐 알게 된다."는 삼국지 위략 편에 나오는 독서백편의자현(讀書百遍義自見)이라는 말도 있다. 즉 책이나 글을 백 번 읽으면 그 뜻이 저절로 이해된다는 뜻으로, 학문을 열심히 탐구하면 뜻한 바를 이룰 수 있음을 가리키는 말이다.
> 〈중 략〉
> 세종대왕의 독서 방법은 백독백습(百讀百習)이다. 세종은 책 한 권을 '백 번 읽고, 백 번을 썼다'고 한다. 한 번 읽고 쓸 때마다 '바를 정(正)'자를 표시해가며 읽고 쓰기도 했다. 책 속에 있는 지식을 완전히 습득하기 위한 방법인데, 독서의 가장 기본적인 방법은 어려서부터 반복해서 읽고 쓰는 것이다. 미적분학을 발견한 라이프니츠 역시 반복 독서를 하였는데 이를 라이프니츠 반복 독서법이라고 한다.

① 책을 매일 읽는 것이 중요하다.
② 반복 독서법의 적절한 횟수는 정해져 있다.
③ 다독(多讀)과 정독(情讀), 속독(速讀)은 모두 중요하다.
④ 어려운 책이라도 되풀이하여 읽으면 저절로 그 뜻을 알게 된다.

정답·해설 _해설집 p.14

03회 핵심 어휘 마무리 체크

☑ 잘 외워지지 않는 어휘 및 표현은 박스에 체크하여 한 번 더 확인하세요.

한자 성어

☐ **肝膽相照** **간담상조 (간 간, 쓸개 담, 서로 상, 비칠 조)**
서로 속마음을 털어놓고 친하게 사귐

☐ **隔世之感** **격세지감 (사이 뜰 격, 인간 세, 갈지, 느낄 감)**
오래지 않은 동안에 몰라보게 변하여 아주 다른 세상이 된 것 같은 느낌

☐ **見蚊拔劍** **견문발검 (볼 견, 모기 문, 뽑을 발, 칼 검)**
'모기를 보고 칼을 뺀다'라는 뜻으로, 사소한 일에 크게 성내어 덤빔을 이르는 말

☐ **孤掌難鳴** **고장난명 (외로울 고, 손바닥 장, 어려울 난, 울 명)**
'외손뼉만으로는 소리가 울리지 않는다'라는 뜻으로, 혼자의 힘만으로 어떤 일을 이루기 어려움을 이르는 말

☐ **群鷄一鶴** **군계일학 (무리 군, 닭 계, 한 일, 학 학)**
닭의 무리 가운데에서 한 마리의 학이란 뜻으로, 많은 사람 가운데서 뛰어난 인물을 이르는 말

☐ **近朱者赤** **근주자적 (가까울 근, 붉을 주, 놈 자, 붉을 적)**
'붉은빛에 가까이 하면 반드시 붉게 된다'라는 뜻으로 주위 환경이 중요하다는 것을 이르는 말

☐ **大器晩成** **대기만성 (클 대, 그릇 기, 늦을 만, 이룰 성)**
'큰 그릇을 만드는 데는 시간이 오래 걸린다'라는 뜻으로, 크게 될 사람은 늦게 이루어짐을 이르는 말

☐ **同病相憐** **동병상련 (한가지 동, 병 병, 서로 상, 불쌍히 여길 련)**
같은 병을 앓는 사람끼리 서로 가엾게 여긴다는 뜻으로, 어려운 처지에 있는 사람끼리 서로 가엾게 여김을 이르는 말

한자어

☐ **慣習** **관습 (익숙할 관, 익힐 습)**
어떤 사회에서 오랫동안 지켜 내려와 그 사회 성원들이 널리 인정하는 질서나 풍습

☐ **論證** **논증 (논할 논, 증거 증)**
옳고 그름을 이유를 들어 밝힘. 또는 그 근거나 이유

☐ **遁甲** **둔갑 (숨을 둔, 갑옷 갑)**
1. 술법을 써서 자기 몸을 감추거나 다른 것으로 바꿈
2. 사물의 본디 형체나 성질이 바뀌거나 가리어짐을 비유적으로 이르는 말

☐ **埋立** **매립 (묻을 매, 설 립)**
우묵한 땅이나 하천, 바다 등을 돌이나 흙 등으로 채움

☐ **矛盾** **모순 (창 모, 방패 순)**
어떤 사실의 앞뒤, 또는 두 사실이 이치상 어긋나서 서로 맞지 않음을 이르는 말

☐ **賠償** **배상 (물어줄 배, 갚을 상)**
남의 권리를 침해한 사람이 그 손해를 물어 주는 일

☐ **認識** **인식 (알 인, 알 식)**
사물을 분별하고 판단하여 앎

☐ **限界** **한계 (한할 한, 지경 계)**
사물이나 능력, 책임 등이 실제 작용할 수 있는 범위. 또는 그런 범위를 나타내는 선

속담

☐ **개발에 주석 편자**
옷차림이나 지닌 물건 따위가 제격에 맞지 아니하여 어울리지 않음을 비유적으로 이르는 말

Quiz 각 어휘 및 표현의 알맞은 뜻을 찾아 연결하세요.

01 孤掌難鳴	㉠ 서로의 마음을 숨김없이 드러내고 가까이 사귐	**06** 遁甲	㉥ 어떤 일의 앞뒤가 맞지 않음
02 肝膽相照	㉡ 혼자만의 힘으로는 일을 성취하기 힘듦	**07** 限界	㉦ 하천이나 바다를 돌이나 흙으로 채움
03 見蚊拔劍	㉢ 작은 일에도 크게 화내고 덤빔	**08** 埋立	㉧ 타인의 권리를 침해했을 경우 손해를 물어 주는 일
04 同病相憐	㉣ 근거를 들어 옳고 그름을 밝힘	**09** 矛盾	㉨ 책임 등이 실제로 작용하는 범위를 나타내는 선
05 論證	㉤ 어려운 처지에 있는 사람끼리 서로 불쌍히 여김	**10** 賠償	㉩ 어떤 계책을 통해 자기 몸을 다른 것으로 바꿈

정답 | 01 ㉡ 02 ㉠ 03 ㉢ 04 ㉤ 05 ㉣ 06 ㉩ 07 ㉨ 08 ㉦ 09 ㉥ 10 ㉧

정답·해설 _해설집 p.20

04회 실전동형모의고사

제한시간 : 20분 시작 시 분 ~ 종료 시 분 점수 확인 개/ 20개

01 밑줄 친 발음이 표준 발음이 아닌 것은?

① 참외[차뭬] 서리
② 출입구 개폐[개페]
③ 무늬[무늬]를 새기다
④ 우리의[우리에] 소망

02 ㉠~㉣은 '협력하여 말하기'에 대한 설명이다. ㉠~㉣을 적용한 B의 대답으로 적절하지 않은 것은?

㉠ 필요 이상의 정보는 제공하지 않는다.
㉡ 중의적인 표현은 피하고 간결하게 말한다.
㉢ 대화의 내용과 관련 있는 정보만을 제공한다.
㉣ 대화에서 진실된 정보만을 말하며 근거가 불충분한 것은 말하지 않는다.

① ㉠ A: 너는 명기 결혼식에 어떤 옷을 입고 나갈 거니?
B: 나는 한복을 입고 갈 예정이야.
② ㉡ A: 오늘 점심으로 뭘 먹는 것이 좋을까?
B: 오늘은 날씨가 더우니 시원한 냉면을 먹자.
③ ㉢ A: 얼마 전에 수술했다며? 어디가 아파서 수술한 거야?
B: 응, 삼일 전에 무릎을 다쳐서 무릎 수술을 했어.
④ ㉣ A: 워싱턴은 미국에 있지?
B: 맞아. 그리고 런던도 미국에 있어.

03 ㉠~㉣을 고쳐 쓰기 위한 방안으로 적절하지 않은 것은?

'멋'은 자유와 해방과 개인의식 속에서 우러나는 감정이었지만 오직 '풍류' 하나로 그 뜻이 ㉠한정적으로 제한된 것은 유교적인 사회에 있어 제 흥과 제 멋을 살리는 길이란 자연을 상대로 할 수밖에 없었던 까닭이다. 우리는 멋 속에서 미를 찾으려고 하고 멋 속에서 인생을 살려 애썼다. 그것을 보면 사실 우리는 개성과 자유 의식을 존중하는 ㉡민족에 다름 아니다. ㉢서양은 우리나라보다 일찍부터 개성과 자유 의식을 존중하는 분위기가 있었다. 다만 자유 의식을 갖고 싶어 하면서도 부자연스러운 사회 예의나 유교적인 ㉣적극성 밑에서 그것을 제대로 발휘하지 못했던 것이라고 해석해야 할 것이다.

① ㉠: 의미가 중복되므로 '제한된 것은'으로 수정한다.
② ㉡: 우리말답지 않은 표현이므로 '민족이었다고 볼 수 있다'로 수정한다.
③ ㉢: 주제와 상관없는 내용이므로 통일성을 위해 삭제한다.
④ ㉣: 문맥상 흐름에 맞지 않으므로 '안정성'으로 수정한다.

04 진행자의 말하기 방식에 대한 이해로 가장 적절한 것은?

진행자: 식당에서 잔반이 발생할 경우 벌금을 요구하겠다는 문구를 종종 볼 수 있는데요. 오늘은 '음식점 환경개선부담금'에 대해 알아보겠습니다. 인터뷰에 참여해 주실 ◇◇◇ 법률사무소의 김○○ 변호사님이 나와 계십니다. 안녕하세요? 환경개선부담금이 무엇인지 설명 부탁드립니다.

김 변호사: 우리가 '환경부담금'이라고 알고 있는 것은 사실 '환경개선비용 부담법'에서 나온 것인데요. 환경개선비용 부담법 제9조에 의하면 '환경부장관은 경유를 연료로 사용하는 자동차의 소유자로부터 환경개선부담금을 부과·징수한다.'라고 규정되어 있습니다.

진행자: 그렇다면 음식점에서 환경개선부담금을 부과·징수하는 것이 법률로 규정된 사항은 아니었군요.

김 변호사: 네, 그렇습니다. 음식점에서 음식을 남긴 손님에게 환경개선부담금을 부과·징수하는 것이 법령으로 명시되어 있지는 않습니다.

진행자: 그럼 업주가 음식을 남긴 손님에게 환경개선부담을 요구하는 행위는 불법이라 볼 수 있나요?

김 변호사: 업주 재량에 따라 부과할 수 있지만, 법에 따른 행위는 아닙니다.

진행자: 네, 그럼 업주들은 음식점 환경개선부담금을 어떤 상황에서 요구할 수 있게 되는 건가요?

김 변호사: 먼저 업주가 음식을 남길 경우 환경부담금을 받겠다는 것을 사전에 고지하고 이를 고객이 승낙한 경우입니다. 이때 실제 고객이 남긴 음식에 대해 환경부담금을 지급했다면 서로 간의 약정에 따른 약정의무이행으로 볼 수 있습니다.

진행자: 아, 그렇군요. 환경개선부담금 지급에 대해 사전에 고지하고 있는 식당을 방문한 사람들에게 유용한 정보가 되겠군요. 오늘 말씀 감사합니다.

① 김 변호사의 발언을 요약 및 재정리하고 있다.

② 김 변호사의 발언에서 의문이 들 만한 점을 질문하고 있다.

③ 김 변호사의 발언에 대한 구체적인 근거를 제시할 것을 요구하고 있다.

④ 김 변호사의 발언과 관련된 추가 사례를 제시하여 사고의 폭을 넓히도록 유도하고 있다.

05 다음 글에서 〈보기〉가 들어가기에 가장 적절한 곳은?

보기

그러나 에베레스트와 같이 험난한 산을 오르는 이유를 즐거움이나 건강에서 찾을 수는 없을 것이다.

에베레스트처럼 험난한 산이 아니라면 산을 오르는 이유를 찾는 것은 그리 어려운 일이 아니다. (㉠) 산을 오르는 것은 매우 즐거운 일이고 건강에도 큰 도움을 주기 때문이다. (㉡) 숨을 쉬기조차 힘든 높은 산을 오르는 것은 엄청난 고통이 따를 뿐만 아니라 건강을 해칠 가능성도 크기 때문이다. (㉢) 이런 높은 산을 오르는 이유는 성취감이나 도전 정신과 같이 좀 더 추상적인 것에서 찾아야 한다.

그러나 험난한 산을 오르는 사람들의 심리 상태를 한 마디로 짚어내기는 쉽지 않다. 산을 오르는 사람마다 다른 동기와 목적을 가지고 산을 오르기 때문이다. (㉣)

① ㉠ ② ㉡

③ ㉢ ④ ㉣

06 다음 글에 대한 설명으로 적절하지 않은 것은?

㉠통계청의 자료에 따르면 2019년을 기준으로 대부분의 중등학교에서는 교복 착용을 의무화하고 있다고 한다. 그러나 교복을 강제로 착용하게 함으로써 학생의 자율성을 억압한다는 문제가 제기되고 있다. 대안으로 제시되었던 교복 자율화의 시행만이 이 문제를 해결해 줄 수 있는지는 의문이다.

교복을 입으면 가정의 경제적 배경이 어떠한지 쉽게 알 수 없다. 하지만 교복 자율화가 시행될 경우 저마다 자유롭게 입는 사복을 통해 빈부격차가 드러나게 되어 상대적으로 빈곤한 계층에 속한 학생은 소외감이나 박탈감을 느낄 우려가 있다.

또한 의무적으로 교복을 착용하는 것이 학생들의 ㉡창의성 증진 및 개성 표출을 억압하는 행위라면, 교복 자율화가 시행되었을 때 창의력이 높아지거나 학생 개개인의 개성을 잘 드러낼 수 있는지도 명확히 입증되지 않았다. 이는 교복의 문제가 아닌 창의력 및 개성을 키울 수 있는 내용으로 교육과정을 구성하는 것에 더 가깝다고 본다. 즉 의무적으로 교복을 착용하는 것에서 벗어났다고 해서 창의성이 증진되고 개성이 발현된다는 것은 타당한 근거가 없는 주장이라 생각한다.

① '교복 착용 논란'을 문제 상황으로 보고 있다.

② ㉠은 '교복 착용 의무화'를 뒷받침하는 자료이다.

③ ㉡은 필자와 반대되는 견해를 반박할 때 활용할 수 있다.

④ 필자는 사복 착용 시 학생들이 상대적 박탈감을 느낄 것을 걱정하고 있다.

07 다음 글의 글쓰기 전략으로 볼 수 없는 것은?

흔히 사람들은 한옥을 친자연적 건축물이라고 말한다. 친자연적이라는 말에는 자연환경과 조화를 이루어 심리적 안정감이나 미적 쾌감을 준다는 의미가 담겨 있다. 한옥이 자연에서 취한 자재를 활용하고 자연 채광을 이용하기 때문이다. 그러나 친자연적이라는 말에 생활하기 불편하다는 의미도 내포되어 있다고 여기는 이들도 있다. 한옥은 여름에는 덥고 겨울에는 추워 생활하기 힘들다는 것이다. 그러나 이는 한옥을 깊이 있게 알고 있지 못한 데에서 나오는 편견이다.

요즘 창문이 안 열리는 초고층 주상 복합 건축물의 불편함이 화제이다. 자연 환기가 봉쇄된 것인데, 사람에 비유하자면 일 년 내내 두꺼운 옷을 잔뜩 입고 여름에는 그 속에 에어컨을 집어넣은 격이다. 더운 여름에는 얇은 반소매 옷 하나만 입고 추운 겨울에는 두꺼운 옷 여러 개를 입는 것이 상식이고 이치다. 집도 이런 상식과 이치를 따르면 된다. 여름에는 창문을 활짝 열어젖히고 사방에서 바람을 시원하게 받으면서 열을 식힐 수 있어야 한다. 한옥은 여러 과학적 방식을 활용해서 집 안 가득 시원한 바람을 맞아들여 잘 흐르도록 한다. 이를 한마디로 '통(通)'의 원리라 부를 수 있다. '통'은 어려운 개념이 아니다. 통풍, 환기, 순환 등과 같은 말로, 한옥은 통의 원리를 구현하는 건강한 집이다. 자연의 원리를 잘 지키는 것이니 곧 자연적이다.

① 한옥은 '통'의 원리를 구현하는 집임을 강조한다.

② 한옥에 담긴 의미를 크게 두 가지로 대비하여 밝힌다.

③ 한옥의 일반적인 평가를 제시함으로써 흥미를 유발한다.

④ 비유를 사용하여 친자연적이지 않은 건축물을 설명함으로써 이해를 돕는다.

08 ㉠에 해당하는 것과 ㉡에 해당하는 것을 문맥적 의미를 고려하여 짝지을 때 적절하지 않은 것은?

> 아! 사람의 마음이 옮겨지고 바뀌는 것이 이와 같을까? 남의 물건을 빌려서 하루아침 소용에 대비하는 것도 이와 같거든, 하물며 참으로 자기가 가지고 있는 것이랴.
>
> 그러나 사람이 가지고 있는 것이 어느 것이나 빌리지 아니한 것이 없다. 임금은 백성으로부터 힘을 빌려서 높고 부귀한 자리를 가졌고, 신하는 임금으로부터 권세를 빌려 은총과 귀함을 누리며, 아들은 아비로부터, 지어미는 지아비로부터, 비복(婢僕)은 상전으로부터 힘과 권세를 빌려서 가지고 있다. 그 빌린 바가 또한 깊고 많아서 대개는 자기 소유로 하고 끝내 반성할 줄 모르고 있으니, 어찌 ㉠ 미혹(迷惑)한 일이 아니겠는가?
>
> 그러다가도 혹 잠깐 사이에 그 빌린 것이 도로 돌아가게 되면, 만방(萬邦)의 임금도 외톨이가 되고, 백승(百乘)을 가졌던 집도 외로운 신하가 되니, 하물며 그보다 더 미천한 자야 말할 것이 있겠는가?
>
> 맹자가 일컫기를 "남의 것을 오랫동안 빌려 쓰고 있으면서 돌려주지 아니하면, 어찌 그것이 자기의 소유가 아닌 줄 알겠는가?" 하였다.
>
> 내가 여기에 ㉡ 느낀 바가 있어서 차마설을 지어 그 뜻을 넓히노라.

	㉠	㉡
①	외로운 임금이 되는 일	임금의 권위는 빌린 것이다.
②	소유하고도 반성하지 않는 일	소유에 대한 집착을 버려야 한다.
③	빌린 물건을 자기 소유로 아는 일	만물은 빌린 것이다.
④	자기 힘으로 권세를 가졌다고 생각하는 일	영원한 힘과 권세란 없다.

09 ㉠~㉣의 상황에 어울리는 한자 성어로 가장 적절한 것은?

> 이때 재상이 군을 재목감으로 인정하여 군은 가만히 앉아 좋은 관직을 얻은 것이었다. 그러나 한 번도 찾아가 감사한 일이 없었다. 오직 강가에 살던 나하고 조석으로 만나 시를 짓고 가야금과 노래를 듣는 것으로 일을 삼았다. ㉠ 그가 지조를 지키고 권세나 이권을 좋아하지 않음이 이와 같았다.
>
> 경자년 여름에 예조 시랑으로 나갔다. 군은 본디 몸이 허약하였고 ㉡ 일직이 연달아 상을 당하여 병을 얻어 매우 고생하고 있었으므로 지방관으로 나가기를 청하여 강진에 가게 되었으니, 이것은 어른을 모시고 병을 치료하기 위함이었다.
>
> 〈중 략〉
>
> 군의 성품은 소박하고 진취하는 데 담담하여 남의 허물을 말하지 않았다. 집안이 본디 넉넉하였으므로 재산에 대해 별로 유의하지 않아 ㉢ 궁한 사람이 있으면 번번이 베풀어 주었다. ㉣ 극진한 정성으로 홀어머니를 모시고 그의 숙부에게 아들이 없어 그의 제사를 자기 아버지에 대한 것과 같이 지내니 친척들이 모두 칭송하였다.

① ㉠: 得隴望蜀

② ㉡: 百難之中

③ ㉢: 晩時之歎

④ ㉣: 望雲之情

10 다음 글의 내용에 부합하지 않는 것은?

어떤 사물이나 사건이란 대상에 대한 인식은 크게 두 가지로 나누어 볼 수 있다. 하나는 관찰 인식이요, 또 하나는 이론적 인식이다. '눈은 희다' 혹은 '아기는 9개월 만에 낳는다'라는 지식이 전자에 속하며, '돌이 떨어지는 것은 인력에 의해서다' 혹은 '한 물질의 에너지는 그 물질의 질량에 빛의 속도를 제곱하여 곱한 것과 일치한다'라는 아인슈타인의 $E=mc^2$과 같은 지식을 가리킨다. 전자의 지식은 우리들이 갖고 있는 오관(五官)의 지각기관을 통해서 직접 관찰하고 경험을 쌓아 얻을 수 있다. 이와 달리 후자의 지식은 우리들이 직접 지각할 수 없는 어떤 자연법칙의 가정을 통해서 지각될 수 있는 현상을 설명해 주는 기능을 갖고 있다. 그래서 후자를 설명적 지식이라고도 부른다.

'과학'이라 할 때 그것은 흔히 후자와 같은 지식을 가리키고, 그것을 전자와 같은 지식과 구별하여 과학적 지식이라고 구별 짓는다. 〈중 략〉 그렇다면 앎이란 무엇인가? 오관에 의해서 지각되는 모든 사물 현상과 그러한 현상들에 대한 모든 설명을 가지지 않고 함께 앎이라고 부를 수 있는가? 내가 눈을 보고 '눈은 검다'라고 지각했다 해서, 내가 '어린애는 여덟 달 만에 낳는다'고 믿었다 해서 그러한 나의 지각과 믿음을 앎이라고 부를 수 있겠는가? 중세기 사람들이 '비는 하나님이 슬퍼 눈물을 흘리기 때문에 온다'라고 비 오는 현상을 설명한다 해서, 어떤 기독교인이 '배가 아픈 것은 일요일마다 교회에 나와 헌금을 내지도 않고 기도도 하지 않기 때문이다'라고 설명한다 해서 그러한 설명들을 앎이라고 부를 수 있겠는가? 당연히 모든 지각이, 모든 믿음이, 그리고 모든 설명이 앎일 수는 없다.

① 관찰 인식은 인간이 직접 관찰하고 경험해 얻을 수 있다.

② 과학은 설명적 지식을 가리키며 과학적 지식이라 부른다.

③ 인간이 감각에 의해 지각하고 경험한 모든 것은 앎이 될 수 있다.

④ 이론적 인식은 법칙에 대한 가정으로 현상을 설명하는 설명적 지식이다.

11 다음은 유교에 대한 편견을 바로잡고자 쓴 글이다. 이를 통해 추론할 수 있는 필자의 견해로 적절하지 않은 것은?

임금은 덕을 쌓아서 백성들을 다스리고 도덕을 가르쳐야 할 책임이 있다. 만약 백성들에게 먹고 살 수 있는 생업도 마련해주지 않고 전쟁터로 내몰거나, 가르치지 않고 내버려두는 것은 백성을 인간으로 대접하는 것이 아니라 금수와 같이 여기는 것에 불과하다. 백성들에게는 먹고사는 문제가 가장 중요하다. 일차적인 문제가 해결이 된 이후에 도덕을 가르쳐야 한다. 이것이 군주에게 주어진 의무이다. 신하와 백성은 임금에게 충성을 다해야 한다. 자신의 마음을 다 바쳐서 군주를 보필하고, 나라를 위해서 일하는 것이 신하된 도리요 의무이다. 이러한 의무를 직분에 따른 의무라고 한다.

군주가 자신의 권력을 이용해 신하에게 일방적인 충성을 강요할 수 없다. 군주가 옳지 못하다면 신하는 간언을 서슴지 않아야 한다. 만약 군주가 간언을 듣지 않는다면 그를 버리고 떠나면 그만이다. 자신의 직분을 다하지 않고 의리를 저버린다면 임금과 신하 사이의 의는 깨어지고 말 것이다. 따라서 군신유의라 함은 힘에 의한 일방적인 복종이 아니라 덕에 의한 상호 의무를 전제로 한 관계이다.

① 군주가 폭정을 한다면 신하는 간언할 수 있다.

② 군신관계는 서로의 직분을 다할 때 유지될 것이다.

③ 백성의 의식주 문제를 해결하는 것은 임금의 가장 중요한 의무이다.

④ 백성들은 기본적인 문제 해결 이후 군주를 위해 일하며 직분을 다해야 한다.

12 다음 글에서 추론할 수 있는 필자 '홍대용'의 생각으로 가장 적절한 것은?

> 처음 공부할 때에 회의(懷疑)를 품지 못하는 것은 사람들의 공통된 병통이다. 그러나 그 병의 근원을 따져 보면, 뜬생각에 따라 좇다가 뜻을 책에 전념하지 못하기 때문이다. 그러므로 뜬생각을 제거하지 않고 억지로 배제하려고 하면 이로 인해 도리어 한 가지 생각을 더 첨가시켜 마침내 정신적인 교란만을 더하게 된다. 어깨와 등을 꼿꼿이 세우고, 뜻을 높여 한 글자 한 구절에 마음과 입이 상응하게 되면, 뜬생각이 자신도 모르는 사이에 없어지게 된다.
>
> 뜬생각이란, 하루아침에 깨끗이 없어질 수는 없다. 오직 수시로 정신을 맑게 하는 방법을 잊어버리지 않는 것이 중요하다. 혹 심기가 불편하여 꽉 얽매여 없어지지 않으면, 묵묵히 앉아서 눈을 감고 마음을 배꼽 근처에 집중시킬 때 신명이 제자리로 돌아오고, 뜬생각은 사라지게 된다. 과연 이러한 방법을 잘 실행한다면, 얼마 안 가서 공부하는 것이 점점 익숙해지고 효험이 점차 늘어나 오직 학식만이 날로 진척될 뿐 아니라, 마음이 편안하고 기운이 화평하여 일을 함에 있어서 오로지 하나에만 힘쓰고 정밀하게 된다. 위로 이치에 통달하는 학문도 이에서 벗어나지 않는다.
>
> 의리(義理)는 무궁한 것이니, 함부로 스스로 만족하게 여겨서는 안 된다. 문자를 거칠게 통한 사람은 반드시 의문이 없게 마련인데, 이는 의문이 없는 것이 아니라 철저하게 궁구하지 못했기 때문이다. 의문이 없는 데서 의문이 생기고, 맛이 없는 데서 맛이 생긴 뒤에라야 능히 글을 읽었다고 말할 수 있다.
>
> 독서를 할 때에는 결코 의문만 품으려고 해서는 안 된다. 다만 마음을 평온하게 갖고 뜻을 오롯이 하여 글을 읽어 가도록 한다.

① 몸과 마음을 평온하게 하면 뜬생각을 바로 없앨 수 있다.

② 처음 공부할 때는 뜬생각이 떠오르지 않아 책에 집중하기가 어렵다.

③ 독서를 할 때는 마음을 편안하게 하고 뜻에 집중해야지 의문을 품으면 안 된다.

④ 글에 대한 의문이 없는 것은 글을 철저하게 연구하거나 깊게 독서하지 못한 것이다.

13 다음 시조에 대한 설명으로 가장 적절한 것은?

> 귀ᄯᅩ리 져 귀ᄯᅩ리 어엿부다 져 귀ᄯᅩ리,
> 어인 귀ᄯᅩ리 지ᄂᆞᆫ ᄃᆞᆯ 새ᄂᆞᆫ 밤의 긴 소ᄅᆡ 쟈른 소ᄅᆡ 절절(節節)이 슬픈 소ᄅᆡ 제 혼자 우러 녜어 사창(紗窓) 여윈 ᄌᆞᆷ을 ᄉᆞᆯᄯᅳ리도 ᄭᆡ오ᄂᆞᆫ고야.
> 두어라, 제 비록 미물(微物)이나 무인동방(無人洞房)에 내 ᄠᅳᆺ 알 리는 너ᄲᅮᆫ인가 ᄒᆞ노라.

① 자연물에 화자의 감정을 이입하여 표현하고 있다.

② 임에 대한 사랑과 원망의 양가감정을 보여 주고 있다.

③ 조선 후기 서민들의 삶에 대한 해학적 태도가 돋보인다.

④ 제재에 대한 화자의 태도와 대조되는 대상이 작품 속에 드러나 있다.

14 밑줄 친 부분의 띄어쓰기가 모두 옳은 것은?

① 잘난 척 하던데, 그 녀석 참 안 됐다.

② 보잘것없다 싶으면 나가 버리니 아쉽더라.

③ 네가 무엇인데 친구한테 이래라 저래라 참견을 하니?

④ 배 아픈데 먹는 약을 복용하지 않고 잘 참아 내고 싶었다.

15 ㉠~㉣ 중 한자의 표기가 옳은 것만을 모두 고르면?

> 그는 평소에 ㉠<u>剛斷</u>이 있다는 말을 자주 듣는데, 맡은 일을 빈틈이 없게 해내기 때문이다. 또한 그는 주위의 친구들로부터는 ㉡<u>建實</u>한 사람으로 인정받기 때문에 ㉢<u>交友</u> 관계가 좋은 편이다. 이런 그는 요즘 들어서 고민이 생겼는데, 모두에게 좋은 사람으로 인정받고자 노력하는 것에 ㉣<u>皮怒</u>를 느꼈기 때문이다.

① ㉠, ㉡ ② ㉠, ㉢
③ ㉡, ㉢ ④ ㉢, ㉣

16 밑줄 친 부분을 고유어로 바꿀 때 적절한 것은?

① 나는 그의 무책임을 <u>질타했다</u>. → 바로잡다
② 그 친구는 일의 <u>기미</u>를 재빠르게 파악한다. → 낌새
③ 선생님은 나의 말을 듣고 자기도 모르게 <u>실소</u>하고 말았다. → 비웃음
④ 대책회의 이후의 진행 상황에 대해 <u>계고하여</u> 주시기 바랍니다. → 살펴

17 다음 글에서 알 수 있는 것은?

> 독일의 철학자 칸트는『순수 이성 비판』에서 철학이 제기하는 가장 중요한 질문이 '우리는 무엇을 알 수 있는가', '우리는 무엇을 해야 하는가' 그리고 '우리가 무엇을 바랄 수 있는가'의 세 가지라 하였다. 그러나 그 이후『논리학 강의』에서는 위의 세 가지 질문이 모두 '인간이란 무엇인가'라는 질문으로 귀결된다고 하였다.
>
> 한편 그리스의 철학자 소크라테스는 철학의 궁극적인 목적이 '너 자신을 알라.'라는 것이라고 하였다. 어떻게 보면 인간이 무엇인지 알면 자신이 누구인지도 알 수 있을 것 같지만 반드시 그런 것은 아니다. 인간과 자신은 어느 정도 연관은 있지만 근본적으로 다른 차원에 있다. 어떤 의미에서 '나'는 인간보다 한 단계 더 깊은 곳에 있다고 할 수 있다.
>
> 아득한 옛날, 사람들은 자신보다는 자신을 둘러싼 자연 현상이나 우주, 인간과 자연의 모든 것을 지배하는 신들에 주로 관심을 기울였다. 학문의 발전 과정을 보아도 '나'에 대해 연구하는 학문보다는 나에게서 멀리 떨어진 대상을 탐구하는 학문들이 먼저 발전하였다. 〈중 략〉
>
> 우리가 "자연, 우주, 신 등에 대해 안다."라고 하는 것은 어디까지나 우리의 생각을 거쳐야 가능하며, '나'를 통해야만 의미가 있다. '나'가 무의미하다면 우주가 아무리 의미 있고 아름다운들 그것의 가치를 어떻게 이해할 수 있겠는가? 따라서 인간이란 무엇이며 인간이 알고 있는 지식이 어떤 것인지 아는 것도 매우 중요하지만, '나'가 누구인지 아는 것은 한층 더 중요하다. 하지만 그것이 무엇인지에 대한 수수께끼는 예나 지금이나, 물리학적으로나 철학적으로도 어떻게 설명할 수 있는지 분명하게 밝혀지지 않았다.

① 칸트는 '나'에 대한 앎을 철학의 근본으로 여겼다.
② 자연과 우주의 가치를 이해하기 위해서 '나'를 아는 것이 중요하다.
③ '나'를 아는 것은 곧 '인간'을 아는 것이므로 이 둘의 근본적 차원이 같다.
④ 고대 철학자들은 신을 탐구한 후에야 인간의 문제를 탐구할 수 있다고 보았다.

18 다음 글에 대한 설명으로 적절하지 않은 것은?

까투리 하는 말이,
"기러기 북국에 울며 날 제 갈대를 물어 나름은 장부의 조심이요, 봉(鳳)이 천 길을 떠오르되 좁쌀을 찍어 먹지 아니함은 군자의 염치로다. 그대 비록 미물이나 군자의 본(本)을 받아 염치를 알 것이니 백이숙제(伯夷叔齊)의 충열 염치(忠烈廉恥) 주속(周粟)을 아니 먹고, 장자방(張子房)의 지혜 염치 사병벽곡(許病僻谷) 하였으니 그대도 이런 것을 본을 받아 조심을 하려 하면 부디 그 콩 먹지 마소."
장끼란 놈 이른 말이,
"네 말이 무식하다. 예절을 모르거든 염치를 내 알쏘냐. 안자(顔子)님 도학(道學) 염치로도 삼십밖에 더 못 살고, 백이숙제의 충절 염치로도 수양산(首陽山)에 굶어 죽고, 장량(張良)의 사병벽곡으로 적송자(赤松子)를 따라갔으니 염치도 부질없고 먹는 것이 으뜸이라. 호타하 보리밥을 문숙(文淑)이 달게 먹고 중흥 천자(中興天子) 되어 있고, 표모(漂母) 의식은 밥은 한신(韓信)이 달게 먹고 한국 대장(漢國大將) 되었으니, 나도 이 콩 먹고 크게 될 줄 뉘 알쏘냐"

① 두 인물의 말을 통해 성격이 드러나고 있다.
② 의인화된 동물들에 의해 사건이 전개되고 있다.
③ 까투리는 장끼를 존중하며 겸손하게 말하고 있다.
④ 장끼는 중국의 고사를 변형하여 비논리적으로 반박하고 있다.

19 다음 글의 시사점으로 적절하지 않은 것은?

청소년 체험 활동은 청소년기에 필요한 다양한 역량을 개발해 주는 이점이 있다. 자유 학기제나 자유 학년제의 도입도 같은 맥락이다.

그런데 최근 ○○ 청소년 문화 협회에서 학교 급별 청소년 체험 활동 연간 참여 횟수를 조사한 결과, 중등학교에 진학한 이후 고학년으로 올라갈수록 전시회 관람, 독서 프로그램 참여, 학교 축제 및 행사 참여 등과 같은 체험 활동의 횟수가 줄어드는 것으로 나타났다. 이에 대해 전국의 중학교 3학년을 대상으로 체험 활동 참여가 어려운 이유를 설문 조사한 결과 필요와 흥미를 느끼지 못한다는 답변이 41%, 비용이 부담된 다는 답변이 28%, 시간이 없다는 답변이 20%, 운영 프로그램에 대해 잘 모른다는 답변이 11%인 것으로 나타났다. 이 설문을 통해 그동안의 체험 활동이 청소년의 흥미를 고려하여 선정되지 못했음을 알 수 있다.

이에 개방형 설문지를 통해 청소년 체험 활동으로 참여하고 싶은 프로그램을 조사해 본 결과, 진로 체험과 영화 관람, 자연 체험의 응답이 많았다. 또한 이런 프로그램이 있을 경우 참여할 것이냐는 질문에는 90%가 참여할 것이라고 답한 것으로 나타났다.

이로 보아 청소년들이 체험 활동 자체에 거부감이 있는 것이 아니라 잘못된 프로그램 선정이 문제의 원인이므로, 청소년의 흥미를 고려하면서도 시간과 비용 부담을 완화하는 프로그램을 선정해야 한다. 또한 프로그램을 적극적으로 홍보하여 청소년들이 참여하는 데에 동기를 부여해야 한다. 이를 통해 청소년들은 자기주도적으로 결정하는 능력을 기르고, 타인과 상호작용하는 능력 등을 배양할 수 있을 것이다. 효과적인 프로그램 운영을 위해서는 교육 기관의 지원뿐 아니라 지역사회와의 협력도 필요할 것이다.

① 청소년들의 선호도를 고려하여 운영 프로그램을 다양화한다.
② 청소년들이 프로그램을 직접 선택하게 함으로써 문제해결능력을 높일 수 있다.
③ 교육청의 물적 지원, 지역사회의 체험 장소 지원처럼 관계 기관과 협력해야 한다.
④ 고학년이 체험 활동에 참여할 수 있도록 교육과정에 체험 활동 시수를 필수로 편성하여 구성한다.

20 다음 글에서 추론한 내용으로 적절하지 않은 것은?

바쟁은 '미라 콤플렉스'와 관련하여 조형 예술의 역사를 설명한다. 고대 이집트 인이 만든 미라에는 죽음을 넘어서 생명을 길이 보존하고자 하는 욕망이 깃들어 있거니와, 그러한 '복제의 욕망'은 회화를 비롯한 조형 예술에도 강력한 힘으로 작용해 왔다고 한다. 그 욕망은 르네상스 시대 이전까지 작가의 자기표현 의지와 일정한 균형을 이루어 왔다. 하지만 원근법이 등장하여 대상의 사실적 재현에 성큼 다가서면서 회화의 관심은 복제의 욕망 쪽으로 기울게 되었다. 그 상황은 사진이 발명되면서 다시 한 번 크게 바뀌었다. 인간의 주관성을 배제한 채 대상을 기계적으로 재현하는 사진이 발휘하는 모사의 신뢰도는 회화에 비할 바가 아니었다. 사진으로 인해 조형 예술은 비로소 복제의 욕망으로부터 자유롭게 되었다.

영화의 등장은 대상의 재현에 또 다른 획을 그었다. 바쟁은 영화를, 사진의 기술적 객관성을 시간 속에서 완성함으로써 대상의 살아 숨 쉬는 재현을 가능케 한 진일보한 예술로 본다. 시간의 흐름에 따른 재현이 가능해진 결과, 더욱 닮은 지문(指紋) 같은 현실을 제공하게 되었다. 바쟁에 의하면 영화와 현실은 본질적으로 친화력을 지닌다. 영화는 현실을 시간적으로 구현한다는 점에서 현실의 연장이며, 현실의 숨은 의미를 드러내고 현실에 밀도를 제공한다는 점에서 현실의 정수이다. 영화의 이러한 리얼리즘적 본질은 그 자체로 심리적, 기술적, 미학적으로 완전하다는 것이 그의 시각이다.

① 르네상스 시대 이전의 회화는 '복제의 욕망'과 '작가의 표현 의지' 모두 중시하였을 것이다.

② 영화가 현실의 연장인 이유는 시간의 흐름에 따라 사실적인 재현이 가능하기 때문일 것이다.

③ 원근법이 발명되었을 때까지만 해도 '복제의 욕망'은 조형 예술을 추동시키는 힘이었을 것이다.

④ 바쟁에게 영화는 현실의 단면을 전달하여 현실의 추악함으로부터 관객에게 자유를 부여하는 것이다.

정답·해설 _해설집 p.20

04회 핵심 어휘 마무리 체크

☑ 잘 외워지지 않는 어휘 및 표현은 박스에 체크하여 한 번 더 확인하세요.

고유어

□ **낌새** 어떤 일을 알아차릴 수 있는 눈치. 또는 일이 되어 가는 야릇한 분위기

한자 성어

□ **君臣有義** **군신유의 (임금 군, 신하 신, 있을 유, 옳을 의)**
오륜(五倫)의 하나. 임금과 신하 사이의 도리는 의리에 있음을 이른다.

□ **得隴望蜀** **득롱망촉 (얻을 득, 고개 이름 롱, 바랄 망, 나라 이름 촉)**
'농(隴)을 얻고서 촉(蜀)까지 취하고자 한다'라는 뜻으로, 만족할 줄을 모르고 계속 욕심을 부리는 경우를 비유적으로 이르는 말

□ **晩時之歎** **만시지탄 (늦을 만, 때 시, 갈 지, 탄식할 탄)**
시기에 늦어 기회를 놓쳤음을 안타까워하는 탄식

□ **望雲之情** **망운지정 (바랄 망, 구름 운, 갈 지, 뜻 정)**
자식이 객지에서 고향에 계신 어버이를 생각하는 마음

□ **百難之中** **백난지중 (일백 백, 어려울 난, 갈 지, 가운데 중)**
온갖 괴로움과 어려움을 겪는 가운데

한자어

□ **開發** **개발 (열 개, 필 발)**
지식이나 재능 등을 발달하게 함

□ **改善** **개선 (고칠 개, 착할 선)**
잘못된 것이나 부족한 것, 나쁜 것 등을 고쳐 더 좋게 만듦

□ **客觀性** **객관성 (손 객, 볼 관, 성품 성)**
주관으로부터 독립하여 존재하는 대상 자체에 속하여 있는 성질

□ **啓告** **계고 (열 계, 고할 고)**
윗사람이나 관청 등에 일에 대한 의견이나 사정 등을 말이나 글로 보고함

□ **幾微** **기미 (몇 기, 작을 미)**
어떤 일을 알아차릴 수 있는 눈치. 또는 일이 되어 가는 야릇한 분위기

□ **明示** **명시 (밝을 명, 보일 시)**
분명하게 드러내 보임

□ **迷惑** **미혹 (미혹할 미, 미혹할 혹)**
1. 무엇에 홀려 정신을 차리지 못함
2. 정신이 헷갈리어 갈팡질팡 헤맴

□ **不法** **불법 (아닐 불, 법 법)**
법에 어긋남

□ **力量** **역량 (힘 역, 헤아릴 량)**
어떤 일을 해낼 수 있는 힘

□ **裁量** **재량 (마를 재, 헤아릴 량)**
자기의 생각과 판단에 따라 일을 처리함

□ **再現** **재현 (두 재, 나타날 현)**
다시 나타남. 또는 다시 나타냄

□ **主觀性** **주관성 (임금 주, 볼 관, 성품 성)**
주관에 의하여 규정되고 제약받는 일

□ **職分** **직분 (직분 직, 나눌 분)**
1. 직무상의 본분
2. 마땅히 하여야 할 본분

□ **叱咤** **질타 (꾸짖을 질, 꾸짖을 타)**
큰 소리로 꾸짖음

Quiz 각 어휘 및 표현의 알맞은 뜻을 찾아 연결하세요.

01 낌새	㉠ 관청에 일에 대해 보고함	**06** 望雲之情	㉥ 법을 어김
02 百難之中	㉡ 재능 또는 지식을 발전시킴	**07** 得隴望蜀	㉦ 큰 소리로 혼냄
03 開發	㉢ 괴로움과 어려움 속에 있음	**08** 叱咤	㉧ 계속해서 욕심을 부림
04 啓告	㉣ 일의 진행 상황을 알아차릴 수 있는 분위기	**09** 不法	㉨ 마땅히 지켜야 할 직무상의 역할
05 主觀性	㉤ 자기만의 견해나 관점으로 규정되는 일	**10** 職分	㉩ 자식이 고향에 있는 부모를 생각함

정답 | 01 ㉣ 02 ㉢ 03 ㉡ 04 ㉠ 05 ㉤ 06 ㉩ 07 ㉧ 08 ㉦ 09 ㉥ 10 ㉨

정답 · 해설 _해설집 p.26

05회 실전동형모의고사

제한시간 : 20분 시작 시 분 ~ 종료 시 분 점수 확인 개/ 20개

01 어휘의 쓰임이 정확한 문장은?

① 깎아 낸 사과 껍데기를 한데 모아서 버렸다.
② 그는 위기가 닥치자 비로소 본성을 들어냈다.
③ 부모님의 등살에 못 이겨 독립하기로 결심했다.
④ 재산이 붇는 것을 생각하면 일이 힘든 줄도 모르겠다.

02 밑줄 친 말의 의미는?

> 그는 귀가 질겨서 여러 번 알려줘야 한다.

① 남의 말을 쉽게 받아들인다.
② 말썽을 무마하여 평온하게 만들다.
③ 남에게 살그머니 알려 조심하게 하다.
④ 둔하여 남의 말을 잘 이해하지 못하다.

03 다음 대담에 대한 설명으로 적절하지 않은 것은?

> **학생:** 안녕하세요. △△고등학교 신문부 기자 ○○○입니다. 교내 신문에 '우주 정거장에서의 생활'이란 주제로 기사를 작성하고자 찾아뵙게 되었습니다. 기사를 준비하면서 우리 학교 학생들이 궁금해 하는 점을 미리 조사했는데요, 그 내용을 바탕으로 질문드리겠습니다. 무중력 상태에서 식사는 어떻게 하나요?
> **연구원:** 우주인들이 공중에 둥둥 떠다니는 음료를 먹는 영상을 본 적이 있죠?
> **학생:** 네. 인터넷에서 본 적 있어요.
> **연구원:** 그런 영상에서처럼 물 같은 음료의 경우 공중에 떠 있는 상태로 먹기도 하지만 일반적으로는 빨대를 사용한답니다.
> **학생:** 그렇군요. 빨대를 사용하는군요. 그럼 액체가 아닌 것들은 어떻게 먹나요?
> **연구원:** 지구에서는 보통 빵이나 과자를 먹다 부스러기가 생겨도 괜찮잖아요? 그런데 우주 정거장 안은 첨단 장비들이 많아 아주 위험해요. 그래서 우주에서 먹는 음식물은 가능한 한 부스러기가 생기지 않도록 만들고요, 먹을 때에도 매우 조심한답니다.
> **학생:** 부스러기 때문에 지구에서처럼 편하게 음식을 먹을 순 없군요. 그렇다면 모든 것이 떠다니는 상황에서 샤워는 가능한가요?
> **연구원:** 네, 지구에서 하던 것처럼은 불가능하지만 물에 젖은 스펀지나 목욕 수건, 젖은 화장지 등을 사용하죠. 양치를 할 때는 삼키는 치약을 이용하기도 한답니다.

① 연구원은 일상생활의 경험을 들어 쉽게 설명하고 있다.
② 학생은 대담의 목적을 밝혀 대화 주제를 미리 제시하고 있다.
③ 연구원은 학생의 이해 여부를 확인하며 설명을 이어가고 있다.
④ 학생은 연구원의 설명을 반복해 말함으로써 자신이 잘 이해하고 있음을 드러내고 있다.

04 ㉠~㉣ 중 '화자의 외로운 심리'를 나타내기 위한 객관적 상관물로서 화자 자신과 동일시되는 소재는?

> 裁作㉠衣裳寄遠客 / 먼 길 나그네 편에 부치려고 임의 옷을 재단하니
> 悄悄㉡蘭燈明暗壁 / 쓸쓸한 등불이 어두운 벽을 밝힐 뿐.
> 含啼寫得㉢一封書 / 울음을 삼키며 편지 한 장 써 놓았는데
> ㉣驛使明朝發南陌 / 내일 아침 출발하여 남쪽 동네로 전해 준다네.

① ㉠ ② ㉡
③ ㉢ ④ ㉣

05 다음 시조에 대한 설명으로 적절하지 않은 것은?

> 전원(田園)에 나믄 흥(興)을 전나귀에 모도 싯고
> 계산(溪山) 니근 길로 흥치며 도라와셔
> 아희 금서(琴書)를 다스려라 나믄 ᄒᆡ를 보내리라.

① 화자는 자연 속에서 여유롭게 풍류를 누리고 있다.
② '흥(興)을 전나귀에 모도 싯고'에는 추상적 개념이 구체화된 표현이다.
③ '금서(琴書)'는 학문에 집중하고자 하는 화자의 의지를 드러내는 소재이다.
④ 화자는 '아희'에게 말을 건네며 남은 삶을 한가롭게 즐길 것을 간접적으로 드러내었다.

06 밑줄 친 말을 한자로 바르게 표기한 것은?

> • 그는 자신이 성공하면 꼭 ㉠자서전을 쓰겠다고 다짐했다.
> • 1위라는 명성에 비해 참 ㉡유명무실한 책이라고 생각한다.
> • 결과가 실망스러울지라도, 준비했던 과정을 ㉢반추해본다면 더욱 발전할 것이다.

	㉠	㉡	㉢
①	自敍傳	有名無實	反芻
②	自敍傳	有名舞實	反騶
③	自敍專	有名無實	反騶
④	自敍專	有名舞實	反芻

07 다음 글에 대한 설명으로 적절하지 않은 것은?

> 이때 회계 비장이 춘풍이 하는 일을 다른 사람에게 탐문했구나. 하루는 비장이 추월의 집을 찾아갈 제, 사또께 아뢰고 천천히 찾아가니 춘풍의 거동이 기구하고 볼만하다. 봉두난발 덥수룩한데 얼굴조차 안 씻어 더러운 때가 덕지덕지, 십 년이나 안 빤 옷을 도롱도롱 누비어서 그렁저렁 얽어 입었으니, 그 추한 형상에 뉘가 아니 침을 뱉으리오. 춘풍은 제 아내인 줄 꿈에나 알랴마는 비장이야 모를쏜가.
> 분한 마음 감추고 추월의 방에 들어가니, 간사한 추월이는 회계 비장 호리려고 마음먹어 회계 비장 엿보면서 교태하여 수작타가 각별히 차담상을 차려 만반진수(滿盤珍羞) 들이거늘, 비장이 약간 먹고 사환하는 걸인 놈에게 상째로 내어주며 하는 말이,
> "불쌍하다, 저 걸인 놈아. 네가 본디 걸인이냐? 어이 그리 추물이냐?"
> 춘풍이 엎드려 여쭈되,
> "소인도 서울 사람으로서 그리되었으니 사정이야 어찌 다 말씀드리리까마는, 나리님 잡수시던 차담상을 소인 같은 천한 놈에게 상째로 물려주시니 태산 같은 높은 은덕 감사무지하여이다."
> 비장이 미소하고 처소로 돌아와서 수일 후에 분부하여, 춘풍이를 잡아들여 형틀 위에 올려 매고,
> "이놈, 너 들어라. 네가 춘풍이냐? 너는 웬 놈으로 막중한 나랏돈 호조 돈을 빌려 쓰고 평양 장사 내려와서 서오 년이 지나가되 일 푼 상납 아니하기로, 호조에서 공문을 내려 '너를 잡아 죽이라.' 하였으니 너는 죽기를 사양치 말라."
> 하고 사령에게 호령하여,
> "각별히 매우 쳐라."

① 서술자가 직접 개입하여 인물에 대해 평가하고 있다.
② 외양 묘사를 통해 춘풍의 고단한 처지를 드러내고 있다.
③ 춘풍 처는 춘풍에게 연민과 분노의 두 가지 감정을 드러내고 있다.
④ 회계 비장을 유혹하려는 추월이의 모습을 비현실적으로 표현하고 있다.

08 다음 글에 대한 설명으로 적절하지 않은 것은?

"달밤이었으나 어떻게 해서 그렇게 됐는지, 지금 생각해두 도무지 알 수 없어."

허 생원은 오늘 밤도 또 그 이야기를 끄집어내려는 것이다. 조 선달은 친구가 된 이래 귀에 못이 박히도록 들어 왔다. 그렇다고 싫증을 낼 수도 없었으나, 허 생원은 시침을 떼고 되풀이할 대로는 되풀이하고야 말았다.

"달밤에는 그런 이야기가 격에 맞거든."

조 선달 편을 바라는 보았으나, 물론 미안해서가 아니라 달빛에 감동하여서였다. 이지러는졌으나 보름을 가제 지난 달은 부드러운 빛을 흐붓이 흘리고 있다. 대화까지는 칠십 리의 밤길, 고개를 둘이나 넘고 개울을 하나 건너고 벌판과 산길을 걸어야 된다. 길은 지금 긴 산허리에 걸려 있다. 밤중을 지난 무렵인지 죽은 듯이 고요한 속에서 짐승 같은 달의 숨소리가 손에 잡힐 듯이 들리며, 콩 포기와 옥수수 잎새가 한층 달에 푸르게 젖었다. 산허리는 왼통 메밀밭이어서 피기 시작한 꽃이 소금을 뿌린 듯이 흐붓한 달빛에 숨이 막힐 지경이다.

– 이효석, '메밀꽃 필 무렵'

① '달밤'은 허 생원으로 하여금 과거를 회상하게 한다.
② 비유법을 사용하여 서정적인 분위기로 묘사하고 있다.
③ 인물들의 대화가 이루어지는 시공간적 배경을 짐작할 수 있다.
④ 작품 밖에 위치한 서술자가 인물들의 심리를 객관적으로 서술하고 있다.

09 다음 글의 설명 방식으로 적절하지 않은 것은?

인간은 미리 조립되어 나오는 존재가 아니라, 삶이라는 접착제로 단단히 이어 붙여진 존재다. 그리고 한 명 한 명 구성될 때마다 다른 결과가 발생한다. 그 까닭은 첫째 우리가 저마다 다른 유전자 세트를 가지고 출발하기 때문이며, 둘째는 우리가 저마다 다른 경험들을 가지고 있기 때문이다. 이 공식에서 흥미로운 것은 본성과 양육이 모두 우리다움에 이바지한다는 점이 아니라, 실은 두 가지가 같은 말을 하고 있다는 점이다. 두 요인 모두 궁극적으로는 뇌의 시냅스 조직을 조형함으로써 마음과 행동상에 모종의 결과를 만들어 낸다.

① 비유적 표현을 사용하여 인간에 대해 설명하고 있다.
② 현상의 원인을 밝히는 인과적 서술 방식이 드러난다.
③ 두 개념의 공통점에 초점을 맞추어 논지를 전개하고 있다.
④ 본성과 양육이 인간에게 미치는 영향을 예시를 통해 보여주고 있다.

10 ㉠~㉤의 전개 순서로 가장 자연스러운 것은?

하우크 박사 연구팀은 마야 문명 유적지 유카탄 반도 근처의 바다 속 퇴적물을 조사했다. 마야 문명 유적지 땅에는 티타늄이 많다.

㉠ 따라서 유적지 지역에 비가 많이 온 해에는 퇴적물에 티타늄이 많이 포함되어 있고, 가문 해에는 티타늄의 양이 줄어든다.
㉡ 810년, 860년, 910년경에 티타늄의 양이 극히 적었고, 이는 곧 극심한 가뭄이 있었다는 뜻이다.
㉢ 전체적인 강수량이 적은 가문 시기 중간 중간에 더 극심한 가뭄이 강타한 것이다.
㉣ 하우크 박사 연구팀은 700년부터 950년 사이에 쌓인 바다 퇴적물에서 티타늄의 양을 측정했다.
㉤ 이때뿐만이 아니라, 당시 100년 동안 강수량은 다른 세기보다 훨씬 적었다.

① ㉠ – ㉡ – ㉤ – ㉣ – ㉢
② ㉠ – ㉣ – ㉡ – ㉤ – ㉢
③ ㉡ – ㉢ – ㉣ – ㉤ – ㉠
④ ㉡ – ㉤ – ㉢ – ㉣ – ㉠

11 다음 글을 통해 추론한 생각으로 적절하지 않은 것은?

조선 후기 실학자들은 우리말의 어휘를 모으고 이를 어휘집으로 만들었다. 《재물보才物譜》, 《물명고物名考》, 《아언각비雅言覺非》, 《자산어보玆山漁譜》 등이 실학자들에 의해 편찬된 어휘집이다. 그러나 이들 어휘집은 한자로 쓰인 한자어를 표제어로 하고 여기에 고유어를 대응시킨다는 점에서 우리말 사전의 출발로 보기는 어렵다. 한글과 우리말에 관심을 가졌던 실학자들조차도 우리말과 글을 지적 의사소통의 수단으로 보지 않았던 것이다. 〈중 략〉

그러나 근대에 들어서면서 민족어는 다시 태어난다. 민족국가가 세워지고 민족어가 사회적 의사소통의 중심으로 자리매김하자 근대인들은 민족어를 사회적 위상에 걸맞게 정리해야 한다고 생각했다. 이는 결국 민족국가의 기반을 확립하는 문제이기도 했다. 국가 체제가 질서 있는 의사소통 과정을 통해 유지되고 발전된다고 할 때, 근대 민족국가는 민족어를 규범화하는 데 노력을 기울일 수밖에 없었다. 문법서를 발간하고 사전을 편찬하는 일은 민족어 규범화의 시작이자 결과였다.

① 근대에 이르러서야 우리말을 표제어로 한 사전이 편찬되었겠군.

② 조선 후기에는 우리말을 학문을 위한 수단으로 여기지 않았겠군.

③ 근대 이전에도 우리말의 문법 체계를 정리하려는 노력이 있었겠군.

④ 실학자들은 일상에서 쓰이는 우리말 어휘를 정리할 필요성을 느꼈겠군.

12 다음 글의 주장으로 가장 적절한 것은?

진화를 통해 인간이 선택한 방식은 고통을 느끼는 '능력'을 갖춤으로써 유해 자극을 피한다. 그리고 우리와 다른 동물 사이의 거대한 진화의 연속성을 놓고 봤을 때, 진화를 통해 다른 동물들과 인간이 전혀 다른 방식을 선택했다면 이는 매우 놀라운 사건이다. 〈중 략〉

다른 사람을 발로 찼을 때 통증을 느낄 것이라고 판단할 수 있는 만큼, 개를 발로 찼을 때 통증을 느낄 거라는 판단의 근거는 많이 있다. 유일한 차이가 있다면, 당연한 이야기겠지만 개는 아프다고 말하지 못한다는 것뿐이다. 적어도 우리 인간의 관습적인 표현 방식으로는 말하지 못한다. 훈련된 높은 지능의 영장류들이 몇몇 있다면 예외가 될지 모르지만, 인간을 제외한 그 어떤 동물도 말을 하지 못한다. 그러나 인간의 갓난아기나 아직 말을 배우지 못한 아이들도 말 못하는 것은 매한가지다. 그럼에도 우리는 아기들이 통증을 느낀다고 확고히 자신한다.

① 개는 인간의 관습적인 표현 방식을 획득하지 못했다.

② 인간의 진화는 다른 동물보다 섬세하게 발전해 왔다.

③ 인간 이외의 동물들도 인간과 마찬가지로 통증을 느낀다.

④ 언어의 획득과 유해 자극을 피하는 능력은 상관관계를 지닌다.

13 다음 글의 서술 방식으로 적절하지 않은 것은?

"오늘은 날씨가 참 맑군요!"에서 '맑군요'를 어떻게 소리 내야 할까? [막꾸뇨], [말꾸뇨] 가운데 하나일 게다. 표준어의 발음 문제를 담당하는 어문 규범인 표준 발음법에 따르면 [말꾸뇨]만이 맞다. 위 문장에서 '맑군요'라는 올바른 표기를 모르는 사람은 거의 없겠지만, 그 표준 발음을 제대로 아는 사람은 상대적으로 적어 보인다. 더 나아가 표준 발음법이 존재한다는 사실조차 잘 알려져 있지 않다.

한글 맞춤법과 표준 발음법은 모두 표준어와 관련된 것이다. 표준어도 하나의 언어이기 때문에 입말과 글말을 갖추고 있다. 맞춤법은 그 중에서 글말에 관한 규정이고, 표준 발음법은 입말에 대한 것이다.

표준어가 '교양 있는 사람들이 두루 쓰는 현대 서울말'로 정해져 있으나 그런 서울말의 소리라고 해서 모두 표준 발음법에 맞는 것은 아니다. 왜냐하면 서울말의 실제 발음 중에 국어의 전통성과 합리성에 맞는 것만을 표준 발음으로 인정하기 때문이다.

예를 들어 보자. 교양 있는 서울 사람들 중에는 '눈[眼]'과 '눈[雪]', '밤[夜]'과 '밤[栗]'을 장단을 넣어서 — 각 쌍에서 전자는 짧고 후자는 긴 소리이다 — 구분하는 사람들이 있는가 하면, 구분하지 못하는 사람들이 있기도 하다. 그렇다면 구분되는 발음과 구분되지 않는 발음 중에 어느 것이 표준 발음일까? 이 경우에는 구분되는 발음이 전통적인 것이기 때문에 표준 발음이 된다. 〈중 략〉

그런데 전통성과 합리성만으로 표준 발음을 정하기 어려운 경우가 있다. 예를 들어서 '맛있다'의 합리적인 발음은 [마딛따]이다. '맛없다'를 생각해 보라. 그러나 이제 [마딛따]라는 발음을 주변에서 듣기가 오히려 어렵다. 대신 [마싣따]가 그 자리를 차지한 것이다. 이러한 경우를 '관용'이라고 일컬으며, 현실에서 고착된 관용은 추가로 인정하고 있다.

① 대상의 개념을 풀어서 설명하고 있다.
② 물음을 통해 화제에 대한 호기심을 유발하고 있다.
③ 구체적인 사례를 제시하여 독자의 이해를 돕고 있다.
④ 대상에 대한 다른 견해를 들어 논지를 전환하고 있다.

14 밑줄 친 단어의 활용 유형이 같은 것끼리 묶인 것은?

① 너무 아파서 물을 따라 마실 힘도 없었다.
추운 곳에서 뜨거운 물을 부으면 연기가 난다.
② 내가 죽고 나면 양지 바른 곳에 고이 묻어 줘.
자유롭게 나는 저 새들이 부러울 때가 참 많다.
③ 당황하면 무조건 우니 너를 얕잡아 보는 것이다.
소고기는 살짝만 구워서 먹는 것이 가장 맛있다.
④ 허리가 많이 굽으신 할머니께서 길을 건너가신다.
아무리 물어도 그 친구는 절대 비밀을 말하지 않는다.

15 밑줄 친 말에 대한 설명으로 적합한 것은?

우리나라의 남해안 일대에서는 중생대 백악기에 살았던 공룡의 발자국 화석이 1만 개 이상 발견되었다. 이 화석들은 당시 한반도에 서식했던 공룡들의 특성을 밝히는 실마리를 제공한다. 공룡 발자국 연구에서는 발자국의 형태를 관찰하고, 발자국의 길이와 폭, 보폭 거리 등을 측정한다. 이렇게 수집한 정보를 분석하여 공룡의 종류, 크기, 보행 상태 등을 알아낸다.

우선 공룡 발자국의 형태로부터 공룡의 종류를 알아낸다. 남해안 일대에서 발견된 공룡 발자국은 초식 공룡인 용각류와 조각류, 육식 공룡인 수각류의 것으로 대별된다. 용각류의 발자국은 타원형이나 원형에 가까우며 앞발이 뒷발보다 작고 그 모양도 조금 다르다. 이들은 대체로 4족 보행렬을 나타낸다. 조각류의 발자국은 세 개의 뭉툭한 발가락이 앞으로 향해 있고 발뒤꿈치는 완만한 곡선을 이룬다. 이들은 대개 규칙적인 2족 보행렬을 보인다. 수각류의 발자국은 날카로운 발톱이 달린 세 개의 발가락과 좁고 뾰족한 발뒤꿈치를 보인다. 조각류처럼 2족 보행렬을 나타내지만 발자국의 길이가 발자국의 폭보다 더 길다는 점이 조각류와 다르다.

다음으로 공룡 발자국의 길이로부터 공룡의 크기를 추정할 수 있다. '발자국의 길이(FL)'에 4를 곱해 '지면으로부터 골반까지의 높이(h)'를 구하여 [h = 4FL], 그 크기를 짐작할 수 있다. 4족 보행 공룡의 경우에는 일반적으로 뒷발자국의 길이를 기준으로 한다. 단, h와 FL의 비율은 공룡의 성장 단계나 종류에 따라 약간씩 다르게 적용된다.

또한 '보폭 거리(SL)'는 보행 상태를 추정하는 기준으로 사용된다. 여기서 SL은 공룡의 크기에 따라 달라지기 때문에 SL을 h로 나눈 '상대적 보폭 거리[SL/h]'를 사용한다. 학자들은 SL/h의 값이 2.0 미만이면 보통 걸음, 2.0 이상 2.9 이하이면 빠른 걸음이었을 것으로, 2.9를 초과하면 달렸을 것으로 추정하고 있다.

남해안 일대에서는 공룡 발자국 외에도 공룡의 뼈나 이빨, 다른 동식물의 화석 등도 발견된다. 공룡 발자국과 함께 발견되는 물결 자국이나 건열* 등의 퇴적 구조를 분석하여 발자국이 만들어진 당시의 기후나 환경을 짐작할 수 있다.

* 건열: 건조한 대기로 인해 땅 표면이 말라서 갈라진 것.

① 물결 자국이나 건열 등의 흔적을 통해 당시 기후를 짐작할 수 있다.
② h와 FL의 비율은 모든 공룡에게 절대적으로 적용되는 기준은 아니다.
③ SL/h의 값이 2.9 이하인 경우 공룡은 달리고 있는 상태로 추정할 수 있다.
④ 조각류의 발자국과 발뒤꿈치 모양은 수각류의 것과 다르고 특히 발자국이 용각류의 발자국과 같이 2족 보행렬을 보인다.

16 다음 글에 대한 이해로 가장 적절한 것은?

> 자유주의의 가장 기본적 주장은 역시 개인 자유의 보장이다. 이 때문에 자유주의를, 개인 자유의 보장을 사회의 기본 원리로 보는 주장이라고도 정리할 수 있다. 이 주장은 몇 가지 점에서 설명이 필요하다.
>
> 첫째, 자유주의가 관심을 갖는 자유는 집단이 아니라, 개인의 자유이다. 자유주의의 기본 입장인 개인주의(individualism)는 구체적 인간인 개인만이 궁극적인 가치를 갖고 있고 국가, 조직, 이념 등 나머지 것들은 모두 자체로서의 가치는 없고 오직 개인의 행복을 증진시키는 수단으로서만 가치를 갖는다는 입장이다. 따라서 이런 것들을 위해 개인을 수단시하여 희생시키는 것을 반대한다. 국가는 개인에 우선하는 가치를 갖고 있으므로 국가를 위해 개인은 마땅히 희생해야 한다고 보는 전체주의(totalitarianism)나 집단을 통해서만 인간다운 생활이 가능하다고 보는 집단주의(collectivism)를 자유주의는 반대한다.
>
> 둘째, 자유주의에서 말하는 자유는 사회적 자유(social liberty)이다. 사회적 자유란 무지나 탐욕, 미신으로부터의 자유처럼 타인이나 사회와 영향을 주고받지 않고 전적으로 개인이 스스로 처리할 수 있는 문제와 관련된 자유가 아니라, 출판, 취업, 결사, 정치 참여, 종교 선택과 같이 개인의 사회 활동과 관련된 자유를 말한다.
>
> 셋째, 자유주의에서 말하는 자유는 협의의 자유만을 의미하는 것이 아니라, 생명권과 재산권을 모두 포함하는 기본 인권(basic human rights)이다. 자유는 협의의 자유와 광의의 자유로 나눌 수 있다. 협의의 자유란 강압이 없는 자유로운 상태로, 보통 말하는 종교의 자유와 결사의 자유와 같은 선택의 자유가 이에 해당한다. 광의의 자유란 협의의 자유만이 아니라, 개인의 생명과 신체 · 재산 보장을 모두 포함한 인간의 기본권 자체를 의미한다.

① 개인의 신체에 대한 자유는 협의의 자유로 분류할 수 있다.
② 개인의 재산 처분에 대해 정부의 허가가 필요하다면 이는 자유주의에 반하는 것이라 볼 수 있다.
③ 개인이 사회로부터 구속받지 않고 스스로 문제를 해결하는 사회는 사회적 자유가 보장된 사회이다.
④ 자유주의는 개인마다 행복의 총량을 증진시킬 수만 있다면 개인의 1차적 희생은 용인될 수 있다고 본다.

17 다음을 모두 만족시키는 표어로 적절한 것은?

> • 교통안전 지키기를 강조한다.
> • 대구의 표현 방식을 활용한다.
> • 긍정적 표현과 부정적 표현을 모두 사용한다.

① 준법정신 솔선수범 / 우리 거리에 웃음꽃이 핍니다
② 신호등은 나에게 좋은 친구 / 교통안전 우리에게 평생 친구
③ 깜빡깜빡 졸음운전은 안돼요 / 아찔아찔 생명위협은 안돼요
④ 교통 천국으로 가는 안전 운전 / 교통 지옥으로 가는 과속 운전

18 다음 시조의 주제로 적절한 것은?

> 高山九曲潭(고산 구곡담)을 살ᄅᆞᆷ이 몰으든이,
> 誅茅卜居(주모복거)ᄒᆞ니 벗님네 다 오신다.
> 어즙어, 武夷(무이)를 想像(상상)ᄒᆞ고 學朱子(학주자)를 ᄒᆞ리라.

① 孝道　② 禮讚
③ 勉學　④ 醉興

19 다음 글을 통해서 답을 찾을 수 없는 질문은?

자기개념이란 상당히 안정적이지만, 그렇다고 해서 전혀 변하지 않는 것은 아니다. 주위의 평가에 따라, 혹은 자기 생각의 변화에 따라 얼마든지 바뀔 수 있다. 또한 주위 사람들의 반응에 따라 일시적으로 자기개념이 흔들리는 경우도 있다. 자기개념이 불안정해지면 자기 인식 욕구가 강하게 표출된다.

'자기 인식 욕구'란 자기를 알고 싶다는 욕구를 말한다. 내가 누구인지 정확하게 알고 싶다는 욕구가 바로 자기 인식 욕구이다. 자기 인식 욕구가 강해지면 자기에 관한 정보를 수집하게 된다. 한마디로 자기 인식 욕구는 자기개념이 불안정해지면 나타나서 자기에 관한 정보를 수집함으로써 약화된다.

간단한 예를 들어보자. 자신은 상당히 합리적이라고 생각하는 사람이 있다고 치자. 그런데 어느 날 누가 자신에 대해, 자기만 알고 남은 모르는 너무나 독단적인 사람이라고 말하고 다닌다는 소리를 들었다. 그 사람은 처음에는 화를 낼지도 모른다. 하지만 곰곰이 생각해본 끝에 혹시 내가 정말로 독단적인 것은 아닌가 하는 의문이 들 수도 있을 것이다. 자기개념이 불안정해진 것이다. 이런 생각이 든 것 자체가 자기개념이 불안정해졌음을 뜻한다.

누구나 이러한 상황이 닥치면 자기를 정확하게 보고 싶다는 욕구가 발생한다. 그 결과 주위 사람들에게 물어볼 것이다. 내가 정말 독단적이냐고. 이것이 자기에 관한 정보 수집 행동이다. 친구에게서 "누가 그래? 이상한 사람 아냐? 네가 얼마나 합리적인데"라는 말을 듣는다면 자기개념이 분명해져서 자기 인식 욕구는 사라지거나 약화된다.

만약 친구에게서 "맞아, 너 몰랐냐? 바보일세. 너 상당히 독단적이야"라는 말을 듣는다면 자기개념에 더욱 혼란이 온다. 그리고 다른 사람에게도 물어보면서 확인하는 정보 수집 행동은 계속된다. 자기개념이 안정될 때까지.

① 자기 인식 욕구란 무엇인가?

② 자기 인식 욕구는 언제 나타나는가?

③ 자기개념이 변화하는 원인은 무엇인가?

④ 자기 인식 욕구가 사라지는 양상은 어떠한가?

20 다음 중 루카치의 주장에 부합하는 견해로 가장 적절한 것은?

돈이 모든 가치의 척도가 되어버린 외설적인 시대에 가난한 자들은 자존심과 영혼을 가질 수 없다. 가난한 자들에게서 영혼을 보았던 루카치의 이론이 그리워지는 것도 그 때문이다. 루카치는 자본주의 사회의 특징을 소외가 만연된 사회라고 보았다. 소외가 전일화되면, 소외는 일상이 되고, 소외 상태가 정상이 되는 도착적인 시대가 열리게 된다. 그는 자본주의 사회의 이와 같은 도착을 물신화(reification)로 개념화했다. 그가 말하는 물신화는 노동 소외에서 비롯된 현상이다. 『역사와 계급 의식』에서 루카치는 자본주의 사회가 복잡하고 불투명해 보이는 것은 만연된 물신화 현상 탓이라고 주장했다. 이때 물신화는 인간이 만든 물건이 자율성을 가지고 인간을 지배하면서 인간관계를 사물(상품)의 관계로 변형시키는 것을 의미한다.

루카치는 자본주의 사회의 노동 소외와 물신화 현상의 극복을 노동자들의 저항에서 찾았다. 자본주의의 상품 물신화가 전 사회를 관통한 시대에 이르면 노동자는 분업에 의해 자신이 무엇을 만들고 있는지도 모르는 열악한 노동 소외의 상태에서 벗어나고자 갈망한다. 노동자들의 동선 하나, 몸짓 하나까지 계량화되어 생산성의 증가에 투입되면, 노동자들은 이런 비인간적인 노동 환경에 저항하게 되고 그것이 계급 의식으로 각성된다. 루카치가 말하는 노동자의 계급 의식은 개별적인 심리 상태가 아니다. 그것은 역사의 객관적 진실을 총체적으로 이해할 수 있는 집단의식이다. 노동자들은 공장에서 조직적으로 함께 노동하는 조건에 의해 집단으로서의 계급 의식을 각성하게 되고 역사를 변혁시킬 수 있는 힘을 획득하게 된다는 것이다.

① 고도로 조직화된 관료제 사회에서는 물신화가 일어나지 않는다.

② 노동자들의 개별적인 의식 각성이 계급투쟁의 필연적인 조건이다.

③ 노동조합은 노동 소외를 극복하기 위한 적극적 수단으로 볼 수 있다.

④ 노동력 자체가 하나의 상품이 된 사회에서 노동 계급의 위상이 올라간다.

정답·해설 _해설집 p.26

05회 핵심 어휘 마무리 체크

☑ 잘 외워지지 않는 어휘 및 표현은 박스에 체크하여 한 번 더 확인하세요.

고유어

□ **부스러기** 1. 잘게 부스러진 물건
2. 쓸 만한 것을 골라내고 남은 물건

한자 성어

□ **有名無實** **유명무실 (있을 유, 이름 명, 없을 무, 열매 실)**
이름만 그럴듯하고 실속은 없음

한자어

□ **空中** **공중 (빌 공, 가운데 중)**
하늘과 땅 사이의 빈 곳

□ **飮料** **음료 (마실 음, 헤아릴 료)**
사람이 마실 수 있도록 만든 액체를 통틀어 이르는 말

□ **田園** **전원 (밭 전, 동산 원)**
'논과 밭'이라는 뜻으로, 도시에서 떨어진 시골이나 교외(郊外)를 이르는 말

□ **琴書** **금서 (거문고 금, 글 서)**
거문고와 책을 아울러 이르는 말

□ **自敍傳** **자서전 (스스로 자, 펼 서, 전할 전)**
작자 자신의 일생을 소재로 스스로 짓거나, 남에게 구술하여 쓰게 한 전기

□ **尖端** **첨단 (뾰족할 첨, 끝 단)**
시대 사조, 학문, 유행 따위의 맨 앞장

□ **某種** **모종 (아무 모, 씨 종)**
어떠한 종류

□ **反芻** **반추 (돌이킬 반, 꼴 추)**
1. 한번 삼킨 먹이를 다시 게워 내어 씹음. 또는 그런 일
2. 어떤 일을 되풀이하여 음미하거나 생각함. 또는 그런 일

□ **步幅** **보폭 (걸음 보, 폭 폭)**
걸음을 걸을 때 앞발 뒤축에서 뒷발 뒤축까지의 거리

□ **堆積** **퇴적 (쌓을 퇴, 쌓을 적)**
많이 덮쳐져 쌓임. 또는 많이 덮쳐 쌓음

□ **貪慾** **탐욕 (탐낼 탐, 욕심 욕)**
지나치게 탐하는 욕심

□ **獨斷的** **독단적 (홀로 독, 끊을 단, 과녁 적)**
남과 상의하지 않고 혼자서 판단하거나 결정하는 것

□ **組立** **조립 (짤 조, 설 립)**
여러 부품을 하나의 구조물로 짜 맞춤. 또는 그런 것

□ **進化** **진화 (나아갈 진, 될 화)**
일이나 사물 등이 점점 발달하여 감

□ **尺度** **척도 (자 척, 법도 도)**
평가하거나 측정할 때 의거할 기준

□ **疏外** **소외 (소통할 소, 바깥 외)**
어떤 무리에서 기피하여 따돌리거나 멀리함

관용구

□ **귀가 질기다**
1. 둔하여 남의 말을 잘 이해하지 못하다.
2. 말을 싹싹하게 잘 듣지 않고 끈덕지다.

Quiz 각 어휘 및 표현의 알맞은 뜻을 찾아 연결하세요.

01 尺度	㉠ 집단에서 따돌리거나 멀리함	06 田園	㉥ 여러 번 덮쳐 쌓임
02 飮料	㉡ 말을 잘 이해하지 못하거나 싹싹하게 듣지 않음	07 有名無實	㉦ 그럴듯한 이름에 비해 실속이 없음
03 귀가 질기다	㉢ 인간이 마실 수 있는 액체	08 進化	㉧ 점점 성장하거나 발전함
04 貪慾	㉣ 과도하게 탐하는 욕심	09 反芻	㉨ 도시에서 떨어진 외곽 지역
05 疏外	㉤ 측정하거나 평가할 때 따르는 기준	10 堆積	㉩ 어떤 일을 곱씹어 생각함

정답 | 01 ㉤ 02 ㉢ 03 ㉡ 04 ㉣ 05 ㉠ 06 ㉨ 07 ㉦ 08 ㉧ 09 ㉩ 10 ㉥

정답·해설 _해설집 p.32

06회 실전동형모의고사

제한시간 : 20분 시작 시 분 ~ 종료 시 분 점수 확인 개/ 20개

01 다음 시가의 전개 방식으로 옳은 것은?

翩翩黃鳥
雌雄相依
念我之獨
誰其與歸

— 유리왕, '황조가(黃鳥歌)'

① 공간의 대비를 통해 시상을 전개한다.
② 의미가 점층적으로 확대되도록 시상을 전개한다.
③ 원경에서 근경으로 시선을 이동하며 시상을 전개한다.
④ 자연물에 의탁하여 시상을 불러일으킨 후 내면을 서술하는 방식으로 시상을 전개한다.

02 ㉠~㉣의 한자가 모두 바르게 표기된 것은?

글을 전개하는 방식으로 ㉠비교, ㉡대조, ㉢유추, ㉣분석이 있다.

	㉠	㉡	㉢	㉣
①	比較	對照	類推	分析
②	比較	對租	類推	分斫
③	比攪	對租	類追	分析
④	比攪	對照	類追	分斫

03 ㉠~㉣에 대한 독자의 이해가 적절한 것은?

모쳠(茅簷) ᄎᆞᆫ 자리의 밤듕만 도라오니 ㉠반벽청등(半壁靑燈) 눌 위ᄒᆞ야 블갓ᄂᆞᆫ고. 오ᄅᆞ며 ᄂᆞ리며 헤ᄯᅳ며 바니니 져근덧 녁진(力盡)ᄒᆞ야 ㉡픗ᄌᆞᆷ을 잠간 드니 정셩(精誠)이 지극ᄒᆞ야 ᄭᅮᆷ의 님을 보니 옥(玉) ᄀᆞᄐᆞᆫ 얼구리 반(半)이나마 늘거셰라. ㉢ᄆᆞ음의 머근 말ᄉᆞᆷ 슬ᄏᆞ장 ᄉᆞᆲ쟈 ᄒᆞ니 눈믈이 바라 나니 말ᄉᆞᆷ인들 어이ᄒᆞ며 졍(情)을 못다ᄒᆞ야 목이조차 메여ᄒᆞ니 오뎐된 ㉣계셩(鷄聲)의 ᄌᆞᆷ은 엇디 ᄭᆡ돗던고.

① ㉠: 화자의 외로움을 심화시키는 구실을 한다.
② ㉡: 잠을 통해 현재 상황을 이겨내려는 화자의 의지가 드러난다.
③ ㉢: '님'에 대한 화자의 원망이 담겨 있다.
④ ㉣: 동일한 처지에 놓여 있어 화자는 심리적 동질감을 느낀다.

04 밑줄 친 부분과 관련된 한자 성어로 가장 적절한 것은?

춘추 시대 위나라에서 주우가 임금 환공을 시해하고 스스로 임금 자리에 올랐다. 주우와 환공은 이복형제였다.

둘의 아버지 장공 때부터 충신으로 이름난 석작은 일찍이 주우에게 역심이 있음을 알았다. 석작은 아들인 석후에게 주우와 절교하라고 했으나 듣지 않았다. 석작은 환공의 시대가 되자 은퇴하였다. 그 후 얼마 지나지 않아 우려했던 주우의 반역이 현실로 나타난 것이다.

반역은 성공했지만 백성과 귀족들의 반응이 별로 좋지 않았다. 석후는 아버지 석작에게 지혜를 구했다. 석작은 천하의 종실인 주 왕실을 예방하여 천자를 배알하고 승인을 받는 게 좋겠다고 답했다. 이어 주 왕실과 각별한 사이인 진나라 진공을 통해서 청원하라고 권했다.

주우와 석후가 진나라로 떠나자 석작은 진공에게 밀사를 보냈다. 주군을 시해한 주우와 석후를 잡아 죽여 대의를 바로잡아 달라고 부탁하였다. 〈중 략〉 석작은 아들이라고 해도 불의에 가담한 죄를 도저히 용서할 수 없었다. 자신과 가족의 안위보다도 나라를 먼저 생각했다.

① 大義滅親 ② 擧案齊眉
③ 暗中摸索 ④ 命在頃刻

05 다음 담화에서 사용한 전략이 아닌 것은?

안녕하세요. 행복 아파트 관리 사무소장 ○○○입니다. 공지 사항 보시고 오신 거죠? 주민 여러분이 이렇게 많이 모이신 것을 보니 그동안 층간 소음으로 인해 얼마나 큰 고통을 받으셨는지 충분히 짐작이 갑니다. 얼마 전, 우리 아파트에서 층간 소음으로 인해 위층과 아래층 주민 사이에 싸움이 일어났고, 결국 폭행 사건이 발생해 경찰이 출동하는 일까지 있었습니다. 또한 올해 들어 층간 소음으로 인한 민원이 7건이나 접수되었습니다. 우리 관리 사무소에서는 문제의 심각성을 파악하기 위해서 민원을 제기한 주민의 댁에 가서 소음을 측정하고 녹음을 했습니다. 녹음한 것을 들려 드리겠습니다. (쿵쿵대며 걷는 소리, 문 닫는 소리, 가구 끄는 소리가 들린다. 청중들이 웅성거린다.) 들어 보니 어떠세요, 좀 심하죠? 저희 관리 사무소에서 주민 분들을 대상으로 조사한 바에 따르면 층간 소음의 구체적 원인으로는 들으신 것처럼 발걸음 소리, 문 닫는 소리, 가구 끄는 소리 등이 있었습니다.

주민 여러분, 이런 종류의 소음 발생은 실내화 신기를 생활화하거나, 문소리 소음 방지 쿠션을 설치하는 등 약간의 주의만 기울이면 충분히 줄일 수 있습니다. 흥미로운 설문 조사 결과를 하나만 더 말씀드리겠습니다. 조사에서 우리 주민 중, 75%는 층간 소음으로 피해를 입고 있다고 답했습니다. 하지만 자신이 층간 소음을 일으키는지 묻는 질문에는 25%만 그렇다고 답했습니다. 이 결과는 무엇을 의미하는 걸까요? 주민 대부분이 층간 소음 문제를 남의 탓으로만 여기고 있는 것입니다. 층간 소음을 줄이기 위해서는 이웃을 배려하는 마음가짐이 필요합니다. 주민 여러분, 아파트는 공공의 것입니다. 이런 공동체 의식을 바탕으로 다른 주민들에 대한 배려를 생활 속에서 실천해 주시길 간곡히 부탁드립니다. 감사합니다.

① 구체적인 사례를 들어 문제 상황의 심각성을 제시하고 있다.
② 녹음 자료와 설문 조사를 활용하여 청자의 이해를 돕고 있다.
③ 청중들에게 여러 차례 질문을 던지면서 주의를 환기시키고 있다.
④ 문제 해결을 위해 관리 사무소에서 시행해야 할 방안을 제시하고 있다.

06 다음 글의 사례로 가장 적절하지 않은 것은?

언어가 사회적인 의사소통의 수단으로 출발했으므로 필연적으로 언어는 사회와 관련을 맺고 있다. 인간은 언어를 통해 사회적 관계를 맺기 때문에 인간이 사회적인 존재인 이상 언어와 사회는 떼려야 뗄 수 없는 관계인 셈이다. 언어는 사회적인 차이가 반영되어 다양한 변이형을 가지게 된다. 언어의 사회적 변이형은 흔히 지역 방언과 사회 방언을 포함한 방언으로 나타난다. 〈중 략〉

사회 방언은 사회 계급, 성별, 세대 등에 따른 언어적 차이를 말한다. 사회 계급에 따른 차이와 관련하여 반촌(班村)과 민촌(民村)의 친족 명칭의 차이에 대한 연구가 이루어진 바 있으며, 전문어나 직업어의 특성을 이런 관점에서 연구하기도 했다.

① '도시락'을 북한에서는 '곽밥'이라고 부른다.
② 영유아 시기에는 '밥'을 '맘마'로 지칭하기도 한다.
③ '정구지'는 '부추'를 일컫는 경상 지역의 방언이다.
④ 어촌 지역에서는 '바람'과 관련된 어휘가 세분화되어 있다.

07 다음 글의 주된 서술 방식은?

아침 물가에 내려가 대나무로 가리고 지어간 찬밥을 일행이 몇 숟가락씩 나눠 먹었다. 충이와 어산이가 연장도 없이 대나무를 베어 가까스로 두 칸 길이의 집을 짓고 문 하나를 내어 제비 둥지처럼 조그만 움을 묻고 생댓잎으로 바닥을 깔고 댓잎으로 지붕을 이어 세 집의 부녀자 열네 사람이 그 안에서 밤을 지내고 종들은 대나무를 베어 막을 하여 의지하고 지내나, 물이 없는 무인도라 대나무 수풀에 가서 눈을 모아 녹여 마셨다. 당진에서 축이가 몹시 아파 오지 못했는데, 몸조리하고, 오위장이 양식을 찧어 날라다가 바닷물에다 애벌 씻어서 밥을 해 먹었다. 피난 온 사람들이 모두 거룻배로 나가 물을 길어오나, 우리 행차는 거룻배도 없고 그릇도 없어 한 그릇의 물도 얻어 마시지 못하고, 주야로 산성(山城)을 바라보며 통곡하고 싶을 뿐이었다. 마음속으로 참으며 날을 보내니 살아 있을 날이 얼마나 되랴.

– 남평 조씨, '병자일기'

① 인용　② 비교
③ 묘사　④ 예시

08 밑줄 친 말의 사전적 의미로 가장 적절한 것은?

> 요즘에는 어머니에게도 마구 바락바락 들이덤비는 게 그 행실이 꽤 발만스럽습니다. – 김유정, '아기'

① 말이나 행동이 능글맞은 데가 있다.

② 정도가 지나쳐 어수선하고 어지러운 데가 있다.

③ 두려워하거나 삼가는 태도가 없이 꽤 버릇없다.

④ 보기에 쓸데없는 일에 간섭을 잘하는 데가 있다.

09 다음 글을 통해 알 수 있는 것은?

> 적성에 따라서 직업을 선택하기보다는 보수에 따라서 직업을 선택할 경우가 더 많은 것이 우리들의 실정이다. 만일 어떤 일을 하더라도 수입에는 별로 차이가 없다면 오랜 교육 기간 내지 수련 기간이 필요한 의사나 법률가에 대한 선호가 오늘의 한국의 경우처럼 심한 경향을 보이지는 않을 것이다. 결국 일자리를 에워싼 경쟁은 일자리만의 경쟁으로 그치는 것이 아니라 경제력에 대한 경쟁이요, 전체로서의 생존 경쟁의 뜻까지 함축하는 것이 우리의 현실이다.
>
> 힘이 많이 들고 괴로움이 큰 일일수록 수입이 많고, 즐겨 가며 쉽게 할 수 있는 일에는 보수가 적었다면 문제는 비교적 간단했을 것이다. 힘이 많이 드는 일은 많은 수입으로 보상이 되고, 보수가 적은 일은 일 그 자체가 쉽고 즐거움으로 보상을 받게 될 것이므로 심각한 사회 정의의 문제가 생길 소지는 크게 줄어들 것이다. 그러나 현실은 그와 반대여서 힘이 많이 들고 괴로움이 큰 일보다도 힘이 적게 들고 쉬운 일에 종사하는 사람이 더 좋은 대우를 받을 경우가 많다. 이에 두 가지 면에서 모두 유리한 일에 대한 선호와 두 가지 면에서 모두 불리한 일에 대한 기피가 불가피하게 되며, 불리한 일밖에 차지가 돌아오지 않는 계층의 사람들은 이중의 불만을 갖게 된다.
>
> 어떤 일자리를 누가 차지하느냐 하는 것은 자유 경쟁을 통하여 결정되고, 어떤 일이 얼마나 많은 대가를 받느냐 하는 것은 수요와 공급의 관계가 지배하는 시장 경제의 원칙을 따라서 결정된다. 시장 경제에서의 물가의 형성도 결국은 자유 경쟁의 결과로서 이루어지는 것이므로, 누가 무슨 일을 하고 얼마나 보수를 받느냐 하는 문제는 전체가 자유 경쟁을 통해서 판가름이 나는 셈이다.

① 누가 어떤 일자리를 가질지는 미리 정해져 있다.

② 현실에서는 노동 강도와 보수가 반비례하는 경우가 많다.

③ 대다수의 사람들은 적성과 보수에 따라서 직업을 선택한다.

④ 일반적으로 보수가 적은 일은 노동의 즐거움으로 보상받는다.

10 다음은 '청사(廳舍) 옥상에 쉼터를 조성하자'라는 주제로 글을 쓰기 위한 개요이다. 개요를 수정 · 보완하기 위한 방안으로 적절하지 않은 것은?

> Ⅰ. 서론
> 　청사 휴식 공간의 실태와 문제점
> Ⅱ. 본론
> 　1. 쉼터 조성의 필요성
> 　　가. 청사 직원들의 휴식 시간 부족 ……………… ㉠
> 　　나. 자연 친화적인 공간의 부재
> 　　다. 청사 휴식 공간에 대한 사람들의 무관심 …… ㉡
> 　2. 쉼터 조성의 장애 요인
> 　　가. 자금 확보의 어려움
> 　　나. 청사 옥상 공간의 활용 방안 부재
> 　3. 해결 방안 ……………………………………………… ㉢
> 　　가. 사람들의 관심 제고를 위한 캠페인 시행
> 　　나. 자연 친화적인 공간 조성 계획 수립
> Ⅲ. 결론
> 　청사 옥상의 쉼터 조성에 대한 관심과 계획 수립 촉구
> 　……………………………………………………………… ㉣

① ㉠은 'Ⅱ-1'과 관련이 없는 내용이므로 '청사 이용객과 직원들을 위한 휴식 공간의 부족'으로 수정한다.

② ㉡은 상위 항목과의 관계를 고려하여 'Ⅱ-2'로 옮긴다.

③ ㉢에는 'Ⅱ-2-가'의 내용을 고려하여 재원 확보 방안을 추가한다.

④ ㉣은 글의 흐름상 자연스럽지 않으므로 '청사 옥상 공간에 대한 발상의 전환 촉구'로 고친다.

11 ㉠을 통해 알 수 있는 '그'의 심리로 가장 적절한 것은?

"아이, 죽갔다. 정말 아까 적은이(시아우)가 왔기에 떡 먹으라고 내놓았더니……."
"듣기 싫다! 시아우 붙은 년이 무슨 잔소릴……."
"아이, 아이, 정말이야요. 쥐가 한 마리 나……."
"그냥 쥐?"
"쥐 잡을래다가……."
"샹년! 죽어라! 물에라두 빠져 죽얼!"
그는 실컷 때린 뒤에 아내도 아우처럼 등을 밀어 내쫓았다. 〈중 략〉
성냥은 늘 있던 자리에 있지 않았다. 그래서 여기저기 뒤적이며 어떤 낡은 옷 뭉치를 들쳤을 때에 문득 쥐 소리가 나면서 무엇이 후닥닥 뛰어나왔다. 그리하여 저편으로 기어 도망했다.
"㉠ 역시 쥐였구나!"
그는 조그만 소리로 부르짖었다. 그리고 그만 맥없이 털썩 주저앉았다.
아까 그가 보지 못한 때의 광경이 활동 사진과 같이 그의 머리에 지나갔다.
아우가 집엘 온다. 아우에게 친절한 아내는 떡을 먹으라고 아우에게 떡상을 내놓는다. 그때에 어디선가 쥐가 한 마리 뛰어나온다. 둘은 쥐를 잡느라고 돌아간다. 한참 성화시키던 쥐는 어느 구석에 숨어 버린다. 그들은 쥐를 찾느라고 두리번거린다. 그때에 그가 방에 들어선 것이다.
"상년, 좀 있으믄 안 들어오리……."
그는 억지로 마음먹고 그 자리에 드러누웠다.

– 김동인, '배따라기'

① 열등감
② 자책감
③ 불안감
④ 자신감

12 필자의 견해로 볼 수 없는 것은?

인문학의 위기에 대한 담론에 앞서 이러한 점을 먼저 분명히 해야 할 것이다. 인문학이 위기에 처해 있다면, 학문의 위기가 정확히 무엇을 뜻하며 이것이 어떤 근거에 기반하고 있는지 알아야 한다.

학문의 위기는 첫째, 절대적 권위를 누리던 기존의 특정 학설이 새로운 학설의 등장으로 흔들리고 있음을 의미할 수 있다. 아인슈타인의 상대성이론에 흔들린 뉴턴의 물리학, 리만의 기하학으로 흔들린 유클리드의 기하학, 칸트의 인식론 앞에 있던 데카르트의 인식론, 데리다의 철학적 포스트모더니즘에 해체된 플라톤적 철학에 바탕을 둔 모더니즘, 다윈의 진화론의 도전을 받은 기독교의 창조론은 학문적 위기의 구체적인 사례들이다. 그러나 이 경우는 학문의 위기가 학문의 퇴보보다는 발전의 징표인 이상 우려가 아니라 환영의 대상이다. 따라서 이런 뜻으로 한국에서의 인문학의 위기를 말할 수는 없다.

둘째, 학문의 위기는 학계의 학문적 업적의 침체에 근거한다. 세계적 맥락에서 한국의 인문학이 서양 이론에 의존한 채 세계적으로 주목할 만한 학설을 내놓지 못하는 것으로 보아 한국의 인문학 위기를 진단할 수 있다.

그러나 이러한 현상이 새롭게 나타난 것은 아니다. 근대적 학문이 수입된 이래 이러한 현상은 줄곧 이어져 왔다. 이러한 사실을 전제할 때 오늘날 모든 분야가 그러하듯 인문학도 전공자들의 수와 그들이 이룬 성과의 양과 질을 50년 전, 아니 30년 전과 비교해 보면 위기는커녕 믿을 수 없을 정도의 전성기를 누리고 있다. 그럼에도 불구하고 한국 인문학의 위기를 말한다면 구체적으로 무엇이 위기라는 것일까?

① 한국 인문학의 업적이 침체되었으므로 한국의 인문학은 위기인 것이다.
② 근대적 학문이 우리나라로 수출된 이후 학문의 위기 현상은 점점 심화되고 있다.
③ 새로운 학설의 등장으로 인해 기존의 학설이 위기를 겪는 것은 긍정적인 현상이다.
④ 학문의 위기가 의미하는 바를 파악하는 것은 인문학의 위기에 대한 담론을 형성하는 것보다 중요하다.

13 다음 대화에 대한 설명으로 적절한 것은?

> A: 지난 프로젝트 발표는 반응이 별로였으니, 이번 발표는 최선을 다합시다.
> B: 저는 지난 프로젝트 발표도 상당히 만족스러운 결과를 이끌어냈다고 생각하는데요? 다들 표정도 좋고 경청하는 분위기였잖아요. 그리고 그때 조금만 알아보고 전화를 준다고 했던 고객 전화를 기다리고 있어요.
> A: 발표를 집중해서 들은 것과 실적으로 이어지는 것은 별개니까요. 전화를 주겠다던 고객의 경우, 단호하게 말하기가 쉽지 않아 거절의 의사를 완곡하게 표현한 것으로 볼 수 있어요.
> B: 그럼 이번 신제품 발표를 위해 어떤 것이 보완되어야 할까요?
> A: 고객에게 자신감 있게 제품을 홍보하는 것이 좋은 방안이 될 수 있어요. 안정된 자세로 신뢰를 주면서 눈빛과 몸동작에도 신경을 써 주세요.

① A는 발표의 결과에 집중하며 신뢰감을 주는 발표를 위한 보완 사항을 제안한다.
② B는 청자의 비언어적 표현을 근거로 자신의 프로젝트 발표가 부족했음을 판단한다.
③ A는 신뢰를 줄 수 있는 비언어적 표현이 언어 표현보다 중요하다는 점을 강조한다.
④ A와 B는 고객의 답변이 듣는 사람의 감정을 배려하여 완곡하게 표현한 거절임을 파악한다.

14 다음 글의 내용을 바르게 이해하지 못한 것은?

> '인문적'이라는 말은 '인간다운(humane)'이라는 뜻으로 해석할 수 있는데, 유교 문화는 이런 관점에서 인문적이다. 유교의 핵심적 본질은 '인간다운' 삶의 탐구이며, 인간을 인간답게 만드는 덕목을 제시하는 데 있다. '인간다운 것'은 인간을 다른 모든 동물과 차별할 수 있는, 그래서 오직 인간에게서만 발견할 수 있는 이상적 본질과 속성을 말한다. 이러한 의도와 노력은 서양에서도 있었다. 그러나 그 본질과 속성을 규정하는 동서의 관점은 다르다. 그 속성은 그리스적 서양에서는 '이성(理性)'으로, 유교적 동양에서는 '인(仁)'으로 각기 달리 규정된다. 이성이 지적 속성인데 비해서 인은 도덕적 속성이다. 인은 인간으로서 가장 중요한 덕목이며 근본적 가치이다.
> '인(仁)'이라는 말은 다양하게 정의되며, 그런 정의에 대한 여러 논의가 있을 수 있기는 하다.

① '인간다운 것'을 정의하려는 노력은 동서양 모두에서 나타난다.
② 서양에서는 인간이 동물과 다른 점을 지적 속성으로 규정하고자 하였다.
③ 동양에서 강조하는 '인(仁)'은 관점에 따라 조금씩 다르게 정의될 수 있다.
④ '인간다운 것'의 핵심적 본질은 서양에서도 동양과 동일한 관점으로 규정된다.

15 ㉠~㉣에 들어갈 한자어를 순서대로 바르게 나열한 것은?

> 협상은 둘 이상의 주체가 이익과 주장이 달라 갈등이 생길 때 (㉠)하기 위하여 상호 (㉡)과 조정을 거치면서 해결 방법을 찾아가는 의사소통 방식이다.
> 먼저 시작 단계에서는 갈등의 원인을 파악하고 문제 해결의 가능성이 있는지 확인한다. 조정 단계에서는 문제를 확인하고 (㉢)를 이해하기 위해 노력하면서 대안을 검토한다.
> 마지막으로 해결 단계에서는 최선의 해결책을 선택하여 합의하는 것이다. 협상의 (㉣)을 위해 적극적으로 의사소통에 임하면서도 때로는 양보하는 자세가 필요하다.

	㉠	㉡	㉢	㉣
①	打開	安協	仙意	妥絲
②	打聞	妥協	仙意	安結
③	打開	妥協	他意	妥結
④	打聞	安協	他意	安絲

16 ㉠~㉣에 대한 설명으로 옳은 것은?

> "이놈 역적 정한담아! 남경 동성문 안에 사는 유충렬을 아느냐, 모르느냐. 바삐 나와 목을 들이라."
> 하는 ㉠소리 양진을 뒤엎을 듯 천지 강산에 진동했다. 〈중략〉
> 충렬이 제 부친과 강희주의 죽음을 절분히 여겨 통곡하며 여쭈되,
> "소장은 동성문 안에 거하던 정언주부 유심의 아들 충렬이옵니다. 그간 주류개걸하며 만 리 밖에 있삽다가 아비 원수 갚으려고 여기 잠깐 왔삽거니와, 폐하께서 정한담에게 핍박을 당하리라곤 꿈에도 생각하지 못했나이다. 전일에 정한담을 충신이라 하시더니 충신도 역적이 되나이까. 그놈의 말을 듣고 충신을 원찬해 죽이고 이런 환을 만나셨으니, 천지 아득하고 일월이 무광(無光)하옵니다."
> 하고 슬피 통곡하며 머리를 땅에 두드리니, ㉡산천초목도 슬퍼하고 진중 군사들 가운데 낙루 아니하는 사람이 없더라. ㉢천자 이 말을 들으시고 후회막급 할 말 없어 우두커니 앉아 있었다.
> 이때 적진에 잡혀 갔던 태자가 문걸이 죽는 것을 보고 탈신도주해 황상 곁에 앉아 있더니, 충렬의 말을 듣고 급히 버선발로 내려와 충렬의 손을 붙들고 왈,
> "경이 이게 웬말인가? 옛날 ㉣주(周) 성왕도 관채의 말을 듣고 주공(周公)을 의심하다가 회과자책해 성군이 되었으니, 충신이 다 죽는 것은 모두 막비천운이라. 그런 말을 하지 말고 진충갈력하여 황상을 도우시면 태산 같은 그 공로는 천하를 반분(半分)하고 하해 같은 그 은혜는 풀을 맺어 갚으리라."
>
> – 작자 미상, '유충렬전'

① ㉠: 유충렬의 영웅적 활약상을 드러낸 표현이다.

② ㉡: 자연물이 유충렬과 지속적인 공조를 하고 있음을 강조하는 표현이다.

③ ㉢: 천자의 무능함과 소극적인 성격을 강조하는 표현이다.

④ ㉣: 과거 실존 인물의 사례를 거론하며 황상에게 과오가 있었음을 인정하는 표현이다.

17 다음 글의 내용과 일치하는 것은?

> 옛날의 독서는 눈으로 읽지 않고 소리 내어 읽는 것이었다. 아이들은 서당에서 낭랑하게 목청을 돋우고 가락에 맞추어 책을 읽었다. 선생은 좌우로 몸을 흔들고, 학생은 앞뒤로 흔들며 읽었다. 책을 읽는 낭랑한 목소리는 듣는 이의 마음을 상쾌하게 한다. 그렇게 읽다 보면 그 가락이 저도 모르는 사이에 뇌리에 스며들어, 뜻을 모르고도 글을 외울 수 있었다. 〈중 략〉
> 알베르토 망구엘의 『독서의 역사』를 읽어보니 중세 유럽에서도 책은 반드시 소리를 내서 읽었다고 한다. 암브로시우스가 묵독하는 것을 본 아우구스티누스는 상당한 충격을 받았던 것으로 전해진다. 눈으로만 읽는 묵독은 그 비밀스러움 때문에 요사스럽게 보였던 모양이다. 그들은 경전을 읽을 때 신성함을 유지하려면 문장의 가락에 맞춰 몸을 흔들고 입을 크게 벌려 소리 내어 성스러운 단어들을 읽어야 한다고 믿었다. 그래야만 책장에 쓰인 죽어 있던 단어들이 날개를 달고 훨훨 날아올라 의미화된다고 여겼다.
> 동양에서도 옛사람의 글을 소리 높여 되풀이해 읽다 보면 옛사람의 목소리와 기운이 내 목구멍과 입술에 젖어 들고, 그리하여 글을 쓰면 옛사람의 기운이 절로 스며들게 된다고 생각했다. 이렇듯 글을 배우는 사람에게는 소리를 통해 기운을 얻는다는 '인성구기(因聲求氣)'의 방법이 적극 권장되었다. 따라서 백독(百讀), 천독(千讀)의 목표를 세워 한겨울을 산사에서 나곤 했다. 한 번 읽을 때마다 하나씩 뒤집어서 읽은 횟수를 표시하는 서산(書算)은 어느 집에나 있었다.

① 중세 유럽의 보편적인 독서 방식은 묵독이었다.

② 서양과 달리 동양에서는 몸을 흔들며 낭독하는 독서 방식을 권장했다.

③ 서양인은 글의 의미를 이해하는 것보다 읽고 외우는 것이 중요하다고 여겼다.

④ 동양인은 고인(古人)의 글을 낭독함으로써 고인의 기운을 받을 수 있다고 믿었다.

18 다음 글을 통해 추론한 생각으로 적절하지 않은 것은?

모두들 돈 벌기에 급급한 현대 사회에서도 사람들은 사치와 낭비를 죄악으로 여긴다. 언론에서 부자들의 낭비를 마치 큰 범죄나 되는 듯 비판하는 것을 보면 부의 정당성을 인정하지 않는 경직된 사고가 우리의 의식 속에 얼마나 끈질기게 자리 잡고 있는지 알 수 있다.

그러나 실제로 이 세상에서 낭비가 없어지거나 사라지는 것을 바라는 것은 환상이다. '낭비'라는 말의 의미를 우선 알아볼 필요가 있다. 낭비는 최소한도로 생존하는 데 필요한 양을 넘어선 모든 생산과 소비다. 그러니까 모든 사치품, 모든 유행, 모든 음식 쓰레기가 낭비이며, 공장의 과잉 설비도 낭비다. 그러나 우리의 삶은 꼭 필요한 생필품만으로 유지되는 것이 아니다. 우리가 먹고사는 데 꼭 필요한 물품 이외에 더 이상을 생산하지도 않고 소비하지도 않는다면 그것은 동물의 생존 방식이지 인간의 생활 방식이 아니다. 거기에는 더 이상 문화라는 것도 존재하지 않을 것이다.

아프리카의 칼라하리 사막에 살고 있는 원시 유목민 부족은 어떤 것도 소유하지 않고, 집착하지 않으며, 자신들이 갖고 있는 것들을 조금씩 버리면서 더 높은 곳으로 이동해 간다. 그들은 생산 장치도 없고 노동도 하지 않는다. 그저 한가하게 수렵하고 채집하며, 손에 넣은 것을 모두 서로 나누어 가지고, 그것을 단번에 소비한다. 거기에는 경제적 계산도 저장도 없으며 모든 것이 완전히 소모된다. 원시 공동체의 공산 사회를 꿈꾸는 낭만적 사상가라면 "절대적인 빈곤에도 불구하고 진정 풍요로운 사회"라고 격찬하겠지만 아무런 문화적 축적이 없는 그런 사회를 진정 인간적인 삶이라고 할 수 있을지는 의심스러운 일이다.

청렴한 선비 정신을 기리는 것은 고귀한 일이지만, 모든 부를 죄악시하는 극단적인 사고가 문화적인 빈곤으로 이어지지 않았는지 생각할 때도 되었다. 우리에게는 왜 베르사유 궁전 같은 화려한 문화재가 없을까, 라는 의문에 대한 답이 거기에 들어있을지도 모르겠다.

① 과거에도 부를 죄악으로 여기는 사고가 만연했을 것 같군.
② 문화적인 축적은 넉넉함을 바탕으로 시작된다고 말할 수 있겠군.
③ 공산 사회에서는 생존에 필요한 한정된 재화의 흐름만이 존재하겠군.
④ 우리나라와 서양 국가를 비교했을 때 부의 정당성은 서양에서 더 인정받기 쉽겠군.

19 밑줄 친 단어가 맞춤법에 맞는 것은?

① 그녀는 친구들 중에서 가장 <u>똑똑하대</u>.
② 나는 학원을 가는 <u>와중에</u> 같은 반 친구를 만났다.
③ 우리 동네에서 전어 같은 것은 고기로 <u>처주지</u> 않았다.
④ 그는 <u>익숙치</u> 않은 목수 일을 하느라 상처투성이가 되었다.

20 내용의 전개에 따라 바르게 배열한 것은?

(가) 그러나 행복의 조건을 갖추었다고 곧 행복해지는 것은 아닙니다. 행복하다는 것과 행복의 조건을 갖춘다는 것은 엄연히 구별해야 할 문제입니다. 집을 지으려면 돈과 나무와 흙이 필요하지만, 그런 것을 갖추었다고 곧 집이 되는 것이 아닌 것과 같은 논리입니다.
(나) 똑같은 달을 보면서도 바라보는 사람의 마음에 따라 슬프거나, 정답게, 혹은 허무하게 느껴집니다. 행복의 문제도 마찬가지입니다.
(다) 행복에서 제일 중요한 것은 행복하다고 스스로 느끼는 것입니다. 아무리 많은 돈과 명성, 좋은 가정과 뛰어난 재능을 갖고 있다 하더라도, 그 사람 스스로 행복하다고 느끼지 않는다면 어떻게 할 도리가 없습니다.
(라) 인간이 육체를 가지고 사는 이상, 또 남과 더불어 살아갈 수밖에 없는 사회적 존재인 이상, 누구든지 먹고 살기 위한 의식주와 가족과 친구와 명성과 사회적 지위가 필요함은 말할 것도 없습니다. 돈·건강·가정·명성·쾌락 등은 행복에 필요한 조건입니다.이런 조건을 떠나서 우리는 결코 행복할 수 없습니다.

① (가) - (다) - (나) - (라)
② (가) - (라) - (나) - (다)
③ (나) - (다) - (가) - (라)
④ (나) - (라) - (가) - (다)

정답·해설 _해설집 p.32

06회 핵심 어휘 마무리 체크

☑ 잘 외워지지 않는 어휘 및 표현은 박스에 체크하여 한 번 더 확인하세요.

고유어

□ **발만스럽다** 두려워하거나 삼가는 태도가 없이 꽤 버릇없다.

□ **능글맞다** 태도가 음흉하고 능청스러운 데가 있다.

한자 성어

□ **大義滅親** **대의멸친 (클 대, 옳을 의, 꺼질 멸, 친할 친)**
큰 도리를 지키기 위하여 부모나 형제도 돌아보지 않음

□ **擧案齊眉** **거안제미 (들 거, 책상 안, 가지런할 제, 눈썹 미)**
'밥상을 눈썹과 가지런하도록 공손히 들어 남편 앞에 가지고 간다'라는 뜻으로, 남편을 깍듯이 공경함을 이르는 말

□ **暗中摸索** **암중모색 (어두울 암, 가운데 중, 본뜰 모, 찾을 색)**
1. 물건 등을 어둠 속에서 더듬어 찾음
2. 어림으로 무엇을 알아내거나 찾아내려 함
3. 은밀한 가운데 일의 실마리나 해결책을 찾아내려 함

□ **命在頃刻** **명재경각 (목숨 명, 있을 재, 이랑 경, 새길 각)**
거의 죽게 되어 곧 숨이 끊어질 지경에 이름

한자어

□ **分析** **분석 (나눌 분, 쪼갤 석)**
1. 얽혀 있거나 복잡한 것을 풀어서 개별적인 요소나 성질로 나눔
2. 개념이나 문장을 보다 단순한 개념이나 문장으로 나누어 그 의미를 명료하게 함

□ **配慮** **배려 (나눌 배, 생각할 려)**
도와주거나 보살펴 주려고 마음을 씀

□ **比較** **비교 (견줄 비, 견줄 교)**
둘 이상의 사물을 견주어 서로 간의 유사점, 차이점, 일반 법칙 등을 고찰하는 일

□ **對照** **대조 (대할 대, 비칠 조)**
둘 이상인 대상의 내용을 맞대어 같고 다름을 검토함

□ **類推** **유추 (무리 유, 밀 추)**
같은 종류의 것 또는 비슷한 것에 기초하여 다른 사물을 미루어 추측하는 일

□ **妥協** **타협 (온당할 타, 화합할 협)**
어떤 일을 서로 양보하여 협의함

□ **他意** **타의 (다를 타, 뜻 의)**
다른 사람의 생각이나 의견

□ **妥結** **타결 (온당할 타, 맺을 결)**
의견이 대립된 양편에서 서로 양보하여 일을 마무름

□ **論理** **논리 (논할 논, 다스릴 리)**
1. 말이나 글에서 사고나 추리 등을 이치에 맞게 이끌어 가는 과정이나 원리
2. 사물 속에 있는 이치. 또는 사물끼리의 법칙적인 연관

□ **名聲** **명성 (이름 명, 소리 성)**
세상에 널리 퍼져 평판 높은 이름

□ **才能** **재능 (재주 재, 능할 능)**
어떤 일을 하는 데 필요한 재주와 능력

Quiz 각 어휘 및 표현의 알맞은 뜻을 찾아 연결하세요.

01 擧案齊眉	㉠ 글 속의 생각을 이치에 맞게 맞춰 감	06 才能	㉥ 서로 양보하며 논의함
02 論理	㉡ 남편을 공손히 받들어 모심	07 暗中摸索	㉦ 은밀히 일의 해결책을 찾으려 함
03 발만스럽다	㉢ 유사한 것을 통해 다른 것을 어림짐작함	08 妥協	㉧ 숨이 곧 멈출 정도에 다다름
04 類推	㉣ 세간에 널리 퍼진 평판 높은 이름	09 配慮	㉨ 도와주기 위해 선심을 베풂
05 名聲	㉤ 겁내지 않고 버릇이 없음	10 命在頃刻	㉩ 어떤 일을 할 때 요구되는 자질

정답 | 01 ㉡ 02 ㉠ 03 ㉤ 04 ㉢ 05 ㉣ 06 ㉩ 07 ㉦ 08 ㉥ 09 ㉨ 10 ㉧

정답 · 해설 _해설집 p.38

07회 실전동형모의고사

제한시간 : 20분 시작 　시 　분 ~ 종료 　시 　분 점수 확인 　개/ 20개

01 밑줄 친 단어의 쓰임이 옳은 것은?

① 밤을 새다
② 화를 돋구다
③ 잔금을 치르다
④ 길을 헤매이다

02 고유어에 대응되는 한자어를 잘못 제시한 것은?

① 본보기 – 龜鑑
② 생김새 – 醜態
③ 무너짐 – 瓦解
④ 몰려듦 – 遝至

03 다음 대화에서 밑줄 친 부분의 표현 효과에 대한 설명으로 적절한 것은?

> 준완: 지금까지 안자고 공부한거야? 너 정말 대단하다.
> 정원: 그렇게 대단한 것도 아닌걸. 아직 모르는 게 많아서 그런 것뿐이야.
> 준완: 밥 챙겨 먹어가면서 공부해. 몸 상하겠다.
> 정원: 걱정해 줘서 고마워.

① 자신에게 부담을 주는 표현을 최대화한다.
② 자신을 내세우거나 자랑하는 표현을 최소화한다.
③ 다른 사람에 대한 비방을 최소화하고 칭찬을 극대화한다.
④ 자신과 다른 사람의 의견 사이의 동일한 부분을 극대화한다.

04 다음 글에 대한 이해로 적절하지 않은 것은?

> 납폐는 납징이라고 한다. 친영을 기준으로 할 때에는 신랑 집에서 폐백을 보내어 혼인이 이루어졌음을 입증하는 절차지만 신부 집에서 혼인을 할 때에는 신랑 집에서 폐백과 함께 혼서를 보내는 절차가 된다. 납폐는 원래 전안례보다 훨씬 전에 하였지만 여러 가지 폐단으로 조선 후기에는 전안례를 행하는 날 새벽에 하는 것으로 바뀌었다. 납폐는 폐백을 말에 실어 보낸다 하여 '마두납채(馬頭納采)'라고도 불렀다. 납채는 납폐와 별개의 의식이지만 민간에서는 납채를 하지 않았기 때문에 같은 뜻으로 사용되었다. 오늘날 신랑 집에서 신부 집에 함을 보내는 것은 바로 납폐의 풍속이 변형된 것이다.

① 일반 백성들은 납채와 납폐를 구분하지 않았다.
② 납폐와 전안례 사이의 시간은 조선 후기에 와서 줄어들었다.
③ 신부 집에서는 납폐를 받으면 혼서를 써서 신랑 집에 보내 주었다.
④ 신랑 집과 신부 집 중 어디에서 혼인하는가에 따라 납폐의 뜻이 다르다.

05 다음 글에 대한 이해로 적절하지 않은 것은?

사람들의 요구와 기대에 방해받지 않는 단순한 삶은 매력적일 수 있다. 또, 그런 삶을 살아가는 수행자들도 실제로 존재한다. 하지만 그렇지 못한 대다수의 삶은 무수한 관계 속에서 이루어진다. 우리는 가족, 친구, 공동체 등 다양한 유대의 네트워크 속에 얽혀 살아간다.

우리가 맺는 인간관계는 절대로 안정적일 수 없다. 그럼에도 그런 관계들은 우리에게 일종의 불변성을 요구한다. 근본적으로 불안할 수밖에 없는 관계와 불변하고 싶은 욕구, 이러한 핵심적 갈등은 슬픔과 좌절의 세계로 우리를 인도한다. 이런 갈증은 해소될 수 있을까? 사랑, 우정, 믿음, 신앙의 토대가 끊임없이 움직이는 와중에도 그것들을 떠받칠 수 있을까? 배신하고 배신당할 수밖에 없는 파괴적인 운명에서 벗어날 수 있는 방법이 있을까?

충성은 많은 문제의 원인이 될 수 있다. 충성을 온전히 구현하는 것은 불가능하다. 하지만 충성이 우리 삶의 본질적인 덕목임은 틀림없다. 우리에게 주어진 도전은 충성이 얼마나 성가신 미덕이든, 충성에 매달리는 것이다. 빠르게 변하는 오늘날, 우정의 가치는 바닥에 떨어지고 충성은 악용되고 남용되고 있다. 그런 충성을 구해내 다시 한번 우리 삶에 제대로 역할을 할 수 있게 만들어야 한다.

① 인간관계에 구애받지 않는 삶을 사는 사람도 있다.
② 타인의 기대에 부응하고자 노력할수록 불행해진다.
③ 충성의 가치를 되살리는 것은 오늘날 우리에게 필요한 덕목이다.
④ 가변적인 관계와 불변성에 대한 욕구 간의 갈등은 사람들을 좌절시킨다.

06 밑줄 친 단어의 쓰임이 어색한 문장은?

① 우리 회사는 업무 <u>지침(指針)</u>을 정비하였다.
② 강 부장은 회사 기밀의 사전 <u>반출(搬出)</u>을 막으려 했다.
③ 교내 화재 발생 시, 교사의 <u>인솔(引率)</u>에 따라 침착하게 대피해야 한다.
④ 협력 업체의 피해 현황을 <u>상신(上申)</u>하니 본사에서 사람이 다녀갔다.

07 〈보기〉의 ㉠~㉢에 들어갈 알맞은 낱말끼리 짝지은 것은?

보기

신문에 보도된 기사들을 전부 사실이라 믿을 수 있을까? 사실을 바탕으로 한 기사라 하더라도 기사를 보도하는 기자나 편집자의 관점에 따라 같은 사실에 대해서도 다르게 보도될 수 있다. 하지만 관점이 다를 순 있으나 사실 자체를 (㉠)해서는 안 된다.

그렇다면 기사를 수용할 때 어떤 자세를 지녀야 하는가? 먼저 기사의 내용이 모두 사실일 것이라 섣불리 (㉡)하지 않아야 한다. 또한 보도된 기사가 사실인지를 분명하게 (㉢)하기 위해서는 그 사건이 일어난 당시 정황을 잘 판단해야 한다. 처벌의 당위성이 존재하던 범죄자의 경우에도 그를 옹호하는 것이 일반적이라는 식의 보도는 범죄자가 가지고 있던 부정적 측면을 모두 상쇄시켜 버리기 때문이다.

	㉠	㉡	㉢
①	歪曲	豫斷	分裂
②	看破	判別	把握
③	歪曲	豫斷	把握
④	看破	判別	分裂

08 다음 작품에서 '말하는 이'의 생각으로 적절하지 않은 것은?

> "그런데 여관집의 노비를 보면 이와 다릅지요. 때가 잔뜩 낀 지저분한 얼굴을 하고 부지런히 소나 말처럼 분주히 오가며 일을 하지요. 지나다니는 사람들에게 빌붙어 아침저녁을 해결하니, 버려진 음식도 달게 먹는답니다. 그 사람은 취하여 배부르면 눕자마자 잠이 들지요. 우리네들이 예전에 견디지 못하는 것을 그 사람은 편안하게 여기니, 마치 쌀쌀한 날씨 속에 선선한 방에서 잠자듯 한답니다. 그의 모습을 살펴보면 옷은 다 해지고 여기저기 꿰매었지만 살결은 튼실하고, 특별한 재앙을 겪지 않고 천수를 누리고 있지요. 이것은 다른 이유 때문이 아니랍니다. 그 사람은 자기가 사는 곳을 여관으로 생각하며, 지금의 삶을 본래 정해진 운명이라고 여깁니다. 〈중 략〉 저 여관집의 노비는 일자무식한 사람입니다. 다만 그는 여관을 여관으로 여기면서, 음식도 잘 먹고 하루하루를 지내니, 추위와 더위도 그를 해치지 못하고 질병도 해를 입히지 못한답니다. 그런데 그대는 도를 지키고 운명에 순종하며, 소박하고 솔직한 태도로 행하는 분입니다. 그런데 여관 중의 여관에서 지내면서도 여관을 여관으로 생각하지 않으십니다. 자기 스스로 화를 돋우고 들볶아 원기를 손상시키니, 병이 생겨 거의 죽을 지경에 이르렀습니다. 그대가 배우기를 바라는 것은 옛날 성현들의 말씀인데도, 오히려 여관집의 노비가 하는 것처럼도 못하는구려."
>
> – 이학규, '내가 사는 집'

① '여관집의 노비'는 분주히 일하는 것을 운명적으로 수용한다.

② '여관집의 노비'의 삶의 태도는 '옛날 성현들의 말씀'과 거리가 멀다.

③ 건강하게 살기 위해서는 내가 지내는 곳을 '여관'으로 여길 줄 알아야 한다.

④ '여관집의 노비'는 남보다 못한 생활을 하지만, 이에 대해 불평하지 않는다.

09 다음 개요에서 알 수 있는 글쓰기 전략으로 가장 적절한 것은?

> Ⅰ. 서론
> 1. △△시 도서관의 의의
> 2. △△시 도서관의 현황
> ① △△시 도서관의 이용자 수 감소
> ② △△시 도서관의 대출 권수 감소
>
> Ⅱ. △△시 도서관 이용 활성화 저해 요인
> 1. 낙후된 시설과 환경
> 2. 소장된 서적의 부족
>
> Ⅲ. △△시 도서관 이용 활성화 방안
> 1. 낙후된 시설 및 환경 개선
> 2. 보유 도서 및 참고 자료의 확충
>
> Ⅳ. 결론
> 도서관 이용 활성화를 위한 관련 부서의 노력 촉구

① 도서관의 의의를 중심으로 시민들이 도서관을 이용하지 않는 현실에 대해 아쉬움을 드러내며 마무리한다.

② 도서관 이용의 문제점을 밝히고 도서관 이용의 활성화를 이루기 위해 도서관의 의의에 논의의 초점을 둔다.

③ 시민들의 도서관 이용 방식을 밝히는 것이 목적이므로, 논의의 초점을 도서관 이용자 수와 대출 권수의 변동에 둔다.

④ 도서관 이용 현황의 심각성을 강조하고 도서관 이용 활성화 저해 요인을 토대로 해결 방안을 제시하여 관련 부서의 노력을 촉구한다.

10 다음 글의 내용에 부합하지 않는 것은?

우리의 전통 가옥이나 누정, 사찰, 궁궐의 건축물 등에서 쉽게 볼 수 있는 것이 난간(欄干)이다. 선인들의 작품에 '난간에 기대어'라는 표현이 심심찮게 나올 정도로 난간에는 우리 조상들의 삶의 숨결과 미의식이 깃들어 있다. 자칫 소홀하게 여길 수 있는 거주 공간의 끝자락에서도 선인들은 여유와 미감을 찾고자 했던 것이다.

난간은 원래 사람들의 추락을 막기 위한 목적으로 마루, 계단, 다리 등에 설치되었다. 우리의 전통 건축물이 대부분 목조 양식을 띠고 있기 때문에 석조 난간보다는 목조 난간이 널리 설치되었다. 목조 난간은 일반 민가에서 쉽게 볼 수 있는 질박하고 수수한 난간에서부터 멋과 미감을 살린 계자(鷄子) 난간으로 발전되어 갔다.

민가에서 주로 보이는 보통의 난간이 특별한 장식 없이 널빤지만으로 잇는 소박한 형태였다면, 계자 난간은 궁판(穹板)에 궁창(穹窓)을 만들어 잇기도 하고, 때로는 궁판 대신에 다양한 모양의 살창을 끼워 한껏 멋을 살리기도 했다. 또한 동자(童子)를 짜서 마루와 궁판에 끼워 난간을 튼튼하게 만들면서도 장식미를 드러내고 있다. 난간은 오채(五彩)를 뽐내는 단청의 화려함이나 서까래로 잘 짜 맞춘 대들보의 단단함에는 비길 수 없지만, 그 나름대로 질박하면서도 화사한 멋과 야무진 짜임새를 고루 갖추고 있다.

① 난간은 선인들의 여유와 미감이 반영된 것이다.
② 난간은 대부분의 전통 건축물에 널리 사용되었다.
③ 난간은 전통 건축물의 양식으로 인해 재료가 선정되었다.
④ 난간은 민가에서 동자만 끼운 소박한 형태로 사용되었다.

11 ㉠~㉣의 고쳐 쓰기에 대한 설명으로 적절하지 않은 것은?

최근 맑았던 하천이 갑작스럽게 초록색을 띠는 사례가 늘어나 이를 염려하는 목소리가 나오고 있다. 이는 녹조 때문인데, 녹조 현상은 조류가 증식해 강물이 녹색 빛을 띠게 되는 ㉠ 현상이 가리킨다.

녹조 현상의 주요인으로는 조류 개체수를 ㉡ 늘리는 물질의 지나친 유입을 꼽을 수 있다. 인과 질소가 특히 문제시되는데, 이들 화학 물질은 하천에 버려지는 공장의 오폐수나 농가의 비료 및 거름, 일반 가정의 세척제로부터 주로 나온다. ㉢ 사실 녹조 자체는 다양한 방법으로 손쉽게 없앨 수 있다.

유속(流速) 또한 조류의 양과 밀접한 관련을 가지고 있다. 유속이 충분히 빠른 경우에는 어느 정도 조류가 증식해도 녹조의 발생으로 이어지지 않기 때문이다. ㉣ 그래도 유속이 느린 경우에는 조류가 쓸려나가지 않아 녹조 현상이 발생하기가 더 쉬워진다.

① ㉠은 서술어와의 호응이 적절하지 않으므로 '현상을'로 바꾼다.
② ㉡은 어휘를 잘못 사용하였으므로 '늘이는'으로 고친다.
③ ㉢은 글의 통일성을 해치는 문장이므로 삭제한다.
④ ㉣은 글의 앞뒤 흐름을 적절하게 이어주지 못하므로 '그러나'로 고친다.

12 괄호 안에 들어갈 말로 가장 적절한 것은?

정치에는 두 가지 방법밖에 없다. 하나는 너그러움이고 하나는 엄격함이다. 덕망이 높고 큰 사람만이 관대한 정치로 백성들을 따르게 할 수 있다. 물과 불을 가지고 비유해 보자. 불이 활활 타오르면 백성들은 겁을 먹는다. 때문에 불에 타 죽는 사람은 적다. 반면 물은 성질이 부드럽기 때문에 겁을 내지 않는다. 이 때문에 물에 빠져 죽는 사람이 많은 것이다. 관대한 통치술이란 물과 같아, 효과를 내기가 여간 어렵지 않다. 그래서 (   )

① 엄격한 정치가 많은 것이다.
② 너그러운 정치가 많은 것이다.
③ 인심을 얻기가 어려운 것이다.
④ 인덕으로 다스리는 정치가 많은 것이다.

13 다음 편지글을 고쳐쓰기 위한 방안으로 가장 적절한 것은?

> 졸업을 ㉠앞 두고 대학생활 동안 가장 감사했던 교수님께 편지를 씁니다. 신입생 시절, 전공에 대한 큰 흥미 없이 방황하던 저에게 교수님께서는 "물리학 답안지를 보니 재능이 있는 것 ㉡같던데, 다음 학기에도 기대해볼게요."라고 ㉢전해줬지요. 그때 교수님께서 해주신 따뜻한 칭찬 한마디로 인해 저는 전공 공부에 자신감을 ㉣갖게 되었습니다. 이후 교수님의 여러 연구에 참여하고, 학회 세미나도 ㉤방관하며 전공에 더욱 재미를 느끼게 되었습니다. 결과적으로 일본 대학원에 장학생으로 진학하게 된 것도 모두 교수님 덕분입니다. 일본에 가서도 교수님의 가르침을 생각하며 학업에 정진하도록 하겠습니다. 교수님, 매일 ㉥밤늦은 시간까지 연구에 몰두하시는 교수님의 모습을 떠올리면 교수님의 건강이 걱정됩니다. 앞으로는 건강을 위해 체력적으로 힘든 연구 일정은 ㉦지향해 주세요. 자주 연락드리겠습니다. 추운 날씨에 감기 ㉧조심하시고 평안하세요.

① ㉠은 한 단어이므로 붙여 쓰고 ㉥은 한 단어가 아니므로 띄어 쓴다.

② ㉡과 ㉣은 한글 맞춤법에 따라 각각 '같던대'와 '가지게'로 고쳐 쓴다.

③ 높임법과 맥락을 고려하여 ㉢은 '전해주셨지요'로, ㉧은 '조심하고'로 고쳐 쓴다.

④ 의미를 고려하여 ㉤은 '참관하며'로, ㉦은 '지양해 주세요'로 고쳐 쓴다.

14 다음 글과 논증 방식이 가장 가까운 것은?

> 비가 샌 지 오래된 것은 그 서까래, 추녀, 기둥, 들보가 모두 썩어서 못 쓰게 되었던 까닭으로 수리비가 엄청나게 들었고, 한 번밖에 비를 맞지 않았던 한 칸의 재목들은 완전하여 다시 쓸 수 있었던 까닭으로 그 비용이 많지 않았다.
> 나는 이에 느낀 것이 있었다. 사람의 몸에 있어서도 마찬가지라는 사실을. 잘못을 알고서도 바로 고치지 않으면 곧 자신이 나쁘게 되는 것이 마치 나무가 썩어서 못 쓰게 되는 것과 같으며, 잘못을 알고 고치기를 꺼리지 않으면 해(害)를 받지 않고 다시 착한 사람이 될 수 있으니, 저 집의 재목처럼 말끔하게 다시 쓸 수 있는 것이다.

① 사람은 숨을 쉬지 않으면 죽는다. 그런데 기도가 막히면 숨이 잘 쉬어지지 않는다. 따라서 기도가 막히면 사람은 죽는다.

② 나는 건강에 해로운 것들을 잘 먹지 않으려 한다. 탄산음료가 치아 건강에 해롭다는 것은 다들 알고 있다. 콜라는 대표적인 탄산음료이다. 따라서 나는 콜라를 자주 먹지 않을 것이다.

③ '토끼와 거북이'의 장거리 경주에서 거북이는 비록 속도는 느리지만 쉬지 않고 기어간 끝에 결승점에 도달하여 경주에서 이긴다. 우리의 인생도 마찬가지이다. 힘들더라도 포기하지 않고 노력하는 자는 언젠가는 목표 달성의 기쁨을 맛보게 된다.

④ 개발한 신약을 투여하고 약 한 달이 지나자 약물을 투여 받은 환자들에게서 약물을 통한 항암 치료 효과가 나타났다. 다른 암 환자들에게 동일한 약물을 투여했을 때도 항암 치료 효과가 나타났다. 따라서 이 약은 향후 항암 치료에 큰 효과가 있을 것으로 보인다.

15 다음 발화에 대한 청자의 반응으로 적절하지 않은 것은?

> 원래 효모는 꽃의 꿀샘이나 과일의 껍질과 같이 당분이 많은 곳에서 자라는 곰팡이입니다. 역사가들은 기원전 2,000년경에 이집트에서 효모를 넣은 빵이 만들어졌다고 봅니다. 고대 이집트의 그림이나 조각품 중에 이런 모습이 나오기 때문입니다.
> 효모를 넣지 않고 밀가루 반죽만 해서 구우면 이가 다칠 정도로 딱딱해집니다. 그러니 효모를 넣고 빵을 굽는 기술은 당시에 매우 귀중한 기술이었습니다. 결국 이집트에서 발달한 이 기술은 메소포타미아 지역으로 전해졌고, 예루살렘에서 서쪽으로 기독교가 전파되면서 빵 제조 기술도 그리스까지 전파되었습니다. 북부 아프리카와 그리스가 지중해를 맞대고 서로 협조와 경쟁을 하면서 생겨난 결과입니다.

① 부드러운 빵을 만들려면 효모가 필요하군.

② 역사가들은 고대 그림이나 예술품 등을 사료로 활용하는군.

③ 우리 동네 빵집의 '효모 발효 빵'은 이집트에서 유래된 것이군.

④ 북부 아프리카와 그리스는 효모 빵을 갖기 위해 쟁탈전을 벌였군.

16 ㉠~㉢에 들어갈 말로 가장 적절한 것은?

옛말에 '아끼기만 하고 쓸 줄 모르면 친척도 배반한다'라는 말이 있다. (㉠) 돈을 저축하고 모으는 것만큼이나 돈을 쓸 줄 아는 것이 중요하다는 말로, 돈을 써야하는 상황에도 쓰지 않고 궁색함을 드러낸다면 가까운 친척조차 등을 돌리게 된다는 것이다. 경제는 생산과 소비가 한 몸이 되어 함께 나아가야 한다는 점을 날카롭게 지적한 조상들의 지혜가 담긴 속담이라고 할 수 있다.

일반적인 경제 상황에서 검소한 생활을 통한 저축은 개개인의 가정에 있어서는 재산을 증가시키는 가장 확실한 방법이다. (㉡) 자본이 부족한 저소득 국가에서의 저축은 대부분의 사람들에게 권장되는 미덕이다. 개별 경제적 관점에서 검소는 분명히 미덕이지만 국민 경제 전체적 관점에서는 지나친 과소 소비나 그것으로 기인한 과잉 저축이 오히려 해악이 될 수 있다. 이른바 절약의 역설이다.

애덤 스미스 이래의 정통파 경제학은 저축은 단순히 검약하는 개인을 부유하게 하므로 항상 절약을 미덕으로 장려해 왔다. (㉢) 과잉 생산으로 침체에 빠진 경제 상황에서 과잉 저축은 자본과 노동의 과소 사용의 원인이 되므로 절약은 도리어 불황을 심화시키는 죄악이 될 수가 있다. 저축의 습관이 과도하게 발휘될 경우 그것은 사회를 가난하게 하고, 노동자들의 일터를 빼앗고, 임금을 인하하고, 경제 전체에 불황으로 알려져 있는 우울과 침체를 확산시키게 된다. 따라서 절약은 장려되어야 하는 행신임은 분명하나, 경기 침체와 공황 속에서는 오히려 악덕이 될 수 있음을 언제나 명심해야 한다.

	㉠	㉡	㉢
①	이를 테면	그래도	그렇지만
②	이를 테면	때문에	그리고
③	다시 말해	그래도	그러나
④	다시 말해	때문에	그렇지만

17 다음 글에 대한 설명으로 적절하지 않은 것은?

국서: …… 이놈아, 그 소 팔어 먹은 돈 내놓아! 그 돈을 어디 다 숨겼어?

개똥이: …… 에그, 아야…….

처: (어쩔 줄을 몰라서 허둥지둥하며) …… 에그, 이 일을 어떡하냐? 이놈이 죽나부다? (말똥이더러) 예끼! 미련스럽게! 이 무지스러운 놈아, 이게 뭐냐? 이꼴이 뭐냐? 입으로 해두 넉넉히 알 일을 가지구? …… 이놈이 이래도 소 팔어 만주 가서 우리를 잘 살릴려구 그랬는데…….

국서: (여전히 몸만 털며) 이놈아, 어디다가 감췄어? 내놔? 얼른!

국진: 에그, 형님! 얼른 피나 잘 막어 줍시다. 돈이야 어디가 겠수? (개똥이의 머리를 싸맨다.)

처: 그때에 말똥이를 붙들어서 망정이지. 그렇지 않었드라면 얘가 어떻게 됐겠누? 저 미련한 놈한테.

국진: 인제 다 싸매긴 했어요. …… 그러지 말구, 개똥아. 바로 대라. 응?

개똥이: 내가 소 안 팔았었어요.

국서: 이놈이 굳이 나를 속이지.

개똥이: …… 실상은 소를 팔려구 허긴 했어요. 그래 흥정까지 다 해두구서는 소 장수가 이렇게 말하겠지요. …… 어른 몰래 물건 샀다가 나중에 탄로나면 혼난다구요. 그러면서 암만해두 사주지를 않았어요.

국서: 거짓말 말어라, 이놈아. 그러면 왜 네 에미더러 옷은 챙겨 달라구 그랬어? 그게 소 팔어서 튈려구 그런 증거가 아니구 뭐냐?

개똥이: 그건 읍내 승금청에 갈려구 그랬어요. 내가 소를 팔려다가 못 판 줄을 알구 우리 동무 녀석이 날더러 이렇게 말했어요. …… 읍내 승금청에서 오늘 네 시꺼정 만주 가서 노동해 먹을 사람을 뽑는다구요. 그래서 나두 한 몫 끼일려구 부랴부랴 서두른거야요. 거기서는 노자두 주구 게다가 일자리까지 작정해준대요…….

처: 에그, 이 일을 어째? 공연히 생자식의 대가리만 터쳐 놨지!

– 유치진, '소'

① 당시의 일상적인 구어체를 활용한 대사가 사용되고 있다.

② 자신의 행위에 대한 이유를 인물이 직접 밝혀 말하고 있다.

③ 비유적인 표현을 통해 소재의 상징적 의미를 드러내고 있다.

④ '소'를 둘러싼 인물 간의 갈등을 중심으로 내용이 전개되고 있다.

18 높임법 사용이 옳은 것은?

① 아버지, 어제 할머니가 우리집에서 자고 가셨어요.

② 국장님, 전에 말씀하셨던 자료 조사는 과장님이 하셨습니다.

③ 손님, 죄송합니다. 문의하신 상품은 현재 품절 상태이십니다.

④ 술을 좋아하셨던 할아버지는 연세가 많이 드셔서 이빨이 거의 없으시다.

19 다음 글의 화제로 가장 적절한 것은?

모든 사회 · 문화적인 환경 안에는 자아실현에 장벽이 되는 요인들이 있다. 우리가 살고 있는 시대도 수많은 문제 요인들을 안고 있으며, 그중에서도 모든 사람에게 막대한 영향을 미치면서도 그 전모가 드러나지 않고 있는 것이 있다면 그것은 바로 남성과 여성에 대한 편견, 그리고 그에 근거한 차별 대우라고 할 수 있다. 이 오래되고 만연된 편견은 사람들의 생각 속에 고정관념으로 자리 잡고 있으면서 수많은 남성과 여성의 삶을 제약하고 자아실현을 가로막고 있다.

최근에 이르러 이 장벽을 무너뜨리고 모든 사람들이 좀 더 자유롭게 살 수 있게 하기 위한 노력이 여러 방면에서 이루어지고 있는데, 그러한 노력의 하나로 심리학에서 창출해 낸 것이 양성성(兩性性)이라는 새로운 개념이다. 지금까지 모든 여성은 '여성답고', 모든 남성은 '남성다운' 것이 바람직하다고 생각해 왔던 고정 관념과는 달리, '양성성'에서 제시하고자 하는 의미는 모든 인간이 각자의 고유한 특성에 따라 지금까지 여성적이라고 규정지어 왔던 바람직한 특성과 남성적이라고 규정지어 왔던 바람직한 특성을 동시에 지닐 수 있다는 것이다.

① 성 고정 관념의 실태와 양성성의 한계

② 성 고정 관념의 문제점과 양성성의 발견

③ 자아실현의 제약 요인과 차별 대우의 사례

④ 자아실현에 영향을 미치는 사회 · 문화적 요인

20 ㉠~㉣에 대한 설명으로 적절하지 않은 것은?

㉠너희ᄂᆡ ᄃᆞ리고 새 ᄉᆞ리 사쟈 하니,
엇그ᄌᆡ 왓던 도적 아니 멀리 갓다 ᄒᆞᄃᆡ,
너희ᄂᆡ 귀눈 업서 져런 줄 모르관ᄃᆡ,
㉡화살을 젼혀 언고 옷밥만 닷토ᄂᆞᆫ다.
너희ᄂᆡ 다리고 팁ᄂᆞᆫ가 주리ᄂᆞᆫ가,
죽조반(粥早飯) 아ᄎᆞᆷ져녁 더 ᄒᆞ다 먹엿거든,
은혜란 ᄉᆡᆼ각 아녀 제 일만 ᄒᆞ려 ᄒᆞ니,
㉢혬 혜ᄂᆞᆫ 새 들이리 어ᄂᆡ 제 어더 이셔,
집일을 맛치고 시름을 니즈려뇨.
㉣너희 일 ᄋᆡᄃᆞ라ᄒᆞ며셔 ᄉᆞᆺ ᄒᆞᆫ ᄉᆞ리 다 ᄭᅩ괘라.

– 허전, '고공가(雇工歌)'

① ㉠: '너희'와 함께 새로운 사회를 이루고자 하는 화자의 소망을 알 수 있다.

② ㉡: 나라의 미래를 걱정하는 화자의 진심을 알 수 있다.

③ ㉢: 나라를 위할 인재의 등장에 대한 화자의 기대감을 느낄 수 있다.

④ ㉣: '너희'를 대신해 새끼 꼬는 일을 처리하는 화자의 성실함을 알 수 있다.

정답·해설 _해설집 p.38

07회 핵심 어휘 마무리 체크

☑ 잘 외워지지 않는 어휘 및 표현은 박스에 체크하여 한 번 더 확인하세요.

고유어

□ **껍질** 물체의 겉을 싸고 있는 단단하지 않은 물질

한자어

□ **看破** **간파 (볼 간, 깨뜨릴 파)**
속내를 꿰뚫어 알아차림

□ **龜鑑** **귀감 (거북 귀, 거울 감)**
거울로 삼아 본받을 만한 모범

□ **遝至** **답지 (뒤섞일 답, 이를 지)**
한군데로 몰려들거나 몰려옴

□ **搬出** **반출 (옮길 반, 날 출)**
운반하여 냄

□ **分裂** **분열 (나눌 분, 찢을 열)**
1. 찢어서 나뉨
2. 집단이나 단체, 사상 등이 갈라져 나뉨

□ **上申** **상신 (윗 상, 거듭 신)**
윗사람이나 관청 등에 일에 대한 의견이나 사정 등을 말이나 글로 보고함

□ **樣式** **양식 (모양 양, 법 식)**
시대나 부류에 따라 각기 독특하게 지니는 문학, 예술 등의 형식

□ **豫斷** **예단 (미리 예, 끊을 단)**
미리 판단함. 또는 그 판단

□ **瓦解** **와해 (기와 와, 풀 해)**
'기와가 깨진다'라는 뜻으로, 조직이나 계획 등이 산산이 무너지고 흩어짐. 또는 조직이나 계획 등을 산산이 무너뜨리거나 흩어지게 함

□ **歪曲** **왜곡 (기울 왜, 굽을 곡)**
사실과 다르게 해석하거나 그릇되게 함

□ **運命** **운명 (옮길 운, 목숨 명)**
1. 인간을 포함한 모든 것을 지배하는 초인간적인 힘. 또는 그것에 의하여 이미 정하여져 있는 목숨이나 처지
2. 앞으로의 생사나 존망에 관한 처지

□ **引率** **인솔 (끌 인, 거느릴 솔)**
여러 사람을 이끌고 감

□ **材木** **재목 (재목 재, 나무 목)**
목조의 건축물·기구 등을 만드는 데 쓰는 나무

□ **沮害** **저해 (막을 저, 해할 해)**
막아서 못 하도록 해침

□ **指針** **지침 (가리킬 지, 바늘 침)**
생활이나 행동 등의 지도적 방법이나 방향을 인도하여 주는 준칙

□ **醜態** **추태 (추할 추, 모습 태)**
더럽고 지저분한 태도나 짓

□ **把握** **파악 (잡을 파, 쥘 악)**
어떤 대상의 내용이나 본질을 확실하게 이해하여 앎

□ **判別** **판별 (판단할 판, 나눌 별)**
옳고 그름이나 좋고 나쁨을 판단하여 구별함. 또는 그런 구별

□ **擴充** **확충 (넓힐 확, 채울 충)**
늘리고 넓혀 충실하게 함

Quiz 각 어휘 및 표현의 알맞은 뜻을 찾아 연결하세요.

01 껍질	㉠ 단단하지 않은 물체의 겉을 감싼 물질	**06** 上申	㉥ 목조 건축물을 만들 때 사용하는 나무
02 運命	㉡ 한 단체 등이 찢어져 분리됨	**07** 瓦解	㉦ 실제로 있었던 일과 다르게 이해함
03 看破	㉢ 여러 명을 이끎	**08** 歪曲	㉧ 윗사람에게 의견을 보고함
04 分裂	㉣ 정해진 목숨이나 처지	**09** 材木	㉨ 계획이 무너짐
05 引率	㉤ 마음속을 꿰뚫어 봄	**10** 遝至	㉩ 한 곳으로 몰려옴

정답 | 01 ㉠ 02 ㉣ 03 ㉤ 04 ㉡ 05 ㉢ 06 ㉧ 07 ㉨ 08 ㉦ 09 ㉥ 10 ㉩

정답·해설 _해설집 p.44

08회 실전동형모의고사

제한시간 : 20분 시작 시 분 ~ 종료 시 분 점수 확인 개/ 20개

01 밑줄 친 부분과 같은 의미로 사용된 것은?

> 옷에 붙어 있는 먼지를 떼고 있다.

① 물건을 떼러 갈 때마다 가격이 다르다.
② 월급에서 여러 가지 세금을 떼어 간다.
③ 건물 벽에 붙어 있는 광고지를 전부 뗐다.
④ 졸업을 하는 아이들과 정을 떼는 일은 어렵다.

02 ( ) 안에 들어갈 말로 적절한 것은?

> 김홍도는 농업, 상업뿐 아니라 서민들의 일상생활의 모습까지도 그림에 담으려고 노력했던 화가이다. 그의 풍속화는 활력이 넘치고 생동감이 느껴지는 것이 특징이다. 또한 서민들의 일상적인 모습과 그들의 정서를 잘 담아내 ( )의 꾸밈없는 자연스러움이 돋보인다는 장점이 있다. 김홍도의 그림에 담긴 서민들의 표정을 자세히 들여다보면 각 상황에 맞는 표정이 사실적으로 드러나 있고 특히 웃는 얼굴을 한 사람들이 많다는 것을 확인할 수 있다. 한편, 그의 그림은 구도가 다양한데, 균형 있는 원형 구도와 대각선 구도, X자 구도 등을 통해 서민들의 삶의 모습을 보다 생동감 있게 표현했음을 알 수 있다.

① 天高馬肥 ② 天衣無縫
③ 針小棒大 ④ 曲學阿世

03 밑줄 친 부분의 이유에 대한 관상가의 견해로 볼 수 없는 것은?

> "그대가 아무개의 관상을 보고서 이러이러하다고 한 것은 어째서요?"
> 관상가가 대답하였다.
> "부귀하면 교만하고 오만한 마음이 불어나게 되고, 죄가 가득 차면 하늘이 반드시 뒤집어 놓을 것입니다. 쭉정이도 먹지 못하게 되는 시기가 있을 것이기에 '여위겠다.'라고 하였고, 우매하여 어리석은 필부가 될 것이기에 '당신의 족속은 천하게 될 것이오.'라고 하였습니다. 빈천하면 뜻을 낮추고 자신의 몸가짐을 겸손하게 하여 두려워하며 반성하는 뜻이 있습니다. 막힘이 지극하면 반드시 펴지게 되는 법이니, 고기를 먹을 조짐이 이미 이르렀기에 '살찌겠다.'라고 하였고, 만 섬의 곡식과 열 대의 수레를 모는 귀함이 있을 것이기에 '당신의 족속은 귀하게 될 것이오.'라고 하였습니다."

① 부귀한 자는 건방지고 거만한 태도를 보인다.
② 가난한 자는 자신을 낮추며 반성하는 자세를 지니고 있다.
③ 부귀한 자는 여위게 되어도 교만한 태도에서 벗어나지 못할 것이다.
④ 가난한 자는 자신을 수양하여 막혀있던 운수가 풀려 부귀함을 누리게 될 것이다.

04 화자의 진정한 발화 의도를 파악할 때, 밑줄 친 부분을 고려하지 않아도 되는 것은?

> 간접 발화 행위란 관련된 언어적 표현을 직접 쓰지 않으면서도 발화자의 의도를 드러내는 방법을 말한다. 간접 발화의 수행력은 장면에 의해 결정된다.

① (창문을 닫기 원할 때) 바람이 많이 들어오네.
② (배가 고픈 상황을 알릴 때) 지금 몹시 시장하구나.
③ (시끄럽게 말하는 친구 앞에서) 너 목소리가 원래 이렇게 크니?
④ (과도하게 에어컨 온도를 내릴 때) 여름철 실내 적정 온도는 21~23도입니다.

05 다음 시에 대한 설명으로 적절하지 않은 것은?

산에는 꽃 피네.
꽃이 피네.
갈 봄 여름 없이
꽃이 피네.

산에
산에
피는 꽃은
저만치 혼자서 피어 있네.

산에서 우는 작은 새여
꽃이 좋아
산에서
사노라네.

산에는 꽃 지네.
꽃이 지네.
갈 봄 여름 없이
꽃이 지네.

– 김소월, '산유화'

① 산에 핀 꽃은 화자와의 거리감을 조성하고 있다.

② 종결 어미의 반복을 통해 화자의 감정이 절제되고 있다.

③ 자연물을 통해 존재의 생명력과 역동성을 그려내고 있다.

④ 첫 연과 마지막 연의 동일한 구조를 통해 형태적 안정감을 주고 있다.

06 밑줄 친 표현의 뜻풀이가 옳지 않은 것은?

① 흘게 빠진 행동은 하지 말라고 주의를 주었다.
– 정신이 똑똑하지 못하고 흐릿하거나 느릿느릿하다.

② 지은이는 같은 반 친구의 일이라면 나서서 손을 잠갔다.
– 하던 일을 그만두거나 잠시 멈추다.

③ 우리 할머니는 눈이 무디셔서 여러 번 공부해도 잘 모르신다.
– 사물을 보고 깨닫는 힘이 약하다.

④ 큰돈을 벌었다는 소문이 났음에도 그는 입을 닦고 모른 척했다.
– 이익 등을 혼자 차지하거나 가로채고서는 시치미를 떼다.

07 다음 글의 내용을 잘못 이해한 사람은?

사람은 살아가는 동안 여러 약속을 한다. 계약도 하나의 약속이다. 하지만 이것은 친구와 뜻이 맞아 주말에 영화 보러 가자는 약속과는 다르다. 일반적인 다른 약속처럼 계약도 서로의 의사 표시가 합치하여 성립하지만, 이때의 의사는 일정한 법률 효과의 발생을 목적으로 한다는 점에서 차이가 있다. 한 예로 매매 계약은 '팔겠다'는 일방의 의사 표시와 '사겠다'는 상대방의 의사 표시가 합치함으로써 성립하며, 매도인은 매수인에게 매매 목적물의 소유권을 이전하여야 할 의무를 짐과 동시에 매매 대금의 지급을 청구할 권리를 갖는다. 반대로 매수인은 매도인에게 매매 대금을 지급할 의무가 있고 소유권의 이전을 청구할 권리를 갖는다. 양 당사자는 서로 권리를 행사하고 서로 의무를 이행하는 관계에 놓이는 것이다.

이처럼 의사 표시를 필수적 요소로 하여 법률 효과를 발생시키는 행위들을 법률 행위라 한다. 계약은 법률 행위의 일종으로서, 당사자에게 일정한 청구권과 이행 의무를 발생시킨다. 청구권을 내용으로 하는 권리가 채권이고, 그에 따라 이행을 해야 할 의무가 채무이다. 따라서 채권과 채무는 발생한 법률 효과가 동전의 양면처럼 서로 다른 방향에서 파악되는 것이라 할 수 있다. 채무자가 채무의 내용대로 이행하여 채권을 소멸시키는 것을 변제라 한다.

① 민호: 집주인은 집을 양도 받는 사람에게 집에 대한 대금의 지급을 청구할 수 있는 채권이 있군.

② 민혁: 점심시간에 여가 생활을 즐기기 위해 10분 내로 식사를 끝내자고 하는 것은 계약이라고 볼 수 없군.

③ 태연: 중고차 구매자는 차량의 주인과 중개인에게 매매 목적물인 차량에 대한 대금을 지급해야 하는 의무가 있군.

④ 윤아: 매물 구매자가 매매 대금을 지급하고, 매물 판매자가 소유권을 이전하는 것은 변제 행위를 하는 것으로 볼 수 있겠군.

08 다음 글의 전개 순서로 가장 자연스러운 것은?

(가) 기술 유출은 기술 이전에 의해 발생한다. 다만, 기술 이전의 불법 여부는 기술 이전 대상과 기술 이전의 방식, 시기적·지역적 제한에 따라 판단된다. 합법적으로 기술을 이전하려면 국가 핵심 기술에 속하는 산업 기술을 개발한 기업이나 개인은 국가가 지원하여 개발된 기술인지의 여부에 상관없이 사전에 국가로부터 허가나 승인을 받아야 한다. 만약 이미 기술 유출이 발생한 경우라면 원상회복을 시켜야 한다.

(나) 예컨대 기술 이전 계약의 진행 과정 중에 당해 기술 수출이나 이전이 금지되거나 수출 승인 혹은 신고에 대한 이전 금지 결정이 이루어질 경우에 이를 극복하기 위한 시간적 여유의 폭은 매우 좁아지며, 당해 기술 개발자에게는 해당 기술의 이전에 따른 투자 비용의 회수는커녕 상담 과정 중에 기술은 제공되고 기술 이전은 이루어지지 아니하여 어떠한 보상도 받을 수 없게 되는 상황에 이르게 된다.

(다) 그러나 기술의 이전 계약이 이루어지려면 사전에 해당 기술의 내용이 제공되고 그 가치가 평가되어야 하므로 이미 기술의 공개가 이루어진 상태가 된다. 따라서 계약이 성립되기까지에는 아주 많은 정보 교환과 수단이 강구되어야 하며, 매 단계마다의 예민한 계약 성사에 영향을 미치는 요인들이 존재하게 되어 시기적으로나 제도적으로 약간의 제재나 지체 혹은 간섭이 있더라도 기술 이전의 계약이 이루어질 수 없게 된다.

(라) 따라서 기업의 기술 유출은 사후 구제 수단의 강구보다는 사전 예방이 최선책이라 할 수 있으며 이를 위한 제도적 장치의 구비가 가장 바람직하다고 할 수 있다. 기술 유출 방지를 위한 산업 보안의 제도적 장치는 물리적 수단이나 기술적 수단은 물론 이들을 총괄하는 주체적 수단이 되어야 한다.

① (가) – (나) – (다) – (라)
② (가) – (다) – (나) – (라)
③ (가) – (다) – (라) – (나)
④ (가) – (라) – (나) – (다)

09 다음 글에서 알 수 없는 것은?

대한매일신보 창간이래 오늘날까지 1백 년을 이어온 발자취는 한국 현대사의 축도라 할 수 있을 정도로 명암과 굴절이 많았다. 이 신문이 한국의 언론사와 더불어 현대사에 차지하는 위치는 특이하고도 중요하다. 러일전쟁이 일어난 직후 열강의 침탈에 국운이 기울던 시기에 창간되어 6년 동안 민족의 혼을 불러일으키면서 강력한 항일 언론을 펼쳤으나 한일합방이 강제로 체결된 후에는 매일신보로 제호가 바뀌면서 총독부의 기관지로 반민족적인 논조의 신문으로 변질되었다. 나라가 망하면서 신문의 역사가 오욕의 길로 들어선 것이다. 조선 왕조가 무너지고 대한제국의 황실은 이왕가(李王家)로 전락하여 일본제국의 보호를 받는 처지가 된 것과 마찬가지 운명이었던 것이다.

매일신보는 35년 간 중단된 일이 없이 일제의 식민지 통치를 오호 선전하면서 1920년에 창간된 민간지와는 상반된 논조를 유지하였다. 합방과 함께 총독부의 일본어 기관지 경성일보에 통합되어 일본인 사장의 지휘를 받던 이 신문은 1938년 4월 독립된 주식회사가 되었으나 총독부의 기관지라는 역할에는 변함이 없었다. 광복 후에는 서울신문으로 재출발했다가 한 때 제호를 대한매일로 바꾸었고, 이제 또 다시 서울신문이 되었다.

① 창간 당시 대한매일신보는 항일 언론의 성격을 띠었다.
② 대한매일신보는 제호가 변경되고 그 성격 또한 변질되었다.
③ 매일신보는 일제의 식민 통치 하에도 끊임없이 발행되었다.
④ 매일신보는 대한매일로 불리며 총독부 기관지의 기능이 점차 사라졌다.

10 다음 글에 대한 이해로 적절하지 않은 것은?

포세이돈 신전과 파르테논 신전으로 대표되는 서양 그리스 시대의 건축물은 주로 기둥과 보로 이루어져 있다. 이 시기에는 지중해 연안에 대리석과 같은 석재들이 풍부했기 때문에 석조 건축물들이 많았다. 하지만 건축물 안에 좁은 간격으로 기둥이 배열되어야 했기에 내부의 공간을 크게 만들 수 없다는 단점이 있었다. 이것은 날씨가 온화하여 옥외 생활에 불편이 없는 이 지방의 환경과도 관련이 있다. 따라서 이 지역의 건축물들은 건축물에 의한 외부 공간을 형성하는 것에 중점을 두어 만들어졌다.

이러한 건축 양식의 변화는 로마 시대로 접어들면서 나타났다. 로마 시대에는 '조적식 구조물'이 주로 세워졌는데, 이것은 석재, 벽돌 등을 쌓아서 만든 것을 뜻한다. 콜로세움이나 수도교들로 대표되는 로마 시대 건축물들은 모두 조적식 구조의 아치 및 궁륭 기법을 발전시킨 것이다. 즉 석재, 벽돌 등을 이용한 아치와 궁륭들로 이루어진 구조물들인 것이다.

① 로마 시대는 석조 건축물이 많이 세워졌다.
② 그리스의 석조 건축물은 환경 및 기후와 관련을 맺고 있다.
③ 그리스와 로마 건축 구조에 대해 대표적인 건축물을 예로 들며 설명하고 있다.
④ 로마 시대 건축물은 내부 공간 활용도가 낮았던 이전 시대 건축물의 문제점을 개선했다.

11 (가)와 (나)를 비교한 설명으로 적절한 것은?

(가) "아버지, 제가 그 심청이어요."
심봉사 깜짝 놀라,
"이게 웬 말이냐?"
하더니 어찌나 반갑던지 뜻밖에 두 눈에 딱지 떨어지는 소리가 나면서 두 눈이 활짝 밝았으니, 그 자리 맹인들이 심봉사 눈 뜨는 소리에 일시에 눈들이 '희번덕, 짝짝' 까치 새끼 밥 먹이는 소리 같더니, 뭇 소경이 천지 세상 보게 되니 맹인에게는 천지 개벽이라.

(나) 손잡고 반기는 집 내 아니 가옵더니
등 밀어 내치는 집 구차(苟且)히 빌어 있어
옥식 진찬(玉食珍饌) 어디 두고 맥반 염장(麥飯鹽藏) 무슨 일고
금의 화자(錦衣華刺) 어디 두고 현순백결(懸鶉百結) 되었는고
이 몸이 살았는가 죽어서 귀신(鬼神)인가
말하니 살았는지 모양은 귀신(鬼神)이라
한숨 끝에 눈물 나고 눈물 끝에 어이없어
도리어 웃음 나니 미친 사람 되겠구나

① (나)와 달리 (가)는 자신의 처지를 직접 묘사하고 있다.
② (가)와 달리 (나)는 동일한 연결 어미의 반복이 나타난다.
③ (가)와 (나) 모두 대화의 방식을 통해 사건을 전개하고 있다.
④ (나)와 달리 (가)는 부정적인 상황이 긍정적으로 변화하고 있다.

12 괄호 안에 들어갈 한자 성어로 가장 적절한 것은?

우리 회사에서는 다음 달에 자선 바자회를 개최할 예정입니다. 모든 직원들이 (　　) 정성을 모아 어려움을 겪고 있는 사람들에게 큰 도움을 줄 수 있으면 좋겠습니다. 모이는 힘이 크면 클수록, 나누는 사랑의 힘도 커지는 것을 널리 알려, 보다 더 많은 분들이 동참하기를 기원합니다.

① 鵬程萬里　② 累卵之勢
③ 金蘭之契　④ 十匙一飯

13 ㉠, ㉡에 들어갈 한자를 순서대로 바르게 나열한 것은?

> ○ 우리는 다른 나라와 (㉠)을 견고히 해야 한다.
> ○ 그는 환자들을 위해 헌신적으로 (㉡)하였다.

	㉠	㉡
①	共營	奉仕
②	共營	奉事
③	共榮	奉仕
④	共榮	奉事

14 다음 글의 서술상의 특징으로 적절한 것은?

> 점순이는 뭐 그리 썩 이쁜 계집애는 못 된다. 그렇다구 개떡이냐 하면 그런 것두 아니고, 꼭 내 안해가 돼야 할 만치 그저 툽툽하게 생긴 얼굴이다. 나보다 십 년이 아래니까 올해 열여섯인데 몸은 남보다 두 살이나 덜 자랐다. 남은 잘도 훤칠히들 크건만 이건 우아래가 몽톡한 것이 내 눈에는 헐없이 감참외 같다. 참외 중에는 감참외가 제일 맛 좋고 이쁘니까 말이다. 둥글고 커단 눈은 서글서글하니 좋고, 좀 지쳐 찢어졌지만 입은 밥술이나 톡톡히 먹음직하니 좋다. 아따, 밥만 많이 먹게 되면 팔자는 고만 아니냐. 헌데 한 가지 파가 있다면 가끔가다 몸이(장인님은 이걸 채신이 없이 들까분다고 하지만) 너머 빨리빨리 논다. 그래서 밥을 나르다가 때 없이 풀밭에서 깨빡을 쳐서 흙투성이 밥을 곧잘 먹인다. 안 먹으면 무안해할까 봐서 이걸 씹고 앉었노라면 으적으적 소리만 나고 돌을 먹는 겐지 밥을 먹는 겐지…….
> 그러나 이날은 웬일인지 성한 밥째루 밭머리에 곱게 나려놓았다. 그리고 또 내외를 해야 하니까 저만큼 떨어져 이쪽으로 등을 향하고 웅크리고 앉어서 그릇 나기를 기다린다.
>
> – 김유정, '봄 · 봄'

① 과거를 회상하며 인물에 대한 서술자의 심리 변화를 드러내고 있다.

② 내화와 외화의 병렬적 구성으로 이야기를 입체적으로 전개하고 있다.

③ 판소리 사설 특유의 문체를 사용하여 향토성과 해학성을 느낄 수 있다.

④ 작품 속 서술자가 등장인물의 외양을 애정 어린 시선으로 묘사하고 있다.

15 다음 글의 설명 방식과 가장 가까운 것은?

> 한국 예술을 흔히들 선의 예술이라 하는데, 기와집 추녀 끝을 보나, 버선의 콧등을 보나, 분명히 선으로 이루어진 극치다. 또, 미인을 그려서 한 말에 '반달 같은 미인'이란 말이 있으니, 이도 또한 선과 선의 묘미일 뿐 아니라, 장구 소리가 가늘게 또 길게 끄는 것도 일종의 선의 예술일시 분명하다.

① 참새의 머리는 자색을 띤 갈색이고, 눈 밑에는 흰 줄이 새겨져 있다.

② 민화는 주제별로 종교적인 그림과 비종교적인 그림으로 크게 나눌 수 있다.

③ 까마귀, 까치와 같이 우리가 흔히 볼 수 있는 새들을 비롯하여 박새, 꿩, 올빼미 등의 새들은 모두 텃새이다.

④ 세시 풍속은 대체로 해마다 일정한 시기에 관습적으로 반복되는 특수한 생활 행위, 곧 주기 전승의 의례적 생활 행위를 말한다.

16 다음 글에서 추론한 내용으로 적절하지 않은 것은?

> 설득은 상대의 마음을 자신의 구미에 맞게 움직여야 하는 고난도의 기술이다. 상대의 마음을 전혀 알 수 없을 때에는 차라리 침묵하고 있는 편이 낫다. 어설픈 기술로 덤벼들었다가는 오히려 화를 입을 수도 있다.
> 설득할 때 가장 범하기 쉬운 오류가 무작정 자기 입장을 늘어놓는 것이다. 자신의 입장을 이해시키는 것과 설득하는 것은 많은 차이가 있다. 설득을 하고 싶다면, 먼저 상대의 입장부터 들어야 한다. 그래야 정확히 그의 마음 상태와 성향을 파악할 수 있고, 그러고 나면 마음의 움직임을 유추하는 게 가능해진다. 부정적인 성격인지 긍정적인 성격인지, 어떤 가치관을 지니고 있는지, 취미는 무엇이며 현재 관심사가 무엇인지 등을 파악하면 설득이 쉬워진다. 상대를 효과적으로 설득하려면 또한 상황을 다각도에서 바라볼 줄 알아야 한다. 자신의 입장에서만 봐서는 아무리 언변이 뛰어나다 하더라도 설득의 달인이 될 수 없다.

① 상대방의 의중을 모를 때는 대화보다 말없이 손을 잡아주는 것이 더 효과적인 설득이 될 수 있다.

② 협상에서 유리한 고지를 선점하기 위해서는 여러 방면에서 상황을 분석한 타협안을 준비해야 한다.

③ 사람들의 마음을 울리는 연설을 위해서는 청중과 공감대를 형성할 수 있는 연설문을 작성해야 한다.

④ 영업 사원이 고객을 설득하기 위해선 상품의 특성과 상태에 대한 정확한 이해가 가장 우선시되어야 한다

17 다음 대화 상황에서 의사소통에 장애가 일어났다고 한다면, 그 이유로 가장 적절한 것은?

> 팀장: 팩스가 고장났네요. 우리 팀 비품 담당자가 누구였죠?
> 팀원1: 성재 씨가 비품 담당자인데, 오늘 갑작스럽게 병가를 쓰셨습니다.
> 팀장: 그래요? 급하게 보내야 할 서류가 있는데, 2차 담당자를 정해두지 않아서 당황스럽군요.
> 팀원1: 성재 씨에게 연락해 봤는데, 전화를 받지 않으십니다.
> 팀원2: 생각해 보니 어제 유라 씨가 팩스를 사용하지 않으셨어요? 유라 씨가 사용하신 후에 고장이 난 것 같은데 책임지고 조치를 취해주세요.
> 팀원1: 민아 씨, 제가 마지막으로 팩스를 사용해서 고장을 냈다는 건 어떻게 확신하시죠? 야근한 팀원분들도 분명히 계신 걸로 알고 있는데요.
> 팀장: 서로 책임을 미루는 건 지금 상황에서 불필요한 것 같네요. 시설 관리 팀에 먼저 문의해 보는 것이 방법이겠어요.
> 팀원3: 제가 시설 관리 팀에 문의해 보겠습니다.

① 팀원2는 확실하지 않은 정보를 언급함으로써 갈등을 유발하고 있다.

② 팀장은 팀원들에게 문제 상황을 해결할 것을 일방적으로 명령하고 있다.

③ 팀원3은 타인들의 말을 중간에 자르고 끼어들며 해결 방안을 제시하고 있다.

④ 팀원1은 대화 맥락과 관계없는 이야기를 함으로써 자신의 책임을 회피하고 있다.

18 ㉠~㉣에 대한 설명으로 적절하지 않은 것은?

> "두 사람이 왔는데, 임금님께서는 누구를 취하고 누구를 버리시겠습니까?"
> ㉠화왕께서는 이렇게 대답하였다.
> "㉡장부의 말도 도리가 있기는 하나, 그러나 가인을 얻기 어려우니 이를 어찌할꼬?"
> 그러자 장부가 앞으로 나와 말하였다.
> "제가 온 것은 임금님의 총명이 모든 사리를 잘 판단한다고 들었기 때문입니다. 그러나 지금 뵈오니 그렇지 않으십니다. 무릇 임금 된 자로서 ㉢간사하고 아첨하는 자를 가까이 하지 않고, ㉣정직한 자를 멀리 하지 않는 이는 드뭅니다. 그래서 맹자(孟子)는 불우한 가운데 일생을 마쳤고, 풍당(馮唐)은 낭관(郎官)으로 파묻혀 머리가 백발이 되었습니다. 예로부터 이러하오니 저인들 어찌하겠습니까?"
> 화왕은 마침내 다음의 말을 되풀이하였다.
> "내가 잘못했다. 잘못했다."

① ㉡에 의해 ㉠의 갈등이 해소된다.

② '풍당(馮唐)'은 ㉢에, '맹자(孟子)'는 ㉣에 해당된다.

③ ㉡은 ㉠에게 ㉢을 멀리하고 ㉣을 곁에 둘 것을 당부한다.

④ ㉠이 잘못했다고 말하는 이유는 ㉣을 알아보지 못한 것에 대한 깨달음을 얻었기 때문이다.

19 다음 조건을 모두 참조하여 쓴 글은?

> • 대구(對句)의 기법을 사용할 것
> • 에너지 절약을 의인법으로 표현할 것

① 지하철: 지하철엔 항상 사람이 많다. 출근길에도 퇴근길에도 주말에도 지하철은 늘 인기가 많다. 이렇게 대중교통을 이용하는 습관 속에, 우리 미래의 자원이 풍족해 진다.

② 물: 한 아이가 물을 낭비하고 있었다. 물이 울면서 아이에게 이야기했다. "한 방울의 물은 귀중한 생명이야. 한 방울의 물도 귀중한 자산이야." 아이는 수도꼭지를 잠갔습니다.

③ 부채: 사람들은 에어컨이 더위를 날려준다며 에어컨을 좋아했다. 에어컨은 점점 더 많은 전기를 사용하며, 부채를 구박하기 시작했다. 부채가 에어컨에게 말했다. "여름에는 부채가 최고, 아낀 만큼 푸른 미래"

④ 자동차: 자동차는 많은 사람을 태우고 싶어 했다. 하지만 사람들은 편리함만을 추구하며 모든 길을 혼자서 가곤 했다. 자동차가 사람들에게 크게 말했다. "나 홀로는 쓸쓸하지만, 카풀하면 하하호호 웃음이 넘치는 길이야."

20 다음 글에서 알 수 없는 것은?

상품을 판매해 이익을 남기는 시장경제가 나타나면서, 사대부는 시민의 생활방식을 따르고, 시민은 경제력을 배경으로 사대부로 상승하고자 했다. 중인의 신분을 유지하면서 사대부와 대등하게 되려고 한 위항인의 문학은 한시에 머물렀지만, 신분 획득과 의식 동화를 통해 사대부가 되고자 하는 시민은 시민화되는 사대부와 소설을 공유하면서 그 내부에서 다투었다.

가정용품을 직접 만들지 않고 시장에서 구입할 수 있게 된 것이 여성 생활과 직결된 커다란 변화였다. 그 덕분에 독서를 할 수 있는 시간 여유를 얻은 부녀자들을 상대로 세책가(貰冊家)가 소설을 빌려주고 돈을 버는 영업을 했다. 영업이 잘되게 하려면 장편을 다수 확보해, 사대부가 지속시키고자 하는 지배질서와 시민이 경험한 현실적인 갈등을 함께 나타내면서 둘 사이의 관계를 적극 문제 삼도록 할 필요가 있었다.

세책가소설은 몇 가지 특징이 있다. 이본이 흔하지 않으며, 한문본은 없고 국문본만이다. 작가를 알 수 있는 단서가 없다. 10책 내외이거나 그 이상의 분량이다. 여러 인물이 등장하고, 사건 전개가 복잡하고 자세하게 서술되었다. 중국을 무대로 해서 지배질서의 위기를 현실에서 절감되는 갈등과 복합시켜 다루었다.

세책가는 서울에서만 영업을 해서, 세책가소설은 널리 퍼지지 않았다. 여성 독자는 국문소설만 읽었다. 신원 확인이 가능하지 않은 무명의 작가가 작품을 써서 세책가에 팔면서 자기가 누군지 독자가 알 수 있게 하는 단서를 남기지 않았다. 여성 독자는 작가를 알려고 하지 않고 작품만 즐겼다. 작품이 길어야 여러 날 빌려 보므로 영업에 유리했다. 여러 인물이 등장해 복잡한 사건을 벌이는 것이 흥미를 가중시키기 위해 반드시 필요한 방법이었다. 사대부의 이상주의와 시민의 현실주의를 함께 보여주면서 양쪽의 독자를 끌어들였다.

① 경제력을 갖춘 시민은 신분 상승의 욕구를 가지고 있었다.

② 세책가는 독서할 여유가 있는 부녀자에게 주로 장편 소설을 빌려주었다.

③ 세책가소설은 사건 전개를 보다 복잡하게 구성하여 독자의 흥미를 높이는 방식으로 제작되었다.

④ 세책가소설은 사대부의 이상주의를 비판하고 시민의 현실주의를 강조하며 서민 독자층을 넓혀갔다.

정답·해설 _해설집 p.44

08회 핵심 어휘 마무리 체크

☑ 잘 외워지지 않는 어휘 및 표현은 박스에 체크하여 한 번 더 확인하세요.

고유어

- □ **툽툽하다** 생김새가 멋이 없고 투박하다.
- □ **서글서글** 생김새나 성품이 매우 상냥하고 너그러움

한자 성어

- □ **天高馬肥** **천고마비 (하늘 천, 높을 고, 말 마, 살찔 비)**
  하늘이 높고 말이 살찐다는 뜻으로, 하늘이 맑아 높푸르게 보이고 온갖 곡식이 익는 가을철을 이르는 말
- □ **天衣無縫** **천의무봉 (하늘 천, 옷 의, 없을 무, 꿰맬 봉)**
  1. 천사의 옷은 꿰맨 흔적이 없다는 뜻으로, 일부러 꾸민 데 없이 자연스럽고 아름다우면서 완전함을 이르는 말
  2. 완전무결하여 흠이 없음을 이르는 말
- □ **針小棒大** **침소봉대 (바늘 침, 적을 소, 막대 봉, 클 대)**
  작은 일을 크게 불리어 떠벌림
- □ **曲學阿世** **곡학아세 (굽을 곡, 배울 학, 언덕 아, 인간 세)**
  바른길에서 벗어난 학문으로 세상 사람에게 아첨함
- □ **鵬程萬里** **붕정만리 (붕새 붕, 한도 정, 일 만 만, 마을 리)**
  1. 산을 넘고 내를 건너 아주 멂
  2. 아주 양양한 장래를 비유적으로 이르는 말
- □ **累卵之勢** **누란지세 (묶을 누, 알 란, 갈 지, 형세 세)**
  층층이 쌓아 놓은 알의 형세라는 뜻으로, 몹시 위태로운 형세를 비유적으로 이르는 말
- □ **金蘭之契** **금란지계 (쇠 금, 난초 란, 갈 지, 맺을 계)**
  친구 사이의 매우 두터운 정을 이르는 말
- □ **十匙一飯** **십시일반 (열 십, 숟가락 시, 한 일, 밥 반)**
  밥 열 술이 한 그릇이 된다는 뜻으로, 여러 사람이 조금씩 힘을 합하면 한 사람을 돕기 쉬움을 이르는 말

한자어

- □ **移轉** **이전 (옮길 이, 구를 전)**
  권리 등을 남에게 넘겨주거나 또는 넘겨받음
- □ **價値** **가치 (값 가, 값 치)**
  사물이 지니고 있는 쓸모
- □ **輸出** **수출 (보낼 수, 날 출)**
  국내의 상품이나 기술을 외국으로 팔아 내보냄
- □ **手段** **수단 (손 수, 층계 단)**
  어떤 목적을 이루기 위한 방법. 또는 그 도구
- □ **締結** **체결 (맺을 체, 맺을 결)**
  1. 얽어서 맺음
  2. 계약이나 조약 등을 공식적으로 맺음
- □ **共榮** **공영 (한가지 공, 영화 영)**
  함께 번영함
- □ **共營** **공영 (한가지 공, 경영할 영)**
  함께 경영함
- □ **奉仕** **봉사 (받들 봉, 섬길 사)**
  국가나 사회 또는 남을 위하여 자신을 돌보지 않고 힘을 바쳐 애씀
- □ **奉事** **봉사 (받들 봉, 일 사)**
  웃어른을 받들어 섬김
- □ **葛藤** **갈등 (칡 갈, 등나무 등)**
  칡과 등나무가 서로 얽히는 것과 같이, 개인이나 집단 사이에 목표나 이해관계가 달라 서로 적대시하거나 충돌함. 또는 그런 상태

Quiz 각 어휘 및 표현의 알맞은 뜻을 찾아 연결하세요.

01 針小棒大	㉠ 생김새가 상냥하고 너그러움	06 輸出	㉥ 국내의 생산품을 외국으로 보냄
02 툽툽하다	㉡ 여럿이 조금씩 힘을 합치면 한 사람을 돕기 쉬움	07 締結	㉦ 권리 등을 타인에게 넘겨주거나 넘겨받음
03 十匙一飯	㉢ 매우 아슬아슬한 모양이나 상태	08 移轉	㉧ 개인 간 이해관계가 달라 충돌함
04 서글서글	㉣ 생김새가 투박하고 멋이 없음	09 葛藤	㉨ 자신보다 타인을 돌보며 힘씀
05 累卵之勢	㉤ 사소한 일을 과장하여 떠벌림	10 奉仕	㉩ 조약을 맺음

정답 | 01 ㉤ 02 ㉣ 03 ㉡ 04 ㉠ 05 ㉢ 06 ㉥ 07 ㉩ 08 ㉦ 09 ㉧ 10 ㉨

정답·해설 _해설집 p.49

09회 실전동형모의고사

제한시간 : 20분 시작 시 분 ~ 종료 시 분 점수 확인 개/ 20개

01 밑줄 친 단어에 가장 적절한 한자는?

> 나는 기억을 더듬으며 퍼즐 조각을 맞추어 가고 있었다.

① 岐嶷 ② 記憶
③ 期憶 ④ 記億

02 의미가 다른 한자 성어는?

① 옥석혼효(玉石混淆)
② 반포지효(反哺之孝)
③ 백유지효(伯兪之孝)
④ 혼정신성(昏定晨省)

03 〈보기〉의 단어에 공통으로 적용된 음운 변동은?

> 보기
> • 칼날[칼랄]
> • 난로[날:로]
> • 광한루[광:할루]

① 중화 ② 첨가
③ 유음화 ④ ㄹ의 비음화

04 다음을 하나의 단락으로 올바르게 완성하기 위해 나눈 의견으로 가장 적절한 것은?

> ㉠무량수전은 고려 중기의 건축이지만, 우리 민족이 보존해 온 목조 건축 중에서는 가장 아름답고 가장 오래된 건물임이 틀림없다. ㉡기둥 높이와 굵기, 사뿐히 고개를 든 지붕 추녀의 곡선과 그 기둥이 주는 조화, 간결하면서도 역학적이며 기능에 충실한 주심포의 아름다움, 이것은 꼭 갖출 것만 을 갖춘 필요미이며, 문창살 하나 문지방 하나에도 나타나 있는 비례의 상쾌함이 이를 데 없다. ㉢무량수전 앞 안양문에 올라 앉아 먼 산을 바라보면 산 뒤에 또 산, 그 뒤에 또 산마 루, 눈길이 가는 데까지 그림보다 더 곱게 겹쳐진 능선들이 모두 이 무량수전을 향해 마련된 듯싶어진다. ㉣무량수전이 지니고 있는 이러한 지체야말로 석굴암 건축이나 불국사 돌계단의 구조와 함께 우리 건축이 지니는 참 멋, 즉 조상들의 안목과 미덕이 어떠하다는 실증을 보여주는 본보기라 할 수밖에 없다.

① ㉠은 ㉡을 세부적으로 서술하는 문장이니 ㉡과 위치를 서로 바꾸는 게 좋겠어.
② 단락의 연결성을 위해 ㉢과 ㉣의 위치를 서로 바꿔야 할 것 같아.
③ ㉣에 조상들의 안목과 미덕에 대한 구체적인 내용을 추가해야겠어.
④ ㉣을 뒷받침하기 위해 고려 중기에 유행하였던 건축 양식에 대한 내용을 추가해야겠어.

05 다음에서 설명한 공감적 대화로 가장 적절한 것은?

공감적 듣기란 상대방의 상황과 감정을 이해하고 상대방의 입장이 되어, 그에 대한 적절한 공감의 반응을 하는 듣기 행위를 의미한다. 대화 중 상대의 감정에 주목하지 않거나 도움을 주기 위해 상대방의 이야기를 판단하고 충고하게 된다면 처음 의도와는 다르게 갈등으로 이어지기 쉽다.

① 가: 이번에 새로운 계약을 따내는 것에 실패했어.
나: 너는 지금 네가 하는 사업보다 앞으로 할 사업에 더 신경을 쓰는 것 같아.

② 가: 내 실수로 인해 프로젝트 발표가 엉망이 된 것 같아.
나: 실수를 할 수도 있지. 낙담하지 말고 만회할 방법을 찾아봐.

③ 가: 이번에는 꼭 승진을 하고 싶은데 인사 평가에 자신이 없어.
나: 너는 항상 자신감이 없는 것 같아. 자신감을 가지면 좋겠어.

④ 가: 올해는 졸업식을 할 줄 알았는데 못한다고 하니까 동생이 많이 실망했어.
나: 네 동생이 얼마나 기다렸던 졸업식인데, 나였어도 너무 속상할 것 같아.

06 다음 글의 중심 내용으로 가장 적절한 것은?

과도적인 문화 속에는 한국 사회에 적합성을 가지지 못하는 차용된 외래문화가 많다. 그와 같은 차용 문화는 사회 구의 변화에 따른 전통문화의 해체에 의해서 일어나는 문화 적 공백을 메우기 위해 도입된 외래문화이기 때문에 충분히 선택적으로, 비판적으로, 주체적으로 수용되었다기보다 는 모방과 도입에만 급급하면서 받아들인 문화이다. 그러므로 어느 정도의 모방과 도입기를 거쳐 외래적인 행위 양식이 상당히 널리 확산되는 단계에 이르면 외래문화는 문화적 전통의 정체(正體)를 위협하게 된다.

이처럼 정체의 위기에 당면한 사회에서는 문화적 전통과 전통문화에 대한 관심이 고조된다. 그러나 문화적 정체의 회복이 전통 사회 문화로의 복귀나 외래문화의 배격과 같은 문화적 복고주의나 문화적 폐쇄주의로 성취될 수 없음은 물론이다. 문화적 복고주의나 문화적 폐쇄주의는 정체를 회복시키는 데에는 효과적일지는 모르지만 적합성의 위기를 더욱 고조시키게 될 것이기 때문이다. 그러므로 정체의 회복과 문화적 전통의 확립은 문화의 적합성을 희생시키지 않는 범위 내에서, 즉 현대 사회와 적합성을 유지할 수 있는 '문화적 전통'의 재발견과 그와 같은 문화적 전통과 잘 통합되는 외래문화의 선별적 수용을 통해서만 가능한 것이다.

① 우리의 문화적 전통은 차용 문화에 의해 위협받고 있다.

② 전통문화로의 복귀를 통해 문화적 정체성을 지킬 수 있다.

③ 외래문화의 주체적 수용을 통한 바람직한 통합 과정이 필요하다.

④ 문화적 과도기에는 전통문화의 해체와 외래문화의 도입이 일어난다.

07 다음 시에 대한 설명으로 옳지 않은 것은?

산산이 부서진 이름이여!
허공중에 헤어진 이름이여!
불러도 주인 없는 이름이여!
부르다가 내가 죽을 이름이여!

심중(心中)에 남아 있는 말 한마디는
끝끝내 마저 하지 못하였구나.
사랑하던 그 사람이여!
사랑하던 그 사람이여!

붉은 해는 서산마루에 걸리었다.
사슴의 무리도 슬피 운다.
떨어져 나가 앉은 산 위에서
나는 그대의 이름을 부르노라.

설움에 겹도록 부르노라.
설움에 겹도록 부르노라.
부르는 소리는 비껴가지만
하늘과 땅 사이가 너무 넓구나.

선 채로 이 자리에 돌이 되어도
부르다가 내가 죽을 이름이여!
사랑하던 그 사람이여!
사랑하던 그 사람이여!

– 김소월, '초혼'

① 민요조의 3음보 율격이 운율을 이룬다.

② 영탄법을 사용하여 격정적인 어조로 시상을 전개하고 있다.

③ 작품 속 시간적 배경과 공간적 배경이 구체적으로 드러나 있다.

④ '사슴의 무리도 슬피 운다'를 통해 화자의 정서가 직접적으로 표출되고 있다.

08 다음 글의 전개 순서로 가장 자연스러운 것은?

(가) 이때 이루어지는 주된 언어 활동은 듣기와 말하기이며, 주로 동원되는 언어는 음성 언어이지만, 대화 참여자들의 표정이나 몸짓, 공간 속의 위치 등 비언어적 표현들도 의미를 주고받는 데 있어 중요한 역할을 한다.
(나) 면대면 소통 방식은 개인들 간에 직접 소통이 이루어지는 만큼, 특별히 기술 매체가 소통에 끼어들지는 않는다.
(다) 어떤 문제를 해결하기 위해 소수의 사람들이 마주 앉아 협의하는 상황, 혹은 교실에서 선생님이 강의를 하는 상황 등은 모두 면대면 소통에 해당된다.
(라) 이렇게 보면 소통 방식은 면대면 방식과 같이 매체를 통하지 않고 이루어지는 방식과 매체를 경유해 이루어지는 방식의 두 가지로 나누어 볼 수 있음을 알게 된다.

① (나) – (가) – (라) – (다)
② (나) – (다) – (라) – (가)
③ (다) – (가) – (나) – (라)
④ (다) – (나) – (가) – (라)

09 표준 발음에서 축약 현상이 나타나는 것은?

① 옷고름　　② 낚는다
③ 피붙이　　④ 묻히다

10 밑줄 친 ㉠~㉣에 대한 설명으로 옳지 않은 것은?

그때 내 눈앞에는 아내의 모가지가 벼락처럼 내려 떨어졌다. ㉠아스피린과 아달린.

우리들은 서로 오해하고 있느니라. 설마 아내가 아스피린 대신에 아달린의 정량을 나에게 먹여 왔을까? 나는 그것을 믿을 수가 없다. 아내가 대체 그럴 까닭이 없을 것이니 그러면 나는 날밤을 새면서 도적질을, 계집질을 하였나? 정말이지 아니다.

우리 부부는 숙명적으로 발이 맞지 않는 ㉡절름발이인 것이다. 내가 아내나 제 거동에 로직을 붙일 필요는 없다. 변해할 필요도 없다. 사실은 사실대로 오해는 오해대로 그저 끝없이 발을 절뚝거리면서 세상을 걸어가면 되는 것이다. 그렇지 않을까?

그러나 나는 이 발길이 아내에게로 돌아가야 옳은가 이것만은 분간하기가 좀 어려웠다. 가야 하나? 그럼 어디로 가나?

이때 뚜우 —하고 ㉢정오 사이렌이 울었다. 사람들은 모두 네 활개를 펴고 닭처럼 푸드덕거리는 것 같고 온갖 유리와 강철과 대리석과 지폐와 잉크가 부글부글 끓고 수선을 떨고 하는 것 같은 찰나, 그야말로 현란을 극한 정오다.

나는 불현듯이 겨드랑이가 가렵다. 아하, 그것은 내 인공의 날개가 돋았던 자국이다. 오늘은 없는 이 날개, 머릿속에서는 희망과 야심의 말소된 페이지가 딕셔너리 넘어가듯 번뜩였다.

나는 걷던 걸음을 멈추고 그리고 어디 한번 이렇게 외쳐 보고 싶었다.

㉣날개야 다시 돋아라.
날자. 날자. 날자. 한 번만 더 날자꾸나.
한 번만 더 날아 보자꾸나.

– 이상, '날개'

① ㉠: '나'가 '아내'와 자신의 관계를 깨닫는 계기가 된다.
② ㉡: '나'와 '아내'가 서로 의지하며 살아가야 하는 관계임을 암시한다.
③ ㉢: '나'의 의식을 자극하여 자아를 되찾게 하는 역할을 한다.
④ ㉣: '나'가 되찾고자 하는 활력과 삶의 의미를 상징한다.

11 다음 글의 서술 방식에 대한 설명으로 가장 적절한 것은?

집에 오니 어머니는 문간에 기다리고 있다가 나를 안고 들어갔습니다.

"그 꽃은 어디서 났니? 퍽 곱구나."

하고 어머니가 말씀하셨습니다. 그러나 나는 갑자기 말문이 막혔습니다.

'이걸 엄마 드릴라구 유치원서 가져왔어.' 하고 말하기가 어째 몹시 부끄러운 생각이 들었습니다. 그래, 잠깐 망설이다가,

"응, 이 꽃! 저, 사랑 아저씨가 엄마 갖다 주라구 줘."

하고 불쑥 말했습니다. 그런 거짓말이 어디서 그렇게 툭 튀어 나왔는지 나도 모르지요.

꽃을 들고 냄새를 맡고 있던 어머니는 내 말이 끝나기가 무섭게 무엇에 몹시 놀란 사람처럼 화닥닥하였습니다. 그리고는 금시에 어머니 얼굴이 그 꽃보다 더 빨갛게 되었습니다. 그 꽃을 든 어머니 손가락이 파르르 떠는 것을 나는 보았습니다. 어머니는 무슨 무서운 것을 생각하는 듯이 방 안을 휘 한 번 둘러보시더니,

"옥희야, 그런 걸 받아 오문 안 돼."

하고 말하는 목소리는 몹시 떨렸습니다. 나는 꽃을 그렇게도 좋아하는 어머니가 이 꽃을 받고 그처럼 성을 낼 줄은 참으로 뜻밖이었습니다. 어머니가 그렇게도 성을 내는 것을 보니까 그 꽃을 내가 가져왔다고 그러지 않고 아저씨가 주더라고 거짓말을 한 것이 참 잘 되었다고 나는 속으로 생각했습니다. 어머니가 성을 내는 까닭을 나는 모르지만 하여튼 성을 낼 바에는 내게 내는 것보다 아저씨에게 내는 것이 내게는 나았기 때문입니다. 한참 있더니 어머니는 나를 방 안으로 데리고 들어와서,

"옥희야, 너 이 꽃 이얘기 아무보구두 하지 말아라, 응."

하고 타일러 주었습니다. 나는,

"응."

하고 대답하면서 고개를 여러 번 까닥까닥했습니다.

어머니가 그 꽃을 곧 내버릴 줄로 나는 생각했습니다마는 내버리지 않고 꽃병에 꽂아서 풍금 위에 놓아 두었습니다. 아마 퍽 여러 밤 자도록 그 꽃은 거기 놓여 있어서 마지막에는 시들었습니다. 꽃이 다 시들자 어머니는 가위로 그 대는 잘라 내버리고 꽃만은 찬송가 갈피에 곱게 끼워 두었습니다.

– 주요섭, '사랑손님과 어머니'

① 과거와 현재가 교차되며 사건이 전개되고 있다.

② 서술의 초점이 '나'가 아닌 주인공에게 맞추어져 있다.

③ 어린 아이의 심리가 서술자의 눈을 통해 드러나고 있다.

④ 서술자가 지난 일을 회상하며 요약적으로 이야기하고 있다.

12 다음 글의 내용을 잘못 이해한 것은?

과학을 이야기할 때 꼭 언급하고 지나가야 할 문제는 과학적인 방법으로 얻어진 결과를 어느 정도 신뢰할 수 있느냐 하는 문제이다. 앞에서 이야기한 것처럼 과학은 인간의 이성으로 진리를 추구해 가는 가장 합리적인 방법이다. 따라서 과학적인 방법으로 도출해 낸 결론은 우리가 얻을 수 있는 가장 신뢰할 수 있는 결론이라고 해야 할 것이다. 그러나 인간의 이성으로 얻은 결론이므로 인간이라는 한계를 뛰어넘을 수는 없다. 인간의 지식이나 이성이 완벽하지 못하다는 것은 누구나 인정하고 있는 사실이다. 따라서 과학적인 방법으로 얻어진 결론도 완벽하다고 할 수는 없다.

과학 발전의 과정에서 많은 이론이나 학설들이 새로운 이론이나 학설에 의해 부정되었다. 인류가 알아낸 가장 완벽한 자연 법칙이라고 생각했던 뉴턴 역학(빛의 속도에 비하여 느린 속도로 움직이는 물체의 운동을 뉴턴의 운동 법칙에 기초하여 설명하는 역학 체계)도 상대성 이론(아인슈타인에 의하여 확립된 물리학이론)과 양자론(물질의 근원이 되는, 원자보다 더 작은 물질인 소립자들의 움직임과 그 성질을 다루는 학문)에 의해 수정되고 보완되어야 했던 것은 우리가 잘 알고 있는 사실이다. 따라서 과학에서 추구하는 것은 완전한 진리이지만 과학으로 얻어낸 결론은 완전한 진리가 아니라는 것을 염두에 두어야 할 것이다.

① 과학의 발전은 인간의 한계를 극복한 결과이다.

② 뉴턴 역학은 한때 인류 최고의 학설로 일컬어졌다.

③ 과학은 인간이 사용할 수 있는 방법 중 가장 합리적인 방법이다.

④ 과학은 기존의 이론이 새로운 이론에 의해 부정되며 발전하였다.

13 다음 글의 논지 전개 방식과 가장 유사한 것은?

블록버스터 영화는 거대 자본을 바탕으로 제작되어 단기간에 큰 흥행 수입을 올린 영화를 총칭하는 말이다. 할리우드에서는 '스타워즈' 시리즈를 시작으로 대형 블록버스터 영화의 시대가 열렸으며, 한국에서도 2000년대 초반 이후 많은 블록버스터 영화들이 제작되고 있다. 반면 독립 영화는 자본을 대는 제작사의 지원 없이 제작되는 영화를 의미한다. 자본으로부터 독립한 영화이기 때문에 일반 상업 영화와 달리 흥행보다는 창작자의 의도를 표현하는 것에 중점을 둔다.

① 흔히 영화 소개 프로그램에서 작가들이 말하는 '시놉시스'는 영화나 드라마 등의 간단한 줄거리나 개요를 의미한다.

② 찜질방 안에는 수많은 방들이 있는데 목욕과 관련해서는 동굴방, 삼림욕방, 참숯방, 황토방, 소금방, 얼음방, 자수정방 등이 있다.

③ 지난달에 출시된 이 휴대 전화기는 가격 대비 성능이 우수하여 선풍적인 인기를 끌고 있다. 이 전화기는 우리나라와 마찬가지로 실속형 휴대 전화기를 선호한다고 알려진 유럽에서도 좋은 반응을 불러일으킬 것으로 예상된다.

④ 낭만주의의 경우 공상의 세계를 동경할 뿐 현실과 이상 사이의 괴리를 극복하지 못하는 반면 고전주의는 균형과 조화를 중시하며 그 괴리를 극복해낸다.

14 다음 중 표기가 옳게 짝지어진 것은?

ㄱ. 내 주장을 끝까지 (우겨, 욱여) 사람들과 실랑이가 벌어졌다.
ㄴ. 남의 (뒤치다꺼리, 뒤치닥거리)만 하다 보니 정작 내가 해야 할 일을 하지 못했다.

	ㄱ	ㄴ
①	우겨	뒤치다꺼리
②	욱여	뒤치닥거리
③	욱여	뒤치다꺼리
④	우겨	뒤치닥거리

15 밑줄 친 '대'와 한자가 같은 것은?

이렇게 융숭한 <u>대</u>접(待接)을 받아도 되는지 모르겠습니다.

① 안일한 <u>대</u>응이 화를 키운 거야.

② <u>대</u>부 업체 이용은 삼가는 것이 좋아.

③ 지금 <u>대</u>피 시설로 가지 않으면 안 돼.

④ 제가 선임한 <u>대</u>리인이랑 약속을 잡도록 하세요.

16 다음 소설에서 사용된 문체의 특징에 대한 설명으로 가장 적절한 것은?

브이넥의 다갈색 스웨터를 입고 그보다 엷은 빛깔의 셔츠 깃을 내보인 그는, 짙은 눈썹과 미간 언저리에 약간 위압적인 느낌을 갖고 있었으나 큰 두 눈은 서늘해 보였고, 날카로움과 동시에 자신에서 오는 너그러움, 침착함 같은 것을 갖고 있는 듯해 보였다. 전체의 윤곽이 단정하면서도 억세고, 강렬한 성격의 사람일 것 같았다. 다만 턱과 목 언저리의 선이 부드럽고 델리킷하여 보였다.

'키도 어깨 폭도 표준형인 듯하고…… 흐응, 우선 수재 비슷해 보이기는 하는 걸…….'

하고 나는 마음속으로 채점을 하였다. 물론 겉보매만으로 사람을 평가하리만큼 나는 어리석은 계집애는 아니었지만.

– 강신재, '젊은 느티나무'

① 말줄임표를 사용하여 감정을 절제하여 드러내었다.

② 등장인물의 이미지를 감각적이고 섬세하게 묘사하였다.

③ 서술자가 인물들의 말을 전하는 간접 화법이 사용되었다.

④ 전개되는 내용을 압축하여 제시하는 운문체가 사용되었다.

17 다음 글에서 추론한 내용으로 적절하지 않은 것은?

락토오스, 즉 젖당은 인간의 젖이나 소의 젖에 들어 있는 탄수화물이다. 단당류인 포도당과 갈락토오스가 결합해 만들어진다. 한 가지 특이한 점은 젖당을 소화해 단당류로 분해하기 위해서는 특별한 능력이 필요하다는 사실이다. 아기나 어린아이들은 거의 대부분 젖당을 잘 소화하는 반면에 어른의 경우에는 제대로 소화하지 못하는 사람이 많다. 우유나 아이스크림 같은 유제품을 먹고 나면 속이 부글부글 끓고 설사가 나는 이유가 이 때문이다.

젖당을 소화하는 능력은 유전적, 체질적으로 타고난다. 젖당을 소화해서 분해하기 위해서는 락타아제라는 효소가 촉매 작용을 해야 하는데, 어른이 되면 대부분 이러한 효소가 몸에서 생성되지 않는다. 더 이상 젖을 먹을 필요가 없기 때문이다. 특이하게도 유럽의 중부와 북부 지역 사람들은 어른이 돼도 락타아제가 계속 몸에서 생성된다. 따라서 평생 우유를 먹어도 아무런 불편을 못 느낀다. 이들은 마지막 빙하기가 끝난 1만 년 전쯤부터 가축을 키워 왔기 때문에 유전적으로 적응한 것으로 보인다.

이런 유전적 차이는 사람이 쬐는 햇볕의 양과도 관련이 있는 듯하다. 우리 몸은 햇빛을 받아 비타민D를 합성한다. 그런데 햇빛이 많이 나지 않는 지역 사람들은 부족한 비타민D를 얻기 위해 우유에 의존해야 했을 것이다. 이 때문에 어른이 되고 난 후에도 락타아제가 몸에서 생산됐을 가능성이 있다. 〈중 략〉

그러면 락타아제가 분비되지 않는 사람들은 우유를 먹을 수 없는 것일까? 아니다. 먹을 수 있다. 우유를 먹기 전에 락타아제를 복용하거나 우유에 타 먹으면 된다. 뿐만 아니라 젖당을 미리 분해해 놓은 유제품도 시중에 많이 나와 있다.

① 어린아이들은 락타아제라는 효소가 체내에서 생성된다.

② 대부분의 덴마크인들은 유제품을 먹어도 불편함을 느끼지 않는다.

③ 일조량이 적은 지역의 성인들은 우유를 소화하지 못할 가능성이 높다.

④ 체질적으로 락타아제가 분비되지 않는 사람은 락토오스가 분해된 유제품을 선호한다.

18 빈칸에 들어갈 말로 가장 적절한 것은?

희랍 사람들이 페르시아의 천문 관측술(天文觀測術)을 배웠고 이집트의 측지술(測地術)을 배웠음에도 불구하고 모든 학문의 발단이 그들에 의하여 시작되었다는 영예를 얻게 된 이유는, 기술지(技術知)를 넘어 다시금 그것의 근본이 되는 객관적 원리를 탐구한 데 있으며 세계성을 띤 보편 타당적인 방법으로서 논리를 찾은 데 있다고 하겠다. 그리하여 보편 타당적인 순수 원리를 탐구하려는 태도는 이미 특수 기술적인 '지(知)'를 넘어선 것인 만큼 국부적(局部的)인 실용적 관심에서 자유로운 것이 또한 그의 특색이다. 당장의 효과보다는 원리에 입각한 비평 정신을 소중히 하는 것이요, 여기에서 알기 위하여 안다는 순수 이론으로서의 학문이 나타난 것이다. 소위 학문을 위한 학문, (   )을 희랍 사람들은 생각하였다.

① 학문의 목적성　② 학문의 보전성

③ 학문의 순수성　④ 학문의 통일성

19 논리 전개에 따른 (가)~(라)의 순서가 가장 적절한 것은?

고대인들은 평상시에는 생존하기 위해 각자 노동에 힘쓰다가, 축제와 같은 특정 시기가 되면 함께 모여 신에게 제의를 올리며 놀이를 즐겼다.

(가) 고대 사회에서의 이러한 놀이는 자본주의 사회에 와서 많은 변화를 겪었다. 자본주의 사회는 노동을 합리적으로 조직하여 생산성을 극대화하고자 한다.

(나) 바친 희생물은 더 이상 유용한 사물이 아니기에 신은 이를 받아들였다. 고대인들은 신에게 바친 제물을 함께 나누며 모두 같은 신에게 속해 있다는 연대감을 느꼈다.

(다) 이러한 죄를 씻기 위해 유용하게 만든 사물을 다시 원래의 상태로 되돌리는 집단적 놀이가 바로 제의였다. 고대 사회에서는 가장 유용한 사물을 희생물로 바치는 제의가 광범하게 나타났다.

(라) 노동은 신이 만든 자연을 인간이 자신에게 유용하게 만드는 속된 과정이다. 이는 원래 자연의 모습을 훼손하는 것이기에 신에게 죄를 짓는 것이다.

이를 위해 노동의 강도를 높이고 시간을 늘렸지만, 오히려 노동력이 소진되어 생산성이 떨어지는 문제점이 발생하였다. 그래서 노동 시간을 축소하고 휴식 시간을 늘릴 필요가 있었다.

① (가) - (나) - (다) - (라)

② (나) - (다) - (라) - (가)

③ (나) - (라) - (가) - (다)

④ (라) - (다) - (나) - (가)

20 다음 글에서 알 수 있는 내용이 아닌 것은?

유의 관계는 의미가 같거나 비슷한 둘 이상의 단어가 맺는 의미 관계를 말하며, 그 짝이 되는 말들은 '동의어' 혹은 '유의어'라고 한다. 실제로 의미가 같고 모든 문맥에서 치환이 가능한 '동의어'는 그 수가 매우 제한되어 있기 때문에, 유의 관계의 대부분은 개념적 의미의 동일성을 전제로 한 '유의어'를 가리킨다. 〈중 략〉

한정된 문맥에서만 개념적 의미가 동일한 단어도 포괄적 의미에서 유의어라 할 수는 있지만, 다양한 문맥에서 그러한 경우와 비교할 때 유의성의 정도가 다르다.

유의 관계를 알아보는 데는 교체 검증, 대립 검증, 배열 검증의 세 가지 방법을 사용할 수 있다.

첫째, 문맥 속에서 한 단어를 다른 단어로 바꾸어 보는 교체 검증의 방법을 쓸 수 있다. '달리다'와 '뛰다'의 경우, '학교를 향해 달렸다/뛰다'는 동일한 사태를 나타낸다. 하지만 '기차가 달린다/*뛴다'(*는 비문임을 표시함.)와 같은 문장을 보면 '기차가 달린다'는 가능하지만 '기차가 뛴다'는 불가능하다는 점에서 동일한 사태를 나타낸다고 볼 수 없다. 결국 이들은 한정된 문맥에서만 개념적 의미가 동일하다고 해야 할 것이다.

둘째, 대립어를 사용하여 두 단어의 의미 차이를 밝히는 대립 검증의 방법을 사용할 수 있다. '맑다-깨끗하다'의 경우, '물, 공기, 시야' 등과의 결합에서 그 경계가 분명하지 않은데, 이들과 대립 관계에 있는 '흐리다-더럽다'를 대비시키면 '맑은 물/흐린 물', '깨끗한 물/더러운 물'에서 보듯이 '흐리다'와 '더럽다'의 거리만큼 '맑다'와 '깨끗하다'에도 의미 차이가 있음이 드러난다. 즉 '흐린 물'이라 하더라도 반드시 '더러운 물'이라고 단정할 수 없듯이 '맑은 물'이라고 반드시 '깨끗한 물'이라고 생각할 수 없음을 알 수 있다.

셋째, 유의성의 정도가 모호한 단어들을 하나의 계열로 배열하는 배열 검증의 방법을 사용할 수 있다. 예를 들면, '실개천-개울-시내-내-하천-강-대하'에서처럼 관련된 단어들을 하나의 축으로 배열하게 되면 '개울'과 '시내'에도 미세한 의미 차이가 드러난다.

유의어는 동일한 개념 영역에 대해서 서로 다른 형태를 갖고 있으므로 상호 간에 경쟁을 하게 된다. 그러나 장기적으로는 그 경쟁 관계를 해소시키는 방향으로 이들은 변화하게 된다.

① '달리다'와 '뛰다'는 한정된 문맥에서 서로 경쟁 관계에 놓여 있다.

② '실개천'과 '개울'의 경우 관련 단어를 하나의 축에 배열해 의미 차이를 확인할 수 있다.

③ 의미가 같으면서도 모든 문맥에서 치환 가능한 단어들의 쌍은 그 수가 매우 제한적이다.

④ '맑다'와 '깨끗하다' 간의 의미 차이는 문맥 속에서 다른 단어로 대체해 봄으로써 확인된다.

정답·해설 _해설집 p.49

09회 핵심 어휘 마무리 체크

☑ 잘 외워지지 않는 어휘 및 표현은 박스에 체크하여 한 번 더 확인하세요.

한자 성어

☐ **反哺之孝** **반포지효 (돌이킬 반, 먹일 포, 갈 지, 효도 효)**
'까마귀 새끼가 자라서 늙은 어미에게 먹이를 물어다 주는 효(孝)'라는 뜻으로, 자식이 자란 후에 어버이의 은혜를 갚는 효성을 이르는 말

☐ **玉石混淆** **옥석혼효 (구슬 옥, 돌 석, 섞을 혼, 뒤섞일 효)**
'옥과 돌이 한데 섞여 있다'라는 뜻으로, 좋은 것과 나쁜 것이 한데 섞여 있음을 이르는 말

☐ **昏定晨省** **혼정신성 (어두울 혼, 정할 정, 새벽 신, 살필 성)**
'밤에는 부모의 잠자리를 보아 드리고 이른 아침에는 부모의 밤새 안부를 묻는다'라는 뜻으로, 부모를 잘 섬기고 효성을 다함을 이르는 말

한자어

☐ **局部的** **국부적 (판 국, 떼 부, 과녁 적)**
전체의 어느 한 부분에만 한정되는 것

☐ **記憶** **기억 (기록할 기, 생각할 억)**
이전의 인상이나 경험을 의식 속에 간직하거나 도로 생각해 냄

☐ **岐嶷** **기억 (갈림길 기, 높을 억)**
어린아이가 영리하고 지혜로움

☐ **代理人** **대리인 (대신할 대, 다스릴 리, 사람 인)**
다른 사람을 대신하는 사람

☐ **待接** **대접 (기다릴 대, 이을 접)**
1. 마땅한 예로써 대함
2. 음식을 차려 접대함

☐ **對應** **대응 (대할 대, 응할 응)**
어떤 일이나 사태에 맞추어 태도나 행동을 취함

☐ **待避** **대피 (기다릴 대, 피할 피)**
위험이나 피해를 입지 않도록 일시적으로 피함

☐ **批評** **비평 (비평할 비, 평할 평)**
사물의 옳고 그름, 아름다움과 추함 등을 분석하여 가치를 논함

☐ **實用的** **실용적 (열매 실, 쓸 용, 과녁 적)**
실제로 쓰기에 알맞은 것

☐ **隆崇** **융숭 (높을 융, 높을 숭)**
대우하는 태도가 정중하고 극진함

☐ **榮譽** **영예 (영화 영, 기릴 예)**
영광스러운 명예

☐ **原理** **원리 (언덕 원, 다스릴 리)**
사물의 근본이 되는 이치

☐ **理性** **이성 (다스릴 이, 성품 성)**
개념적으로 사유하는 능력을 감각적 능력에 상대하여 이르는 말

☐ **眞理** **진리 (참 진, 다스릴 리)**
참된 이치. 또는 참된 도리

☐ **特色** **특색 (특별할 특, 빛 색)**
보통의 것과 다른 점

Quiz 각 어휘 및 표현의 알맞은 뜻을 찾아 연결하세요.

01 記憶	㉠ 상황에 맞게 행동함	**06** 待避	㉥ 위험을 피함
02 對應	㉡ 아이가 똑똑하고 지혜로움	**07** 局部的	㉦ 전체의 일부분에 국한됨
03 隆崇	㉢ 예를 갖추어 대함	**08** 昏定晨省	㉧ 부모에게 효도를 다함
04 岐嶷	㉣ 극진하게 대우함	**09** 反哺之孝	㉨ 좋은 것과 나쁜 것이 섞여 있음
05 待接	㉤ 지식을 머릿속에 보존하거나 되살려 생각해 냄	**10** 玉石混淆	㉩ 성인이 된 자식이 효도함

정답 | 01 ㉤ 02 ㉠ 03 ㉣ 04 ㉡ 05 ㉢ 06 ㉥ 07 ㉦ 08 ㉧ 09 ㉩ 10 ㉨

정답·해설 _해설집 p.55

10회 실전동형모의고사

제한시간 : 20분 시작 시 분 ~ 종료 시 분 점수 확인 개/ 20개

01 높임 표현에 대한 설명으로 가장 적절한 것은?

① 심사위원이 신춘문예에 당선된 작가에게 "당신의 졸고가 아주 훌륭하더군요."라고 칭찬할 수 있다.

② "이분은 오늘부터 우리와 함께 일한다."에서 '이분'은 3인칭 '이 사람'을 아주 높여 이르는 말이다.

③ 최근에 자주 사용하는 "손님, 주문하신 차가 나오셨습니다."는 상대를 높이는 표현이므로 바람직하다.

④ "선생님의 존함은 익히 듣잡고 이제야 찾아왔습니다."에서 '듣잡다'는 '듣다'를 높이는 말이므로 바람직하다.

02 밑줄 친 단어의 쓰임이 옳은 것은?

① 촛불에 눈썹이 <u>그슬렸다</u>.

② 이야기가 너무 슬퍼 <u>애끓는</u> 듯하다.

③ 국토의 균형적인 <u>계발</u>에 힘써야 한다.

④ 그들은 서로 <u>아름</u>이 있는 사이로 보인다.

03 다음 글에서 추론한 내용으로 가장 적절한 것은?

> 최근의 연구에 따르면 첫인상의 형성에서 겉모습보다는 오히려 목소리라든지 말투, 대화 내용 등의 청각적 요인이 보다 큰 영향을 미치고 있었다. 뛰어난 미인이라도 목소리나 말투에 문제가 있으면 상대방에게 좋은 인상을 주지 못했다. 반면 겉모습이 좀 떨어지는 사람이라도 목소리가 좋고 대화의 내용이나 대화 방식이 뛰어날 경우에는 오히려 좋은 인상을 주고 있었다.
>
> 사람들은 자신감에 차 있는 사람을 보면 호감을 느끼는 경향이 있다. 우리가 상대방이 자신감에 차 있느냐의 여부를 판단하는 것은 겉모습이 아니라 음성과 말투이다. 겉모습이 아무리 멋있더라도 음성에 자신이 없고 말하는 스타일이 어눌하면 우리는 그 사람으로부터 자신감을 느끼지 못한다. 겉모습이 조금 떨어지더라도 당당한 모습으로 자신 있게 말하는 사람을 보면 우리는 호감을 느끼고 또 우리 역시 괜시리 자신감에 차게 된다. 자신감도 전염되는 것이다.
>
> 따라서 자기의 모습이 좀 떨어지는 편이라고 생각된다면 우선 음성과 말투를 바꾸는 노력을 할 필요가 있다. 음성이야 타고난 것이니까 한계가 있지만 말투는 얼마든지 바꿀 수 있다.
>
> 가장 필요한 것은 어떤 사람을 마주하더라도 주눅 들지 않고 당당하게 말하는 것이다. 상대방의 시선을 응시하며 당당하게 말하는 사람에게 우리들은 약하다.

① 화법의 결함은 훌륭한 외모로 가려질 수 있다.

② 음성과 말투는 언제든지 노력에 의해 바꿀 수 있다.

③ 자신감이 없는 사람과 대화를 하면 상대적으로 자신감을 느낄 수 있다.

④ 잘 차려입은 은행원이라도 어눌한 말투로 고객을 응대하면 호감을 주지 못한다.

04 다음 글의 내용과 일치하는 것은?

성리학의 주장에 의하면 만물에 부여된 순수한 원리는 '이(理)'이고, 이(理)가 현실 세계에 구현되게 하는 매체는 '기(氣)'이다. 세상의 만물은 이(理)와 기(氣)가 결합된 상태로 존재하는데, 이(理)가 구현되는 정도는 기(氣)에 따라 달라진다. 여기에서의 이(理)가 바로 세상 만물의 본성(本姓), 즉 '성(性)'이다. 17, 18세기의 조선의 성리학계에서는 사람의 본성과 동물의 본성, 즉 인성(人性)과 물성(物性)이 같은가 다른가를 놓고 논쟁이 벌어졌다. 인성과 물성이 다르다는 입장을 취했던 호론(湖論)과 그렇지 않다는 입장을 취했던 낙론(洛論) 사이에 벌어진 논쟁을 '호락논쟁(湖洛論爭)'이라 하는데, 이 논쟁은 조선이 중국보다 심화된 성리학적 논의를 전개하는 장을 마련해 주었다.

① 기(氣)는 이(理)가 발휘되는 데 영향을 준다.
② 이(理)는 세상 만물이 존재하는 그 상태를 의미한다.
③ 호락논쟁(湖洛論爭)에 의해 이(理)와 기(氣)가 재정의되었다.
④ 중국의 성리학이 조선의 성리학의 기반이 되었음을 호락논쟁(湖洛論爭)으로 증명했다.

05 〈보기〉의 관점에서 '정보화'에 대해 가장 잘못 이해한 사람은?

보기

정보화가 급속히 진전됨에 따라 현대사회에서 정보가 차지하는 비중은 비약적으로 증대하고 있다. 정보사회는 이미 돌이킬 수 없는 대세(大勢)로서 우리의 생활에 다양한 영향을 미치고 있다. 세계적으로 생산 체계, 일을 조직하는 방법, 소비의 유형 등이 달라지고 있으며, 이에 따라 주요 산업의 위상도 바뀌고 있다. 또한 여가 및 취미 생활, 사회적 인간관계 등 사람들의 생활양식뿐 아니라 사고방식, 가치관마저도 변화하고 있다. 이러한 변화들은 우리 생활의 모든 영역에 걸쳐 장기적이고 포괄적인 영향을 끼치고 있기 때문에, 18세기 산업혁명과 어깨를 나란히 할 수 있을 정도의 변화로 받아들여지고 있다. 이러한 변화에 따라 우리 사회의 모습이 바뀌리라는 생각에는 의문의 여지가 없지만, 그 변화의 결과가 어떠할 것이냐에 대해서는 논란이 있다. 기술(技術)과 사회의 관계를 바라보는 관점에 따라 그 변화의 방향이나 성격이 각각 다르게 예측될 수 있기 때문이다.

① 덕수: 현대사회에 정보가 차지하는 비중에 따라 우리 생활에 변동이 생길 수 있어.
② 필수: 정보화로 인한 생산 체계, 업무 조직 방법 등의 변화는 주요 산업의 위상 변동에 영향을 줘.
③ 봉수: 기술과 사회의 관계에 대한 관점의 차이로 인해 변화될 사회의 모습을 전망하는 관점도 달라.
④ 말수: 정보화로 인한 우리 사회의 변화는 18세기 산업 혁명으로 인한 사회 구조의 변화를 뛰어넘을 정도야.

06 ㉠과 ㉡에 대한 진술 방식으로 적절하지 않은 것은?

㉠릴케가 ㉡한국의 시인들에게 끼친 영향을 논함에 있어 창조적 수용이라는 관점에서, 릴케에게 중심을 두기보다는 우리 시인들에게 중심을 두는 것이 당연한 일이라 하겠다. 따라서 릴케에 대한 선결적인 이해는 비교와 영향 관계를 따지기 위한 기본 전제가 되지만 이것만으로 문제가 해결되는 것은 아니다. 우리 시인들의 시 세계에 대한 정확한 이해가 또 다른 전제가 되기 때문이다.

릴케는 한국전쟁이라는 동족상잔의 비극을 겪은 뒤 우리나라의 시인들의 시에 더욱 더 많이 회자되게 된다. 릴케의 문학에 내재되어 있던 본질 중 하나가 우리 시인들에게 호소한 결과이다. 그것은 시대적 혼란 속에서 불안을 느낀 인간 존재의 실존적 상황과 관련된 것이다. 그것을 대표적으로 구현한 시인들은 김춘수, 전봉건, 박양균 등이다.

또 한 가지 한국에서의 릴케 수용에서 빼놓을 수 없는 글이 있다. 그것은 하이데거가 쓴 릴케론 〈가난한 시대의 시인〉이다. 1960년대에 이 책을 읽지 않고 시를 썼던 시인은 없던 것 같다. 당시에 우리 시인들의 산문에 이 책 이야기가 간단없이 나오는 것이 그 사실을 말해준다. 우리나라에서 릴케의 상을 실존철학적 관점에서 규정지은 한 가지 결정적인 현상이라 할 수 있다.

① ㉠의 작품명을 제시하며 설명하고 있다.
② ㉡을 중심으로 글을 전개하고 있다.
③ ㉠과 ㉡의 관계를 서술하고 있다.
④ ㉠이 ㉡에 미친 영향을 인과적으로 분석하고 있다.

07 다음의 상황에 어울리는 한자 성어로 가장 적절한 것은?

'흥보전'은 해학적이고 과장된 표현을 통해 형제간의 우애를 그린 작품이다. 이 작품에서 심술이 고약한 형 놀보는 부모의 유산을 독차지하고 하나뿐인 동생 흥보를 내쫓는다. 여러 품팔이와 매품팔이까지 하며 가난하게 살던 흥보는 우연히 제비 다리를 치료해 주고 큰 부자가 된다. 이 소식을 접한 놀보는 제비 다리를 일부러 부러뜨려 고쳐주는데 흥보와는 다르게 패가망신이라는 결과를 얻게 된다.

① 狐假虎威
② 緣木求魚
③ 塞翁之馬
④ 亡羊補牢

08 다음 글의 전개 순서로 가장 자연스러운 것은?

ㄱ. 보기에는 단순한 공짜 점심이었지만 그 음식에는 햄, 치즈, 크래커처럼 높은 염분이 들어 있어 손님들은 결국 술을 많이 마시게 되었다. 만약 그렇지 않으면 주인이 술 가격을 올려 받았다.
ㄴ. 돈을 받지 않고 제공하는 점심이 결코 공짜가 아니었다는 데 착안한 노벨 경제학상 수상자 밀턴 프리드먼이 이 표현을 1975년에 출간한 저서의 제목으로 정하면서 경제학의 유명한 문구 가운데 하나가 되었다.
ㄷ. "공짜 점심은 없다."라는 흥미로운 표현은 미국에서 비롯됐다.
ㄹ. 우리나라 생맥주 가게에서 강냉이나 마카로니 과자를 돈을 받지 않고 무제한 제공해 맥주를 더 많이 마시게 하는 전략의 원조인 셈이다. 오늘날 우리 표현으로 하면 "공짜 강냉이는 없다."가 되겠다.
ㅁ. 19세기 미국 술집들은 고객을 끌기 위해서 손님이 술 한 잔을 주문하면 점심을 공짜로 제공했다고 한다.

① ㄴ - ㄷ - ㅁ - ㄱ - ㄹ
② ㄴ - ㅁ - ㄱ - ㄹ - ㄷ
③ ㄷ - ㄴ - ㄱ - ㅁ - ㄹ
④ ㄷ - ㅁ - ㄱ - ㄹ - ㄴ

09 다음 글의 빈칸에 들어갈 내용으로 가장 적절한 것은?

국제적인 도량형의 표준을 만들려는 노력은 18세기 말부터 지속되었다. 1960년대에 접어들면서 레이저 빛 기술이 발전함에 따라 빛을 이용하여 길이의 표준을 삼자는 의견이 제기되었고, 1983년 국제도량형총회에서 해당 의견이 반영되어 다음과 같은 미터 정의가 만들어졌다.

"미터는 빛이 진공에서 299,792,458분의 1초 동안 진행한 경로의 길이이다(CGPM, 1983)."

이는 레이저 빛이 멀리까지 직진하는 성질과 빛의 속력은 항상 일정하다는 상대성 이론을 바탕으로 한다. 여기서 주목해야 할 점은 빛의 속력이 고정된 값이 되었다는 것이다. 과거에는 이동 거리와 시간을 측정해야만 빛의 속력을 구할 수 있었다. 그러나 측정은 언제나 오차가 나기 마련이므로, 측정으로 표준을 정하면 정확한 값을 정의할 수 없게 된다. 새로 정해진 미터의 기준에 의하면 빛의 속력은 고정된 값으로 나타난다.

즉, ______________________________

① 속력의 값만 알면 길이의 값을 구할 수 있게 된 것이다.
② 통일 가능한 표준을 새로 개발할 필요가 있게 된 것이다.
③ 빛의 속력을 오차 없이 정확히 측정할 수 있게 된 것이다.
④ 빛의 속력을 기준으로 길이의 표준을 정의하게 된 것이다.

10 밑줄 친 단어의 맞춤법이 옳은 것은?

① 그 친구가 <u>잘되야</u> 나도 기쁠 것이다.

② 몇 달이 지나니 이제야 그 일이 <u>능숙터라</u>.

③ 영감, 한 번도 찾지 않던 안경을 이제는 <u>찾는구료</u>.

④ 자꾸 몸을 벽에 <u>부딪트리면</u> 머리가 다칠 수도 있어.

11 밑줄 친 곳에 들어갈 말로 가장 적절한 것은?

> 기자: ________________________________
>
> 작가: 어려서부터 독서를 좋아해서 틈만 나면 도서관에 가서 책을 읽었어요. 그러다 중학교 2학년 때 우연히 교내 백일장 대회에서 상을 받게 되었는데, 그때부터 글짓기에 재미를 느꼈던 것 같아요. 그 후로 고등학교에 진학해서도 문예 창작 동아리에서 활동을 하다 보니 관련 학과로 진학해서 좀 더 전문적으로 글을 쓰고 싶다는 욕심도 생기고, 저처럼 글 쓰는 것을 좋아하는 사람들과 어울리고 싶다는 생각이 강하게 들었어요. 그렇게 차근차근 꿈을 키워온 것 같네요. 하지만 현재 저의 삶에 발단이 된 시기는 중학교 시절이라고 생각해서인지 유독 그 시절에 대한 애정이 각별해요. 그래서 제 작품에 자주 등장하는 주인공들은 학창시절을 보내는 청소년들인 것 같아요.

① 등단하게 된 첫 작품은 무엇인지요?

② 작가의 길을 걷게 된 계기는 무엇인지요?

③ 작가로서 갖추어야 하는 능력은 무엇인지요?

④ 학창시절 작품 창작 활동에 영향을 준 인물이 있는지요?

12 다음 글의 주장으로 가장 적절한 것은?

> 항상 문제는 제가 민첩하다고 생각하고, 총명하다고 생각하는 데서 생긴단다. 한 번만 보면 척척 외우는 아이들은 그 뜻을 깊이 음미할 줄 모르니 금세 잊고 말지. 제목만 주면 글을 지어 내는 사람들은 똑똑하다고는 할 수 있지만 저도 모르게 경박하고 들뜨게 되는 것이 문제다. 한마디만 던져 주면 금세 말귀를 알아듣는 사람들은 곱씹지 않으므로 깊이가 없지. 너처럼 둔한 아이가 꾸준히 노력한다면 얼마나 대단하겠니? 둔한 끝으로 구멍을 뚫기는 힘들어도 일단 뚫고 나면 웬만해서는 막히지 않는 큰 구멍이 뚫릴 거다. 꽉 막혔다가 뻥 뚫리면 거칠 것이 없겠지. 미욱한 것을 닦고 또 닦으면 마침내 그 광채가 눈부시게 될 것이야.

① 총명한 사람은 뜻을 단번에 알아 내지만 그만큼 깊이는 없다.

② 자신을 과대평가하는 것에서 문제가 비롯되므로 배움에 있어 항상 겸손해야 한다.

③ 미욱한 사람은 선인들의 말을 새겨 끊임 없이 노력하면 깊이 있는 학문적 경지에 이를 수 있다.

④ 아둔한 사람은 학문적 성취를 빨리 이루기는 어렵지만 부지런히 노력하면 큰 성공을 이룰 수 있다.

13 다음 글에 나타난 시적 화자의 정서와 가장 유사한 것은?

> 산슈간 바회아래 ᄠᅱ 집을 짓노라 ᄒᆞ니,
> 그 모론 ᄂᆞᆷ들은 웃ᄂᆞᆫ다 ᄒᆞᆫ다마ᄂᆞᆫ,
> 어리고 햐암의 ᄠᅳᆺ의ᄂᆞᆫ 내 分(분)인가 ᄒᆞ노라.
>
> 보리밥 픗ᄂᆞᄆᆞᆯ을 알마초 머근 後(후)에,
> 바횟긋 ᄆᆞᆰᄀᆞ의 슬ᄏᆞ지 노니노라.
> 그 나믄 녀나믄 일이야 부ᄅᆞᆯ 줄이 이시랴.
>
> 잔 들고 혼자 안자 먼 뫼흘 ᄇᆞ라보니,
> 그리던 님이 오다 반가옴이 이러ᄒᆞ랴.
> 말ᄉᆞᆷ도 우움도 아녀도 몯내 됴하ᄒᆞ노라.　　　– 윤선도, '만흥'

① 간밤의 부던 ᄇᆞ람에 눈서리 치단말가. / 落落長松(낙락장송)이 다 기우러 가노ᄆᆡ라. / ᄒᆞ믈며 못다 퓐 곳이야 닐러 므슴ᄒᆞ리오.

② 아바님 날 나ᄒᆞ시고 어마님 날 기ᄅᆞ시니, / 父母(부모)옷 아니시면 내 모미 업슬랏다. / 이 덕을 갑ᄑᆞ려 ᄒᆞ니 하ᄂᆞᆯ ᄀᆞ이 업스샷다.

③ 집 方席(방석) 내지 마라 落葉(낙엽)인들 못 안즈랴. / 솔불 혀지 마라 어제 진 달 도다 온다. / 아희야 薄酒山菜(박주산채)ㄹ만졍 업다 말고 내여라.

④ 青山(청산)은 엇제ᄒᆞ여 萬古(만고)에 프르르며, / 流水(유수)ᄂᆞᆫ 엇제ᄒᆞ여 晝夜(주야)애 긋디 아니ᄂᆞᆫ고 / 우리도 그치디 마라 萬古常青(만고상청) ᄒᆞ리라.

14 다음 글에 대한 이해로 적절하지 않은 것은?

흥보가 들오온다. 박흥보가 들어와.
"여보소, 마누라. 여보소, 이 사람아. 자네 이게 웬일인가? 마누라가 이리 설리 울면 집안으 무슨 재주가 있으며, 동네 사람으 남이 부끄럽다. 우지 말고 이리 오소. 이리 오라면 이리 와. 배가 정 고프거든 지붕에 올라가서 박을 한 통 내려다가, 박속은 끓여 먹고, 바가지는 팔어다 양식 팔고 나무를 사서 어린 자식을 구완을 허세."
한편을 가만히 들여다보니 웬 궤 두 짝이 쑥 불거지거늘,
"아 이보게. 어느 놈이 박 속을 다 긁어 가고 염치가 없으니깐 조상궤(祖上櫃)를 갖다 넣어 놨네여. 이거 갖다 내 버려라. 이거."
흥보 마누라가 가만히 보더니마는,
"여보, 영감. 죄 없으면 괜찮습니다. 좀 열어 봅시다."
"아, 요새 여편네들이 통이 너럭지만이나 크다니까. 이 사람아, 이 궤를 만일 열어 봐서 좋은 것이 나오면 좋으되, 만일 낮인 것이 나오면 내뺄 터인듸, 자네 내 걸음 따라오겠는가? 자식들 데리고 저 사립 밖에 가 서소, 그래 갖고, 내가 이 궤를 열어 봐서, 좋은 것이 나오면 손을 안으로 칠 터이니 들어오고, 만일에 낮은 것이 나오면 손을 밖으로 내칠 터이니 내빼소 내빼."
흥보가 궤 자물쇠를 가만히 보니, '박흥보 씨 개탁(開坼)'이라 딱 새겼지. 흥보가 자문자답으로 궤를 열것다.
"날 보고 열어 보랬지? 암은, 그렇지. 열어 봐도 관계찮다지? 암은, 그렇고 말고."
궤를 찰칵찰칵, 번쩍 떠들러 놓고 보니 어백미(御白米) 쌀이 한 궤가 수북. 또 한 궤를 찰칵찰칵, 번쩍 떠들러 놓고 보니 돈이 한 궤가 수북. 탁 비워 놓고 본께 도로 하나 수북. 돈과 쌀을 비워 놓고 보니까 도로 수북. 흥보 마누래 쌀을 들고 흥보는 돈을 한번 떨어 붓어 보는듸, 휘모리로 바짝 몰아 놓고 떨어 붓것다.

– 작자 미상, '흥보가'

① 흥보가 굶주리는 가족을 위해서 박을 탔군.
② 흥보 마누라의 적극적인 태도가 드러나는군.
③ 흥보는 궤가 자신 앞으로 온 것임을 확인했군.
④ 흥보 마누라는 누군가가 박 안에 쓸모없는 궤를 넣어 두었다고 생각하는군.

15 다음 글의 내용으로 적절하지 않은 것은?

의식주의 기본이 확보된 다음에야 아름다움이 문제가 될 수 있다. 그러나 지금 우리의 건축이 아름다움으로부터 멀리 있다고 한다면, 그것은 너무나 각박한 삶의 조건 때문만은 아니다. 경제가 나아지면서도 그 경제가 아름다움을 포괄할 정도의 여유를 갖지 못하는 것이다. 문제는 빈곤과 궁핍을 벗어나고도 좁은 의미의 경제적 강박을 벗어나지 못하는 데, 또 그에 완전히 종속되는 데 있을 것이다. 근년에 올수록 건물들의 규모와 시설, 외장과 내장이 화려해진 것은 틀림없는 사실이다. 볼만한 건물이 없는 것도 아니다. 그러나 그러한 건물들이 모여 아름다운 시가지를 이루는 곳이 있느냐고 묻는다면, 그에 대한 긍정적인 답이 쉽게 나오지 않는다.
사실 문제는 아름다운 건물보다도 아름다운 거리나 동네가 없다는 것이다. 아름다운 주거 환경을 창조할 때 하나하나의 건물에 얼마나 심미적인 창의성이 표현되어 있느냐 하는 것은 중요한 것이 아니다. 어느 시대에나 건물들은 개인적인 창의성에 못지않게 시대적인 스타일의 규제 하에 있게 마련이다. 그러나 이 스타일의 횡포는 건물이나 도시의 아름다움에 큰 장애물이 되기보다는 오히려 아름다움의 보조 요소가 되기도 한다. 어떤 경우 이 스타일의 대강은, 가령 우리의 전통 건물에서 보는 바와 같이, 장구한 세월 동안 거의 변화하지 않는 것일 수도 있다.

① 의식주가 충족된 상태에서 미적 요소를 추구할 수 있다.
② 건축가의 창의성과 스타일의 시대적 규제는 건축물에 영향을 준다.
③ 외양이 화려한 건물들이 이전보다 아름다운 지역을 조성한다고 단언하기 어렵다.
④ 건축물에 반영된 시대적인 특징은 도시 고유의 미관을 구현하는 데 방해 요소로 작용한다.

16 다음 작품에 대한 독자의 반응으로 가장 적절한 것은?

> 아셰아에 대죠션이 ᄌᆞ쥬독립 분명ᄒᆞ다.
> (합가) ᄋᆡ야에야 ᄋᆡ국ᄒᆞ셰 나라 위ᄒᆡ 죽어 보세.
>
> 분골ᄒᆞ고 쇄신토록 츙군ᄒᆞ고 ᄋᆡ국ᄒᆞ세.
> (합가) 우리 정부 놉혀 주고 우리 군면 도와주세.
>
> 깁흔 잠을 어셔 ᄭᆡ여 부국강병(富國强兵) 진보ᄒᆞ세.
> (합가) ᄂᆞᆷ의 쳔ᄃᆡ 밧게 되니 후회막급 업시ᄒᆞ세.
>
> 합심ᄒᆞ고 일심 되야 셔셰 동졈(西勢東漸) 막아 보세.
> (합가) ᄉᆞ롱공샹(士農工商) 진력ᄒᆞ야 사ᄅᆞᆷ마다 ᄌᆞ유ᄒᆞ세.
>
> 남녀 업시 입학ᄒᆞ야 세계 학식 ᄇᆡ화 보자.
> (합가) 교육ᄒᆡ야 ᄀᆡ화되고, ᄀᆞ화ᄒᆡ야 사ᄅᆞᆷ되네.
>
> 팔괘 국긔(八卦國旗) 놉히 달아 륙ᄃᆡ쥬에 횡ᄒᆡᆼᄒᆞ세.
> (합가) 산이 놉고 물이 깁게 우리 ᄆᆞ음 ᄆᆡᆼ셰ᄒᆞ세.

① 힘을 합쳐 외세의 보호 아래 주권을 수호하자고 다짐하고 있군.

② 온몸을 바쳐 자주독립에 대한 결의를 다질 것을 강조하고 있군.

③ 과거의 낡은 의식에서 벗어나 부강한 나라를 만들 것을 주장하고 있군.

④ 남녀 성별에 맞는 교육을 통해 개화를 이루어 진보할 것을 요구하고 있군.

17 다음 글에서 알 수 없는 것은?

> 자본주의 초기에는 기업이 단기 이익과 장기 이익을 구별하여 추구할 필요가 없었다. 소자본끼리의 자유 경쟁 상태에서는 단기든 장기든 이익을 포기하는 순간에 경쟁에서 탈락하기 때문이다. 그에 따라 기업은 치열한 경쟁에서 살아남기 위해 주어진 자원을 최대한 효율적으로 활용하여 가장 저렴한 가격으로 상품을 공급하게 되었다. 이는 기업의 이익 추구가 결과적으로 사회 전체의 이익도 증진시켰다는 의미이다. 이 단계에서는 기업의 소유자가 곧 경영자였기 때문에, 기업의 목적은 자본가의 이익을 추구하는 것으로 집중되었다.
>
> 그러나 기업의 규모가 점차 커지고 경영 활동이 복잡해지면서 전문적인 경영 능력을 갖춘 경영자가 필요하게 되었다. 이에 따라 소유와 경영이 분리되어 경영의 효율성이 높아졌지만, 동시에 기업이 단기 이익과 장기 이익 사이에서 갈등을 겪게 되는 일도 발생하였다. 주주의 대리인으로 경영을 위임받은 전문 경영인은 기업의 장기적 전망보다 단기 이익에 치중하여 경영 능력을 과시하려는 경향이 있기 때문이다. 주주는 경영자의 이러한 비효율적 경영 활동을 감시함으로써 자신의 이익은 물론 기업의 장기 이익을 극대화하고자 하였다.
>
> 오늘날의 기업은 경제적 이익뿐 아니라 사회적 이익도 포함된 다원적인 목적을 추구하는 것이 일반적이다. 현대 사회가 어떠한 집단도 독점적 권력을 행사할 수 없는 다원(多元) 사회로 변화하였기 때문이다. 이는 많은 이해 집단이 기업에게 상당한 압력을 행사하기 시작했다는 것을 의미한다.

① 자본주의 초기에 기업은 경영자의 이익을 추구했다.

② 소비자에게 저렴하게 상품을 공급하는 것은 기업의 생존 법칙과도 같다.

③ 현대 사회의 이해 집단들은 기업들의 압박으로 인해 다원적인 목적을 추구하게 되었다.

④ 전문 경영인의 등장으로 소유와 경영이 분리됨으로써 기업은 효율적으로 경영하게 되었다.

18 다음 글의 내용으로 적절하지 않은 것은?

이상적인 독서법은 한 가지만 있는 것이 아니다. 사람마다 개성이 다르듯 그때그때 필요에 따라 방법과 태도가 달라야 한다. 우리는 다양한 목적을 가지고 책을 읽는다. 학업과 교양, 문제 해결과 여가 활용, 그리고 타인과의 관계 유지 등 독서의 목적은 다양하다. 그러므로 독서의 목적과 필요에 따라 알맞은 책을 선택해 효율적으로 읽는 방법을 익혀야 한다. 목적과 필요에 따라 책을 선택할 때에는 우선 좋은 글을 선택해야 하지만, 글이 아무리 훌륭해도 내 수준에 맞지 않으면 소화 불량에 걸린다. 남들이 다 좋다고 해도 내게는 맞지 않는 글도 있다. 따라서 목적에 따라 가치 있는 글을 선택하되, 자신의 수준에 맞는 글을 선택해야 한다.

① 자신의 수준에 맞지 않는 책은 오히려 독이 될 수 있다.
② 사람마다 필요에 따라 독서 방법과 태도는 다를 수 있다.
③ 목적과 필요를 기준으로 좋은 글을 선택하여 독서해야 한다.
④ 저마다 개성이 있듯 이상적인 독서 방법도 다양하게 존재한다.

19 밑줄 친 한자의 표기가 옳지 않은 것은?

이번 회담은 세계 각국의 정상들이 同參한다는 점에서 ㉠<u>意義</u>를 가진다. 회담은 서울에서 열리며, 각국 정상들은 세계 발전과 국제 秩序에 대해 이야기를 나눌 계획이다. 경찰청은 안전 ㉡<u>事顧</u> 예방을 위해 오후 1시부터 3시까지 서울의 일부 도로를 ㉢<u>統制</u>할 예정이라고 밝혔으며, 시민들에게는 ㉣<u>困難</u>을 겪지 않도록 행사 시간에 승용차 이용을 자제할 것을 당부하였다.

① ㉠　② ㉡
③ ㉢　④ ㉣

20 다음 글의 내용에 부합하지 않는 것은?

사는 게 재미있고 유쾌하면 사람들의 기본적인 태도에도 변화가 생긴다. 일단 다른 사람들을 돕는 일에 망설임이 없다. 심리학자들은 이 둘 간의 관계를 이렇게 증명했다.

실험실에서 아주 기분 좋은 영화를 보여주거나 재미있는 게임을 하게 한다. 그리고 이 피험자들이 실험실을 나설 때, 실험 도우미가 '우연히' 책을 떨어뜨린다. 그러면 기분 좋고 재미있는 시간을 보낸 피험자들은 바로 책을 주워준다. 반면, 지루한 시간을 보내고 나온 피험자들은 선뜻 나서서 돕지 않았다. 이렇게 보면, 결혼식장 입구나 놀이공원 입구에 자리 잡은 거지들은 대단한 심리학자들이다. '기분 좋은 사람이 더 쉽게 이타적인 행동을 한다'는 원리를 이미 간파하고 있는 것이다.

사는 게 재미있고 유쾌한 사람은 창조적이며 타인들과 보다 협조적으로 행동한다. 실험실에서 기분 좋은 코미디를 보여준 다음, 퍼즐 게임을 하면 훨씬 더 좋은 결과가 나온다. 뿐만 아니라 참가자들 사이의 협력도 더 매끄럽게 이뤄진다. 서로 다른 의견을 보다 더 세련되게 조율한다는 이야기다. 유쾌한 기분은 의사결정에도 긍정적인 영향을 미친다. 기분 좋은 의대생들은 환자의 차트를 보다 빨리 분석하고, 보다 정확한 결정을 내린다.

뿐만 아니다. 기분 좋은 상태에서는 훨씬 더 과감해진다. 평소에 하지 않았던 행동을 시도하는 용기가 생긴다는 것이다. 돈의 지출까지 과감해진다. 그래서 백화점은 즐거운 느낌을 주려고 애쓰는 것이다. 디스플레이나 조명으로 유쾌한 느낌을 극대화한다. 들려주는 음악, 풍기는 향기까지도 백화점의 매출에 중요한 영향을 미치는 까닭이다.

① 개인의 행복 지수와 태도는 상관관계를 보인다.
② 이타적인 행동은 현재 상태에 대한 만족감에서 나온다.
③ 정확한 판단과 결정이 필요한 상황에서는 기분의 영향이 적게 미친다.
④ 소비자의 기분과 매출의 연관성이 높으므로 백화점은 밝은 분위기를 조성해야 한다.

정답·해설 _해설집 p.55

10회 핵심 어휘 마무리 체크

☑ 잘 외워지지 않는 어휘 및 표현은 박스에 체크하여 한 번 더 확인하세요.

고유어

□ **둔하다**
1. 깨침이 늦고 재주가 무디다.
2. 동작이 느리고 굼뜨다.
3. 감각이나 느낌이 예리하지 못하다.
4. 생김새나 모습이 무겁고 투박하다.

□ **미욱하다** 하는 짓이나 됨됨이가 매우 어리석고 미련하다.

한자 성어

□ **狐假虎威** **호가호위 (여우 호, 거짓 가, 범 호, 위엄 위)**
남의 권세를 빌려 위세를 부림

□ **緣木求魚** **연목구어 (인연 연, 나무 목, 구할 구, 물고기 어)**
나무에 올라가서 물고기를 구한다는 뜻으로, 도저히 불가능한 일을 굳이 하려 함을 비유적으로 이르는 말

□ **塞翁之馬** **새옹지마 (변방 새, 늙은이 옹, 갈 지, 말 마)**
인생의 길흉화복은 변화가 많아서 예측하기가 어렵다는 말

□ **亡羊補牢** **망양보뢰 (망할 망, 양 양, 기울 보, 우리 뢰)**
양을 잃고 우리를 고친다는 뜻으로, 이미 어떤 일을 실패한 뒤에 뉘우쳐도 아무 소용이 없음을 이르는 말

□ **敗家亡身** **패가망신 (패할 패, 집 가, 망할 망, 몸 신)**
집안의 재산을 다 써 없애고 몸을 망침

한자어

□ **輕薄** **경박 (가벼울 경, 엷을 박)**
언행이 신중하지 못하고 가벼움

□ **規制** **규제 (법 규, 절제할 제)**
1. 규칙이나 규정에 의하여 일정한 한도를 정하거나 정한 한도를 넘지 못하게 막음
2. 규칙으로 정함. 또는 그 정하여 놓은 것

□ **具現** **구현 (갖출 구, 나타날 현)**
어떤 내용이 구체적인 사실로 나타나게 함

□ **技術** **기술 (재주 기, 재주 술)**
1. 과학 이론을 실제로 적용하여 사물을 인간 생활에 유용하도록 가공하는 수단
2. 사물을 잘 다룰 수 있는 방법이나 능력

□ **大勢** **대세 (클 대, 형세 세)**
일이 진행되어 가는 결정적인 형세

□ **壓力** **압력 (누를 압, 힘 력)**
권력이나 세력에 의하여 타인을 자기 의지에 따르게 하는 힘

□ **利他的** **이타적 (이로울 이, 다를 타, 과녁 적)**
자기의 이익보다는 다른 이의 이익을 더 꾀하는 것

□ **支出** **지출 (지탱할 지, 날 출)**
어떤 목적을 위하여 돈을 지급하는 일

□ **進展** **진전 (나아갈 진, 펼 전)**
일이 진행되어 발전함

□ **標準** **표준 (표할 표, 준할 준)**
사물의 정도나 성격 따위를 알기 위한 근거나 기준

□ **橫暴** **횡포 (가로 횡, 사나울 포)**
제멋대로 굴며 몹시 난폭함

Quiz 각 어휘 및 표현의 알맞은 뜻을 찾아 연결하세요.

01 塞翁之馬 ㉠ 재산을 모두 써 버리고 몸을 망침
02 둔하다 ㉡ 인생의 모든 일은 예측하기 어려움
03 미욱하다 ㉢ 하는 짓이 어리석음
04 緣木求魚 ㉣ 행동이 느림
05 敗家亡身 ㉤ 절대로 가능하지 않은 일을 굳이 하려 함

06 技術 ㉥ 사실이 구체적으로 드러남
07 規制 ㉦ 규정을 통해 일정한 한도를 정하는 것
08 具現 ㉧ 물건을 잘 사용할 수 있는 능력
09 輕薄 ㉨ 자기 마음대로 행동하며 매우 난폭함
10 橫暴 ㉩ 말이나 행동이 가벼움

정답 | 01 ㉡ 02 ㉣ 03 ㉢ 04 ㉤ 05 ㉠ 06 ㉧ 07 ㉦ 08 ㉥ 09 ㉩ 10 ㉨

11회 실전동형모의고사

정답 · 해설 _해설집 p.61

제한시간 : 20분 시작 시 분 ~ 종료 시 분 점수 확인 개/ 20개

01 나머지 셋과 의미가 다른 한자 성어는?

① 면리장침(綿裏藏針)

② 소리장도(笑裏藏刀)

③ 양질호피(羊質虎皮)

④ 척당불기(倜儻不羈)

02 다음 〈보기〉에 나타난 논리적 오류와 같은 종류의 오류가 있는 것은?

보기
언니는 고모를 좋아하지 않는다.
그러므로 언니는 고모를 싫어한다.

① 내가 무단 횡단을 했다고 비난하지만, 그러는 너는 항상 법을 지키니?

② 당신의 철학은 믿을 수 없다. 당신은 뇌물을 받은 혐의로 실직한 사람이기 때문이다.

③ 삼촌은 나의 선거 운동에 적극적이지 않다. 내가 당선되지 않기를 바라는 것이 틀림없다.

④ 그녀는 벌써 두 번이나 회의에 지각했다. 그러므로 그녀와는 어떤 약속도 해서는 안 된다.

03 다음 글에 대한 설명으로 적절하지 않은 것은?

며칠 뒤, 저수지 밑 고서방의 논을 비롯하여 여기저기에, 그예 입도 차압(立稻差押)의 팻말이 붙기 시작했다.

농민들은 알아보지도 못하는 그 차압 팻말을 몇 번이나 들여다보고, 또 들여다보았다. 피땀을 흘려 가면서 지은 곡식에 손도 못 대다니? 그들은 억울하고 분하기보다, 꼼짝없이 인젠 목숨을 빼앗긴다는 생각이 앞섰다.

고 서방은 드디어 야간 도주를 하고 말았다.

"이렇게 비가 오는데, 그 어린것들을 데리고 어디로 갔을까?"

이튿날 아침, 동네 사람들은 애 터지는 말로써 그들의 뒤를 염려했다. 무심한 가을비는 진종일 고 서방이 지어 두고 간 벼이삭과 차압 팻말을 휘두들겼다.

그리하여 하루 아침, 깨어진 징소리와 함께 성동리 농민들은 일제히 야학당 뜰로 모였다. 그들의 손에는 열음 못한 빈 짚단이며 콩대, 메밀대가 잡혀 있었다.

이윽고 그들은 긴 줄을 지어 가지고 차압 취소와 소작료 면제를 탄원해 보려고 묵묵히 마을을 떠났다. 아낙네들은 전장에나 보내는 듯이 돌담 너머로 고개를 내 가지고 남정들을 보냈다. 만약 보광사에서 들어주지 않는다면…… 하고 뒷일을 염려했다.

그러나 또쭐이, 들깨, 철한이, 봉구 — 이들 장정을 선두로 빈 짚단을 든 무리들은 어느새 벌써 동네 뒤 산길을 더위잡았다. 철없는 아이들도 행렬의 꽁무니에 붙어서 절 태우러 간다고 부산히 떠들어댔다.

– 김정한, '사하촌'

① 성동리 농민들은 팻말을 보며 생계를 근심했다.

② 소작인들은 문제에 대응하고자 적극적으로 행동했다.

③ 아낙네들은 보광사에 탄원하러 가는 남편들을 걱정했다.

④ 동네 사람들은 고 서방의 야간 도주를 이기적인 행동으로 나무랐다.

04 밑줄 친 부분의 띄어쓰기가 모두 옳은 것은?

① <u>그까짓</u> 조무래기들은 상대가 <u>안된다</u>.

② 아들은 <u>반성은커녕</u> 아버지의 말을 <u>도외시하였다</u>.

③ 나는 날씨가 <u>춥다는걸 잊어 먹고</u> 외투를 입지 않았다.

④ 그녀는 라면을 <u>끓여먹다가 허겁지겁한</u> 나머지 냄비를 엎었다.

05 다음의 상황을 가장 잘 표현한 한자 성어는?

A 드라마는 유명한 감독이 연출하고, 연기력이 좋은 배우들이 출연한다고 하여 방영 전 화제가 되었다. 방영 초반에는 이야기 전개가 흥미로워 시청률이 높았으나, 갈수록 내용이 진부해져 시청률이 급속도로 하락했고 결국 조기 종영을 하게 되었다.

① 自初至終
② 右往左往
③ 龍頭蛇尾
④ 衆口鑠金

06 다음에서 설명한 '양의 격률'을 위배한 대화문은?

언어학자 폴 그라이스는 대화 참여자들이 지켜야하는 협조 원칙 네 가지를 공식화하였다. 협조 원칙은 '양, 질, 관련성, 방법'으로 이루어져 있는데 이 중 '양의 격률'은 우리가 대화에서 기대하는 정보의 양에 관련된 것이다. 이는 대화에서 필요한 것보다 너무 적게 또는 너무 많이 말하지 말라는 것이다.

① 가: 한 시간 뒤면 행사 시작인데, 사람들은 많이 왔어?
　나: 아니, 사람들이 아직 다 오지 않았어.
② 가: 철수야, 아까 방 청소하라고 했는데 다 했니?
　나: 엄마, 어제 내 친구 영수한테 들었는데요, 담임 선생님께서 많이 편찮으시대요.
③ 가: 은지야, 다음 주에 해외여행 간다고 들었는데 어디로 가는 거야?
　나: 응, 다음 주 화요일부터 5박 6일 정도 베트남에 다녀오려고.
④ 가: 그 선수가 이번 올림픽에서 100m 세계 신기록을 또 세웠대. 어떻게 그럴 수가 있을까?
　나: 그는 바람처럼 빠르니까 가능했을 거야.

07 다음 글에서 〈보기〉의 문장이 들어갈 위치로 가장 적절한 것은?

보기
그런데 실제 상황에서는 전염 확산과 계층 확산이 동시에 이루어질 수도 있다.

혁신의 확산이란 특정 지역이나 사회 집단의 문화나 기술, 아이디어가 시간의 경과에 따라 다른 지역 또는 사회 집단으로 전파되는 과정을 말한다. 〈중 략〉
혁신의 공간적 확산은 전염 확산과 계층 확산으로 설명된다. 혁신 발생원과 잠재적 수용자 간의 거리가 가까울수록 혁신 확산이 빠르게 이루어진다는 인접 효과에 의해 나타나는 것이 전염 확산이다. 발생원과 수용자 간의 거리가 가까우면 대면 접촉의 기회가 많아지게 되어, 혁신의 확산이 대중 매체보다 주로 개인 간의 의사소통에 의해 이루어진다. (㉠) 한편 도시 규모가 클수록 혁신 확산이 잘 이루어진다는 계층 효과에 의해 나타나는 것이 계층 확산이다. (㉡) 계층 확산에 의해 규모가 큰 도시로부터 그보다 규모가 작은 도시로 혁신이 전파된다. (㉢) 가령 거대 도시에서 발생한 혁신은 먼 거리의 대도시로 전파되면서 동시에 거대 도시 주변의 중소 도시에도 전파될 수 있다. (㉣)

① ㉠
② ㉡
③ ㉢
④ ㉣

08 ㉠~㉣에 들어갈 한자어를 순서대로 바르게 나열한 것은?

언론에 있어 '진실'이란, 첫째, 사물을 부분만 보지 말고 전체를 보아야 한다는 것을 뜻한다. '진실'이 알려지는 것을 두려워하는 사람들은, 신문이 사건이나 문제의 전모를 밝히는 것을 저지하기 위해 자기들에게 유리한 부분만을 (㉠)하여 선전하기도 하고, 불리한 면은 은폐하여 알리지 않으려고 한다. 공정한 논평에 있어 가장 (㉡)한 점은 (㉢)의 자유로운 활동이다. 자기에게 불리하다고 해서 문제를 그런 식으로 생각하면 안 된다거나, 이 문제는 이런 방향, 이런 각도로만 생각해야 한다고만 주장한다면, 이것이 곧 진실과 반대가 되는 곡필 논평이 된다. 곡필은 어느 선 (㉣)은 생각을 하지 않는다는 데 그 특징이 있다.

	㉠	㉡	㉢	㉣
①	誇張	重要	思考	以上
②	誇張	中夭	私考	理想
③	課長	重要	私庫	以上
④	課長	中夭	事故	理想

09 다음 글의 서술상 특징으로 옳은 것은?

> 문(文)을 숭상하던 조선 왕조의 국왕은 도서의 수집·관리를 중시하였다. 이 업무가 규장각의 고유 기능에 해당하였다. 정조는 세손(世孫) 시절부터 도서를 수집하였는데, 이들 장서는 즉위 후에 주합루 옆의 서재로 옮겨졌다. 정조가 자신의 즉위를 알리기 위해 청나라로 가는 사신들에게 『사고전서(四庫全書)』를 사 오라고 명령한 것은 그의 도서 수집열을 보여주는 유명한 일화이다. 청나라의 『사고전서』 편찬 사업은 이때 아직 진행 중이었으며, 설령 그것이 완성되었다 하더라도 다른 나라로 빠져나갈 가능성은 거의 없는 것이었다. 규장각의 장서 규모는 정조 20년 무렵 8만여 권에 달한 것으로 알려진다.

① 대조를 통해 설명 대상의 특징을 강조하고 있다.
② 객관적인 수치를 언급하며 글의 타당성을 확보하고 있다.
③ 역사적 사실을 제시하여 일반적 통념에 대해 반박하고 있다.
④ 구체적인 일화를 소개하여 설명하는 내용을 뒷받침하고 있다.

10 다음 글에 대한 이해로 적절한 것은?

> 만약 인간의 생명을 돈으로 환산한다면 얼마쯤 될까? 먼저 나를 둘러싼 주변 사람들의 목숨 값부터 알아보자. 영국 행복 경제학자인 앤드류 오스왈드 팀은 1만 명의 영국인을 대상으로 여러 해에 걸쳐서, 친척이나 지인이 사망할 경우 정신적 고통을 상쇄시키기 위해 얼마의 보상이 필요한지를 조사했다.
>
> 연구 결과 사망 이전의 정신적 행복 수준으로 돌아가기 위해서는 배우자의 경우 연평균 22만 달러가 필요했다. 자식은 11만 8천 달러, 부모는 2만 8천 달러, 친구는 1만 6천 달러, 형제는 2천 달러 수준이었다.
>
> 그렇다면 현대인의 목숨 값은 얼마나 할까? 2010년 미국 환경보호청은 조지 부시 대통령 시절 680만 달러였던 생명의 가치를 910만 달러(100억 원)로 측정했다. 반면 식품의약청은 790만 달러, 교통부는 610만 달러로 책정했다. 통계적 생명 가치로 불리는 이 액수는 각종 규제 정책을 검토할 경우에 기준이 된다. 경제적인 비용과 생명 가치를 비교해서 생명 가치가 더 높을 경우, 규제는 강화된다.
>
> 물론 이것은 미국인의 목숨 값이다. 아프간 전쟁에서 미군은 오폭이나 자신들의 명백한 과실 등으로 발생한 민간인 희생자에게 지불하기 위해서 책정해 놓은 가격은 2,500달러에 불과하다. 〈중 략〉
>
> 생명의 가치는 내 입장에서 보면 책정이 불가능할 정도로 높겠지만 세상의 입장에서 본다면 고작 1억 500만원에 불과하다. 나에게 목숨은 단 하나뿐인, 더없이 소중한 것이나 세상 입장에서 본다면 흔하디 흔한 게 인간이기 때문이다. 따라서 내 생명은 내가 소중하게 다뤄야 한다.

① 미국의 경우 생명 가치는 자국민에게 유리하게 책정되는 경향이 있다.
② 통계적 생명 가치보다 경제적 비용이 높을 경우 정책의 규제는 강화된다.
③ 미국의 각 기관별로 책정한 생명 가치는 사망 사고 통계를 기준으로 한다.
④ 형제의 사망은 친구의 사망보다 고통을 상쇄시키기 위한 높은 수준의 보상이 필요하다.

11 다음 글에 대한 설명으로 적절하지 않은 것은?

정당 방위는 개인의 자기 보존 사상 외에도 법이 무엇인가를 확충시켜 주어야 한다는 사상을 밑에 깔고 있다. 자기 자신을 위법 부당한 공격으로부터 방어하는 자는 이로써 법 질서 전체의 효력까지도 방어하는 것이다. 이 사상을 옛날부터 '부정(不正) 대 정(正)의 원칙'이라고 불러 왔다. 즉 법은 불법에 양보해서는 안 되며, 정당한 것이 부당한 것에 길을 비켜 줄 필요는 없는 것이다. 이처럼 법 질서 전체의 효력을 확보하기 위한 정당 방위의 옳음에 대한 신봉(信奉) 때문에 정당 방위는 가차 없는 방어 수단을 들이대도 허용한다는 결론이 나온다. 따라서 침해 받은 이익이 재산적 가치밖에 없는 것인데도 방어 수단으로는 그 공격자의 인명에 손해를 가해도 허용된다.

① 정당 방위에는 두 가지의 기본 사상이 깔려 있다.
② 부정 대 정의 원칙은 법 질서의 효력을 확보하는 것과 관련 있다.
③ 정당 방위가 옳다는 믿음 때문에 부당한 공격이 자주 발생한다.
④ 재산 피해를 입은 사람이 자신을 공격한 사람의 인명에 피해를 주어도 정당 방위는 성립된다.

12 밑줄 친 용언의 활용이 잘못된 것은?

① 산이 <u>가팔라</u> 몹시 힘들었다.
② 김 부장은 그의 말에 <u>아니꼬워</u>했다.
③ 순간 머릿속이 <u>허예져서</u> 기억나질 않았다.
④ 겨우내 많이 먹은 것에 비해 몸이 <u>불지는</u> 않았다.

13 다음 글을 통해 알 수 있는 내용으로 적절하지 않은 것은?

소금은 나트륨 원자 하나가 염소 원자 하나와 결합한 분자들의 결정체에 지나지 않고, 사람에게 필요한 소금의 양도 하루에 3그램 정도밖에 되지 않는다. 하지만 우리 몸에 들어온 소금은 나트륨 이온과 염화 이온으로 나뉘어 신진대사에 많은 영향을 미친다. 예를 들어 혈액이나 위액과 같은 체액의 주요 성분이 되어 영양소를 우리 몸 구석구석으로 보내기도 하고, 우리 몸에 쌓인 각종 노폐물을 땀이나 오줌으로 배출하기도 한다. 이처럼 소금은 사람을 비롯하여 모든 동물이 생명을 유지하는 데 없어서는 안 되는 존재인 것이다.

소금은 주로 땀이나 오줌으로 배출되기 때문에, 동물 대부분은 소금을 아끼기 위해 아예 땀을 흘리지 않거나 오줌도 아주 적게 누도록 진화해 왔다. 하지만 사람은 다른 동물들과 달리, 땀과 오줌으로 아낌없이 소금을 배출한다. 따라서 사람은 소금을 충분히 섭취하여 보충해 주어야만 한다.

채집과 사냥으로 먹을거리를 구하던 옛날에는 주로 고기에서 염분을 섭취할 수 있었다. 그러다가 농사를 짓기 시작한 다음부터는 소금을 섭취하기가 어려워졌다. 곡식에는 염분이 지극히 적었기 때문이다. 옛날에도 바닷가에서는 소금을 쉽게 구할 수 있었다. 하지만 바다에서 멀리 떨어진 곳에 살던 사람들에게는 소금이 매우 귀중한 필수품일 수밖에 없었다. 한 사람에게 필요한 소금의 양은 얼마 되지 않지만, 그 단위가 가족, 마을, 도시로 커질수록 필요한 소금의 양은 훨씬 많아진다. 그래서 소금을 확보하는 일은 사람들에게 중요한 과제였고, 그 과정에서 문명도 함께 발전했던 것이다.

① 농경 사회로 발달하면서 소금 섭취는 어려워졌다.
② 소금을 얻을 수 있는 바다 근처에서 문명이 발달되었다.
③ 인간에게 필요한 소금의 양은 아주 적지만, 생명 유지에 필수적이다.
④ 인간과 달리, 동물은 땀과 오줌으로 소금을 배출하지 않도록 진화해 왔다.

14 다음 발화에 나타난 주장으로 가장 적절한 것은?

유행어를 따라 하면 친구들의 관심을 얻을 수 있고, 또래끼리 소속감이나 연대감을 형성할 수 있습니다. 또 유행어를 먼저 알고 난 뒤에 그것을 미처 모르고 있던 친구들에게 가르쳐 주는 것은, 남보다 유행에 앞서간다는 우월 의식을 드러내는 행동이 아닐까 생각됩니다. 일종의 '대장 노릇'이라고 여기는 듯 보이기도 합니다.

사실 유행어는 적절하게만 사용하면 대화의 양념 역할을 톡톡히 하여 대화를 윤기나게 합니다. 유행어를 사용할 적절한 때를 찾아내고 분위기에 맞춰 유행어를 구사한다면 사람들에게 유머 감각깨나 있다는 소리를 듣는 재담꾼이 될 수도 있습니다. 이런 측면에서 보자면 유행어가 아이의 사회성 발달이나 또래 친구를 사귀는 데 도움이 될 수도 있습니다. 또한 어떤 유행어는 속담처럼 교훈적이거나 함축적인 뜻을 담고 있어서 아이들의 표현력을 높이는 데도 적잖이 도움이 될 수 있겠습니다.

그러나 이것은 어디까지나 유행어의 사용이 적절하게 이루어진다는 엄격한 조건을 전제로 할 때 그렇다는 것입니다.

① 유행어의 효용에 대한 새로운 관점의 논의가 필요하다.
② 유행어는 아이들의 내재된 심리를 반영하는 소산물이다.
③ 교육적인 측면에서 아이들의 유행어 사용은 교정되어야 한다.
④ 유행어를 알맞게 사용한다는 가정하에 긍정적 효과를 기대할 수 있다.

15 (가)와 (나)를 통해서 추정하기 어려운 내용은?

(가) 서거정의 모친이 세상을 떠났다는 소식이 전해졌으나 수양대군은 그 사실을 비밀로 했다. 이날 밤 서거정은 이상한 꿈을 꾸면서 땀을 몹시 흘렸다. 수양대군이 그 까닭을 물었더니 이렇게 대답했다. "꿈에 달이 하늘에 걸려 있었습니다. 달은 어머니를 뜻하니 아무래도 어머니에게 변고가 있는 것이 분명합니다." 이 대답에 수양대군은 감탄하면서 어머니의 죽음을 사실 대로 말해주며 곧 귀가시켰다. "서거정은 효성이 지극하여 하늘을 감동시켰다."

(나) 공자와 맹자의 가장 근본적인 가르침인 '효'와 '오륜'이 바로 그것이다. 〈중 략〉 오륜은 전근대적인 덕목이라 현대에의 영향은 많이 반감되었지만 그 가운데에서도 장유유서는 그 영향력이 조금도 수그러들 기미를 보이지 않는다. 한국 사회를 권위주의 사회로 만든 데에는 이 장유유서의 영향을 아무리 강조해도 지나치지 않을 것이다.

① 조선은 유교 문화에 기반을 둔 사회였을 것이다.
② '효'는 나랏일보다 우선될 만큼 중요한 가치였다.
③ 유교적 이념들의 영향력은 시대에 따라 변화한다.
④ 한국 사회는 과거와 달리 권위적 분위기가 완화되었다.

16 다음 글의 등장인물에 대한 설명으로 적절하지 않은 것은?

이생은, "모든 가산은 어떻게 되었소?"라고 물었다.
"하나도 잃지 않고 어떤 골짜기에다 묻어 두었습니다."
"그럼 양가 부모님의 유골은 어찌 되었소?"
"하는 수 없이 어떤 곳에 그냥 내버려 두었습니다."

이야기를 마치고 함께 취침하니 기쁜 정은 옛날과 조금도 다를 바 없었다. 이튿날 부부는 가산을 묻어 둔 곳을 찾아갔다. 그곳에는 금은 몇 덩이와 약간의 재물이 있었다. 그들은 양가 부모의 유골을 거두고 금은, 재물을 팔아 각각 오관산 기슭에 합장하고는 나무를 세우고 제사를 드려 모든 예를 다 마쳤다.

그 후 이생은 벼슬을 구하지 않고 최낭과 함께 살았고, 피란 갔던 노복들도 찾아왔다. 이생은 이제 세상사를 완전히 잊은 채 친척의 길흉사에도 가 보지 않고 집에서 늘 최낭과 함께 시를 지어 주고받으며 즐거이 세월을 보냈다.

어느덧 몇 년이 지난 어느 날 밤에 최낭은, "세 번 가약을 맺었건만, 세상일은 뜻대로 되지 않나 봅니다. 즐거움도 다하기 전에 슬픈 이별이 닥쳐왔습니다."라고 말하고는 오열하였다.

– 김시습, '이생규장전'

① 이생은 곧 몌별할 상황에 처해 있다.
② 최낭은 모든 가산을 고식적으로 처리하였다.
③ 이생과 최낭은 각고면려하게 부모의 제사를 치렀다.
④ 이생과 최낭은 세상과 단절한 채 금슬지락의 삶을 보냈다.

17 ㉠~㉣의 예를 추가할 때 가장 적절한 것은?

논리학에서 오류란 언어의 사용이나 자료의 판단, 논증의 방법 등이 잘못되어 논리적 이치에 어긋나게 된 생각이나 표현을 말한다. 이러한 오류는 자료적 오류, 심리적 오류, 언어적 오류로 나눌 수 있다. 이 중에 자료적 오류는 성급한 일반화의 오류, 흑백논리의 오류, 원인 오판의 오류, 잘못된 유추의 오류 등이 있다.

먼저 ㉠성급한 일반화의 오류란 어떤 특정한 사안이나 대표성이 결여된 사례 등을 근거로 삼아 성급하게 일반화함으로써 발생하는 오류이다. ㉡흑백논리의 오류는 어떤 주장에 대한 선택지가 두 가지밖에 없다고 생각하거나 다른 가능성이 허용됨에도 불구하고 그를 인정하지 않음으로써 발생하는 오류이다. 다음으로 ㉢원인 오판의 오류는 어떤 사건의 인과를 혼동하거나 단순한 선후 관계를 원인과 결과의 관계로 혼동함으로써 발생하는 오류이다. 한편 ㉣잘못된 유추의 오류는 일부분의 유사성으로 인해 나머지도 유사할 것이라고 생각함으로써 발생하는 오류이다.

① ㉠ – 에디슨은 죽었다. 퀴리 부인도 죽었다. 따라서 인간은 죽는다.

② ㉡ – 민재가 로맨스 영화를 싫어한다는 것은 곧 액션 영화를 좋아한다는 증거이다.

③ ㉢ – 미국은 경제 강국이다. 그러므로 미국인들은 모두 부자이다.

④ ㉣ – 현지는 식당에 가서 호출벨을 누른 후 종업원이 바로 오지 않으면 벨을 연달아 누른다. 따라서 한국인은 모두 성급한 민족이다.

18 다음 작품에 대한 감상으로 적절하지 않은 것은?

(가) 강호(江湖)에 봄이 드니 미친 흥(興)이 절로 난다
탁료계변(濁醪溪邊)에 금린어(錦鱗魚) 안주로다
이 몸이 한가하옴도 역군은(亦君恩)이샷다

(나) 강호(江湖)에 여름이 드니 초당(草堂)에 일이 업다
유신(有信)한 강파(江波)는 보내느니 바람이로다
이 몸이 서늘하옴도 역군은(亦君恩)이샷다

(다) 강호(江湖)에 가을이 드니 고기마다 살져 있다
소정(小艇)에 그물 실어 흘리 띄워 던져두고
이 몸이 소일(消日)하옴도 역군은(亦君恩)이샷다

(라) 강호(江湖)에 겨울이 드니 눈 깊이 자히 남다
삿갓 비껴 쓰고 누역으로 옷을 삼아
이 몸이 츕지 아니하옴도 역군은(亦君恩)이샷다

– 맹사성, '강호사시가'

① (가)에서 금린어를 안주 삼아 막걸리를 마시는 것으로 보아 화자의 소박한 면모를 짐작할 수 있군.

② (나)에서 초당에서 한가로이 시원한 강바람을 즐기는 것으로 보아 화자의 전원적 삶을 엿볼 수 있군.

③ (다)에서 화자가 직접 그물을 던지고 물고기를 잡아 생활하는 것으로 보아 땀 흘려 일하는 어부로서의 자부심이 드러나는군.

④ (라)에서 겨울에 츕지 않게 지내는 것이 임금의 은혜라 말하는 것으로 보아 임금을 향한 화자의 충성심을 느낄 수 있군.

19 다음 글의 내용과 시적 상황이 가장 유사한 것은?

선군이 능히 참지 못하여 일장 통곡하다가 급히 정당(正堂)에 와서 그 곡절을 물으니 백공이 오열하여 이르되,

"너 간 지 오륙 일 된 후, 일일은 낭자의 형영(形影)이 없기로 우리 부처(夫妻) 고이 여겨 제 방에 가 본즉 저 모양으로 누웠음에 불승(不勝) 대경(大驚)하여 그 곡절을 알 길 없어 있어, 헤아리매 이 필연 어느 놈이 선군이 없는 줄 알고 들어가 겁탈하려다가 칼로 낭자를 찔러 죽였는가 하여 칼을 빼려 하였으나, 중인(衆人)도 능히 빼지 못하고 시체를 움직일 길 없어 염습하지 못하고 그저 두어 너를 기다렸고, 네게 알게 아니함은 네 듣고 놀라 병이 날까 염려함이요, 임녀와 성혼코자 함은 네가 낭자의 죽음을 알지라도 마음을 위로할까 생각하여 그러함이니, 너는 모름지기 상(傷)치 말고 염습할 도리를 생각하라."

선군이 그 말을 듣고 의사(意思) 막연하여 어찌할 줄 모르고 침음(沈吟)하다가 빈소에 들어가 대성통곡하다가 홀연 분기 대발(憤氣大發)하여 이에 모든 노비를 일시에 결박하여 앉히니 매월이도 그중에 든지라. 〈중 략〉

"성인(聖人)도 세유(世遊)하고, 숙녀(淑女)도 봉참(逢讒)함은 고왕금래(古往今來)의 비비유지(比比有之)라 하니, 낭자 같은 지원 극통한 일이 어디 다시 있으리오. 오호(嗚呼)라, 도무지 선군의 탓이니 수원수구(誰怨誰咎)리오. 오늘날 매월의 원수는 갚았거니와 낭자의 화용월태(花容月態)를 어디 가 다시 보리오. 다만 선군이 죽어 지하에 가 낭자를 따를 것이니 부모에게 불효 되나, 나의 처지 불구(不久)하리로다."

– 작자 미상, '숙영낭자전'

① 꽃잎은 하염없이 바람에 지고 / 만날 날은 아득타, 기약이 없네, / 무어라, 맘과 맘은 맺지 못하고 / 한갓되이 풀잎만 맺으려는고.

② 나ᄂᆞᆫ 가ᄂᆞ다 말ㅅ도 / 몯다 니르고 가ᄂᆞ닛고. / 어느 ᄀᆞᄉᆞᆯ 이른 ᄇᆞᄅᆞ매 / 이에 뎌에 ᄠᅥ러딜 닙ᄀᆞᆮ, / ᄒᆞᄃᆞᆫ 가지라 나고 / 가논 곧 모ᄃᆞ론뎌.

③ 가을 바람에 이렇게 힘들여 읊고 있건만 / 세상에는 날 알아주는 이 드물구나. / 창 밖엔 깊은 밤 비 내리는데 / 등불 앞엔 내 마음 만 리 먼 곳을 내닫네.

④ 져재 녀러 신고요 / 어긔야 즌 ᄃᆡ를 드ᄃᆡ욜셰라 / 어긔야 어강됴리 / 어느이다 노코시라 / 어긔야 내 가ᄂᆞᆫ ᄃᆡ 졈그ᄅᆞᆯ셰라 / 어긔야 어강됴리 / 아으 다롱디리

20 (가)의 내용에 이어지는 순서로 가장 자연스러운 것은?

(가) 우리 민법은 명예 훼손으로 인한 피해를 구제 받기 위해 손해 배상과 같은 금전적인 구제와 아울러 비금전적인 구제를 청구할 수 있다고 규정하고 있다. 이러한 비금전적인 구제 방식의 하나가 '반론권'이다.

(나) 반론권 제도는 세계적으로 약 30개 국가에서 시행되고 있는데, 우리나라의 반론권 제도는 의견에도 반론권을 적용하는 프랑스식 모델이 아닌 사실적 주장에 대해서만 반론권을 부여하는 독일식 모델을 따르고 있다. 우리나라 반론권 제도의 특징은 정부가 반론권 제도를 도입하면서 이를 언론중재위원회를 통하여 행사하도록 했다는 것이다. 반론권 도입 당시 우리 정부는 언론중재위원회를 통한 반론권 행사가 언론에는 신뢰도 하락과 같은 부담을 주지 않고, 개인에게는 신속히 피해를 구제 받을 기회를 주기 때문에 효율적이라고 주장하였다. 이에 대해 언론사와 일부 학자들은 법정 기구인 언론중재위원회를 통해 반론권을 행사하도록 하는 것이 언론의 편집 및 편성권을 침해하여 궁극적으로 언론 자유의 본질을 훼손할 수 있다는 우려를 나타냈다.

(다) 반론권은 언론의 보도로 피해를 입었다고 주장하는 당사자가 문제가 된 언론 보도 내용 중 순수한 의견이 아닌 사실적 주장(사실에 관한 보도 내용)에 대해 해당 언론사를 상대로 지면이나 방송으로 반박할 수 있는 권리이다. 반론권은 일반적으로 반론 보도를 통해 실현되는데, 이는 정정 보도나 추후 보도와는 다르다. 정정 보도는 보도 내용이 사실과 달라 잘못된 사실을 바로잡는 것이며, 추후 보도는 형사상의 조치를 받은 것으로 보도된 당사자의 무혐의나 무죄 판결에 대한 내용을 보도해 주는 것이다.

(라) 그러나 헌법재판소는 반론권 존립 여부에 대해 판단하면서, 반론권은 잘못된 사실을 진실에 맞게 수정하는 권리가 아니라 피해를 입은 자가 문제가 되는 기사에 대해 자신의 주장을 게재하는 권리로서 합헌적인 구제 장치라고 보았다. 또한 대법원은 반론권 제도를 이른바 무기대등원칙(武器對等原則)에 부합하는 것으로 판단하였다. 즉 사회적 강자인 언론을 대상으로 일반인이 동등한 공격과 방어를 할 수 있도록 균형 유지 수단을 제공하는 것이므로 정당하다는 것이다.

① (나) – (다) – (라)　② (다) – (나) – (라)
③ (다) – (라) – (나)　④ (라) – (다) – (나)

정답·해설 _해설집 p.61

11회 핵심 어휘 마무리 체크

☑ 잘 외워지지 않는 어휘 및 표현은 박스에 체크하여 한 번 더 확인하세요.

한자 성어

☐ 笑裏藏刀 **소리장도 (웃음 소, 속 리, 감출 장, 칼 도)**
'웃는 마음속에 칼이 있다'라는 뜻으로, 겉으로는 웃고 있으나 마음속에는 해칠 마음을 품고 있음을 이르는 말

☐ 倜儻不羈 **척당불기 (기개 있을 척, 빼어날 당, 아닐 불, 굴레 기)**
뜻이 크고 기개가 있어서 남에게 얽매이거나 굽히지 않음

☐ 自初至終 **자초지종 (스스로 자, 처음 초, 이를 지, 마칠 종)**
처음부터 끝까지의 과정

☐ 龍頭蛇尾 **용두사미 (용 용, 머리 두, 긴 뱀 사, 꼬리 미)**
'용의 머리와 뱀의 꼬리'라는 뜻으로, 처음은 왕성하나 끝이 부진한 현상을 이르는 말

☐ 衆口鑠金 **중구삭금 (무리 중, 입 구, 녹일 삭, 쇠 금)**
'뭇사람의 말은 쇠도 녹인다'라는 뜻으로, 여론의 힘이 큼을 이르는 말

한자어

☐ 階層 **계층 (섬돌 계, 층 층)**
사회적 지위가 비슷한 사람들의 층

☐ 誇張 **과장 (자랑할 과, 베풀 장)**
사실보다 지나치게 불려서 나타냄

☐ 救濟 **구제 (구원할 구, 건널 제)**
자연적인 재해나 사회적인 피해를 당하여 어려운 처지에 있는 사람을 도와줌

☐ 均衡 **균형 (고를 균, 저울대 형)**
어느 한쪽으로 기울거나 치우치지 아니하고 고른 상태

☐ 老廢物 **노폐물 (늙을 노, 폐할 폐, 물건 물)**
생체 내에서 생성된 대사산물 중 생체에서 필요 없는 것

☐ 袂別 **몌별 (소매 몌, 나눌 별)**
소매를 잡고 헤어진다는 뜻으로, 섭섭히 헤어짐을 이르는 말

☐ 排出 **배출 (밀칠 배, 날 출)**
안에서 밖으로 밀어 내보냄

☐ 思考 **사고 (생각 사, 생각할 고)**
생각하고 궁리함

☐ 信奉 **신봉 (믿을 신, 받들 봉)**
사상이나 학설, 교리 등을 옳다고 믿고 받듦

☐ 傳染 **전염 (전할 전, 물들 염)**
1. 병이 남에게 옮음
2. 다른 사람의 습관, 분위기, 기분 등에 영향을 받아 물이 듦

☐ 接觸 **접촉 (이을 접, 닿을 촉)**
1. 서로 맞닿음
2. 가까이 대하고 사귐

☐ 重要 **중요 (무거울 중, 요긴할 요)**
귀중하고 요긴함

☐ 擴散 **확산 (넓힐 확, 흩을 산)**
흩어져 널리 퍼짐

☐ 效力 **효력 (본받을 효, 힘 력)**
1. 약 따위를 사용한 후에 얻는 보람
2. 법률이나 규칙 등의 작용

Quiz 각 어휘 및 표현의 알맞은 뜻을 찾아 연결하세요.

01 救濟	㉠ 피해를 받아 힘든 상황에 있는 사람을 도와줌
02 接觸	㉡ 질병이 다른 사람에게 옮음
03 傳染	㉢ 여론의 힘이 셈
04 衆口鑠金	㉣ 서로 마주 닿음
05 自初至終	㉤ 일의 처음부터 끝
06 倜儻不羈	㉥ 법률이나 규범의 작용
07 誇張	㉦ 말을 부풀려서 함
08 重要	㉧ 시작은 성하나 끝이 부진한 현상
09 效力	㉨ 남에게 휘둘리지 않음
10 龍頭蛇尾	㉩ 소중하고 요긴함

정답 | 01 ㉠ 02 ㉣ 03 ㉡ 04 ㉢ 05 ㉤ 06 ㉨ 07 ㉦ 08 ㉩ 09 ㉥ 10 ㉧

정답·해설 _해설집 p.67

12회 실전동형모의고사

제한시간 : 20분 시작 시 분 ~ 종료 시 분 점수 확인 개/ 20개

01 (가)~(라)에 대한 고쳐쓰기 방안으로 옳지 않은 것은?

(가) 이번 과일은 배만 맛있고, 사과도 맛있다.
(나) 위안부 문제만큼은 일본에게 강력히 대응해야 한다.
(다) 진로 관련 문제는 담임 선생님과 상의하는 것이 좋겠다.
(라) 그 시절의 옛 추억이 얼마나 생각나든지 그때가 너무 그립다.

① (가): '배만 맛있다'는 사과가 맛있을 가능성을 배제하는 의미가 포함되어 있다. 따라서 보조사 '만'을 '도'로 바꿔 쓴다.
② (나): '일본'은 사람이나 동물이 아니므로 조사 '에게'를 '에'로 바꿔 쓴다.
③ (다): '상의하다'는 '~에(에게) 상의하다'의 형태로 쓰므로 조사 '과'를 '에게'의 높임말인 '-께'로 바꿔 쓴다.
④ (라): 추억이 생각나서 그 시절이 그립다는 내용이므로 어미 '-든지'를 '-던지'로 바꿔 쓴다.

02 밑줄 친 단어와 바꿔 쓸 수 있는 한자어로 가장 적절한 것은?

① 그는 부정적인 여론을 만들고자 노력했다. → 形成하고자
② 협회는 경기 규칙을 새로 만들어 발표했다. → 作成하여
③ 보고서를 만들기 위해 꼬박 사흘 밤을 샜다. → 製作하기
④ 그 영화를 만들려면 투자자들의 투자가 필요하다. → 制定하려면

03 다음 글의 중심 내용으로 가장 적절한 것은?

훈민정음(訓民正音)은 오늘날 국문 또는 한글이라고 하는 민족 문자이다. 세종 임금이 맡아서 1443년(세종 25)에 창제하고, 1446년(세종 28)에 반포했다. 쉽게 배워 편리하게 쓸 수 있고, 우리말을 완벽하게 표기하는 장점을 지녀, 문자 생활을 확대하고, 민족 문화를 획기적으로 발전시키는 구실을 했다. 〈중 략〉

사대부 부녀자들은 한문을 익히기 어려워 국문을 일상생활에 널리 썼다. 언간 자료가 많이 남아 있어 국문 사용의 실상을 말해 준다. 중세에서 근대로의 이행기에는 시민을 위시한 하층 민중이 문자 생활을 국문으로 하고 현실 인식과 흥미를 아울러 갖춘 문학을 요구하게 되자 국문 문학이 한문학과 맞서 크게 성장했다. 근대에 들어서면서 국문이 공용어로 되고, 국문 문학이 민족 문학의 위치를 독점하게 되었다.

문자 생활을 둘러싼 '상·하·남·여'의 대결이 시대마다 다르게 전개되면서, 한문과 국문의 관계가 달라지다가 마침내 국문이 승리했다. 중세 전기는 상층 남성이 한문을 사용했다. 중세 후기에는 상층 남성은 한문을, 상층 여성은 국문을 자기 글로 삼았다. 중세에서 근대로의 이행기에는 상층 남성은 한문을, 상층 여성과 하층 남성은 국문을 사용했다. 근대에는 하층 여성이 국문 사용에 동참하고 상층 남성도 한문을 버려, 국문을 국민 전체가 독점적 의의를 가진 공유물로 삼았다.

① 훈민정음은 세종대왕이 창제 및 반포한 민족 문자이다.
② 사대부 부녀자들에게 한문을 익히게 하기 위해 많은 노력을 했다.
③ 국문은 민족 문화의 발전에 이바지했으며 점차 모든 계층이 아울러 사용했다.
④ 상층 남성이 한문을 버리고 국문을 사용하기까지는 많은 갈등의 과정이 있었다.

04 〈보기〉를 근거로 판단할 때, ㉠~㉣ 중 적절하지 않은 것은?

> 보기
>
> '문장과 문장 사이가 자연스럽고 긴밀하게 연결되어야 한다'라는 특성을 '연결성'이라고 한다. 문장 간 또는 문단 간의 연결이 긴밀하지 못한 것을 '연결성이 결여되었다'라고 하는데 이 경우, 글의 연결성이 잘 드러나도록 적절한 접속어나 지시어를 사용하여 글이 매끄럽게 전개되도록 수정해야 한다.

> 내 주변인들은 체중 감량에 관심이 많은 동시에 체중 감량이 참 힘들다고들 말한다. ㉠그리고 나는 식습관을 바꿀 수만 있다면 비교적 쉽게 살을 뺄 수 있을 거라고 생각한다. 체중 감량에 도움이 되는 식습관은 다음과 같다. ㉡먼저 모든 끼니의 식사에는 채소를 추가하는 것이 중요하다. 채소에 있는 식이섬유가 체내에 오래 머물며 포만감을 지속시키므로 불필요한 음식 섭취를 막기 때문이다. ㉢또한 식사 전 물을 2컵 이상 마시는 것도 불필요한 음식 섭취를 막는 것에 도움이 된다. 이뿐만 아니라 밥을 천천히 먹는 것도 중요하다. 식사를 빨리 하면 식사량을 스스로 인지하지 못해 과식으로 이어질 수 있기 때문이다. ㉣마지막으로 고칼로리의 음식 섭취를 지양하려는 노력도 필요하다.

① ㉠　　② ㉡
③ ㉢　　④ ㉣

05 다음 시조에 대한 설명으로 가장 옳은 것은?

> 산촌(山村)에 눈이 오니 돌길이 무쳐셰라.
> 시비(柴扉)를 여지 마라, 날 ᄎᆞ즈리 뉘 이시리.
> 밤즁만 일편 명월(一片明月)이 긔 벗인가 ᄒᆞ노라.

① 이 작품은 시 · 공간적 배경을 알 수 없다.
② '무쳐셰라'는 '닫혔구나'로 해석할 수 있다.
③ '돌길'과 '시비(柴扉)'는 속세와의 단절을 나타낸다.
④ 설의법을 통해 자연에 은거하고자 하는 화자의 심리를 드러낸다.

06 ㉠과 ㉡에 대한 설명으로 적절한 것은?

> 남여(藍輿)*를 ᄇᆡ야 ᄐᆞ고 솔 아릐구븐 길로 오며 가며 ᄒᆞᄂᆞᆫ 적의 ㉠녹양(綠楊)의 우ᄂᆞᆫ 황앵(黃鶯) 교태(嬌態) 겨워 ᄒᆞᄂᆞᆫ괴야. 나모 새 ᄌᆞᄌᆞ지어 수음(樹陰)*이 얼릔 적의 백 척(百尺) 난간(欄干)의 긴 조으름 내여 펴니 수면(水面) 양풍(涼風)이야 긋칠 줄 모르ᄂᆞᆫ가.
> 즌 서리 ᄲᅡ진 후의 산 빗치 금슈(錦繡)로다. 황운(黃雲)은 ᄯᅩ엇지 만경(萬頃)*에 편거긔요. ㉡어적(漁笛)도 흥을 계워 ᄃᆞᆯ를 ᄯᆞ라 브니ᄂᆞᆫ다.
>
> – 송순, '면앙정가'
>
> * 남여(藍輿): 뚜껑 없는 가마
> * 수음(樹陰): 나무의 그늘
> * 만경(萬頃): 아주 많은 이랑이라는 뜻으로, 지면이나 수면이 아주 넓음을 이르는 말

① ㉠은 산의 모습을 표현한 것이고, ㉡은 바다의 모습을 표현한 것이다.
② ㉠은 유교적 충의 사상을 나타내고, ㉡은 자연 친화적 태도를 보여준다.
③ ㉠은 계절감을 드러내는 소재이고, ㉡은 화자의 심정이 투영된 존재이다.
④ ㉠은 정계 진출에 대한 소망을 상징하고, ㉡은 자연에 귀의하는 삶을 상징한다.

07 밑줄 친 말에서 가리키는 대상이 다른 것은?

> 날은 늦어 가고 하도 민망하여, 다투다가 윗전은 정 상궁이 업고 공주 아기씨는 주 상궁이 업고, ㉠대군 아기씨는 김 상궁이 업사왔더니, 대군이 이르시기를,
> "윗전과 누님이 먼저 나서시고 나는 뒤에 서겠다." / 하시니,
> "어찌 그런 분부를 내리십니까?" / 하니,
> "㉡내 먼저 나가면 나만 나가게 하고 다 나오시지 않으실 것이니 나 보는 데서 가옵사이다." / 하시더라.
> 윗전께서는 생무명으로 만든 깃옷에 보(褓)를 덮으시고, 두 아기씨는 남빛 보를 덮어 각각 업어 차비문(差備門)에 다다르니, 내관 십여 명이 엎드려
> "어서 나가십시오." / 하고 재촉하니, 윗전이 이르시기를,
> "너희도 선왕의 녹을 오래 먹고 살았으니, 어찌 참측(慘惻)한 마음이 없으랴? 십여 년을 정위(正位)에 있으면서 자식을 얻지 못해 늘 근심하던 끝에 병오년(丙午年)에 처음으로 대군을 얻으시자 기뻐하시고 사랑하시는 바가 끝이 없으셨으나 당시 ㉢강보에 싸인 것을 무슨 뜻을 두고 계셨겠느냐? 한갓, 자라는 모양만 대견해 하시다가 귀천(歸天)하시니 내 그때 재궁(梓宮)을 따라 죽었던들 오늘날 이 서러운 일을 겪었겠느냐? 이것이 모두 ㉣내가 죽지 않고 살아있던 죄다."
>
> – 작자 미상, '계축일기'

① ㉠ ② ㉡
③ ㉢ ④ ㉣

08 밑줄 친 부분에 들어갈 한자어로 가장 적절한 것은?

> ________(이)란 어떤 문제에 대하여 검토하고 협의해 나가는 과정을 말한다.

① 討論 ② 討伐
③ 討賊 ④ 討議

09 밑줄 친 한자 표기가 옳은 것은?

① 빈 방에는 寂寞만이 감돌았다.
② 오랜만에 쉴 수 있는 余裕가 생겼다.
③ 그는 협상을 위해 재정적 壓拍을 가하기로 하였다.
④ 현재 새로운 네트워크 체제를 球築하기 위해 논의 중이다.

10 다음 글의 내용과 가장 가까운 것은?

> 명문가에서는 온 가족이 함께 식사하고, 두 가지 이상의 신문과 각종 경제지를 구독한다. 그 이유는 단지 삶이 여유롭기 때문만은 아니다. 그 속에는 깊은 뜻이 숨어 있다. 부모는 식탁에서 갖가지 정보를 전함으로써 자연스럽게 자신의 운을 자식에게 넘겨준다. 또한 자신이 겪은 여러 상황과 대처 방안을 들려주며 성공에 필요한 감각을 길러준다.

① 경제적으로 여유로운 삶을 살기 위해 로또에 응모하는 사람들이 점점 늘어나고 있다.
② 보육원에서 오랫동안 자라온 아이들이 일반적인 가정에서 자란 아이들보다 자립심이 강해 성공할 확률이 높다.
③ 축구 경기에서는 일반적으로 원정 경기를 할 때보다 홈그라운드 경기를 할 때 선수들이 더 우수한 기량을 보여 준다.
④ 기업인들은 각종 대외 활동과 모임 참석에 소홀히 하지 않는다. 그곳에서 주고받는 대화를 통해 시대적 흐름을 파악하고 회사 경영에 필요한 소스를 얻는다.

11 괄호 안에 들어갈 내용으로 가장 적절한 것은?

> 지적소유권 제도에 관하여 국가는 정책을 수립하고 집행함에 있어서 사익과 공익을 어떻게 적절하게 조화를 시키느냐가 중요한 관건이 되고 있다. 즉, '발명가의 권리'를 보호하는 것과 창작자의 권리를 제한하여 '이용자의 이익'을 보호하는 것은 이념적으로 충돌하고 있다.
> 사실 우리나라는 역사적으로 기술과 문화의 도입국이었기 때문에 이용자의 논리에 기울어져 있었다. 그러나 이제는 기업으로 하여금 기술혁신 능력을 높여 우리나라도 세계의 특허 대국으로서, 또한 문화의 수출국으로서 성장하기 위해서는 프리라이드의 논리는 더 이상 타당하지 않다고 할 것이다.
> 따라서, (   ) 그러한 행정 서비스의 효율화 방안으로는 여러 가지를 생각할 수 있으나, 가장 일반적이면서도 중요하다고 생각되는 것은 능률성과 합리성 그리고 효과성을 기하는 것이다. 그럼으로써 서비스의 경제화를 실현할 수 있다.

① '발명가의 권리'를 보호하는 것과 '이용자의 이익'을 보호하는 것의 이념적 충돌을 막아야 할 것이다.
② 국가의 지적소유권에 관한 행정 서비스도 이와 같은 자세에서 그 효율화 방안을 생각하여야 할 것이다.
③ 프리라이드의 논리를 계승·발전시켜 국가의 지적소유권에 관한 행정 서비스의 발전 방안을 생각해야 한다.
④ 지적소유권 제도와 관련하여 사익과 공익의 조화를 위해 이용자의 논리에 치우친 방안들을 처리해야 할 것이다.

12 밑줄 친 부분과 가장 유사한 속성을 지닌 태도는?

팬옵티콘은 '모두 다 본다'라는 뜻으로, 영국의 공리주의 철학자 벤담이 고안한 원형 감옥을 말한다. 이 감옥의 중앙에는 원형 감시탑이 있고, 원 바깥쪽에는 죄수들의 방이 있다. 중앙 감시탑은 늘 어둡기 때문에 죄수들은 감시자들을 볼 수 없지만, 죄수들의 방은 늘 밝기 때문에 감시자들은 죄수들의 모든 움직임을 볼 수 있다. 이러한 감옥의 구조는 죄수들로 하여금 '계속해서 감시받고 있다'는 생각을 갖게 한다. 결국 팬옵티콘에 갇힌 죄수들은 감시자의 시선 때문에 규율에서 벗어난 행동을 스스로 통제하며, 감시자의 시선을 내면화하여 결국은 자신이 자신을 감시하게 된다.

① 아이가 학원을 빠지지 않는지 몰래 뒤따라가며 엿보는 것
② 시험이 며칠 남지 않아서 아픈 것을 견디며 공부를 계속하는 것
③ 봉사 활동 점수를 받기 위해 취미 생활을 단념하고 봉사 활동을 하는 것
④ 무단 횡단을 하려다가 가로등에 설치된 CCTV를 보고 육교를 이용하여 길을 건너는 것

13 다음 설명을 통해 알 수 있는 것은?

자기개념은 개인의 정치적 위치, 학문적 성공, 또는 신체적 수행 능력, 외모 등 여러 영역의 영향을 받아 결정된다. 따라서 다양한 사회적 정체성, 직업, 일, 개인의 관심 등의 측면에서 성공에 관한 느낌을 자주 갖게 되면 자기개념이 높아질 수 있다. 학자에 따라 약간의 차이는 있지만 대체로 자기개념의 향상은 학문적인 성공, 직업과 일에서의 성공, 정서적 안정, 신체 능력의 향상 등을 통해 이루어질 수 있다고 본다. 특히 신체적 능력은 학문, 사회, 정의 영역에 비해 단기간에 쉽게 변화시킬 수 있는 것으로 알려져 있다. 신체적 자기개념은 2~3개월의 단기간에도 변화된다는 연구가 이러한 사실을 뒷받침한다.

① 자기개념의 위치는 사회적 위치와 동일하다.
② 신체적 능력은 다른 영역에 비해 가변성이 낮다.
③ 자기개념은 한 가지 영역에 의해 결정되는 것이 아니다.
④ 학습 도중에 겪은 실패 경험은 낮은 자기개념을 고착화한다.

14 다음 글과 논증 방식이 가장 가까운 것은?

칸트는 사람이 사는 곳은 언제나 고통이 존재하고, 이 고통은 쾌락의 전제가 된다고 보았다. 즉, 건강한 삶을 살기 위해서 고통이 쾌락과 쾌락 사이에 개입하여 쾌락 간의 관계를 조절하는 요소가 된다고 생각한 것이다. 라이프니츠 또한 고통의 존재를 인정하고, 고통을 신의 뜻이 실현되는 과정으로 보았다. 더불어 고통은 신이 정해 놓은 목표에 도달하여 궁극적으로 선을 이루게 만드는 작용을 한다고 설명하였다.

① 시냅스는 신경 세포의 신경 돌기 말단이 다른 신경 세포와 접합하는 부위로, 뉴런 1개당 수천 개의 시냅스가 형성된다. 시냅스는 시냅스 전 뉴런, 시냅스 후 뉴런, 두 뉴런 사이의 좁은 틈으로 구성된다.
② 교술 갈래인 시나리오와 희곡은 대사와 행동, 지문으로 사건을 제시하기 때문에 서술자가 없어서 직접적인 심리 묘사가 불가능하다. 또한 자아와 세계 간의 갈등을 주된 축으로 하여 극적인 사건을 중심으로 전개된다.
③ 결론을 도출하기 위해 사용하는 방법 중에 하나인 과학 방법은 크게 귀납법과 연역법으로 나눌 수 있다. 귀납법은 개별적이고 구체적인 사실이나 현상들의 공통점을 바탕으로 일반적인 원리를 도출하는 반면 연역법은 일반적인 사실이나 원리에서 개별적이고 구체적인 사실이나 현상을 도출해 낸다.
④ 깨어 있는 의식 세계는 화려한 의상과도 같다. 화려하고 예쁜 의상이 신체의 결점을 가려 주어 본래의 모습을 알 수 없게 하듯이, 깨어 있는 의식 세계도 내면세계를 가려 버린다. 화려한 의상을 벗었을 때 실제 모습을 볼 수 있는 것처럼 꿈과 같이 의식 세계를 벗어난 상태일 때 비로소 무의식 속 내면세계를 볼 수 있다.

15 다음 글의 연결 순서로 가장 적절한 것은?

ㄱ. 가령 교통사고는 물리학이나 생리학적 관점에서 보면, 노래 한 곡 들은 것과 비교할 수 없는 신체적 변화를 야기하지만, 우리는 그것을 얼른 치료하여 이전의 삶으로 되돌리려 한다. 그것 이전의 삶으로 최대한 되돌아가려 한다.
ㄴ. 따라서 사고란, 그것이 실제로 나를 애초에 바라던 것과 다른 곳으로 밀고 가더라도, "없었으면 좋았을" 어떤 것이다.
ㄷ. 내게 다가온 '사건'에 대항하여 삶을 애초의 방향으로 되돌려놓으려 할 때, 그 이전과 이후를 크게 다르지 않게 수습하려 하고 그로 인해 피할 수 없는 행로의 차이를 최소화하려 할 때, 그것은 사건 아닌 '사고'가 된다.
ㄹ. 그로 인해 발생한 두 지점 간 간극의 폭은 그가 느끼는 불행의 크기를 뜻한다. 사고란 말에 부정적인 색채가 담겨 있는 것은 이 때문이다.
ㅁ. 반면 그로 인한 신체적 변화를 받아들이고 다른 삶을 살고자 하는 이가 있다면, 그것은 사고 아닌 사건이 될 것이다.

① ㄱ－ㄹ－ㄴ－ㄷ－ㅁ ② ㄱ－ㄴ－ㅁ－ㄹ－ㄷ
③ ㄷ－ㄱ－ㅁ－ㄴ－ㄹ ④ ㄷ－ㅁ－ㄴ－ㄱ－ㄹ

16 다음 글에서 추론할 수 있는 내용으로 적절하지 않은 것은?

> 수면파는 풍랑, 너울, 연안쇄파로 구분한다. 풍랑은 해역에서 불고 있는 바람에 의해 생성된 파도로 파장과 주기가 짧고 대체로 뾰족한 마루와 둥근 골의 모양이지만 양상이 다양하고 복잡하게 중첩된 형태를 보인다. 이러한 풍랑이 계속 이동하다 보면 파고와 파장이 제각각인 다른 파도를 만나 잔물결은 사라지고, 대신 마루가 둥글고 파장이 긴 파도만 남는 경우가 있는데 이를 너울이라 한다. 너울은 바람이 없어도 멀리까지 전달되며 해안에 가까워지면 파고가 높아지기도 한다. 너울이 해안에 접근하면 수면 위로 드러나지 않은 돌출 지형이나 해저 지형 등의 영향으로 마루가 뾰족해지면서 끝이 부서지는 연안쇄파가 된다.
>
> 바닷가에서 파도를 보고 있으면 바닷물이 우리를 향해 끊임없이 밀려오는 것처럼 보인다. 하지만 파도를 물 입자의 운동으로 보면, 바닷물 자체는 이동하지 않으며 그 힘만 전달한다. 물 입자는 단지 원운동을 하고 있을 뿐이다. 파도는 바로 이 원운동 때문에 일어나는 것이다. 그래서 파고는 원의 지름에 해당한다. 물 입자의 원운동은 깊이 내려갈수록 작아져서 파장의 절반 이하에 해당하는 깊이에 이르면 거의 무시할 정도가 된다. 그리고 파도가 해안에 가까워지면 흰 거품을 일으키며 부서진다. 파도가 부서지는 이유는 수심이 얕아지면 물 입자가 해저면의 영향을 받아 타원형으로 찌그러지고, 그 타원형의 움직임이 더욱 찌그러지면 원운동은 사라지기 때문이다. 물 입자의 원운동이 찌그러지기 시작하는 것은 수심이 파장의 절반보다 얕을 때부터 일어난다.
>
> 한편 파도는 진행 경로 중에 존재하는 장애물이나 수심의 변화로 인하여 진행 방향이 변한다. 해안에 돌출한 지형이나 섬, 방파제 등이 존재하는 경우 파도는 진행 방향이 휘어져서 장애물 뒤쪽으로 진행되는데 이를 회절이라 한다. 이때 회절각이 클수록 회절된 파도의 파고는 낮아진다.

① 너울이 해안에 근접해지면 원의 지름이 커진다.

② 파장의 1/3에 해당하는 깊이에서 파도의 힘은 미미하다.

③ 수심이 파장의 2/3일 때부터 파도의 움직임이 부서진다.

④ 빙하에 부딪힌 파도의 진행 방향이 크게 휘어질수록 원의 지름은 작아진다.

17 다음 글을 읽고 추론한 내용으로 가장 적절한 것은?

> 두 개의 레스토랑을 이용, 1백60 차례의 저녁 식사가 분석 대상이 되었다. 실험에서는 작은 선물로 초콜릿이 이용되었다. 초콜릿을 주었을 때와 주지 않았을 때, 손님들이 종업원에게 주는 팁 액수에 어떠한 차이가 있는지를 알아보는 것이 실험의 목적이었다.
>
> 종업원은 손님들이 식사를 마치면 초콜릿이 든 바구니를 들고 식탁으로 간다. 그리고 어떤 손님들에게는 초콜릿 하나를 고르라고 하고 어떤 손님들에게는 두 개를 고르라고 한다. 그러고 나서 식탁을 떠나 자기 자리로 돌아오면 되는 아주 간단한 실험이었다.
>
> 실험 결과를 보면 초콜릿 하나를 주었을 때에 손님들은 계산서의 19% 정도를 팁으로 놓고 갔다. 반면, 두 개를 고르게 했을 때에는 계산서의 21% 정도를 팁으로 놓고 간다는 것을 알 수 있었다. 초콜릿을 제공하지 않았을 때 팁은 계 서의 15% 정도였다.
>
> 이 실험에서는 또 다른 조건이 있었다. 그 조건에서는 초콜릿 하나를 권하고 나서 일단 식탁을 떠난다. 그리고 잠시 후 손님에게 다시 가서 초콜릿을 하나 더 권하는 것이었다. 결국 초콜릿을 두 번 권하는 셈이 된다. 결과를 보면 이 경우가 팁이 가장 많아 손님들은 계산서의 23% 정도의 금액을 팁으로 놓고 갔다.

① 인간은 타인에게 선물을 주었을 때 행복해 한다.

② 인간은 타인으로부터 선물을 받을 때 더 행복해 한다.

③ 인간은 타인으로부터 특별한 관심과 대우를 받으면 만족해 한다.

④ 인간은 자신이 타인에게 준 것과 동일하게 되돌려 받고 싶은 욕구가 있다.

18 다음 중 ㉠, ㉡에 대해 이해한 것으로 적절한 것은?

㉠서양 전통 건축에서 모서리는 메워지고 봉합되어야 하는 대상으로 정의되었다. 그래야 기하학적 완결성이 완성되기 때문이다. 서양 전통 건축에서는 모서리가 딱 맞지 않으면 불완전한 것으로 받아들였다. 곧 두 개의 벽체와 천장이 만나는 모서리가 직각으로 맞아떨어져 물샐틈없이 정밀하게 짜인 경우를 이상적인 공간으로 보았다.

이와 같은 서양 전통 건축의 개념은 튼튼한 시공(施工)의 상징으로 해석된다. 실제로 현대 기계 문명에서 서양 건물이 튼튼하게 지어지는 데에는 건축에 대한 이러한 기본적 인식이 바탕에 깔려 있기 때문이다. 모서리가 잘 봉합된 서양 전통 건축의 공간은 개인의 사생활을 중요시하고 삶에서 편리성을 추구하는 서양인의 생활 방식에 잘 맞는 구조인 것이다.

그러나 공간이 주는 느낌이라는 측면에서 봤을 때, 서양 전통 건축의 모서리 처리는 공간을 불투명하고 폐쇄적으로 만들면서 한국 전통 건축과 큰 차이점을 갖게 된다. 모서리가 정확하게 봉합된 사각형 공간은 저쪽에서 일어나는 일을 전혀 알지 못하게 만드는 불투명한 공간이 되며, 동시에 사면이 꽉 조여지는 폐쇄적 공간이 된다. 특히 서양 전통 건축에서 주재료로 사용되는 돌은 건물의 불투명성과 폐쇄성을 배가시키는 역할을 한다. 〈중 략〉

그러나 대부분의 ㉡한국 전통 건축은 모서리를 열 수만 있다면 조금이라도 틈을 만들었다. 틈을 만들어 모서리를 열어 놓은 사각형 공간은 엉성하고 짜임새가 덜하다는 느낌을 주지만 여유 있는 짜임으로 인해 투명하고 개방적인 공간이 된다. 투명하고 개방적인 공간은 편안한 느낌을 주게 되는데 이러한 것은 한국 전통 건축의 사각형 공간을 특징짓는 요소가 되었다. 더욱이 나무와 창호지가 주재료라는 점은 투명성을 더욱 배가시켜주었다.

열린 모서리의 공간은 사람 사이의 의사소통을 원활하게 하는 역할을 한다. 직접 말하지 않고도 상호 간에 의사를 전달하는 것을 간접 의사소통이라고 하는데, 얼굴 표정, 걸음걸이, 발자국 소리, 문 여닫는 소리, 목소리의 상태 등이 그 대표적인 방식들이다. 모서리가 열려 있는 한국 전통 건축의 사각형 공간은 개방적이기 때문에 이러한 간접 의사소통을 원활하게 해 준다.

① ㉠은 ㉡과 달리 모서리의 개방성을 중시한다.

② ㉠과 달리 ㉡은 개인의 사생활을 중시하는 성향을 반영한다.

③ ㉠과 ㉡ 모두 기하학적 완결성을 고려하여 건물의 주재료를 선택한다.

④ ㉡과 달리 ㉠은 벽체와 천장이 직각으로 맞아떨어지는 건축을 추구한다.

19 다음 글의 내용과 부합하는 것은?

영화는 주로 허구를 다루기 때문에 역사 서술과는 거리가 있다고 보는 사람도 있다. 왜냐하면 역사가들은 일차적으로 사실을 기록한 자료에 기반해서 연구를 펼치기 때문이다. 또한 역사가는 자료에 기록된 사실이 허구일지도 모른다는 의심을 버리지 않고 이를 확인하고자 한다. 그러나 문헌 기록을 바탕으로 하는 역사 서술에서도 허구가 배격되어야 할 대상만은 아니다. 역사가는 허구의 이야기 속에서 그 안에 반영된 당시 시대적 상황을 발견하여 사료로 삼으려고 노력하기도 한다. 지어낸 이야기는 실제 있었던 사건에 대한 기록이 아니지만 사고방식과 언어, 물질문화, 풍속 등 다양한 측면을 반영하며, 작가의 의도와 상관없이 혹은 작가의 의도 이상으로 동시대의 현실을 전달해 주기도 한다. 어떤 역사가들은 허구의 이야기에 반영된 사실을 확인하는 것에서 더 나아가 사료에 직접적으로 나타나지 않은 과거를 재현하기 위해 허구의 이야기를 활용하여 사료에 기반한 역사적 서술을 보완하기도 한다. 역사가가 허구를 활용하는 것은 실제로 존재했던 과거에 접근하고자 하는 고민의 결과이다.

① 역사가들은 허구적인 것을 연구 대상으로 삼지 않는다.

② 역사를 다룬 영화는 객관적인 사료를 바탕으로 제작된다.

③ 역사가들은 사실을 기록한 자료라도 끊임없이 진위를 확인한다.

④ 이야기는 언어, 문화 등을 과장하여 재현함으로써 동시대의 현실을 왜곡한다.

20 다음 글에 대한 이해로 적절하지 않은 것은?

다음 날로 우리 가족은 마을을 떠났다. 세간살이들과 함께 짐차 위에 실린 나는 기분이 썩 좋았다. 아버지는 그래도 지난 수삼 년간 마을의 이장직을 맡아 왔었다. 어머니는 또 누구보다 많은 일가붙이들을 이 마을에 두고 있는 처지였다. 그런데도 정작 동구 밖에 나와 손을 흔들어 주는 사람은 많지 않았다. 그래서 어머니는 광목 치맛자락의 한 귀로 몰래 눈물을 찍어 내곤 했다. 내 옆자리, 세간살이 틈새에 조그맣게 웅크리고 앉아 있는 어머니의 모습이 그처럼 왜소하게 느껴질 수가 없었다. 내가 드러내 놓고 기분을 낼 수 없었던 이유는 바로 어머니의 그러한 태도 때문이었다. 〈중 략〉

나는 꼭 쥐고 있던 돈과 한 잔의 물을 맞바꾸었다. 유리컵 속에 든 물은 짙은 오렌지빛이었다. 손바닥에 닿는 냉기가 갈증을 더 자극했다. 그러나 나는 마시지 않았다. 이 도시와 그 생활이 주는 어떤 경이와 흥분 때문에 실상은 목구멍보다도 가슴이 더 타고 있었다. 나는 유리컵을 조심스럽게 받쳐 든 채 천천히 돌아섰다. 그러고는 두어 걸음을 떼어 놓았다. 물론 나의 그 어리석은 짓은 용납되지 않았다. 나는 금세 제지를 받았던 것이다.

"이봐, 너 어디로 가져가는 거냐?"

나를 불러 세운 물장수가 그렇게 물었다. 나는 금방 얼굴을 붉히었다. 무언가 잘못을 저지르고 있다고 판단되었기 때문이다.

나는 아무런 대답도 하지 못했다. 그러자 물장수가 다시 말했다.

"잔은 두고 가야지. 너, 시골서 온 모양이로구나. 그렇지?"

나는 단숨에 잔을 비웠다. 숨이 찼다. 콧날이 찡해지고 가슴이 꽉 막혔다. 그러나 그 자리에 더 어정거리고 있을 수는 없었다. 내던지듯 잔을 돌려준 나는 숨을 헐떡거리면서 가족이 있는 곳으로 되돌아왔다.

우리 세간들이 골목에 잔뜩 쌓여 있었다. 시골집 안방 윗목을 언제나 차지하고 있던 옛날식 옷장, 사랑채 시렁 위에 올려 두던 낡은 고리짝, 나무로 만든 쌀뒤주와 조롱박, 크고 작은 질그릇 등, 판잣집들이 촘촘히 들어서 있는 그 골목길 위에 아무렇게나 부려 놓은 세간들은 왠지 이물스러운 느낌을 주었다. 그것들은 지금까지 흔히 보고 느껴 오던 바와는 사뭇 다른 모양이요, 빛깔이었다. 아마도 이웃인 듯한, 낯선 사람 몇이 아버지와 어머니의 바쁜 일손을 거들고 있었다.

나는 판자벽을 기대고 웅크려 앉았다. 물맛이 어떠했던가를 생각해 보려 했지만 도무지 기억에 남아 있지 않았다. 가슴이 답답하고 머리가 어지러웠다. 속이 메스껍기도 했다. 눈앞의 사물들이 자꾸만 이물스레 출렁거렸다. 이사를 왔다, 하고 나는 막연한 기분으로 중얼댔다. 그래, 도시로 이사를 왔다. 아주 맥 풀린 하품을 토해 내며 새삼 주위를 두리번거렸다. 촘촘히 들어앉은 판잣집들, 깡통 조각과 루핑이 덮인 나지막한 지붕들, 이마를 비비대며 길 쪽으로 늘어서 있는 추녀들, 좁고 어둡고 질척한 그 많은 골목들, 타고 남은 코크스 덩어리와 검은 탄가루가 낭자하게 흩어져 있는 길바닥들, 온갖 말씨와 형형색색의 입성을 어지러이 드러내고 있는 주민들, 얼굴도 손도 발도 죄다 까맣게 탄 아이들…… 나는 자꾸만 어지럼증을 탔고, 급기야는 속엣것을 울컥 토해 놓고 말았다. 딱 한 잔 분량의, 오렌지빛 토사물이었다.

– 이동하, '장난감 도시'

① '나'는 도시의 풍경을 보며 거북함을 느끼다가 '속엣것'을 토해 버리고 말았다.

② '나'는 가슴 속의 갈증을 해소하기 위해 '짙은 오렌지빛'의 물을 단숨에 마셔 버렸다.

③ '나'는 익숙했던 '세간'들이 골목에 쌓여 있는 모습을 이물스럽게 생각하고 있다.

④ '나'는 이사를 가게 되어 즐거웠지만 '어머니'의 모습 때문에 감정을 드러낼 수 없었다.

정답·해설 _해설집 p.67

12회 핵심 어휘 마무리 체크

☑ 잘 외워지지 않는 어휘 및 표현은 박스에 체크하여 한 번 더 확인하세요.

고유어

□ **마루** 파도가 일 때 치솟은 물결의 꼭대기

한자어

□ **檢討** **검토 (검사할 검, 칠 토)**
어떤 사실이나 내용을 분석하여 따짐

□ **記錄** **기록 (기록할 기, 기록할 록)**
주로 후일에 남길 목적으로 어떤 사실을 적음. 또는 그런 글

□ **導入** **도입 (인도할 도, 들 입)**
기술, 방법, 물자 등을 끌어 들임

□ **獨占** **독점 (홀로 독, 점령할 점)**
혼자서 모두 차지함

□ **史料** **사료 (사기 사, 헤아릴 료)**
역사 연구에 필요한 문헌이나 유물

□ **成長** **성장 (이룰 성, 길 장)**
사물의 규모나 세력 등이 점점 커짐

□ **實狀** **실상 (열매 실, 형상 상)**
실제의 상태나 내용

□ **作成** **작성 (지을 작, 이룰 성)**
서류, 원고 등을 만듦

□ **寂寞** **적막 (고요할 적, 고요할 막)**
고요하고 쓸쓸함

□ **製作** **제작 (지을 제, 지을 작)**
재료를 가지고 기능과 내용을 가진 새로운 물건이나 예술 작품을 만듦

□ **制定** **제정 (절제할 제, 정할 정)**
제도나 법률 등을 만들어서 정함

□ **調和** **조화 (고를 조, 화할 화)**
서로 잘 어울림

□ **止揚** **지양 (그칠 지, 날릴 양)**
더 높은 단계로 오르기 위하여 어떠한 것을 하지 아니함

□ **衝突** **충돌 (찌를 충, 갑자기 돌)**
서로 맞부딪치거나 맞섬

□ **討伐** **토벌 (칠 토, 칠 벌)**
무력으로 쳐 없앰

□ **討議** **토의 (칠 토, 의논할 의)**
어떤 문제에 대하여 검토하고 협의함

□ **討賊** **토적 (칠 토, 도둑 적)**
도둑을 침. 또는 적을 토벌함

□ **虛構** **허구 (빌 허, 얽을 구)**
사실에 없는 일을 사실처럼 꾸며 만듦

□ **形成** **형성 (모양 형, 이룰 성)**
어떤 형상을 이룸

□ **協商** **협상 (화합할 협, 장사 상)**
어떤 목적에 부합되는 결정을 하기 위하여 여럿이 서로 의논함

□ **協議** **협의 (화합할 협, 의논할 의)**
둘 이상의 사람이 서로 협력하여 의논함

Quiz 각 어휘 및 표현의 알맞은 뜻을 찾아 연결하세요.

01 마루	㉠ 파도의 가장 높은 부분	**06** 檢討	㉥ 조용하고 고독한 상태
02 止揚	㉡ 서류나 원고를 만듦	**07** 協商	㉦ 서로가 원하는 목표를 이루기 위해 함께 논의함
03 作成	㉢ 혼자서 모든 것을 차지함	**08** 寂寞	㉧ 군사상의 힘으로 쳐서 없앰
04 記錄	㉣ 바람직하게 되기 위해 어떤 것을 하지 않음	**09** 討伐	㉨ 일에 대한 진위 여부를 따지거나 확인함
05 獨占	㉤ 나중에 기억하기 위해 어떤 사실을 적어 둠	**10** 實狀	㉩ 사실에 대한 내용이나 그 상태

정답 | 01 ㉠ 02 ㉣ 03 ㉡ 04 ㉤ 05 ㉢ 06 ㉨ 07 ㉦ 08 ㉥ 09 ㉧ 10 ㉩

MEMO

MEMO

MEMO

해커스공무원 실전동형모의고사 국어 1

채점용 정답지

채점용 정답지 활용 방법

1. 문제집 맨 뒤의 OMR 답안지를 사용하여 문제를 풀고, 채점용 정답지를 활용하여 채점합니다.
2. 맞은 것은 O, 맞았는데 찍은 것은 △, 틀린 것은 X를 문번에 표시하고, △와 X가 표시된 문제는 해설을 통해 확실하게 학습합니다.

* 매 회차 마지막 문제 하단의 QR코드를 스캔하여 모바일 페이지에서 정답을 입력하고 성적 분석 서비스를 이용하실 수 있습니다.

1회 실전동형모의고사

문번	1회			
01	①	❷	③	④
02	①	②	③	❹
03	①	❷	③	④
04	❶	②	③	④
05	①	②	❸	④
06	①	②	③	❹
07	❶	②	③	④
08	①	②	③	❹
09	❶	②	③	④
10	①	❷	③	④
11	①	❷	③	④
12	①	❷	③	④
13	①	②	③	❹
14	①	❷	③	④
15	❶	②	③	④
16	①	②	❸	④
17	①	②	③	❹
18	❶	②	③	④
19	①	②	③	❹
20	①	②	❸	④
O: 개 △: 개 X: 개				

2회 실전동형모의고사

문번	2회			
01	①	②	③	❹
02	①	❷	③	④
03	①	❷	③	④
04	①	②	③	❹
05	①	②	③	❹
06	❶	②	③	④
07	❶	②	③	④
08	①	②	❸	④
09	①	②	③	❹
10	①	②	③	❹
11	①	②	❸	④
12	①	②	❸	④
13	①	❷	③	④
14	❶	②	③	④
15	①	❷	③	④
16	①	②	③	❹
17	①	②	③	❹
18	①	②	❸	④
19	①	②	③	❹
20	①	②	❸	④
O: 개 △: 개 X: 개				

3회 실전동형모의고사

문번	3회			
01	❶	②	③	④
02	❶	②	③	④
03	①	②	③	❹
04	①	②	❸	④
05	①	❷	③	④
06	①	❷	③	④
07	①	②	③	❹
08	①	❷	③	④
09	①	②	❸	④
10	①	②	③	❹
11	①	❷	③	④
12	①	②	③	❹
13	①	②	❸	④
14	❶	②	③	④
15	①	②	③	❹
16	❶	②	③	④
17	①	②	❸	④
18	①	②	❸	④
19	①	②	③	❹
20	①	②	③	❹
O: 개 △: 개 X: 개				

4회 실전동형모의고사

문번	4회			
01	①	②	❸	④
02	①	②	③	❹
03	①	②	③	❹
04	①	❷	③	④
05	①	❷	③	④
06	①	②	❸	④
07	①	❷	③	④
08	❶	②	③	④
09	①	❷	③	④
10	①	②	❸	④
11	①	②	③	❹
12	①	②	③	❹
13	❶	②	③	④
14	①	❷	③	④
15	①	❷	③	④
16	①	❷	③	④
17	①	❷	③	④
18	①	②	③	❹
19	①	❷	③	④
20	①	②	③	❹
O: 개 △: 개 X: 개				

5회 실전동형모의고사

문번	5회			
01	①	②	③	❹
02	①	②	③	❹
03	①	②	❸	④
04	①	❷	③	④
05	①	②	❸	④
06	❶	②	③	④
07	①	②	③	❹
08	①	②	③	❹
09	①	②	③	❹
10	①	❷	③	④
11	①	②	❸	④
12	①	②	❸	④
13	①	②	③	❹
14	①	❷	③	④
15	①	❷	③	④
16	①	❷	③	④
17	①	②	③	❹
18	①	②	❸	④
19	①	②	③	❹
20	①	②	❸	④
O: 개 △: 개 X: 개				

6회 실전동형모의고사

문번	6회			
01	①	②	③	❹
02	❶	②	③	④
03	❶	②	③	④
04	❶	②	③	④
05	①	②	③	❹
06	①	②	③	❹
07	①	②	❸	④
08	①	②	❸	④
09	①	❷	③	④
10	①	②	③	❹
11	①	❷	③	④
12	①	❷	③	④
13	❶	②	③	④
14	①	②	③	❹
15	①	②	❸	④
16	①	②	③	❹
17	①	②	③	❹
18	①	②	❸	④
19	❶	②	③	④
20	①	②	③	❹
O: 개 △: 개 X: 개				

해커스공무원 실전동형모의고사 국어 1

채점용 정답지

채점용 정답지 활용 방법

1. 문제집 맨 뒤의 OMR 답안지를 사용하여 문제를 풀고, 채점용 정답지를 활용하여 채점합니다.
2. 맞은 것은 O, 맞았는데 찍은 것은 △, 틀린 것은 X를 문번에 표시하고, △와 X가 표시된 문제는 해설을 통해 확실하게 학습합니다.

* 매 회차 마지막 문제 하단의 QR코드를 스캔하여 모바일 페이지에서 정답을 입력하고 성적 분석 서비스를 이용하실 수 있습니다.

7회 실전동형모의고사

문번	7회			
01	①	②	❸	④
02	①	❷	③	④
03	①	❷	③	④
04	①	②	❸	④
05	①	❷	③	④
06	①	❷	③	④
07	①	②	❸	④
08	①	❷	③	④
09	①	②	③	❹
10	①	②	③	❹
11	①	❷	③	④
12	❶	②	③	④
13	①	②	③	❹
14	①	②	❸	④
15	①	②	③	❹
16	①	②	③	❹
17	①	②	❸	④
18	①	❷	③	④
19	①	❷	③	④
20	①	②	③	❹
O: 개 Δ: 개 X: 개				

8회 실전동형모의고사

문번	8회			
01	①	②	❸	④
02	①	❷	③	④
03	①	②	❸	④
04	①	❷	③	④
05	①	②	❸	④
06	①	❷	③	④
07	①	②	❸	④
08	①	❷	③	④
09	①	②	③	❹
10	①	②	③	❹
11	①	②	③	❹
12	①	②	③	❹
13	①	②	❸	④
14	①	②	③	❹
15	①	②	❸	④
16	①	②	③	❹
17	❶	②	③	④
18	①	❷	③	④
19	①	❷	③	④
20	①	②	③	❹
O: 개 Δ: 개 X: 개				

9회 실전동형모의고사

문번	9회			
01	①	❷	③	④
02	❶	②	③	④
03	①	②	❸	④
04	①	❷	③	④
05	①	②	③	❹
06	①	②	❸	④
07	①	②	③	❹
08	①	②	❸	④
09	①	②	③	❹
10	①	❷	③	④
11	①	❷	③	④
12	❶	②	③	④
13	①	②	③	❹
14	❶	②	③	④
15	①	②	❸	④
16	①	❷	③	④
17	①	②	❸	④
18	①	②	❸	④
19	①	②	③	❹
20	①	②	③	❹
O: 개 Δ: 개 X: 개				

10회 실전동형모의고사

문번	10회			
01	①	❷	③	④
02	❶	②	③	④
03	①	②	③	❹
04	❶	②	③	④
05	①	②	③	❹
06	❶	②	③	④
07	①	②	❸	④
08	①	②	③	❹
09	①	②	③	❹
10	①	②	③	❹
11	①	❷	③	④
12	①	②	③	❹
13	①	②	❸	④
14	①	②	③	❹
15	①	②	③	❹
16	①	②	❸	④
17	①	②	❸	④
18	①	②	❸	④
19	①	❷	③	④
20	①	②	❸	④
O: 개 Δ: 개 X: 개				

11회 실전동형모의고사

문번	11회			
01	①	②	③	❹
02	①	②	❸	④
03	①	②	③	❹
04	①	❷	③	④
05	①	②	❸	④
06	①	②	❸	④
07	①	②	❸	④
08	❶	②	③	④
09	①	②	③	❹
10	❶	②	③	④
11	①	②	❸	④
12	①	②	③	❹
13	①	❷	③	④
14	①	②	③	❹
15	①	②	③	❹
16	①	❷	③	④
17	①	❷	③	④
18	①	②	❸	④
19	①	❷	③	④
20	①	❷	③	④
O: 개 Δ: 개 X: 개				

12회 실전동형모의고사

문번	12회			
01	①	②	❸	④
02	❶	②	③	④
03	①	②	❸	④
04	❶	②	③	④
05	①	②	③	❹
06	①	②	❸	④
07	①	②	③	❹
08	①	②	③	❹
09	❶	②	③	④
10	①	②	③	❹
11	①	❷	③	④
12	①	②	③	❹
13	①	②	❸	④
14	①	❷	③	④
15	①	②	❸	④
16	①	②	❸	④
17	①	②	❸	④
18	①	②	③	❹
19	①	②	❸	④
20	①	❷	③	④
O: 개 Δ: 개 X: 개				

해커스공무원 실전동형모의고사 국어 1 답안지

컴퓨터용 흑색사인펜만 사용

책 형

[필적감정용 기재]

*아래 예시문을 옮게 적으시오

본인은 OOO(응시자성명)임을 확인함

기 재 란

성명	
자필성명	본인 성명 기재
응시직렬	
응시지역	
시험장소	

응 시 번 호							
	⓪ ① ② ③ ④ ⑤ ⑥ ⑦ ⑧ ⑨	⓪ ① ② ③ ④ ⑤ ⑥ ⑦ ⑧ ⑨	⓪ ① ② ③ ④ ⑤ ⑥ ⑦ ⑧ ⑨	⓪ ① ② ③ ④ ⑤ ⑥ ⑦ ⑧ ⑨	⓪ ① ② ③ ④ ⑤ ⑥ ⑦ ⑧ ⑨	⓪ ① ② ③ ④ ⑤ ⑥ ⑦ ⑧ ⑨	⓪ ① ② ③ ④ ⑤ ⑥ ⑦ ⑧ ⑨
⑥ ⑦							

생 년 월 일					
⓪ ⑤ ⑥ ⑦ ⑧ ⑨	⓪ ① ② ③ ④ ⑤ ⑥ ⑦ ⑧ ⑨	⓪ ①	⓪ ① ② ③ ④ ⑤ ⑥ ⑦ ⑧ ⑨	⓪ ① ② ③ ④ ⑤ ⑥ ⑦ ⑧ ⑨	⓪ ① ② ③ ④ ⑤ ⑥ ⑦ ⑧ ⑨

※ 시험감독관 서명
(서명을 정자로 기재할 것)

적색 볼펜만 사용

문번	회	문번	회	문번	회	문번	회	문번	회	문번	회
01	① ② ③ ④	01	① ② ③ ④	01	① ② ③ ④	01	① ② ③ ④	01	① ② ③ ④	01	① ② ③ ④
02	① ② ③ ④	02	① ② ③ ④	02	① ② ③ ④	02	① ② ③ ④	02	① ② ③ ④	02	① ② ③ ④
03	① ② ③ ④	03	① ② ③ ④	03	① ② ③ ④	03	① ② ③ ④	03	① ② ③ ④	03	① ② ③ ④
04	① ② ③ ④	04	① ② ③ ④	04	① ② ③ ④	04	① ② ③ ④	04	① ② ③ ④	04	① ② ③ ④
05	① ② ③ ④	05	① ② ③ ④	05	① ② ③ ④	05	① ② ③ ④	05	① ② ③ ④	05	① ② ③ ④
06	① ② ③ ④	06	① ② ③ ④	06	① ② ③ ④	06	① ② ③ ④	06	① ② ③ ④	06	① ② ③ ④
07	① ② ③ ④	07	① ② ③ ④	07	① ② ③ ④	07	① ② ③ ④	07	① ② ③ ④	07	① ② ③ ④
08	① ② ③ ④	08	① ② ③ ④	08	① ② ③ ④	08	① ② ③ ④	08	① ② ③ ④	08	① ② ③ ④
09	① ② ③ ④	09	① ② ③ ④	09	① ② ③ ④	09	① ② ③ ④	09	① ② ③ ④	09	① ② ③ ④
10	① ② ③ ④	10	① ② ③ ④	10	① ② ③ ④	10	① ② ③ ④	10	① ② ③ ④	10	① ② ③ ④
11	① ② ③ ④	11	① ② ③ ④	11	① ② ③ ④	11	① ② ③ ④	11	① ② ③ ④	11	① ② ③ ④
12	① ② ③ ④	12	① ② ③ ④	12	① ② ③ ④	12	① ② ③ ④	12	① ② ③ ④	12	① ② ③ ④
13	① ② ③ ④	13	① ② ③ ④	13	① ② ③ ④	13	① ② ③ ④	13	① ② ③ ④	13	① ② ③ ④
14	① ② ③ ④	14	① ② ③ ④	14	① ② ③ ④	14	① ② ③ ④	14	① ② ③ ④	14	① ② ③ ④
15	① ② ③ ④	15	① ② ③ ④	15	① ② ③ ④	15	① ② ③ ④	15	① ② ③ ④	15	① ② ③ ④
16	① ② ③ ④	16	① ② ③ ④	16	① ② ③ ④	16	① ② ③ ④	16	① ② ③ ④	16	① ② ③ ④
17	① ② ③ ④	17	① ② ③ ④	17	① ② ③ ④	17	① ② ③ ④	17	① ② ③ ④	17	① ② ③ ④
18	① ② ③ ④	18	① ② ③ ④	18	① ② ③ ④	18	① ② ③ ④	18	① ② ③ ④	18	① ② ③ ④
19	① ② ③ ④	19	① ② ③ ④	19	① ② ③ ④	19	① ② ③ ④	19	① ② ③ ④	19	① ② ③ ④
20	① ② ③ ④	20	① ② ③ ④	20	① ② ③ ④	20	① ② ③ ④	20	① ② ③ ④	20	① ② ③ ④

해커스공무원

gosi.Hackers.com

해커스공무원 실전동형모의고사 국어 1 답안지

컴퓨터용 흑색사인펜만 사용

책 형

[필적감정용 기재]

*아래 예시문을 옳게 적으시오

본인은 OOO(응시자성명)임을 확인함

기 재 란

성명	
자필성명	본인 성명 기재
응시직렬	
응시지역	
시험장소	

응시번호							
	⓪	⓪	⓪	⓪	⓪	⓪	⓪
	①	①	①	①	①	①	①
	②	②	②	②	②	②	②
	③	③	③	③	③	③	③
	④	④	④	④	④	④	④
	⑤	⑤	⑤	⑤	⑤	⑤	⑤
⑥	⑥	⑥	⑥	⑥	⑥	⑥	⑥
⑦	⑦	⑦	⑦	⑦	⑦	⑦	⑦
	⑧	⑧	⑧	⑧	⑧	⑧	⑧
	⑨	⑨	⑨	⑨	⑨	⑨	⑨

생년월일					
⓪	⓪	⓪	⓪	⓪	⓪
	①	①	①	①	①
	②		②	②	②
	③		③	③	③
	④		④	④	④
⑤	⑤		⑤	⑤	⑤
⑥	⑥		⑥	⑥	⑥
⑦	⑦		⑦	⑦	⑦
⑧	⑧		⑧	⑧	⑧
⑨	⑨		⑨	⑨	⑨

※ 시험감독관 서명

(서명을 정자로 기재할 것)

적색 볼펜만 사용

문번	회	문번	회	문번	회	문번	회	문번	회	문번	회
01	① ② ③ ④	01	① ② ③ ④	01	① ② ③ ④	01	① ② ③ ④	01	① ② ③ ④	01	① ② ③ ④
02	① ② ③ ④	02	① ② ③ ④	02	① ② ③ ④	02	① ② ③ ④	02	① ② ③ ④	02	① ② ③ ④
03	① ② ③ ④	03	① ② ③ ④	03	① ② ③ ④	03	① ② ③ ④	03	① ② ③ ④	03	① ② ③ ④
04	① ② ③ ④	04	① ② ③ ④	04	① ② ③ ④	04	① ② ③ ④	04	① ② ③ ④	04	① ② ③ ④
05	① ② ③ ④	05	① ② ③ ④	05	① ② ③ ④	05	① ② ③ ④	05	① ② ③ ④	05	① ② ③ ④
06	① ② ③ ④	06	① ② ③ ④	06	① ② ③ ④	06	① ② ③ ④	06	① ② ③ ④	06	① ② ③ ④
07	① ② ③ ④	07	① ② ③ ④	07	① ② ③ ④	07	① ② ③ ④	07	① ② ③ ④	07	① ② ③ ④
08	① ② ③ ④	08	① ② ③ ④	08	① ② ③ ④	08	① ② ③ ④	08	① ② ③ ④	08	① ② ③ ④
09	① ② ③ ④	09	① ② ③ ④	09	① ② ③ ④	09	① ② ③ ④	09	① ② ③ ④	09	① ② ③ ④
10	① ② ③ ④	10	① ② ③ ④	10	① ② ③ ④	10	① ② ③ ④	10	① ② ③ ④	10	① ② ③ ④
11	① ② ③ ④	11	① ② ③ ④	11	① ② ③ ④	11	① ② ③ ④	11	① ② ③ ④	11	① ② ③ ④
12	① ② ③ ④	12	① ② ③ ④	12	① ② ③ ④	12	① ② ③ ④	12	① ② ③ ④	12	① ② ③ ④
13	① ② ③ ④	13	① ② ③ ④	13	① ② ③ ④	13	① ② ③ ④	13	① ② ③ ④	13	① ② ③ ④
14	① ② ③ ④	14	① ② ③ ④	14	① ② ③ ④	14	① ② ③ ④	14	① ② ③ ④	14	① ② ③ ④
15	① ② ③ ④	15	① ② ③ ④	15	① ② ③ ④	15	① ② ③ ④	15	① ② ③ ④	15	① ② ③ ④
16	① ② ③ ④	16	① ② ③ ④	16	① ② ③ ④	16	① ② ③ ④	16	① ② ③ ④	16	① ② ③ ④
17	① ② ③ ④	17	① ② ③ ④	17	① ② ③ ④	17	① ② ③ ④	17	① ② ③ ④	17	① ② ③ ④
18	① ② ③ ④	18	① ② ③ ④	18	① ② ③ ④	18	① ② ③ ④	18	① ② ③ ④	18	① ② ③ ④
19	① ② ③ ④	19	① ② ③ ④	19	① ② ③ ④	19	① ② ③ ④	19	① ② ③ ④	19	① ② ③ ④
20	① ② ③ ④	20	① ② ③ ④	20	① ② ③ ④	20	① ② ③ ④	20	① ② ③ ④	20	① ② ③ ④

해커스공무원 실전동형모의고사 국어 1 답안지

컴퓨터용 흑색사인펜만 사용

책 형

[필적감정용 기재]

*아래 예시문을 옮게 적으시오

본인은 OOO(응시자성명)임을 확인함

기 재 란

성명	
자필성명	본인 성명 기재
응시직렬	
응시지역	
시험장소	

응 시 번 호							
	⓪	⓪	⓪	⓪	⓪	⓪	⓪
	①	①	①	①	①	①	①
	②	②	②	②	②	②	②
	③	③	③	③	③	③	③
	④	④	④	④	④	④	④
	⑤	⑤	⑤	⑤	⑤	⑤	⑤
⑥	⑥	⑥	⑥	⑥	⑥	⑥	⑥
⑦	⑦	⑦	⑦	⑦	⑦	⑦	⑦
	⑧	⑧	⑧	⑧	⑧	⑧	⑧
	⑨	⑨	⑨	⑨	⑨	⑨	⑨

생 년 월 일					
⓪	⓪	⓪	⓪	⓪	⓪
	①	①	①	①	①
	②		②	②	②
	③		③	③	③
	④		④	④	④
⑤	⑤		⑤	⑤	⑤
⑥	⑥		⑥	⑥	⑥
⑦	⑦		⑦	⑦	⑦
⑧	⑧		⑧	⑧	⑧
⑨	⑨		⑨	⑨	⑨

※ 시험감독관 서명 (서명을 정자로 기재할 것)

적색 볼펜만 사용

문번	회	문번	회	문번	회	문번	회	문번	회	문번	회
01	① ② ③ ④	01	① ② ③ ④	01	① ② ③ ④	01	① ② ③ ④	01	① ② ③ ④	01	① ② ③ ④
02	① ② ③ ④	02	① ② ③ ④	02	① ② ③ ④	02	① ② ③ ④	02	① ② ③ ④	02	① ② ③ ④
03	① ② ③ ④	03	① ② ③ ④	03	① ② ③ ④	03	① ② ③ ④	03	① ② ③ ④	03	① ② ③ ④
04	① ② ③ ④	04	① ② ③ ④	04	① ② ③ ④	04	① ② ③ ④	04	① ② ③ ④	04	① ② ③ ④
05	① ② ③ ④	05	① ② ③ ④	05	① ② ③ ④	05	① ② ③ ④	05	① ② ③ ④	05	① ② ③ ④
06	① ② ③ ④	06	① ② ③ ④	06	① ② ③ ④	06	① ② ③ ④	06	① ② ③ ④	06	① ② ③ ④
07	① ② ③ ④	07	① ② ③ ④	07	① ② ③ ④	07	① ② ③ ④	07	① ② ③ ④	07	① ② ③ ④
08	① ② ③ ④	08	① ② ③ ④	08	① ② ③ ④	08	① ② ③ ④	08	① ② ③ ④	08	① ② ③ ④
09	① ② ③ ④	09	① ② ③ ④	09	① ② ③ ④	09	① ② ③ ④	09	① ② ③ ④	09	① ② ③ ④
10	① ② ③ ④	10	① ② ③ ④	10	① ② ③ ④	10	① ② ③ ④	10	① ② ③ ④	10	① ② ③ ④
11	① ② ③ ④	11	① ② ③ ④	11	① ② ③ ④	11	① ② ③ ④	11	① ② ③ ④	11	① ② ③ ④
12	① ② ③ ④	12	① ② ③ ④	12	① ② ③ ④	12	① ② ③ ④	12	① ② ③ ④	12	① ② ③ ④
13	① ② ③ ④	13	① ② ③ ④	13	① ② ③ ④	13	① ② ③ ④	13	① ② ③ ④	13	① ② ③ ④
14	① ② ③ ④	14	① ② ③ ④	14	① ② ③ ④	14	① ② ③ ④	14	① ② ③ ④	14	① ② ③ ④
15	① ② ③ ④	15	① ② ③ ④	15	① ② ③ ④	15	① ② ③ ④	15	① ② ③ ④	15	① ② ③ ④
16	① ② ③ ④	16	① ② ③ ④	16	① ② ③ ④	16	① ② ③ ④	16	① ② ③ ④	16	① ② ③ ④
17	① ② ③ ④	17	① ② ③ ④	17	① ② ③ ④	17	① ② ③ ④	17	① ② ③ ④	17	① ② ③ ④
18	① ② ③ ④	18	① ② ③ ④	18	① ② ③ ④	18	① ② ③ ④	18	① ② ③ ④	18	① ② ③ ④
19	① ② ③ ④	19	① ② ③ ④	19	① ② ③ ④	19	① ② ③ ④	19	① ② ③ ④	19	① ② ③ ④
20	① ② ③ ④	20	① ② ③ ④	20	① ② ③ ④	20	① ② ③ ④	20	① ② ③ ④	20	① ② ③ ④

2024 최신개정판

해커스공무원 실전동형 모의고사 국어 1

개정 8판 1쇄 발행 2024년 2월 5일

지은이	해커스 공무원시험연구소
펴낸곳	해커스패스
펴낸이	해커스공무원 출판팀
주소	서울특별시 강남구 강남대로 428 해커스공무원
고객센터	1588-4055
교재 관련 문의	gosi@hackerspass.com
	해커스공무원 사이트(gosi.Hackers.com) 교재 Q&A 게시판
	카카오톡 플러스 친구 [해커스공무원 노량진캠퍼스]
학원 강의 및 동영상강의	gosi.Hackers.com
ISBN	979-11-6999-750-8 (13710)
Serial Number	08-01-01

이 책의 내용 중 일부는 국립국어원이 제공하는 '표준국어대사전', '한국어 어문 규범'을 참고하였습니다.

2024 최신개정판

해커스공무원

실전동형 모의고사

국어 1

약점 보완 해설집

해커스공무원

해커스공무원

실전동형 모의고사

국어 1

약점 보완 해설집

해커스공무원

01회 실전동형모의고사

정답

p.14

01	② 어법	08	④ 비문학	15	① 비문학
02	④ 어휘	09	① 어휘	16	③ 혼합(비문학+어휘)
03	② 어법	10	② 비문학	17	④ 비문학
04	① 문학	11	② 어휘	18	① 비문학
05	③ 비문학	12	② 비문학	19	④ 비문학
06	④ 비문학	13	④ 문학	20	③ 비문학
07	① 비문학	14	② 비문학		

취약영역 분석표

영역	틀린 답의 개수
어법	/ 2
비문학	/ 12
문학	/ 2
어휘	/ 3
혼합	/ 1
TOTAL	20

* 취약영역 분석표를 이용해 1개라도 틀린 문제가 있는 영역은 그 영역의 문제만 골라 해설을 다시 한번 꼼꼼히 학습하세요.

01 어법 문장 (문장의 짜임) 난이도 중 ●●○

정답 설명

② '책을 읽든지 밥을 먹든지 해라'는 이어진문장이고, ①③④는 안은문장이므로 문장의 짜임이 나머지 셋과 다른 것은 ②이다. ②는 '책을 읽다', '밥을 먹다'라는 두 문장이 연결 어미 '-든지'를 통해 대등하게 이어진문장으로, 앞 절과 뒤 절이 '선택'의 의미 관계를 이룬다.

오답 분석

① '그가 길을 잃었음'을 명사절로 안은문장이다.

③ '기척도 없이'를 부사절로 안은문장이다.

④ '그가 질 것이라는'을 관형절로 안은문장이다.

02 어휘 표기상 틀리기 쉬운 어휘 난이도 상 ●●●

정답 설명

④ 내노라하는(×) → 내로라하는(○): '어떤 분야를 대표할 만하다'를 뜻하는 말은 '내로라하다'이다.

오답 분석

① 깍듯이(○): '깍듯이'는 '분명하게 예의범절을 갖추는 태도로'라는 뜻으로 적절한 표기이다. 참고로 '깎듯이'는 동사 '깎다'의 어간 '깎-'과 어미 '-듯이'가 결합한 말이며 '깎는 것처럼'을 뜻하는 단어이므로 '깍듯이'와 혼동하여 쓰지 않도록 주의해야 한다.

② 실을(○): '싣다'는 '물체나 사람을 옮기기 위하여 탈것, 수레, 비행기, 짐승의 등 등에 올리다'라는 뜻으로 어간의 끝소리 'ㄷ'이 모음 앞에서 'ㄹ'로 바뀌는 'ㄷ' 불규칙 활용을 한다. 따라서 모음 앞에서는 '실어, 실으니, 실었으니' 등으로 활용하고, 자음 앞에서는 '싣고, 싣지, 싣다' 등으로 활용하므로 혼동하여 쓰지 않도록 주의하여야 한다.

③ 을렀다(○): '으르다'는 '상대편이 겁을 먹도록 무서운 말이나 행동으로 위협하다'라는 뜻으로 적절한 표기이다. 참고로 '어르다'는 '몸을 움직여 주거나 또는 무엇을 보여 주거나 들려 주어서, 어린아이를 달래거나 기쁘게 하여 주다'를 뜻하는 단어이므로 '얼렀다'와 혼동하여 쓰지 않도록 주의해야 한다.

03 어법 올바른 문장 표현 난이도 상 ●●●

정답 설명

② 동사 '안치다'는 '~에 ~을 안치다'의 형태로 쓰므로 ② '나는 밥솥에 쌀을 안치러'는 자연스러운 문장이다.

오답 분석

① 그는 매우 작문을 잘 하는 편이다(×) → 그는 작문을 매우 잘 하는 편이다(○): 수식어 '매우'와 피수식어 '잘'은 위치가 멀어 자연스럽지 않은 문장이다. 수식어 '매우'를 피수식어 '잘' 앞에 넣어 '매우 잘'로 써야 한다.

③ 푸른 창공 위를(×) → 푸른 하늘/창공 위를(○): '창공'은 '맑고 푸른 하늘'이라는 뜻이므로 '푸른 창공'은 '푸르다'라는 의미가 중복되어 자연스럽지 않은 문장이다. 따라서 '푸른 하늘' 또는 '창공'으로 써야 한다.

④ 한국 축구팀은 강점과 약점을 보완한다면(×) → 한국 축구팀은 강점을 살리고 약점을 보완한다면(○): '약점'은 서술어 '보완하다'와 호응하고 있으나 '강점'과 호응하는 서술어는 생략되어 있어 자연스럽지 않은 문장이다. 따라서 '살리다'와 같이 '강점'과 호응하는 서술어를 넣어야 한다.

04 문학 인물의 심리, 화자의 정서 난이도 하 ●○○

정답 설명

① ㉠은 아버지 '치수'가 무서워 숨소리를 죽이며 마음대로 움직이지 못하는 '서희'에 대한 연민의 정서가 드러난다. 또한 ①에서도 힘겨운 하루를 보낸 '소'에 대해 할머니는 연민을 느끼고 있다. 따라서 ㉠과 가장 유사한 정서가 드러나는 것은 ①이다.

오답 분석

② '아낙들이 아궁이에 불을 지핀다'에서 아낙네의 행위를 통해 새로운 봄을 맞이하게 된 데에 대한 기쁨이 드러난다.

③ '그곳이 차마 꿈엔들 잊힐리야'에서 그곳(고향)에 대한 그리움이 드러난다.

④ '숱한 사람들이 만나지만 / 왜 그들은 숲이 아닌가'와 '이 메마른 땅을 외롭게'에서 고독의 정서가 드러나며, '그대와 나는 왜 / 숲이 아닌가'를 통해 숲을 이루지 못한 것에 대한 화자의 안타까움이 드러난다.

05 비문학 글의 전략 파악 난이도 하 ●○○

정답 설명

③ 2문단 1~4번째 줄을 통해 전통적 경제 이론에서는 인간을 자신의 이익을 합리적으로 추구하는 존재로 가정하지만 이는 현실을 반영하지 못하는 잘못된 가정이라며 반박하고 있으므로 답은 ③이다.

[관련 부분] 전통적 경제 이론은 인간이 자신의 이익을 합리적으로 추구하는 존재라고 가정한다. 자신의 이익만을 합리적으로 추구한다면 남이 얼마나 큰 이득을 얻든 상관할 필요가 없다. 그렇지만 현실은 절대 그렇지 않다.

오답 분석

① ② ④는 모두 제시문과 관련 없는 설명이다.

06 비문학 주제 및 중심 내용, 관점과 태도 파악 난이도 중 ●●○

정답 설명

④ 글쓴이는 놀이터가 아이들로 하여금 진취적으로 행동하고 긍정적으로 사고할 수 있도록 하는 도전적인 공간이어야 함을 말하고 있다. 이러한 중심 내용을 고려할 때 글쓴이의 의도에 부합하는 반응으로 옳은 것은 ④이다.

오답 분석

① 1~3번째 줄을 통해 글쓴이는 하지 않던 것이나 할 수 없었던 것을 조금씩 해보는 과정 자체가 놀이라고 생각함을 알 수 있다. 따라서 이미 해보았던 것을 다시 경험하는 과정은 글쓴이가 생각하는 놀이가 아니므로 적절하지 않다.

② 도전을 의미하는 놀이가 될 경우 아이들의 진취적인 행동과 긍정적인 사고를 이끌어 낼 수 있다는 글쓴이의 생각은 알 수 있지만 자립심을 길러 준다는 내용은 제시되지 않았으므로 적절하지 않다.

③ 끝에서 1~3번째 줄을 통해 아이들로 하여금 진취적인 행동과 긍정적인 사고를 성장시킬 수 있도록 도전하고 모험할 수 있는 놀이터가 필요하다는 것은 알 수 있으나, 아이들의 수준보다 높은 놀이터가 필요하다는 내용은 적절하지 않다.

07 비문학 내용 추론 난이도 하 ●○○

정답 설명

① 제시문은 야생 동물들의 교통사고 문제를 해결하고자 설치한 안전 펜스가 오히려 동물을 다치게 하고 있음을 언급하며 이 문제를 근본적으로 해결할 방법을 찾아야 함을 말하고 있다. 야생 동물들의 교통사고 문제를 해결하고자 만든 안전 펜스의 실제 목적과는 다르게 동물들이 펜스로 인해 다친다는 점을 고려했을 때 ㉠에 들어갈 주장으로 가장 적절한 것은 ① '안전한 소재로 만든 안전 펜스로 교체해야 한다'이다.

오답 분석

② ③ ㉠의 앞에서 근본적인 원인을 고려하여 해결 방안을 찾아야 한다고 하였다. 안전 펜스의 기존 문제점(좁고 날카로움)을 개선하지 않은 채 개수만 늘리거나 펜스가 설치되는 주변 지역의 소음을 규제하는 것은 근본적인 원인을 해결하기 위한 방안이 아니므로 적절하지 않다.

④ 2문단 끝에서 3~6번째 줄을 통해 센서를 설치하더라도 펜스가 설치되는 장소가 시끄럽기 때문에 효과가 없었음을 알 수 있으므로 ㉠에 들어갈 주장으로 적절하지 않다.

[관련 부분] 신호음이 울리는 센서를 설치하는 방안이 제시된 바 있으나 펜스가 설치되는 장소의 특성상 주변이 시끄러워 그에 대한 한계가 지적되었다.

08 비문학 세부 내용 파악 난이도 하 ●○○

정답 설명

④ 2~3번째 줄을 통해 그림 문자를 추상화하고 모양을 간략하게 한 것이 표의 문자임을 알 수 있다.

[관련 부분] 그림 문자를 추상화하고 모양을 간략하게 한 것이 한자와 같은 표의 문자이다.

오답 분석

① 3~5번째 줄을 통해 하나의 개념을 하나의 글자로 나타내야 하므로 점점 수가 늘어나 기억하기 불편한 것은 표음 문자가 아닌 표의 문자에 대한 설명임을 확인할 수 있다.

② 끝에서 1~2번째 줄을 통해 일본의 가나는 음절 문자임을, 영어 알파벳은 음운 문자임을 확인할 수 있으므로 음절 문자와 음운 문자의 예시가 바뀌었음을 알 수 있다.

③ 제시문을 통해 확인할 수 없는 내용이다.

09 어휘 한자어 (한자어의 표기) 난이도 중 ●●○

정답 설명

① 眞正(진정: 참 진, 바를 정)(○): 문맥상 '거짓이 없이 참으로'를 뜻하는 '眞正'이 바르게 쓰였다.

오답 분석

② 進呈(진정: 나아갈 진, 드릴 정)(×) → 陳情(진정: 베풀 진, 뜻 정)(○): '실정이나 사정을 진술함'을 뜻하는 '진정'은 '陳情(베풀 진, 뜻 정)'으로 써야 한다.
- 進呈(진정: 나아갈 진, 드릴 정): 물건을 자진해서 드림

③ 鎭停(진정: 진압할 진, 머무를 정)(×) → 鎭靜(진정: 진압할 진, 고요할 정)(○): '몹시 소란스럽고 어지러운 일을 가라앉힘'을 뜻하는 '진정'의 '정'은 '靜(고요할 정)'으로 써야 한다.

④ 盡情(진정: 다할 진, 뜻 정)(×) → 眞情(진정: 참 진, 뜻 정)(○): '참되고 애틋한 정이나 마음'을 뜻하는 '진정'의 '진'은 '眞(참 진)'으로 써야 한다.

10 비문학 관점과 태도 파악 난이도 중 ●●○

정답 설명

② 2문단에서 '확증 편향적 사고'가 야기하는 문제점을 언급한 후 3~4문단에서 이에 대한 해결 방안으로 '반대 입장에서 생각해 보는 자세'와 '집단 의사 결정'을 제시하고 있다. 따라서 제시문에서 주장하고 있는 바는 ② '확증 편향에 빠지지 않도록 다양한 노력을 적극적으로 해야 한다'이다.

오답 분석

① 필자는 확증 편향적 사고를 지양하는 것에서 나아가 이를 해결하기 위한 다양한 방안을 제시하고 있으므로 궁극적인 주장으로 적절하지 않다.

③ 2문단 마지막 문장을 통해 확증 편향이 사회 문제를 야기할 수 있음을 알 수 있지만 이를 수정해야 한다고 주장한 부분은 제시문에서 확인할 수 없다.

④ 3문단의 중심 내용(확증 편향에 빠지지 않기 위해서는 반대 입장에서 생각해 보는 자세를 지녀야 함)을 뒷받침하는 찰스 다윈과 관련된 견해일 뿐 제시문이 주장하는 바는 아니다.

11 어휘 관용 표현, 한자어 난이도 중 ●●○

정답 설명

② '미역국을 먹다'는 '시험에서 떨어지다, 직위에서 떨려 나다'를 뜻한다. 이러한 의미와 거리가 먼 것은 ② '落款'이다.
- 落款(낙관: 떨어질 낙, 항목 관): 글씨나 그림 등에 작가가 자신의 이름이나 호(號)를 쓰고 도장을 찍는 일

오답 분석

① 脫落(탈락: 벗을 탈, 떨어질 락): 범위에 들지 못하고 떨어지거나 빠짐

③ 科落(과락: 과목 과, 떨어질 락): 어떤 과목의 성적이 합격 기준에 못 미치는 일

④ 落第(낙제: 떨어질 낙, 차례 제): 1. 진학 또는 진급을 못 함 2. 시험이나 검사 등에 떨어짐

12 비문학 화법 (말하기 전략) 난이도 하 ●○○

정답 설명

② 지후의 마지막 발화에서 자신이 아버지와 겪었던 일을 들려주며 유진이가 스스로 문제를 해결할 수 있도록 제안하고 있다. 따라서 자신의 경험을 예로 들어 상대방의 문제 해결을 돕고 있다는 ②가 적절하다.

[관련 부분] 나도 아버지께서 그러신 적이 있었어. ~ 너도 말씀드려 보는 게 어때?

오답 분석

① 지후는 3번째 발화에서 유진이의 말을 요약하고 있지만 이를 논리적으로 분석하지는 않는다.

③ 지후의 마지막 발화에서 유진이와 유사한 자신의 경험을 말하고 있을 뿐, 유진이의 문제를 자신의 처지로 재구성하거나 문제를 일반화하고 있지 않다.

④ 지후는 1번째 발화에서 '왜? 무슨 일 있었어?'라고 말하며 유진이가 자신의 속내를 진솔하게 말하도록 격려하고 있지만 문제를 객관적으로 볼 수 있게 하지는 않는다.

13 문학 글의 내용 파악 난이도 중 ●●○

정답 설명

④ 조신은 꿈에서 깨어나 돌미륵을 발견한다. 이는 꿈속에서 묻은 아이와 대응하는 것으로 일종의 증거물 기능을 한다는 점에서 전설의 특징을 보여준다. 그러나 조신이 아이를 묻은 것은 꿈속 이야기에 해당하며, 아이를 묻은 땅을 파서 돌미륵을 발견한 것이 현실이므로 꿈에서 돌미륵으로 나타났다는 ④는 적절하지 않다.

오답 분석

① 1문단 1~2번째 줄에서 조신은 김 씨의 딸과 인연이 되게 해 달라고 빌면서 애정적 욕망을 절대자에게 드러내었다.

② 1문단 5~6번째 줄과 끝에서 2문단에 조신이 잠이 들어 꿈을 꾸게 되는 입몽과 꿈에서 깨어나는 각몽의 과정이 모두 드러나 있다.

③ 마지막 문단에서 2~5번째 줄을 통해 꿈에서 깨어난 조신은 세상일에 대해 허무함을 깨닫고 세속적 욕망을 버리고 있음을 알 수 있다.

이것도 알면 **합격!**

작자 미상, '조신의 꿈'의 주제 및 특징
1. 주제: 인간의 욕망과 집착의 덧없음
2. 특징
(1) 내화인 '꿈'과 외화인 '현실'이 액자식 구성을 이루는 환몽 구조임 ('현실 – 꿈 – 현실'로 이루어짐)
(2) 증거물과 구체적 지역이 드러난다는 점에서 전설로서의 특징을 지님

14 비문학 화법 (말하기 전략) 난이도 하 ●○○

정답 설명

② 제시문에는 진행자 'A'가 상대방 말의 신뢰성을 논리적으로 지적한 부분이 없으므로 ②는 적절하지 않다.

오답 분석

① 진행자 'A'의 3번째 발화에서 환경 단체의 구체적인 활동에 대해, 4번째 발화에서 캠페인 활동별로 주체가 지정되어 있는 이유에 대해 보충 질문하고 있다. 또한 끝에서 2번째 발화에서도 '대학생 나무심기' 캠페인에 참여하고 싶은 중·고등학생의 참여 방법을 보충 질문하고 있으므로 적절하다.
[관련 부분]
- 그렇다면 구체적으로 어떤 활동을 하시나요?
- 그런데 각 활동별로 주체를 지정해 둔 이유가 있을까요?
- 그렇다면 '대학생 나무심기'에 참여하고 싶은 중·고등학생은 어떻게 하나요?

③ 진행자 'A'는 3번째 발화에서 앞서 B가 말한 내용을 '모든 생물이 상생하는 지구 만들기'로 재진술하고 있다. 이는 상대방의 말에 주의집중하고 있음을 드러내므로 적절하다.
[관련 부분] '모든 생물이 상생하는 지구 만들기'라는 친환경적 캠페인의 목적을 먼저 말씀해 주셨군요.

④ 진행자 'A'는 끝에서 3번째 발화에서 고개를 끄덕이며 자신이 이해한 바를 말하고 있다. 이는 B의 말을 이해하고 귀 기울여 들었다는 것을 나타내는 비언어적 표현이므로 적절하다.
[관련 부분] (고개를 끄덕이며) 총 4가지 캠페인이 진행 중이군요.

15 비문학 논지 전개 방식 난이도 중 ●●○

정답 설명

① 제시문과 ①은 모두 '삼단 논법'의 형식을 취한 연역 추론의 방식이 사용되었으므로 답은 ①이다. '삼단 논법'은 대전제와 소전제의 두 전제와 하나의 결론으로 이루어진 것으로, 연역 추론 중 하나이다.
- 제시문
  - 대전제: 삼권 분립의 원칙이 실현되려면 입법권이 침해되지 않아야 함
  - 소전제: 포괄적 위임은 입법권을 침해함
  - 결론: 포괄적 위임은 삼권 분립의 원칙을 위반하는 것임
- ①
  - 대전제: 인간은 이성적 동물임
  - 소전제: A는 이성적으로 사고함
  - 결론: A는 인간임

오답 분석

② 무지에의 호소: '지구 밖에 생물이 살 수 있다'라는 주장에 대한 근거로 이를 반증할 만한 근거가 없음을 제시하고 있다.

③ 대조: '법'과 '관습'의 차이점을 밝혀 설명하고 있다.

④ 유추: '공부하기'와 '모래 탑 쌓기' 사이의 유사성을 바탕으로 지속적으로 노력해 공부한다면 목표에 도달할 수 있음을 설명하는 유추의 방법이 사용되었다.

이것도 알면 **합격!**

논지 전개 방식

인과	어떤 결과를 가져온 원인과 그로 인해 초래된 결과에 초점을 두는 진술 방식 예 경제 성장이 둔화되었기 때문에 일자리가 늘지 않았다.
정의	용어의 뜻을 분명하게 규정하는 방식 예 초는 불빛을 내는 데 쓰는 물건이다.
예시	사례를 들어 일반적이거나 추상적인 원리, 법칙, 진술을 구체화하는 방식 예 개미는 냄새로 서로 의사소통을 한다. 예를 들어, 먼 장소에 먹이가 있다면 개미는 '페로몬'이라는 화학 물질을 이용하여 냄샛길을 만들고 다른 개미가 그 길을 따라 오도록 만든다.
서사	일정한 시간 내에 일어나는 일련의 행동이나 시간의 흐름에 따라 전개되는 사건에 초점을 두는 진술 방식 예 나는 살금살금 발소리를 죽여 가며 창가로 다가가서, 누군지 모를 여학생의 팔을 살짝 꼬집었다. 그러고는 얼른 창문에 바짝 붙어 섰다.
묘사	대상을 그림 그리듯이 구체적으로 진술하는 방식 예 친구의 얼굴은 달걀형이고 귀가 크며 곱슬머리이다.
비교	사물의 비슷한 점을 밝혀내어 설명하는 방식 예 야구는 축구처럼 공을 가지고 하는 경기이다.
대조	사물의 차이점을 밝혀내어 설명하는 방식 예 동사와 형용사는 모두 용언이지만 동사는 주어의 동작을, 형용사는 주어의 성질을 나타낸다.
분석	하나의 관념이나 대상을 그 구성 요소로 나누어 진술하는 방식 예 식물은 뿌리, 줄기, 잎, 꽃으로 구성되어 있다.
유추	친숙한 대상의 특징을 제시하고 이와 일부 속성이 일치하는 다른 대상도 그러한 특징을 가질 것이라고 비교하여 설명하는 방식 예 척박한 환경에서는 몇몇 특별한 종들만이 득세한다는 점에서 자연 생태계와 우리 사회는 닮았다.

16 비문학+어휘 내용 추론, 한자 성어 난이도 하 ●○○

정답 설명

③ 1문단에서 모바일 어플 사용이 일반화되는 추세를 설명한 후, 2문단에서 모바일 기기 사용에 익숙지 않은 사람들의 소외를 문제점으로 지적하고 있다. 따라서 문맥상 ㉠에는 모바일 어플 사용에 어려움을 겪으면서도 어플을 사용할 수밖에 없는 사람들의 상황을 나타내는 문장이 들어가는 것이 적절하므로 답은 ③이다.

- 進退維谷(진퇴유곡): 이러지도 저러지도 못하고 꼼짝할 수 없는 궁지

오답 분석

① 守株待兔(수주대토): 한 가지 일에만 얽매여 발전을 모르는 어리석은 사람을 비유적으로 이르는 말

② 指鹿爲馬(지록위마): 윗사람을 농락하여 권세를 마음대로 함을 이르는 말

④ 十日之菊(십일지국): '한창때인 9월 9일이 지난 9월 10일의 국화'라는 뜻으로, 이미 때가 늦은 일을 비유적으로 이르는 말

17 비문학 세부 내용 파악 난이도 중 ●●○

정답 설명

④ 1문단 3~4번째 줄을 통해 미국의 대통령은 의회의 다수당 소속이 아닌 경우가 빈번함을 알 수 있으므로 답은 ④이다.

[관련 부분] (미국은) 대통령의 정당과 의회 다수당이 일치하지 않는 분할 정부의 상황이 자주 초래된다.

오답 분석

① 2문단 1~3번째 줄을 통해 확인할 수 있다.

[관련 부분] 한편, 영국은 국가 정책의 집행을 맡은 내각이 의회 내 다수 정파에 의하여 구성되는 권력 융합의 헌정 원리를 채택하고 있다.

② 2문단 4~5번째 줄을 통해 확인할 수 있다.

[관련 부분] (영국은) 미국과 같이 의회와 행정부라는 국가 기관 간의 상시적 견제와 균형의 관계가 정립되어 있지는 않다.

③ 1문단 5~7번째 줄을 통해 확인할 수 있다.

[관련 부분] 미국은 연방제에서 나타나듯이 지역적으로 분권화가 많이 이루어졌을 뿐만 아니라,

18 비문학 내용 추론 난이도 상 ●●●

정답 설명

① 제시문을 통해 추론할 수 있는 내용은 'ㄱ'이므로 답은 ①이다.

- ㄱ: 1문단 8~11번째 줄과 3문단 2~3번째 줄을 통해 고대에는 자연 현상의 원인을 초자연적 존재에서 찾았음을 알 수 있으므로 자연 현상을 기록한 고대의 벽화에는 초자연적 존재가 등장했을 것이라고 추론할 수 있다.

[관련 부분]

- 현생 인류는 오랫동안 신화적 자연관을 가지고 있는데, 그것은 신의 의지, 사랑, 미움 등을 통해 자연 현상을 설명하는 형태를 띠었다.
- (기원전 6세기) 이전에는 자연 현상의 변화를 초자연적인 존재의 탓으로 돌렸는데

오답 분석

- ㄴ: 2문단 1~2번째 줄을 통해 많은 과학사학자들은 밀레토스 학파로부터 과학이 시작했다고 평가했음을 알 수 있다. 하지만 3문단 끝에서 1~4번째 줄을 통해 기원전 6세기경이 과학의 태동 시기라고 평가받는 이유는 자연 현상의 원인을 자연에서 찾았기 때문임을 알 수 있다. 6세기 이전에도 자연 현상의 근원을 초자연적 존재로 설정했으므로 적절하지 않은 추론이다.

  [관련 부분]

  - 많은 과학사학자들은 과학이 기원전 6세기에 밀레토스 학파에서 시작되었다고 평가한다.
  - 이전에는 자연 현상의 변화를 초자연적인 존재의 탓으로 돌렸는데, 밀레토스 학파가 활동하던 기원전 6세기부터는 자연 안에서 자연 현상의 원인을 찾은 것이다.

- ㄷ: 3문단 끝에서 1~2번째 줄을 통해 자연 안에서 자연 현상의 원인을 찾으려는 노력이 이루어진 것은 기원전 6세기임을 알 수 있고, 1문단 끝에서 5~8번째 줄을 통해 자연 현상을 기록하기 시작한 것은 기원전 3000년을 전후한 시기임을 알 수 있으므로 적절하지 않은 추론이다.

  [관련 부분]

  - 기원전 6세기부터는 자연 안에서 자연 현상의 원인을 찾은 것이다.
  - 대략 기원적 3,000년을 전후하여 각종 자연 현상을 지속적으로 기록하는 작업이 전개되었다.

19 비문학 내용 추론 난이도 중 ●●○

정답 설명

④ 끝에서 1~3번째 줄에서 북한은 기존의 어휘에 체제나 이념을 포함하여 다른 어휘로 사용하면서 남한과 큰 차이를 보이게 되었음을 말하고 있다. 따라서 체제나 이념을 반영하여 보다 다양한 어휘를 사용하고 있음은 추론할 수 있지만 이를 통해 남한보다 다의어가 더 발달했는지는 추론할 수 없다. 따라서 답은 ④이다.

오답 분석

① 5~7번째 줄과 끝에서 1~2번째 줄을 통해 남과 북은 체제 차이로 인해 서로의 언어가 달라졌으며, 북한은 기존 어휘에 체제나 이념을 포함시켜 사용하고 있음을 알 수 있다. 따라서 한 나라의 체제는 언어나 어휘 발달까지 영향을 미칠 수 있음을 추론할 수 있다.

[관련 부분]

- 남과 북의 사회적인 체제 차이로 언어가 달라진다는 점에서는 사회적인 차이가 있기도 하다.
- 체제나 이념을 포함하여 기존의 어휘를 다르게 사용하면서 더 큰 차이를 보이게 되었다.

② 끝에서 4~5번째 줄에서 북한은 문화어 운동을 통해 외래어나 한자어를 고유어로 바꾸는 운동을 지속적으로 전개했다고 하였으므로 북한은 언어 순화를 지속한 결과 고유어가 발달했음을 추론할 수 있다.

[관련 부분] 북한에서는 문화어 운동 등을 통해 외래어나 한자어를 고유어로 순화하는 운동을 지속적으로 전개하여

③ 3~5번째 줄에서 북한은 평양말을, 남한은 서울말을 중심으로 하여 지역적 차이가 있음을 말하고 있으므로 북한어와 남한어는 지역 방언의 성격을 띤다는 내용을 추론할 수 있다.

[관련 부분] 북한의 경우 평양말을 중심으로 한다는 점에서 서울말을 중심으로 하는 남한과 지역적인 차이가 있기도 하고,

20 비문학 내용 추론 난이도 중 ●●○

정답 설명

③ 제시문은 시대가 변화해도 고전의 가치는 지속되므로 고전을 읽어야 함을 말하고 있다. 고전의 시간적 제약이 현대의 기술로 극복된다는 내용은 제시문에 드러나지 않으므로 답은 ③이다.

오답 분석

① 마지막 문단에서 고전에는 인간의 경험에 대한 반응이 기록되어 있으며 그러한 반응은 시대에 구속되지 않고 여전히 감동을 준다고 하였다. 따라서 미래의 사람들도 고전을 읽고 감동을 느낀다는 추론은 적절하다.

[관련 부분] 고전은 인간의 경험이 종속되었던 이런 근본적인 조건들에 대한 인간의 반응을 기록해 놓았습니다. 그런 반응은 시대에 속박되지 않아요. 시간적 거리와 상관없이 여전히 우리 가슴을 칩니다.

② 1~4문단에서 고전을 읽어야 하는 이유로 인간에게는 바뀌지 않는 여러 경험의 조건들(인간의 유한성의 경험과 좌절, 고통의 경험, 양심의 경험 등)을 들고 있다. 따라서 인간이 만약 무한하고 항상 도덕적이라면 고전을 읽어야 하는 이유가 줄어들 수 있다는 추론은 적절하다.

[관련 부분]

- 인간은 언제 어디서 살든 유한성의 경험을 피할 수 없습니다. 인간은 죽는 존재입니다. 한계가 많습니다. 무한히 살 수도 없고, 능력이 무한할 수도 없습니다.
- 이러한 유한성의 경험은 시대를 초월합니다.
- 또한, 인간에게는 좌절과 고통의 경험이 있습니다.
- 또 있습니다. 양심의 경험이라는 게 있습니다. 뭔가 잘못해 놓고 벌벌 떠는 경험 있잖아요.

④ 1문단 끝에서 1~5번째 줄에서 사회와 기술이 변화해도 고전을 읽어야 하는 이유로 인간의 특성이 변하지 않음을 들고 있다. 따라서 고전에 담긴 경험의 내용은 현재와 다를 지라도, 인간성을 바탕으로 하는 경험의 조건들은 같다는 추론은 적절하다.

[관련 부분] 아무리 사회가 달라져도, 인간에게는 바뀌지 않는 경험의 조건들이 있습니다. 예를 들어 인간은 언제 어디서 살든 유한성의 경험을 피할 수 없습니다. 인간은 죽는 존재입니다. 한계가 많습니다. 무한히 살 수도 없고, 능력이 무한할 수도 없습니다.

02회 실전동형모의고사

정답 p.22

01	④ 어법	08	③ 비문학	15	② 비문학
02	② 비문학	09	④ 비문학	16	④ 어휘
03	② 비문학	10	④ 어휘	17	④ 비문학
04	④ 비문학	11	③ 혼합(문학+어휘)	18	③ 비문학
05	④ 문학	12	③ 문학	19	④ 비문학
06	① 비문학	13	② 비문학	20	③ 문학
07	① 어휘	14	① 문학		

취약영역 분석표

영역	틀린 답의 개수
어법	/ 1
비문학	/ 11
문학	/ 4
어휘	/ 3
혼합	/ 1
TOTAL	20

* 취약영역 분석표를 이용해 1개라도 틀린 문제가 있는 영역은 그 영역의 문제만 골라 해설을 다시 한번 꼼꼼히 학습하세요.

01 어법 단어 (품사의 구분) 난이도 중 ●●○

정답 설명

④ 이때 '뿐'은 의존 명사이고, ① '이리', ② '꽤', ③ '아니'는 부사이므로, 품사가 다른 하나는 ④이다.

- 뿐: 관형어 '할'의 수식을 받으면서 '다만 어떠하거나 어찌할 따름'을 뜻하므로, 품사는 의존 명사이다. 참고로 '뿐'이 체언이나 부사어 뒤에 붙어 '그것만이고 더는 없음' 또는 '오직 그렇게 하거나 그러하다는 것'을 뜻할 때에는 조사이다.

오답 분석

① 이리: 용언(와서)을 수식하므로, 품사는 부사이다.

② 꽤: 부사(많이)를 수식하므로, 품사는 부사이다.

③ 아니: 용언(먹고)을 수식하므로, 품사는 부사이다.

02 비문학 화법 (말하기 전략) 난이도 중 ●●○

정답 설명

② 창의적 체험 활동의 결과물 제출 여부를 물어보는 '교사'의 질문에 '학생 2'는 이와는 관련이 없는 '수학여행 사진'에 대해 이야기함으로써 관련성의 격률을 위배하고 있다. 따라서 답은 ②이다.

오답 분석

① 창의적 체험 활동의 결과물 제출 여부를 물어보는 '교사'의 질문에 '학생 1'은 결과물 작성에 걸린 시간, 결과물의 분량, 사진 등에 대해 대답함으로써 필요 이상의 정보를 제공하고 있는 것은 맞으나, 이는 '양의 격률'을 위배한 것이다.

③ '교사'는 학생들에게 결과물을 제출하기 힘들면, 제출 기한을 수요일까지 조정해 주겠다는 방안을 제시하고 있다. 또한 권위적인 태도나 어조로 말하고 있는 부분은 찾을 수 없으므로 '학생 3'이 교사의 권위적인 태도 때문에 대답을 피하고 있다는 설명은 적절하지 않다.

④ 창의적 체험 활동의 결과물 제출 여부를 물어보는 '교사'의 질문에 '학생 4'는 대화 맥락과 관련 없는 점심 메뉴에 관한 이야기를 하고 있으므로 '관련성의 격률'을 위배하였다.

03 비문학 주제 및 중심 내용 파악 난이도 중 ●●○

정답 설명

② 5~7번째 줄을 통해, 필자가 궁극적으로 강조하는 내용을 알 수 있다. 필자는 현대에 와서도 신화가 영향력을 갖는 이유가 현대인들이 현재를 비판하고 발전시키는 데 신화를 이용하기 때문이라고 설명하므로 답은 ②이다.

[관련 부분] 현대에 와서도 사람들이 신화를 찾아보는 이유는, 신화를 통해 현재를 비판할 수 있고, 더 나은 방향으로 발전할 수 있기 때문이다.

오답 분석

① 1~2번째 줄에서 신화를 통해 인간에 대한 근원적 진실을 알 수 있다는 내용은 확인할 수 있으나, 제시문에서 궁극적으로 강조하는 내용은 아니다.

[관련 부분] 신화는 인간에 대한 근원적 진실을 보여 줄 수 있는 매개체이다.

③ 끝에서 2~5번째 줄에서 신화 속 인물들의 이야기를 현대의 관점에서 고찰할 수 있다는 내용은 확인할 수 있으나, 옛 사람들의 관점에서 다시 분석해야 한다는 내용은 찾을 수 없다.

[관련 부분] 예를 들어 그리스 로마 신화에 등장하는 메두사 이야기는 현대 페미니즘 논쟁과 연결 지어 생각해 볼 수 있으며, 현대 심리학에서는 오이디푸스 이야기가 등장하곤 한다.

④ 2~4번째 줄을 통해 이성을 중시하는 현대인의 관점에서 신화를 부정적으로 바라볼 수 있음을 알 수 있다. 그러나 제시문 전체 내용은 현대인이 신화를 계속 찾아보고 영향을 받는 이유에 관한 것이므로, ④는 필자가 궁극적으로 강조하는 내용으로 적절하지 않다.

[관련 부분] 이성을 중요시하는 현대인의 입장에서는 신화가 허무맹랑한 창작물로 보일 수 있다.

04 비문학 화법 (공감적 듣기) 난이도 중 ●●○

정답 설명

④ 해라는 제우의 말에 공감하며 위로하고 있을 뿐, 자신의 경험을 근거로 해결 방안을 제시하고 있지는 않으므로 답은 ④이다.

오답 분석

① '질문의 의도를 파악하지 못해 적절한 답변을 하지 못했다는 거구나'와 같이 상대의 말을 재진술하는 표현을 통해 해라는 제우의 말을 요약 및 정리하고 있음을 알 수 있다.

② '그 회사에 입사하고 싶은 마음이 간절해서 제우 씨가 더 완벽하게 답변하고 싶었던 것 같아'를 통해 해라는 제우의 마음에 공감하며 위로함으로써 제우가 감정을 정리하도록 도와주고 있음을 알 수 있다.

③ '그래?'와 같이 맞장구치는 표현과 '어떤 점 때문에 망친 것 같다고 말하는 거야?'와 같은 물음을 통해 제우가 계속해서 말할 수 있도록 관심을 표현하고 있음을 알 수 있다.

이것도 알면 합격!

공감적 듣기
1. 개념: 상대방의 관점에서 상대방을 이해하려는 열린 마음을 가지고, 감정을 이입하여 상대방의 말을 듣는 방법
2. 방법
   (1) 소극적인 들어주기: 상대방이 계속 말을 이어갈 수 있도록 관심을 표현하거나 상대의 말에 맞장구를 쳐 주고 격려하는 방법
   (2) 적극적인 들어주기: 상대방이 객관적인 관점에서 문제에 접근할 수 있도록 상대방의 말을 요약, 정리하거나 스스로 문제를 해결할 수 있도록 돕는 방법

05 문학 작품의 종합적 감상 (극) 난이도 하 ●○○

정답 설명

④ '명서'는 가난한 처지로 인해 도장이 없어 우편배달부에게 도장이 없다고 말한 것이지, '우편배달부'의 태도에 화가 나서 도장이 없다고 거짓말을 한 것이 아니다. 따라서 답은 ④이다.

오답 분석

① 1번째 줄과 '우편배달부'의 첫 번째 대사를 통해 알 수 있다.

② '우편배달부'의 세 번째 대사를 통해 고압적인 언행을 보이고 있음을 알 수 있다.

③ '우편배달부'의 첫 번째 대사와 '명서'의 세 번째 대사를 통해 '문패'와 '도장'이 명서 일가의 가난한 처지를 드러내고 있음을 알 수 있다.

이것도 알면 합격!

유치진, '토막'의 주제 및 줄거리
1. 주제: 일제 강점기 시대의 가혹한 현실 고발
2. 줄거리
   가난한 농부인 명서 일가는 돈을 벌기 위하여 일본으로 떠난 아들 명수가 돈을 보내 줄 것이라는 희망을 가지고 살아 간다. 하지만 명수가 독립운동을 하다가 투옥되었다는 소식에 돈을 받을 수 있다는 희망은 사라지고, 명서의 처는 정신 이상 증세를 보인다. 명서네의 궁핍은 더욱 심해지고, 명서의 처는 아들 명수가 종신 징역을 살지도 모른다는 소식에 실성 상태가 된다. 그러던 중 명서네 가족은 명수의 백골이 담긴 소포를 받게 되고, 명서의 가족은 오열하며 막이 내린다.

06 비문학 화법 (말하기 전략) 난이도 하 ●○○

정답 설명

① 찬성 1의 첫 번째 발화를 통해 '동물 실험은 윤리적이지 않다'라는 자신의 주장을 강화하기 위해 화장품 안정성 테스트에 사용된 토끼의 사례를 들어 설명하고 있음을 알 수 있다. 따라서 토론자의 말하기 방식에 대한 설명으로 적절한 것은 ①이다.

[관련 부분] 동물 실험에 사용될 동물에게는 먹이를 주지 않는다거나 ~ 실험에 사용된 토끼는 결국 실명되고 안락사 당하게 됩니다.

오답 분석

② 찬성 1은 '동물 실험은 필요하다'라는 의도를 지닌 반대 1의 질문에 대해 자신의 주관적인 생각을 이야기할 뿐, 객관적인 자료를 근거로 들어 답변하고 있지 않다.

[관련 부분] 그렇기는 하지만, 윤리적이지 않은 이 방법을 계속 방관해서는 안 된다고 생각합니다.

③ 반대 1은 찬성 1의 입론 내용에 대해 동물 실험을 대체할 연구가 있는지를 묻고 있다. 하지만 이는 상대의 허점을 공격하여 자신의 주장을 강화하는 질문인 교차 신문에 해당되므로 찬성 1의 주장을 지지하는 것은 아니다.

④ 반대 2는 동물 실험이 법적 규제 아래에서 실행되고 있다는 객관적인 사례를 들어 자신의 주장을 강화하고 있을 뿐, 자신의 경험을 사례로 제시하지 않았다.

07 어휘 혼동하기 쉬운 어휘 난이도 중 ●●○

정답 설명

① 밑줄 친 어휘의 쓰임이 옳은 것은 ㄱ, ㄴ이므로 답은 ①이다.
- ㄱ. 가늠할(○): '사물을 어림잡아 헤아리다'를 뜻하는 어휘는 '가늠하다'이다.
- ㄴ. 갈음하여(○): '다른 것으로 바꾸어 대신하다'를 뜻하는 어휘는 '갈음하다'이다.

오답 분석

ㄷ. 가늠하셨다(×) → 갈음하셨다(○): ㄷ은 아버지가 치사를 건배로 대신하였다는 의미이므로, '다른 것으로 바꾸어 대신하다'를 뜻하는 '갈음하다'를 써야 한다.

ㄹ. 갈음하여(×) → 가늠하여(○): ㄹ은 방향이 맞는지 안 맞는지를 헤아려 보았다는 의미이므로, '목표나 기준에 맞고 안 맞음을 헤아려 보다'를 뜻하는 '가늠하다'를 써야 한다.

08 비문학 글의 구조 파악 난이도 중 ●●○

정답 설명

③ 제시된 문장은 네덜란드 노 - 사가 체결한 '신노선' 협약에 대한 구체적인 내용이다. 제시된 문장 앞에는 이러한 협약을 체결했다는 내용이 오는 것이 자연스러우며, 제시된 문장 뒤에는 협약 과정에서 실시된 정부 정책에 관한 내용이 오는 것이 문맥상 자연스럽다. 따라서 글이 들어갈 곳으로 가장 적절한 것은 ③ ⓒ이다.

09 비문학 내용 추론 난이도 중 ●●○

정답 설명

④ 제시문의 마지막 문장에 따르면 의중 임금은 실업자의 실업 상태의 비용을 줄이거나 자신의 가치를 높이는 요인에 의해 상승한다. 실업 급여의 지급을 일정 기간으로 제한하여 그 기간 이후에는 실업 급여를 받지 못하게 된다면, 실업 상태의 비용이 늘어나므로 의중 임금은 낮아지게 된다. 따라서 추론한 내용으로 적절하지 않은 것은 ④이다.

오답 분석

① 실업 급여는 실업 상태의 비용을 줄이기 때문에 의중 임금은 상승하게 된다.

② 의중 임금이 높을수록 쉽게 취업할 가능성은 줄어든다. 따라서 의중 임금이 낮을수록 쉽게 취업할 가능성이 높고, 실업률은 줄어들 것으로 볼 수 있다.

③ 실업자의 실업 상태의 비용을 줄이면 의중 임금은 상승한다. 의중 임금이 높을수록 쉽게 취업할 가능성은 줄어들므로 실업률은 늘어날 것으로 볼 수 있다.

10 어휘 한자 성어 난이도 중 ●●○

정답 설명

④ <보기>의 괄호 안에는 문맥상 '우선 당장 편한 것만을 택하는 꾀나 방법. 한때의 안정을 얻기 위하여 임시로 둘러맞추어 처리하거나 이리저리 주선하여 꾸며 내는 계책'을 뜻하는 ④ '姑息之計(고식지계)'가 들어가는 것이 적절하다.

오답 분석

① 牽強附會(견강부회): 이치에 맞지 않는 말을 억지로 끌어 붙여 자기에게 유리하게 함

② 教學相長(교학상장): '가르치는 일과 배우는 일이 모두 자신의 학업을 성장시킨다'라는 뜻으로, 가르치고 배우는 과정에서 스승과 제자가 함께 성장함

③ 道聽塗說(도청도설): '길에서 듣고 길에서 말한다'라는 뜻으로, 길거리에 퍼져 돌아다니는 뜬소문을 이르는 말

11 문학 + 어휘 화자의 정서 및 태도, 한자 성어 난이도 중 ●●○

정답 설명

③ '오백 년(五百年) 도읍지(都邑地)'는 고려 왕조의 옛 도읍지를 의미한다. 제시된 작품에서 시적 화자는 망한 고려 왕조를 회고하며 느끼는 무상감을 드러내고 있으므로, 화자의 정서와 가장 가까운 것은 ③ '맥수지탄(麥秀之歎)'이다.
- 맥수지탄(麥秀之歎): 고국의 멸망을 한탄함을 이르는 말

오답 분석

① 풍수지탄(風樹之歎): 효도를 다하지 못한 채 어버이를 여읜 자식의 슬픔을 이르는 말

② 파경지탄(破鏡之歎): '깨진 거울 조각을 들고 하는 탄식'이라는 뜻으로, 부부의 이별을 서러워하는 탄식을 이르는 말

④ 후시지탄(後時之嘆): 시기에 늦어 기회를 놓쳤음을 안타까워하는 탄식

지문 풀이

> 오백 년 이어 온 고려의 옛 서울에 한 필의 말을 타고 돌아보니,
> 산천의 모습은 예나 다름이 없지만 인걸은 간 데 없구나.
> 아아, 고려의 태평했던 시절이 한낱 꿈처럼 허무하도다.

12 문학 작품의 종합적 감상 (현대 시) 난이도 중 ●●○

정답 설명

③ 1연은 화자가 동무들과 우리 땅에서 농사일을 하고 싶은 소망을 꿈의 한 장면으로 그려낸 것이다. 이는 일제 강점기라는 당시 시대적 상황과 연관 지어 보았을 때, 국권 상실로 인해 농사지을 땅을 잃은 농민들의 소박한 꿈을 대변한 것으로 해석할 수 있다. 하지만 국권 상실로 땅을 잃은 농민들이 슬픔을 잊기 위해 농사를 짓는 상황이 묘사된 것은 아니므로 답은 ③이다.

오답 분석

① 1연과 2연 3행에서 어순을 바꾸어 쓰는 표현 방식인 도치법과 2연 2행과 4연 1행에서 느낌표나 감탄사 등을 사용하여 감정을 강하게 나타내는 표현 방식인 영탄법을 통해 시상을 전개하고 있다.

② '볼지어다, 이어 가라, 나아가리라' 등에서 강인한 어조를 사용하여 현실 극복에 대한 의지를 드러내고 있다.

④ 제시된 작품이 쓰인 1920년대는 일제 강점기로, 우리나라가 국권을 상실한 시기이다. 이를 고려했을 때, 2연의 '집 잃은 내 몸이여'는 국권 상실로 인해 국토를 빼앗긴 우리 민족의 모습을 드러내며, 3연에서 집(국토)을 잃고 떠도는 화자의 절망적인 상황이 드러난다. 이때 3연의 '별빛이 아득임'은 절망적인 상황에서 희망(별빛)이 아득하다는 의미로 해석할 수 있다. 따라서 '별빛'은 국권 회복에 대한 희망을 상징함을 알 수 있다.

13 비문학 글의 전략 파악 난이도 중 ●●○

정답 설명

② (나)는 포식 동물과 사슴의 수를 구체적으로 제시하여 미국 정부의 포악함을 강조하는 것이 아닌 인간의 생태계 개입이 자연에 악영향을 미치고 있음을 드러내고 있다. 따라서 답은 ②이다.

오답 분석

① (가)는 늑대와 코요테 등의 야생 동물을 죽인 미국 정부의 사례를 제시하며 미국 정부의 생태계 개입에 대한 문제를 제기하고 있다.

③ (다)는 사나운 포식 동물이 사라져서(원인) 사슴의 수가 늘어났음(결과)을, 그리고 사슴이 너무 많아져서 먹이가 부족하여(원인) 굶어 죽는 사슴이 많아 사슴의 수가 줄어들었음(결과)을 인과의 방법으로 설명하고 있다.

④ (라)는 끝에서 1~3번째 줄에서 인간이 자연 세계의 질서를 마음대로 바꾸고자 했지만 실패했음을 언급하며 인간이 생태계에 함부로 개입하는 것의 위험성을 제시하고 있다.
[관련 부분] 인간은 먹고 먹히는 자연의 세계에 끼어들어 그 질서를 마음대로 바꾸어 보려 했지만 결국 성공하지 못했다.

14 문학 작품의 종합적 감상 (현대 소설) 난이도 중 ●●○

정답 설명

① 일제 강점기의 경찰을 뜻하는 '순사'를 통해 당시의 시대상을 알 수 있으나, 떼를 지어 돌아다니며 재물을 빼앗는 사람들의 무리를 뜻하는 '화적패'를 통해서는 당대 시대상을 파악할 수 없다.

오답 분석

② '~합니다', '~오릅니다' 등과 같은 경어체를 사용하여 독자와 가까운 위치에 서서 작중 인물을 조롱하고 있다.

③ 일제의 식민지가 된 현실을 '태평천하'로 받아들이는 윤 직원 영감의 마지막 대사를 통해 윤 직원 영감이 왜곡된 현실관을 가지고 있음을 알 수 있다.

④ 윤 직원 영감은 '그놈'이 경찰서장이 되길 바랐으나, '그놈'이 사회주의 운동을 하다가 경찰에게 잡혀 분노하고 있다. 이를 통해 윤 직원 영감이 '그놈'에게 가지고 있던 기대가 무너졌음을 알 수 있다.

이것도 알면 합격!

채만식, '태평천하'의 주제 및 표현상의 특징

1. 주제: 일제 강점기의 한 집안의 갈등과 가족 붕괴
2. 표현상의 특징
   (1) 경어체의 사용: 독자와의 거리를 좁히면서 작중 인물과의 비판적 거리를 확보하여 인물에 대한 풍자와 조롱을 극대화함
   (2) 서술자의 직접 개입: 판소리 사설과 비슷한 문체로, 서술자가 직접 개입하여 인물·사건에 대한 작가의 생각을 드러냄
   (3) 풍자적 수법: 겉으로는 치켜세우는 듯하지만 실상은 격하시키는 풍자적·반어적 표현을 통해 인물의 부정적 면모를 그려냄

15 비문학 내용 추론 난이도 하 ●○○

정답 설명

② (나)의 1~4번째 줄을 통해 송강 정철의 작품은 목판에 새겨놓은 형태로 전해지고 있기 때문에 작자명에 대한 시비가 있을 수 없으며, 이본에 따라 약간의 차이는 있으나 기존 작품의 모습이 충실하게 전해지고 있음을 알 수 있다. 따라서 송강 정철의 작품이 이본에 따라 작자명이 달랐다는 ②의 내용은 (가)와 (나)를 통해 추정하기 어렵다.
[관련 부분] 정철의 작품은 문집의 일부를 이루고 목판에 새겨놓은 형태로 전하고 있다. 작자 시비가 있을 수 없다. 이본에 따라 약간 차이가 있기는 하지만 원래의 모습이 충실하게 전하고 있다고 인정된다.

오답 분석

① (나)의 1~2번째 줄을 통해 추정할 수 있는 내용이다.
[관련 부분] 목판에 새겨놓은 형태로 전하고 있다.

③ (가)의 끝에서 1~2번째 줄을 통해 추정할 수 있는 내용이다.
[관련 부분] 어떤 사람이 칠언시로써 '관동별곡'을 번역하였지만

④ (가)의 3~4번째 줄을 통해 추정할 수 있는 내용이다.
[관련 부분] 오직 악인(樂人)들이 구전(口傳)하여 서로 이어받아 전해지고

16 어휘 한자어 (한자어의 독음) 난이도 상 ●●●

정답 설명

④ 독음이 모두 바른 것은 ④이다.
- 형극(荊棘: 가시나무 형, 가시 극): 1. 나무의 온갖 가시, 2. '고난'을 비유적으로 이르는 말
- 오한(惡寒: 미워할 오, 찰 한): 몸이 오슬오슬 춥고 떨리는 증상
- 알현(謁見: 뵐 알, 뵈올 현): 지체가 높고 귀한 사람을 찾아가 뵘

오답 분석

① 멱몰(×) → 골몰(汨沒: 골몰할 골, 빠질 몰)(○): 다른 생각을 할 여유도 없이 한 가지 일에만 파묻힘

② 미주(×) → 미족(未足: 아닐 미, 발 족)(○): 아직 넉넉하지 못함

③ 해이(×) → 해태(懈怠: 게으를 해, 게으를 태)(○): 행동이 느리고 움직이거나 일하기를 싫어하는 태도나 버릇

17 비문학 세부 내용 파악 난이도 중 ●●○

정답 설명

④ 1문단을 통해 시민 단체는 박애의 본질적 의미에 따라 박애 사상을 실천하면서, 비용과 수익의 관점으로 치환될 수 없는 가치를 중시함을 알 수 있다. 반면 2문단을 통해 박애자본주의자는 박애를 실천하면서 수익을 창출할 수 있다는 관점임을 알 수 있으므로 시민 단체와 박애자본주의자는 박애 사상을 바탕으로 하지만, 경제적 이익에 대한 관점에서는 차이를 보인다고 볼 수 있다.

오답 분석

① 1문단 4~6번째 줄을 통해 관계의 내적인 가치는 거래할 수 없다고 강조하는 것은 박애자본주의가 아닌 시민 단체의 관점임을 알 수 있다.
[관련 부분] 그들(시민 단체)은 관계의 내적인 가치를 중요하게 생각한다. 이런 가치는 생산 비용이나 수익을 고려하여 거래할 수 있는 것들이 아니다.

② 2문단 4~5번째 줄을 통해 시민 단체가 아닌 박애자본주의자의 활동으로 박애 사상의 실천과 수익 창출이 동시에 이루어질 수 있음을 알 수 있다.
[관련 부분] 이들(박애자본주의자)은 세상을 구하면서 돈도 벌 수 있다고 말한다.

③ 1문단에서 시민 단체가 인간의 보편적인 권리를 바탕으로 활동한다는 점은 언급되어 있으나 이를 가장 우선시하는지는 알 수 없으며, 박애자본주의자가 우선시하는 가치 역시 제시문을 통해 알 수 없다.

18 비문학 관점과 태도 파악, 내용 추론 난이도 중 ●●○

정답 설명

③ 1문단 5~6번째 줄에서 순수익은 채권의 현재 가치에서 채권의 매입 가격을 뺀 것을 의미한다고 하였으므로 채권의 매입 가격이 낮을수록 순수익이 높아진다는 것을 추론할 수 있다. 따라서 투자자들은 채권의 매입가가 낮을수록 높은 순수익을 기대하게 된다는 내용은 적절하다.
[관련 부분] 채권의 현재 가치에서 채권의 매입 가격을 뺀 순수익

오답 분석

① 3문단 끝에서 1~4번째 줄을 통해 경영난으로 인해 지급 능력이 떨어진 회사의 경우, 지급 불능 위험도가 높은 경우이므로 채권의 가격이 낮게 책정된다는 것을 알 수 있다. 따라서 지급 불능 위험도가 높을수록 채권 가격은 낮게 형성됨을 추론할 수 있다.
[관련 부분] 채권을 발행한 회사의 경영난으로 지급 능력이 떨어지면, ~ 채권의 가격은 낮게 책정된다.

② 2문단 끝에서 3~5번째 줄을 통해 만기가 짧은 단기 채권은 만기가 긴 채권보다 금리에 덜 민감하다는 것을 알 수 있다. 그러나 이것이 금리 변화에 영향을 받지 않는다는 것을 의미하지는 않으므로, 금리 변화와 무관하게 가격이 책정된다는 것은 추론할 수 없다.
[관련 부분] 만기일이 얼마 남지 않을수록 채권의 가격은 상대적으로 금리 변화에 덜 민감해진다.

④ 제시문의 필자는 채권의 거래 가격에 영향을 미치는 요인들에 대해 채권 투자자들이나 채권을 발행한 회사 어느 한 쪽에 치우진 입장이 아닌 객관적인 입장으로 분석하고 있다.

19 비문학 세부 내용 파악 난이도 하 ●○○

정답 설명

④ 1문단 끝에서 1~3번째 줄을 통해 슈퍼마켓이 대형 할인점에 밀리게 되면서 '미니 슈퍼'라는 합성어까지 등장하게 되었다는 것을 알 수 있다. 그러나 슈퍼마켓의 규모가 작아져서 '미니 슈퍼'라는 이름으로 불렸다는 내용은 적절하지 않으므로 답은 ④이다.
[관련 부분] 슈퍼마켓마저 얼마 전부터는 대형 할인점에 밀려나고 있다. ~ 하기야 아예 '미니 슈퍼'라는 기묘한 합성어가 일찌감치 등장하지 않았던가.

오답 분석

① 3문단 끝에서 1~3번째 줄에서 확인할 수 있다.
[관련 부분] 우리는 심야에 출출할 때 간단하게 먹을 음식이나 일상에서 소소하게 필요한 것들을 편의점에서 간편하게 조달할 수 있다.

② 3문단 4~6번째 줄에서 확인할 수 있다.
[관련 부분] 도시인들은 귀가 시간이 점점 늦어질 뿐 아니라, 집에 와서도 밤늦게까지 이런저런 일을 하거나 텔레비전을 본다.

③ 2문단 3~4번째 줄에서 확인할 수 있다.
[관련 부분] 1989년 한국에 첫선을 보인 편의점은 그동안 그 규모가 급속하게 신장하여

20 문학 시어의 의미 난이도 하 ●○○

정답 설명

③ 제시된 작품은 소식조차 알 수 없는 임에 대한 원망과 자신의 기구한 운명에 대한 한탄을 노래하는 부분으로, ㉠ '약수(弱水)'는 화자와 임 사이를 가로질러 흐르는 강(장애물)로, 둘 사이의 거리감을 부각시킨다. 또한 ㉡ '새소리'가 서럽게 들린다고 표현하며 화자의 감정을 이입함으로써 화자의 슬픔을 부각시킨다. 따라서 답은 ③이다.

지문 풀이

하늘의 견우직녀는 은하수가 막혔어도, 칠월 칠석 일 년에 한 번씩은 때를 놓치지 않고 만나는데, 우리 임 가신 후엔 무슨 이별의 강이 가로막았는지, 오거나 가거나 소식조차 끊겼는가. 난간에 기대어 서서 임 가신 데 바라보니, 풀에 이슬은 맺혀 있고 저녁 구름이 지나갈 때, 대나무 숲 푸른 곳에 새소리는 더욱 슬프게 들리는구나. 세상에 서러운 사람 수없이 많다고 하려니와, 운명이 기구한 여자야 나 같은 이 또 있을까. 아마도 이 임의 탓으로 살 듯 말 듯하여라. – 허난설헌, '규원가'

이것도 알면 합격!

허난설헌, '규원가'의 주제 및 특징

1. 주제: 임의 부재로 겪는 부녀자의 한(恨)
2. 특징
   (1) '실솔', '새소리' 등으로 화자의 감정을 효과적으로 전달함
   (2) 고사와 한문을 많이 사용함
   (3) 대구법이나 은유법과 같은 다양한 표현법을 사용함
   (4) 현재 전해지는 최초의 여류·내방·규방 가사임

03회 실전동형모의고사

정답 p.30

01	① 어법	08	② 비문학	15	④ 문학
02	① 어휘	09	③ 비문학	16	① 비문학
03	④ 비문학	10	④ 문학	17	③ 어휘
04	③ 비문학	11	② 비문학	18	③ 어휘
05	② 어휘	12	④ 비문학	19	④ 비문학
06	② 비문학	13	③ 비문학	20	④ 비문학
07	④ 문학	14	① 문학		

취약영역 분석표

영역	틀린 답의 개수
어법	/ 1
비문학	/ 11
문학	/ 4
어휘	/ 4
혼합	– / 0
TOTAL	20

* 취약영역 분석표를 이용해 1개라도 틀린 문제가 있는 영역은 그 영역의 문제만 골라 해설을 다시 한번 꼼꼼히 학습하세요.

01 어법 올바른 문장 표현 난이도 중 ●●○

정답 설명

① 멀직이(×) → 멀찍이(○): '사이가 꽤 떨어지게'를 뜻하는 말은 '멀찍이'이다.

오답 분석

② 어울려(×) → 함께(○): ㉡은 다툰 아이들과 그 아이들의 부모, 담임선생님이 한 데 모인 상황을 서술하고 있으므로 '어울려'보다는 '한꺼번에 같이. 또는 서로 더불어'를 뜻하는 '함께'를 쓰는 것이 의미상 자연스럽다.

- 어울리다: 함께 사귀어 잘 지내거나 일정한 분위기에 끼어들어 같이 휩싸이다.

③ 넙적다리(×) → 넓적다리(○): 겹받침에서 뒤의 것이 발음되는 경우에는 그 어간의 형태를 밝히어 적는다. '넓적다리'의 '넓'은 '널'이 아니라, '넙'으로 발음되므로, 어간의 형태를 밝히어 '넓적다리'로 적는다.

④ 끝∨인사(×) → 끝인사(○): '끝인사'는 '헤어질 때나 일을 마쳤을 때, 또는 편지 등에서 마무리를 지을 때 하는 인사'를 뜻하는 한 단어이므로 붙여 써야 한다.

02 어휘 속담 난이도 하 ●○○

정답 설명

① 제시된 내용은 '개 발에 주석 편자'의 뜻풀이이므로 답은 ①이다.

오답 분석

② 깻묵에도 씨가 있다: 언뜻 보면 없을 듯한 곳에도 자세히 살펴보면 혹 있을 수 있음을 비유적으로 이르는 말

③ 절에 가서 젓국 달라 한다: 1. 사람 또는 물건 등이 있을 수 없는 데에 가서 엉뚱하게 그것을 찾는 경우를 비유적으로 이르는 말 2. 엉뚱한 짓을 하는 경우를 이르는 말

④ 눈치가 빠르면 절에 가도 젓갈을 얻어먹는다: 눈치가 있으면 어디를 가도 군색한 일이 없다는 말

03 비문학 작문 (주제문) 난이도 중 ●●○

정답 설명

④ 제시된 개요의 본론에서는 자사의 신차 매출 부진의 원인을 외부적 요인과 내부적 요인으로 나누어 분석하고, 결론에서는 매출 실적이 부진했던 원인을 요약하여 매출 실적을 높일 수 있는 방안을 제시하고 있다. 따라서 이를 모두 포괄하는 글의 주제문으로 ④ '매출 실적이 부진한 원인을 분석하여 적절한 대응책을 마련해야 한다'가 적절하다.

오답 분석

① ② ③ 제시된 개요에 나와 있지 않은 내용이다.

04 비문학 글의 전략 파악 난이도 하 ●○○

정답 설명

③ 정부 부처의 보고서에서 밝힌 객관적인 통계 수치를 근거로 듦으로써 논거의 타당성을 확보하고 있다. 따라서 글쓰기 방식에 대한 설명으로 적절한 것은 ③이다.

오답 분석

① ② 제시문과 관련 없는 설명이다.

④ 제시문에서는 우유팩의 재생 산업과 관련된 전문성 있는 기관인 산업통상자원부의 자료를 인용하였다. 이는 전문성 있는 출처의 자료를 사용함으로써 신뢰성을 높이고 있으므로 ④의 설명은 적절하지 않다.

05 어휘 한자 성어 난이도 중 ●●○

정답 설명

② '隔世之感(격세지감)'은 '오래지 않은 동안에 몰라보게 변하여 아주 다른 세상이 된 것 같은 느낌'이라는 뜻이다. 따라서 생각의 차이가 전혀 없다는 내용과는 어울리지 않으므로, 답은 ②이다.

오답 분석

① 肝膽相照(간담상조): 서로 속마음을 털어놓고 친하게 사귐
③ 群鷄一鶴(군계일학): '닭의 무리 가운데에서 한 마리의 학'이라는 뜻으로, 많은 사람 가운데서 뛰어난 인물을 이르는 말
④ 同病相憐(동병상련): '같은 병을 앓는 사람끼리 서로 가엾게 여긴다'라는 뜻으로, 어려운 처지에 있는 사람끼리 서로 가엾게 여김을 이르는 말

06 비문학 글의 구조 파악 (문단 배열) 난이도 중 ●●○

정답 설명

② (나) - (라) - (가) - (다)의 순서가 가장 자연스럽다.

순서	중심 내용	순서 판단의 단서와 근거
(나)	인간이 '연극'을 만들어 낸 배경	제시문의 중심 화제인 '연극'의 발생 기원에 대해 설명함
(라)	자연물에 상징성을 부여하는 여러 의식과 연극의 유래	키워드 '상징성': (나)에서 언급한 상징성 부여와 관련하여 만들어 낸 의식들을 설명함
(가)	원시 집단 종교 의식이 연극으로 발전된 과정	접속어 '즉': (라)에서 언급한 '원시 집단 종교 의식'이 어떻게 연극으로 이어졌는지를 밝힘
(다)	고대 집단 종교 의식에서 비롯된 한국 연극의 시초	지시 표현 '이와 같은 연극의 유래': (가)에서 설명한 '연극'이 생겨난 과정을 가리킴

07 문학 시어의 의미 난이도 중 ●●○

정답 설명

④ 제시된 작품의 화자는 일제 강점기라는 어려운 시대에도 시가 쉽게 써지는 것에 대해 부끄러움을 느끼며 스스로 반성과 성찰을 하고 있다. 더불어 미래를 향한 희망으로 힘든 현실을 극복하려는 의지를 표현하고 있다. 이로 미루어 볼 때, ㉠ '밤비', ㉡ '육첩방(六疊房)', ㉢ '어둠'은 일제 강점하의 '암울한 현실'을 의미하지만, ㉣ '아침'은 화자의 소망인 '광복이 이루어진 세계'를 의미하는 것이다. 따라서 내포적 의미가 다른 것은 ④이다.

이것도 알면 합격!

윤동주, '쉽게 씌어진 시'의 시어 및 시구의 상징적 의미

시어 및 시구	상징적 의미
밤비	자아 성찰을 하게 하는 암울한 시대 현실
육첩방	화자를 구속, 억압하는 시대적 상황
등불	새로운 시대를 밝히기 위한 노력, 희망, 저항 의지
어둠	일제 강점기의 암담하고 부정적인 현실
시대처럼 올 아침	조국의 광복을 맞이한 새로운 세계

08 비문학 내용 추론 난이도 중 ●●○

정답 설명

② 2문단 4~6번째 줄을 통해 외래 문자인 로마자를 차용하는 과정에서 필리핀어와 영어가 혼합된 새로운 언어가 생겨났음을 알 수 있다.

[관련 부분] 이런 상황(로마자를 사용하게 되는 상황)에서 영어와 필리핀어가 혼합된 특이한 언어, 즉 일종의 피진어를 구사하는 하층민이 늘어나게 되었고

오답 분석

① 2문단 3~4번째 줄을 통해 필리핀어는 표기만 영어 알파벳을 따를 뿐, 여전히 공용어로 쓰이고 있음을 알 수 있다.

[관련 부분] 필리핀어도 표기는 영어 알파벳을 사용한다.

③ 1문단을 통해 필리핀 원주민들은 이미 고유 문자를 가지고 있었으나, 로마자를 쓰기 시작한 이후로 고유 문자가 사라졌음을 알 수 있다.

[관련 부분]

- 1521년 마젤란이 세계 일주를 하면서 필리핀에 들렀을 때 원주민들이 이미 고유 문자를 갖고 있었다는 기록
- 1571년 스페인의 지배가 시작되면서부터 로마자를 쓰기 시작했으며 ~ 고유 문자는 자취를 감추었다.

④ 2문단 1~3번째 줄을 통해 필리핀에서 영어는 지성 언어의 역할을 하고 있다는 사실은 알 수 있으나, 영어를 구사하는 계층과 필리핀 토착어인 타갈로그어를 구사하는 계층이 서로 다르다는 점은 제시문을 통해 추론할 수 없다.

[관련 부분] 현재 필리핀에서는 영어가 지성 언어의 역할을 하고 있기 때문에 대부분의 교육용 책과 교양서적, 정론지에 해당하는 신문들은 영어로 쓰인다.

09 비문학 논지 전개 방식 난이도 하 ●○○

정답 설명

③ 필자는 산을 거꾸로 보며 느꼈던 것을 유추의 방식으로 사람과 사물에도 적용하여, 고정관념을 버리고 새로운 시각으로 바라보는 것이 얼마나 중요한지 이야기하고 있다. 따라서 글에 대한 이해로 가장 적절한 것은 ③이다.

- 유추: 두 개의 사물이 여러 면에서 비슷하다는 것을 근거로 다른 속성도 유사할 것이라고 추론하는 서술 방식

오답 분석

① 두 대상의 대조적인 특성을 나타낸 부분은 제시문에서 확인할 수 없다.

② 일부의 속성을 들어 전체를 나타내는 표현 방법은 '대유법'으로, 대유법을 사용한 부분은 제시문에서 확인할 수 없다.

④ 산을 거꾸로 보고 새로운 발견을 하게 된 필자의 경험은 제시되어 있으나, 이를 통해 대상에 대한 비판적 인식을 드러내고 있지는 않다.

10 문학 수사법 난이도 중 ●●○

정답 설명

④ (라): 초장에서 유교적 입신양명을 나타내는 '서검'과 종장에서 자연을 나타내는 '청산'에 대유법이 사용되었고, '날 쐴 쑬이 잇시랴((자연이) 날 꺼릴 줄이 있으랴)'에 설의법이 사용되었다. 화자는 이를 통해 자연으로 귀의하고자 하는 마음을 드러내고 있다. 따라서 벼슬길에 대한 내적 갈등을 드러냈다는 ④의 설명은 적절하지 않다.

오답 분석

① (가): 화자는 '소나무(솔)'를 '너'라고 지칭하며 의인화하여 표현하고 있다. 또한 눈서리를 이겨 내는 소나무를 보며 고난과 시련에도 흔들리지 않는 소나무의 지조와 절개를 예찬하고 있다.

② (나): 중장에서 화채 재료를 나열하는 부분에서 운율감이 형성된다.

③ (다): 초장과 중장의 '사랑이 거즛말이 님 날 사랑 거즛말이 ~ 긔 더욱 거즛말이'에 반복법이 사용되었다. 또한 종장의 '어니 쑴에 뵈오리'에 설의법이 사용되었으며, 이러한 표현법을 통해 임을 그리워하는 화자의 심정을 강조하고 있다.

지문 풀이

(가) 더우면 꽃 피고 추우면 잎 지거늘, / 소나무야, 너는 어찌 눈서리를 모르느냐? / 깊은 땅속까지 뿌리가 곧은 줄을 그것으로 인해 알겠구나. – 윤선도, '오우가'

(나) 서방님이 병이 들어 두고 돈이 될 만한 것이 없어서 / 종루 시장에 머리카락 팔아 배 사고 감 사고 유자 사고 석류 샀다. 아차차 잊었구나. 오색 사탕을 잊었구나. / (화채를 만들려고) 수박에 숟가락 꽂아 놓고 한숨 못 이겨 하노라. – 김수장, '서방님 병 들여두고'

(다) 사랑한다는 것이 거짓말이니, 임이 나를 사랑한다는 것이 거짓말이니 / 꿈에 와 보인다는 말이 더욱 거짓말이니 / 나처럼 잠이 오지 않으면 어느 꿈에 보이겠는가? – 김상용, '사랑이 거즛말이'

(라) 입신양명을 이루지 못하고 벼슬자리에 오르지 못한 쓸모없는 몸이 되어 / 오십 년 세월을 해 온 일 없이 지냈구나.
두어라, 어느 곳의 청산이야 날 꺼릴 줄이 있으랴. – 김천택, '서검을 못 일우고'

11 비문학 화법 (말하기 전략) 난이도 하 ●○○

정답 설명

② 진행자는 7번째 발화에서 김 교수가 제시한 문제점에 대해 '보완이 필요하다'라고 답할 뿐 해결 방안을 제시하지는 않으므로 ②는 적절하지 않은 설명이다.

오답 분석

① 진행자는 3번째 발화에서 독서 포트폴리오에 대한 김 교수의 설명을 '학생들의 독서를 장려하면서 입시에 도움이 되게 하는 것'이라고 요약하고 학생들의 독서량에 대한 근거를 보충 질문하고 있으므로 적절한 설명이다.

③ 진행자는 4번째 발화에서 김 교수가 제시한 통계치의 원인을 나름대로 추론하고, '제가 이해한 게 맞을까요?'라며 자신이 이해한 바를 확인하고 있으므로 적절한 설명이다.

④ 진행자는 6번째 발화에서 '가산점과 실질적인 독서량 증가와의 직접적 상관관계'를 지적하고, 학생들이 형식적으로 독서를 하게 될 수도 있다는 점을 문제 상황으로 언급하고 있다.

12 비문학 관점과 태도 파악, 세부 내용 파악 난이도 중 ●●○

정답 설명

④ 3문단 1~3번째 줄을 통해 영웅에 대해 후대인들이 기억을 형성하는 데에는 부와 권력의 분배만큼이나 기억의 관리도 중요함을 알 수 있으므로 부와 권력의 분배보다 기억의 관리가 더 영향을 미친다는 ④의 설명은 적절하지 않다.

[관련 부분] 영웅에 대한 후대인들의 기억이 어떻게 만들어지는가를 추구하는 문제의식의 배경에는 '기억의 관리'가 부와 권력의 분배 못지않게 중요한 사회적 과제라는 전제가 깔려 있다.

오답 분석

① 1문단 2~4번째 줄을 통해 '영웅의 사실화'를 추구하는 이들에게 영웅에 대한 탐구는 필수적임을 확인할 수 있다.

[관련 부분] 영웅에 대한 기억이 시대에 따라 어떤 변천을 겪는가를 탐구하는 것은 '더 사실에 가까운 영웅'의 모습에 다가서려는 이들에게 필수적이다.

② 2문단 3~6번째 줄을 통해 시대에 따라 영웅에 대한 평가가 다름을 확인할 수 있다.

[관련 부분] 잔 다르크는 계몽주의 시대에는 '신비와 경건을 가장한 바보 처녀'로 치부되었지만, 프랑스 혁명기와 나폴레옹 집권기에 와서는 애국의 화신으로 추앙받기 시작했다.

③ 1문단 끝에서 1~3번째 줄을 통해 영웅에 반영된 각 시대의 욕망을 파악하여 그 시대를 객관적으로 바라볼 수 있음을 확인할 수 있다.

[관련 부분] 우리는 영웅을 만들고 그들의 초상을 새롭게 덧칠해 온 각 시대의 서로 다른 욕망을 읽어 내어 그 시대로부터 객관적인 거리를 획득한다.

13 비문학 주제 및 중심 내용 파악 난이도 중 ●●○

정답 설명

③ 제시문은 루만의 사회학적 도덕 이론에 대해 설명하고 있다. 루만은 도덕에 기능적으로 접근하면서, 도덕적 사실의 이론적 토대가 되는 윤리학을 추구한다. 또한 경험적 현상으로 도덕을 파악하고자 했다. 따라서 제시문의 제목으로 가장 적절한 것은 ③이다.

오답 분석

① 1문단 2~3번째 줄에서 '사회와 인간의 동질성'을 언급한 것은 루만의 기본적인 사상을 설명하기 위해서일 뿐 제시문의 전체 내용을 아우르지 못하므로 제목으로는 적절하지 않다.

[관련 부분] 그는 사회와 인간을 동질적인 것으로 보며 이 둘을 규범으로 접착시키는 전통적인 관점도 거부한다.

② 1문단 끝에서 2~3번째 줄에서 '선악 약호에 따른 평가'를 언급한 것은 루만의 기본적인 사상을 설명하기 위해서일 뿐이며 그 방법에 대한 설명은 제시문에서 확인할 수 없다.

[관련 부분] 그는 경험적 현상으로 파악된 도덕을 윤리학은 선악 약호에 따라 평가하고,

④ 2문단 끝에서 2~3번째 줄에서 루만은 사회학에 내재된 도덕적 요소들을 제거하는 데 공헌하였다고 했으므로 ④는 제시문과 부합하지 않는다.

[관련 부분] 도덕 사회학에 대한 루만의 이러한 공헌들은 사회학에 내재하는 도덕주의적 요소들을 제거하고,

14 문학 작품의 종합적 감상 (고전 소설) 난이도 중 ●●○

정답 설명

① 제시된 작품에서 부정적 인물은 '북곽 선생'이고, 의인화한 대상은 '범'이다. 따라서 의인화한 대상 '범'이 부정적 인물 '북곽 선생'을 우회적으로 비판하고 있는 것이지, 부정적 인물을 의인화하여 비판하고 있는 것이 아니므로 ①의 설명은 적절하지 않다.

오답 분석

② '다섯 놈'이 쳐들어가자 도망치는 '북곽 선생'의 비굴한 행동이 우스꽝스럽게 묘사되어 있다.

③ '북곽 선생'이 '다섯 놈'을 피해 달아나다 똥구덩이에 빠지는 장면은 높은 학식과 품성을 가진 '북곽 선생'이 사실은 과부의 방에 들어가는 위선적인 인물임을 풍자하기 위한 장치이다.

④ '다섯 놈'은 상황 파악을 하지 못하고 '북곽 선생'을 여우로 믿고 있는데, 이러한 당대인들의 어리석음이 그들의 대화를 통해 드러난다.

15 문학 작품의 종합적 감상 (현대 소설) 난이도 중 ●●○

정답 설명

④ 흥분한 철호가 큰 목소리를 낸 것은 양심, 윤리, 법률 등을 무시하는 영호의 가치관에 동의하지 않았기 때문이므로 설명이 적절한 것은 ④이다.

오답 분석

① 영호가 얼굴을 번쩍 든 것은 궁핍한 상황에서 법률이라는 약속은 지키지 않아도 된다는 주장을 밝힌 직후이다. 따라서 맥락상 영호의 행동이 영호의 성공적 미래를 암시한다고 볼 근거는 없다.

② 영호는 약한 사람일수록 양심이 강한 것인지도 모른다며 철호를 약한 사람으로 몰아세우지만 갖은 고생을 인내하는 철호를 존경하고 있음을 분명히 밝혔으므로 철호에 대한 적개심이 드러난다고 볼 수 없다.

③ 철호의 성격에 대한 작가의 비판적인 서술이 드러난 부분은 제시된 작품에서 확인할 수 없다.

이것도 알면 합격!

이범선, '오발탄'의 주제 및 특징

1. 주제: 남북 분단 이후 부조리한 사회 속 소시민들의 궁핍한 삶
2. 특징
   (1) 3인칭 관찰자 시점이며 부분적으로 전지적 작가 시점이 드러남
   (2) 분단 이후 철호의 가정이 무너지는 모습을 통해 현실과 타협하지 못하는 소시민의 양심과 자의식을 드러냄

16 비문학 내용 추론 난이도 하 ●○○

정답 설명

① 2문단을 통해 플라톤은 천구라고 하는 둥근 하늘에 별들이 고정되어 지구 주위를 회전한다고 보았으며, 이와 관련된 행성의 운동을 설명하기 위해 에우독소스의 '동심천구설'을 채용한 것임을 알 수 있다. 따라서 에우독소스는 주변 행성들이 태양이 아닌 지구를 중심으로 움직인다고 보았음을 추론할 수 있으므로 답은 ①이다.

[관련 부분] 우주는 항상 천구라고 하는 둥근 하늘에 의해 둘러싸여 있었다. 이 둥근 하늘에 별들이 고정되어 지구 주위를 회전한다는 것이다. ~ 이러한 행성의 운동을 설명하기 위해서 플라톤은 에우독소스의 견해를 채용하여 ~ 이를 동심천구설이라고 부른다.

오답 분석

② 2문단 5~6번째 줄을 통해 추론할 수 있다.

[관련 부분] 그는 행성들의 일견 불규칙적으로 보이는 운동조차도 엄밀한 수학적 법칙에 의해 움직인다고 보았다.

③ 1문단 2~4번째 줄을 통해 추론할 수 있다.

[관련 부분] 플라톤은 천문학을 가장 고상한 자연철학이라고 생각했다. 그에 비해서 생물학 같은 분야는 매우 천박하게 여겼다.

④ 2문단 1~2번째 줄을 통해 추론할 수 있다.

[관련 부분] 플라톤은 우주를 완전한 구형이라고 보았다. 이것 역시 형상의 세계의 완전성이 반영되었기 때문이다.

17 어휘 한자 성어 난이도 중 ●●○

정답 설명

③ 사소하거나 하찮은 일로 싸움을 벌이거나 분노하는 소시민적 태도와 관련 있는 한자 성어는 '見蚊拔劍(견문발검)'이므로 답은 ③이다.

- 見蚊拔劍(견문발검): '모기를 보고 칼을 뺀다'라는 뜻으로, 사소한 일에 크게 성내어 덤빔을 이르는 말

오답 분석

① 大器晩成(대기만성): '큰 그릇을 만드는 데는 시간이 오래 걸린다'라는 뜻으로, 크게 될 사람은 늦게 이루어짐을 이르는 말

② 孤掌難鳴(고장난명): '외손뼉만으로는 소리가 울리지 않다'라는 뜻으로, 혼자의 힘만으로 어떤 일을 이루기 어려움을 이르는 말

④ 近朱者赤(근주자적): '붉은색을 가까이하면 붉어진다'라는 뜻으로 주위 환경이 중요하다는 것을 이르는 말

18 어휘 한자어 (한자어의 표기) 난이도 상 ●●●

정답 설명

③ 한자 표기가 옳은 것은 ③ '賠償(배상)'이다.

- 賠償(물어줄 배, 갚을 상): 남의 권리를 침해한 사람이 그 손해를 물어 주는 일

오답 분석

① 浮楊(뜰 부, 버들 양)(×) → 浮揚(뜰 부, 날릴 양)(○): 가라앉은 것이 떠오름. 또는 가라앉은 것을 떠오르게 함

② 儉査(검소할 검, 조사할 사)(×) → 檢査(검사할 검, 조사할 사)(○): 사실이나 일의 상태 또는 물질의 구성 성분 등을 조사하여 옳고 그름과 낫고 못함을 판단하는 일

④ 消忽(사라질 소, 갑자기 홀)(×) → 疏忽(소통할 소, 갑자기 홀)(○): 대수롭지 않고 예사로움. 또는 탐탁하지 않고 데면데면함

19 비문학 내용 추론 난이도 중 ●●○

정답 설명

④ 3문단 2~4번째 줄과 3문단 끝에서 1~3번째 줄을 통해 동체의 바퀴는 비행 중에 공기 저항을 많이 받으므로 동체에 넣어야 하지만, 이착륙할 때는 반드시 바퀴가 필요하다고 하였다. 하지만 착륙 시의 바퀴 크기는 가능한 작아야 한다는 설명은 나와 있지 않으므로 ④의 추론은 적절하지 않다.

[관련 부분]

- 비행기는 이착륙 시에 바퀴가 반드시 있어야 하지만, 비행 중에는 공기의 저항을 최소화하기 위하여 바퀴가 없어야 하는 모순을 갖는다.
- 동체의 바퀴는 엄청난 공기 저항을 유발하여 치명적인 사고를 불러올 수 있으므로 비행 중에는 반드시 없어져야 한다.

오답 분석

① 2문단 끝에서 1~4번째 줄에서 금속 재료 대신 에폭시 계열의 플라스틱 복합 재료를 사용하였더니 비용도 절감하게 되었음을 알 수 있다. 따라서 폭격기의 재료 구성에 따라 비용이 결정됨을 추론할 수 있다.

[관련 부분] 폭격기의 무게를 줄여 달라는 정부의 요청을 받은 항공기 제작 회사는 금속 재료 대신 에폭시 계열의 플라스틱 복합 재료로 비행기의 날개를 만들어 폭격기 전체 무게의 15%를 줄였으며 비용도 절감하였다.

② 2문단에서 비행기의 날개에 복합 재료를 사용함으로써 폭격기 전체 무게를 줄인 사례를 확인할 수 있다. 따라서 복합 재료를 사용하여 동체의 무게를 조절할 수 있음을 추론할 수 있다.

③ 1문단 끝에서 1~4번째 줄에서 출력이 높은 엔진의 경우 비행기의 무게를 높여 속도가 떨어진다고 하였으므로 속도를 향상시키는 데에는 엔진 무게와 출력 변수가 서로 상충됨을 추론할 수 있다.

[관련 부분] 결국 출력이 높은 엔진을 장착하면 비행기의 무게가 증가하여 속도는 떨어지게 된다. 그렇다고 가벼운 엔진을 장착하면 출력의 한계 때문에 속도를 증가시키기 어렵다.

20 비문학 관점과 태도 파악 난이도 중 ●●○

정답 설명

④ 밑줄 친 세종대왕의 독서 방법은 '백독백습(百讀百習)'이다. 이는 책 속에 있는 지식을 완전히 습득하기 위해 백 번 읽고, 백 번 써야 한다는 입장이므로, 어려운 책이라도 반복하여 읽으면 뜻을 파악하게 된다고 말하는 ④의 견해와 부합한다.

04회 실전동형모의고사

정답 p.40

01	③ 어법	08	① 문학	15	② 어휘
02	④ 비문학	09	② 어휘	16	② 어휘
03	④ 비문학	10	③ 비문학	17	② 비문학
04	② 비문학	11	④ 비문학	18	④ 문학
05	② 비문학	12	④ 비문학	19	② 비문학
06	③ 비문학	13	① 문학	20	④ 비문학
07	② 비문학	14	② 어법		

취약영역 분석표

영역	틀린 답의 개수
어법	/ 2
비문학	/ 12
문학	/ 3
어휘	/ 3
혼합	- / 0
TOTAL	20

* 취약영역 분석표를 이용해 1개라도 틀린 문제가 있는 영역은 그 영역의 문제만 골라 해설을 다시 한번 꼼꼼히 학습하세요.

01 어법 표준 발음법 난이도 중 ●●○

정답 설명

③ 무늬[무늬](×) → [무니](○): 'ㅢ'는 이중 모음 [ㅢ]로 발음하는 것을 원칙으로 하나, 자음을 첫소리로 갖는 음절의 'ㅢ'는 [ㅣ]로 발음하므로 '무늬'의 '늬'는 [니]로 발음해야 한다.

오답 분석

① 참외[차뫼/차뭬](○): 모음 'ㅚ'는 단모음에 해당하지만, 이중 모음으로 발음하는 것도 허용한다.

② 개폐[개폐/개페](○): 모음 'ㅖ'는 [ㅖ]로 발음하는 것이 원칙이나, '예, 례' 이외의 'ㅖ'는 [ㅔ]로 발음하는 것도 허용한다.

④ 우리의[우리의/우리에](○): 모음 'ㅢ'는 [ㅢ]로 발음하는 것이 원칙이나, 조사 '의'는 [ㅔ]로 발음하는 것도 허용한다.

02 비문학 화법 (협력의 원리) 난이도 하 ●○○

정답 설명

④ ㉣은 '질의 격률'에 대한 설명으로, ④의 B는 A의 질문에 영국의 수도인 런던이 미국에 있다며 잘못된 정보를 의도적으로 전달함으로써 질의 격률을 위반하고 있다. 따라서 ㉠~㉣을 적용한 B의 대답으로 적절하지 않은 것은 ④이다.

오답 분석

① ㉠은 '양의 격률'에 대한 설명으로, ①의 B는 어떤 옷을 입고 갈 것이냐고 묻는 A의 질문에 옷에 대한 정보만 얘기하고 필요 이상의 정보는 제공하지 않았으므로 적절한 대답이다.

② ㉡은 '태도의 격률'에 대한 설명으로, ②의 B는 점심 메뉴를 묻는 A의 질문에 중의적인 표현 없이 간결하게 메뉴만 답하였으므로 적절한 대답이다.

③ ㉢은 '관련성의 격률'에 대한 설명으로, ③의 B는 수술에 대한 A의 질문과 관련 있는 정보만을 답하고 있으므로 적절한 대답이다.

03 비문학 작문 (고쳐쓰기) 난이도 하 ●○○

정답 설명

④ ㉣은 우리 민족이 자유 의식을 갖고 싶어 하였으나 이를 발휘할 수 없었던 이유이므로 ㉣ '적극성'을 '안정성'으로 바꾸어도 문맥상 흐름이 자연스럽지 않다. 따라서 고쳐쓰기의 방안으로 적절하지 않은 것은 ④이다. 참고로, ㉣에 쓰일 수 있는 적절한 어휘로는 '고식성'이 있다.

- 고식성(姑息性): 뚜렷한 해결 대책 없이 임시적인 변통으로 그때그때의 안정만을 바라는 성질

오답 분석

① '한정(限定)'은 '수량이나 범위 따위를 제한하여 정함. 또는 그런 한도'를 뜻하고 '제한(制限)'은 '일정한 한도를 정하거나 그 한도를 넘지 못하게 막음. 또는 그렇게 정한 한계'를 뜻하는 단어이다. 따라서 ㉠은 '한도'의 의미가 중복되므로 '제한된 것은'으로 수정하는 것이 적절하다.

② '~에 다름 아니다'는 일본어 번역 투이므로 우리말답지 않은 표현이다. 따라서 ㉡은 '민족이었다고 볼 수 있다'로 수정하는 것이 적절하다.

③ ㉢은 우리 민족이 개성과 자유 의식을 존중하였으나 유교적인 사회 분위기 속에서 이를 발휘하지 못하였다는 제시문의 중심 내용과 어울리지 않으므로, 삭제하는 것이 적절하다.

04 비문학 화법 (말하기 전략) 난이도 중 ●●○

정답 설명

② 진행자의 3번째와 4번째 발화에서 김 변호사의 발언 중 의문점이 생길 만한 내용을 질문하고 답변을 유도하고 있으므로 답은 ②이다.

오답 분석

①③④는 대화문에서 찾아볼 수 없다.

① 진행자는 청중들이 궁금해할 만한 내용을 질문하고 답변을 유도할 뿐, 김 변호사의 발언을 요약 및 재정리하지 않는다.

③ ④ 진행자가 김 변호사의 발언에 대한 구체적인 근거 제시를 요구한 부분과 추가 사례를 제시한 부분은 찾아볼 수 없다.

05 비문학 글의 구조 파악 난이도 하 ●○○

정답 설명

② ㉡의 앞에서는 험난하지 않은 산을 오르는 이유를 설명하고 있다. 〈보기〉는 접속 부사 '그러나'를 사용하여 ㉡ 앞의 내용과 상반되는 내용을 언급하고 있으므로, 〈보기〉는 ㉡에 들어가는 것이 적절하다.

06 비문학 관점과 태도 파악, 글의 전략 파악 난이도 중 ●●○

정답 설명

③ ㉢은 '교복 착용 자율화'의 주장을 뒷받침하는 근거이므로 반대로 '교복 착용 의무화'라는 필자의 주장을 반박하는 자료로 활용할 수 있다. 따라서 답은 ③이다.

오답 분석

① 제시문은 교복 착용의 의무화를 주장하고 있으므로 교복 착용 논란을 문제 상황으로 삼고 있다.

② ㉠은 대다수의 중등학교에서 학생들의 교복 착용을 의무화하고 있다는 사실을 보여주는 자료이므로 '교복 착용 의무화'라는 주장을 뒷받침한다.

④ 2문단 2~5번째 줄을 통해 필자는 사복 착용 시 학생들이 소외감과 박탈감을 느낄 것에 대해 우려하고 있음을 확인할 수 있다.

[관련 부분] 교복 자율화가 시행될 경우 저마다 자유롭게 입는 사복을 통해 빈부격차가 드러나게 되어 상대적으로 빈곤한 계층에 속한 학생은 소외감이나 박탈감을 느낄 우려가 있다.

07 비문학 글의 전략 파악 난이도 하 ●○○

정답 설명

② 1문단 1~3번째 줄과 5~6번째 줄을 통해 '친자연적'이라는 말에 담긴 긍정적 의미와 부정적 의미 두 가지를 대비하여 설명하고 있음을 알 수 있으나, 한옥에 담긴 의미를 두 가지로 대비하여 밝히고 있지 않으므로 답은 ②이다.

[관련 부분]

- 친자연적이라는 말에는 자연환경과 조화를 이루어 심리적 안정감이나 미적 쾌감을 준다는 의미가 담겨 있다.
- 친자연적이라는 말에 생활하기 불편하다는 의미도 내포되어 있다고 여기는 이들도 있다.

오답 분석

① 2문단 끝에서 2~3번째 줄을 통해 한옥은 통의 원리를 구현하는 건강한 집임을 강조함을 알 수 있다.

[관련 부분] 한옥은 통의 원리를 구현하는 건강한 집이다.

③ 1문단 1번째 줄을 통해 한옥을 친자연적 건축물로 보는 사람들의 일반적인 평가를 제시하여 흥미를 유발하고 있다.

[관련 부분] 흔히 사람들은 한옥을 친자연적 건축물이라고 말한다.

④ 2문단 2~4번째 줄을 통해 친자연적이지 않은 건축물인 '초고층 주상 복합 건축물'을 사람에 비유하여 설명함으로써 이해를 돕고 있음을 알 수 있다.

[관련 부분] 사람에 비유하자면 일 년 내내 두꺼운 옷을 잔뜩 입고 여름에는 그 속에 에어컨을 집어넣은 격이다.

08 문학 주제 및 중심 내용 파악 난이도 중 ●●○

정답 설명

① 제시된 작품의 필자는 사람이 가지고 있는 것은 모두 남에게 빌린 일시적인 것으로 소유에 대한 집착은 쓸모없다는 깨달음을 제시하고 있다. ㉠ '미혹(迷惑)한 일'은 소유에 대한 잘못된 생각이 굳어져 일시적인 것을 완전한 자기 소유로 착각하고 반성하지 않는 일을 뜻한다. ㉡ '느낀 바'는 '소유에 대한 집착을 버릴 것'을 뜻한다. 따라서 ①의 ㉡ '임금의 권위를 빌린 것이다'는 적절하지만 ㉠ '외로운 임금이 되는 일'은 문맥상 소유에 대한 깨달음을 얻는 행동이므로 적절하지 않다.

오답 분석

② 필자는 자기 소유로 하고도 끝내 반성할 줄 모르는 것에 대해 미혹하다고 하였으므로 '소유하고도 반성하지 않는 일'은 ㉠에, '소유에 대한 집착을 버려야 한다'는 ㉡에 문맥상 적절하게 대응한다.

③ 필자는 자기 소유로 된 것은 없다고 하였으므로 '빌린 물건을 자기 소유로 아는 일'은 ㉠에, '만물은 빌린 것이다'는 ㉡에 문맥상 적절하게 대응한다.

④ 임금, 신하, 아들, 지어미, 비복은 모두 자기 힘으로 권세를 얻은 것이 아닌 다른 이로부터 권세를 빌려 그 자리에 이르렀다고 하였으므로 '자기 힘으로 권세를 가졌다고 생각하는 일'은 ㉠에, '영원한 힘과 권세란 없다'는 ㉡에 문맥상 적절하게 대응한다.

09 어휘 한자 성어 난이도 중 ●●○

정답 설명

② ㉡ '일직이 연달아 상을 당하여 병을 얻어 매우 고생하고'는 '온갖 괴로움과 어려움을 겪는 가운데'를 뜻하는 '百難之中(백난지중)'과 어울리므로 답은 ②이다.

오답 분석

① 得隴望蜀(득롱망촉): '농(隴)을 얻고서 촉(蜀)까지 취하고자 한다'라는 뜻으로, 만족할 줄을 모르고 계속 욕심을 부리는 경우를 비유적으로 이르는 말

③ 晩時之歎(만시지탄): 시기에 늦어 기회를 놓쳤음을 안타까워하는 탄식

④ 望雲之情(망운지정): 자식이 객지에서 고향에 계신 어버이를 생각하는 마음

10 비문학 세부 내용 파악 난이도 중 ●●○

정답 설명

③ 2문단 끝에서 1~2번째 줄을 통해 모든 지각과 믿음, 설명이 앎일 수는 없음을 알 수 있다. 따라서 인간의 감각에 의해 지각하고 경험한 모든 것은 앎이 될 수 있다는 ③의 설명은 부합하지 않는다.

[관련 부분] 당연히 모든 지각이, 모든 믿음이, 그리고 모든 설명이 앎일 수는 없다.

오답 분석

① 1문단 끝에서 4~6번째 줄을 통해 관찰 인식은 인간의 감각기관을 통해 직접 경험하여 얻을 수 있음을 알 수 있다.

[관련 부분] 전자의 지식은 우리들이 갖고 있는 오관(五官)의 지각기관을 통해서 직접 관찰하고 경험을 쌓아 얻을 수 있다.

② 2문단 1~3번째 줄을 통해 과학은 설명적 지식에 속하며, 관찰 인식과 구분지어 과학적 지식이라 함을 알 수 있다.

[관련 부분] '과학'이라 할 때 그것은 흔히 후자와 같은 지식을 가리키고, 그것을 전자와 같은 지식과 구별하여 과학적 지식이라고 구별 짓는다.

④ 1문단 끝에서 1~4번째 줄을 통해 이론적 인식은 자연법칙에 대한 가정으로 지각된 현상을 설명해 줌을 알 수 있다.

[관련 부분] 후자의 지식은 우리들이 직접 지각할 수 없는 어떤 자연법칙의 가정을 통해서 지각될 수 있는 현상을 설명해 주는 기능을 갖고 있다. 그래서 후자를 설명적 지식이라고도 부른다.

11 비문학 내용 추론 난이도 중 ●●○

정답 설명

④ 1문단 끝에서 1~3번째 줄을 통해 신하의 도리이자 의무는 군주를 보필하고 나라를 위해 일하는 것임을 알 수 있다. 따라서 의식주와 같은 기본적인 문제 해결 이후에 군주를 위해 일하는 것은 직분에 따른 신하의 의무이므로 ④의 추론은 적절하지 않다.

[관련 부분] 자신의 마음을 다 바쳐서 군주를 보필하고, 나라를 위해서 일하는 것이 신하된 도리요 의무이다.

오답 분석

① 2문단 2~3번째 줄에서 군주가 옳지 못한 행동을 한다면 신하는 간언을 서슴지 않아야 한다고 하였으므로 신하는 폭정하는 군주에게 간언할 수 있다는 추론은 적절하다.

[관련 부분] 군주가 옳지 못하다면 신하는 간언을 서슴지 않아야 한다.

② 2문단 끝에서 3~4번째 줄에서 서로의 직분을 다하지 않고 의리를 저버린다면 임금과 신하 간의 의가 깨질 것이라고 하였으므로 군신관계는 서로의 의무를 다할 때 유지될 수 있다는 추론은 적절하다.

[관련 부분] 자신의 직분을 다하지 않고 의리를 저버린다면 임금과 신하 사이의 의는 깨어지고 말 것이다.

③ 1문단 5~6번째 줄에서 백성들에게는 먹고사는 문제가 가장 중요하다고 하였으므로 임금은 백성의 의식주 문제를 가장 먼저 해결해 주어야 한다는 추론은 적절하다.

[관련 부분] 백성들에게는 먹고사는 문제가 가장 중요하다.

12 비문학 내용 추론 난이도 중 ●●○

정답 설명

④ 3문단 2~4번째 줄을 통해 필자는 글을 제대로 읽지 않은 사람은 철저하게 연구하지 않아 의문이 없는 것이며, 글에 대한 의문점이 생긴다면 글을 제대로 읽은 것으로 생각함을 알 수 있다. 따라서 필자 '홍대용'의 생각을 적절하게 추론한 것은 ④이다.

[관련 부분] 문자를 거칠게 통한 사람은 반드시 의문이 없게 마련인데, 이는 의문이 없는 것이 아니라 철저하게 궁구하지 못했기 때문이다.

오답 분석

① 2문단 1~3번째 줄을 통해 필자는 뜬생각은 하루아침에 없애기 어려우므로 수시로 정신을 맑게 하는 방법을 잊지 않고 실천해야 한다고 생각함을 알 수 있다. 따라서 뜬생각을 바로 없앨 수 있다는 추론은 적절하지 않다.

[관련 부분] 뜬생각이란, 하루아침에 깨끗이 없어질 수는 없다. 오직 수시로 정신을 맑게 하는 방법을 잊어버리지 않는 것이 중요하다.

② 1문단 1~3번째 줄을 통해 필자는 처음 공부할 때는 뜬생각으로 인해 책에 전념하기 어려워 회의를 품지 못한다고 생각함을 알 수 있으므로 뜬생각이 떠오르지 않아 책에 집중하기 어렵다는 추론은 적절하지 않다.

[관련 부분] 처음 공부할 때에 회의(懷疑)를 품지 못하는 것은 ~ 뜬생각에 따라 좇다가 뜻을 책에 전념하지 못하기 때문이다.

③ 4문단을 통해 필자는 독서할 때 의문을 품는 것만큼 마음을 편안하게 하고 뜻을 오롯이 하여 글에 전념하는 것 또한 중요한 것으로 생각함을 알 수 있다. 따라서 독서할 때 의문을 품으면 안 된다는 추론은 적절하지 않다.

[관련 부분] 독서를 할 때에는 결코 의문만 품으려고 해서는 안 된다. 다만 마음을 평온하게 갖고 뜻을 오롯이 하여 글을 읽어 가도록 한다.

13 문학 작품의 종합적 감상 (시조) 난이도 중 ●●○

정답 설명

① 제시된 시조의 화자는 귀뚜라미 소리에 잠 못 이루면서도 귀뚜라미 소리를 자신의 심정과 동일시하고 있다. 또한 종장에서 화자는 귀뚜라미가 미물이지만 자신의 외로운 처지를 알아주는 유일한 대상임을 인식하며 귀뚜라미에게서 동병상련의 심정을 느끼고 있으므로 ①의 설명은 적절하다.

오답 분석

② 제시된 시조에는 임에 대한 그리움이 드러나 있으나, 사랑과 원망의 두 가지 감정을 보여 주고 있지 않다.

③ 제시된 시조는 홀로 임을 기다리는 화자의 외로운 심리를 솔직하게 표현하였지만, 조선 후기 서민들의 삶에 대한 해학적 태도를 느낄 수 있는 부분은 나타나지 않는다.

④ 화자는 '귀쏘리'를 자신과 동병상련의 처지에 있다고 생각하여 불쌍하고 안타깝게 여기고 있다. 이러한 화자의 태도와 대조되는 대상은 드러나 있지 않다.

지문 풀이

귀뚜라미, 저 귀뚜라미, 불쌍하다 저 귀뚜라미.
어찌된 귀뚜라미가 지는 달 새는 밤에 긴 소리 짧은 소리, 마디마디 슬픈 소리로 저 혼자 계속 울어, 비단 창문 안에 살풋 든 잠을 잘도 깨우는구나.
두어라, 제가 비록 작은 벌레이지만 외로워 잠 못 이루는 내 마음을 아는 이는 너(귀뚜라미)뿐인가 하노라.

이것도 알면 합격!

작자 미상, '귀쏘리 져 귀쏘리'의 주제 및 특징

1. 주제: 독수공방하며 임을 그리워하는 외로운 여인
2. 특징
   (1) 감정이입을 통해 화자의 외로운 정서를 드러냄
   (2) 반어법을 사용하여 화자의 감정을 효과적으로 표현함

14 어법 한글 맞춤법 (띄어쓰기) 난이도 상 ●●●

정답 설명

② 밑줄 친 부분의 띄어쓰기가 모두 옳은 것은 ②이다.

- 보잘것없다(O): '볼만한 가치가 없을 정도로 하찮다'라는 뜻하는 '보잘것없다'는 한 단어이므로 붙여 쓴다.
- 나가∨버리니(O): 이때 '버리다'는 앞말이 나타내는 행동이 이미 끝났음을 나타내는 보조 동사이다. 보조 용언은 본용언과 띄어 쓰는 것이 원칙이므로 '버리다(버리니)'는 본용언 '나가다(나가)'와 띄어 쓴다. 참고로 본용언이 합성어나 파생어이고 그 활용형이 2음절 이하인 경우, 보조 용언을 붙여 쓰는 것도 허용하므로 '나가버리니'와 같이 붙여 쓸 수도 있다.

오답 분석

① • 척∨하던데(×) → 척하던데(O): 이때 '척하다'는 앞말이 뜻하는 행동이나 상태를 거짓으로 그럴듯하게 꾸밈을 나타내는 보조 동사이므로 '척'과 '하던데'를 붙여 써야 한다.
   • 안∨됐다(×) → 안됐다(O): '섭섭하거나 가엾어 마음이 언짢다'를 뜻하는 '안되다'는 한 단어이므로 붙여 써야 한다.

③ • 무엇인데(O): 이때 '데'는 뒤 절에서 어떤 일을 설명하거나 묻거나 시키거나 제안하기 위하여 그 대상과 상관되는 상황을 미리 말할 때에 쓰는 연결 어미 '-ㄴ데'의 일부이므로 앞말과 붙여 쓴다.
   • 이래라∨저래라(×) → 이래라저래라(O): '이리하여라 저리하여라'가 줄어든 한 단어이므로 붙여 써야 한다.

④ • 아픈데(×) → 아픈∨데(O): 이때 '데'는 '경우'를 뜻하는 의존 명사이므로 앞말과 띄어 써야 한다.
   • 참아∨내고(O): 이때 '내다'는 앞말이 뜻하는 행동이 스스로의 힘으로 끝내 이루어짐을 나타내는 보조 동사이다. 보조 용언은 본용언과 띄어 쓰는 것이 원칙이므로 '내다'는 본용언 '참다(참아)'와 띄어 쓴다.

이것도 알면 합격!

보조 용언의 띄어쓰기

1. 보조 용언은 띄어 씀을 원칙으로 하되, 경우에 따라 붙여 씀도 허용함
   예 내 힘으로 막아 낸다. (원칙) / 내 힘으로 막아낸다. (허용)
2. 앞말에 조사가 붙거나 앞말이 합성 용언인 경우, 그리고 중간에 조사가 들어갈 적에 그 뒤에 오는 보조 용언은 띄어 씀
   예 • 앞말에 조사가 붙는 경우: 잘도 놀아만 나는구나!
   • 앞말이 합성 동사인 경우: 네가 덤벼들어 보아라.
   • 중간에 조사가 들어가는 경우: 그가 올 듯도 하다. (한 단어인 '듯하다'의 중간에 보조사 '도'가 들어감)

15 어휘 한자어 (한자어의 표기) 난이도 상 ●●●

정답 설명

② ㉠~㉣ 중 한자의 표기가 옳은 것은 ㉠ '剛斷', ㉢ '交友'이다.

- ㉠ 剛斷(강단: 굳셀 강, 끊을 단): 어떤 일을 야무지게 결정하고 처리하는 힘
- ㉢ 交友(교우: 사귈 교, 벗 우): 벗을 사귐. 또는 그 벗

오답 분석

㉡ 建實(건실: 세울 건, 열매 실)(×) → 健實(건실: 굳셀 건, 열매 실)(O): 생각, 태도 등이 건전하고 착실함

㉣ 皮怒(피로: 가죽 피, 성낼 로)(×) → 疲勞(피로: 피곤할 피, 일할 로)(O): 과로로 정신이나 몸이 지쳐 힘듦. 또는 그런 상태

16 어휘 고유어와 한자어의 대응 난이도 중 ●●○

정답 설명

② '기미(幾微)'는 '어떤 일을 알아차릴 수 있는 눈치. 또는 일이 되어 가는 야릇한 분위기'를 뜻한다. 문맥상 일이 되어 가는 분위기를 빠르게 파악한다는 의미이므로 '낌새'로 바꾸어 쓰는 것은 적절하다.
- 기미(幾微: 몇 기, 작을 미)

오답 분석

① '질타하다(叱咤-)'는 '큰 소리로 꾸짖다'를 뜻하므로, '그릇된 일을 바르게 만들거나 잘못된 것을 올바르게 고치다'를 뜻하는 '바로잡다'로 바꾸어 쓰는 것은 적절하지 않다.
- 질타(叱咤: 꾸짖을 질, 꾸짖을 타)

③ '실소(失笑)'는 '어처구니가 없어 저도 모르게 웃음이 툭 터져 나옴. 또는 그 웃음'을 뜻하므로 '흉을 보듯이 빈정거리거나 업신여기는 일. 또는 그렇게 웃는 웃음'을 뜻하는 '비웃음'으로 바꾸어 쓰는 것은 적절하지 않다.
- 실소(失笑: 잃을 실, 웃음 소)

④ '계고하다(啓告-)'는 '윗사람이나 관청 등에 일에 대한 의견이나 사정 등을 말이나 글로 보고하다'을 뜻하므로, '형편이나 사정 등을 자세히 알아보다'를 뜻하는 '살피다'로 바꾸어 쓰는 것은 적절하지 않다.
- 계고(啓告: 열 계, 고할 고)

17 비문학 세부 내용 파악 난이도 중 ●●○

정답 설명

② 4문단 1~3번째 줄을 통해 자연과 우주의 가치는 '나'를 통해야만 의미 있다고 하였으므로 답은 ②이다.

[관련 부분] 우리가 "자연, 우주, 신 등에 대해 안다."라고 하는 것은 어디까지나 우리의 생각을 거쳐야 가능하며, '나'를 통해야만 의미가 있다.

오답 분석

① 1문단 끝에서 1~2번째 줄을 통해 칸트는 철학이 제기하는 중요한 질문이 '인간이란 무엇인가'로 귀결된다고 보았음을 알 수 있다.

[관련 부분] 세 가지 질문이 모두 '인간이란 무엇인가'라는 질문으로 귀결된다고 하였다.

③ 2문단 끝에서 2~3번째 줄을 통해 인간과 자신은 어느 정도의 연관되어 있지만 근본적으로 다른 차원에 있음을 알 수 있다.

[관련 부분] 인간과 자신은 어느 정도 연관은 있지만 근본적으로 다른 차원에 있다.

④ 3문단 1~3번째 줄을 통해 고대 철학자들은 자연과 우주, 신과 같은 외부 대상에 관심을 가졌음을 알 수 있다. 하지만 외부 대상에 대한 탐구를 선행한 후 인간 문제를 탐구해야 한다는 내용은 제시문에 드러나 있지 않다.

[관련 부분] 아득한 옛날, 사람들은 자신보다는 자신을 둘러싼 자연 현상이나 우주, 인간과 자연의 모든 것을 지배하는 신들에 주로 관심을 기울였다.

18 문학 서술상의 특징 난이도 중 ●●○

정답 설명

④ 끝에서 1~8번째 줄에서 장끼는 까투리의 말에 대해 안자(顔子), 백이숙제, 장량(張良) 등의 고사를 근거로 들어 염치를 지키는 것보다 먹는 것이 가장 중요함을 반박하고 있다. 이는 중국 고사를 변형하지 않고 인용하여 논리적으로 반박하고 있으므로 답은 ④이다.

오답 분석

① 콩을 먹는 것에 대한 '까투리'와 '장끼'의 대화를 통해 신중한 까투리의 성격과 조심성이 없는 장끼의 성격이 드러난다.

② '까투리'와 '장끼'를 의인화하여 '콩'을 먹는 것에 대한 사건이 전개되어 있다.

③ 까투리는 '~요', '~소'의 경어체를 사용함으로써 장끼를 존중하며 말하고 있다.

이것도 알면 합격!

작자 미상, '장끼전'의 표현상 특징
1. 중국의 고사와 한자어를 많이 인용함
2. 풍자와 해학을 통해 남존여비 사상과 여성의 개가 금지를 비판함
3. 운문과 산문이 혼합된 문체를 사용함
4. 평민 계층의 속어, 재담, 육담이 섞여 있음

19 비문학 내용 추론 난이도 하 ●○○

정답 설명

② 4문단 끝에서 3~6번째 줄에서 다양한 프로그램을 홍보하여 청소년들에게 참여 동기를 부여하고 자기주도능력, 상호작용능력 등을 기를 수 있음을 언급하고 있다. 이를 통해 청소년들 스스로 프로그램을 선택하여 참여하게 함으로써 자기주도능력을 높일 수 있다는 내용을 추론할 수 있으므로 문제해결능력을 높일 수 있다는 것은 적절하지 않다.

[관련 부분] 또한 프로그램을 적극적으로 홍보하여 청소년들이 참여하는 데에 동기를 부여해야 한다. 이를 통해 청소년들은 자기주도적으로 결정하는 능력을 기르고, 타인과 상호작용하는 능력 등을 배양할 수 있을 것이다.

오답 분석

① 2문단 끝에서 1~2번째 줄에서 지금까지의 체험 활동은 청소년들의 흥미가 고려되지 못했음을 언급하고 있으므로 이를 통해 청소년들의 선호도를 고려하여 체험 프로그램을 다양화한다는 내용을 추론할 수 있다.

[관련 부분] 그동안의 체험 활동이 청소년의 흥미를 고려하여 선정되지 못했음을 알 수 있다.

③ 4문단 끝에서 1~3번째 줄에서 교육 기관의 지원뿐 아니라 지역사회와의 협력도 중요함을 언급하고 있으므로 교육청의 물적 지원 또는 지역사회로부터 체험 장소 지원 등과 같이 관계 기관과 협력해야 한다는 내용을 추론할 수 있다.

[관련 부분] 효과적인 프로그램 운영을 위해서는 교육 기관의 지원뿐 아니라 지역사회와의 협력도 필요할 것이다.

④ 2문단 1~5번째 줄의 학교 급별 청소년 체험 활동 연간 참여 횟수 조사 결과에 따르면 중등학교에 진학한 이후 고학년이 될수록 체험 활동에 참여하기 어렵다고 하였다. 이를 통해 고학년의 교육과정에 체험 활동의 시수를 필수로 편성하여 참여 횟수를 높일 수 있음을 추론할 수 있다.
[관련 부분] 학교 급별 청소년 체험 활동 연간 참여 횟수를 조사한 결과, 중등학교에 진학한 이후 고학년으로 올라갈수록 ~ 체험 활동의 횟수가 줄어드는 것으로 나타났다.

20 비문학 내용 추론 난이도 중 ●●○

정답 설명

④ 2문단 끝에서 2~5번째 줄을 통해 바쟁은 영화란 현실을 시간적으로 구현한 것으로, 현실의 숨은 의미를 드러내며 현실에 밀도를 제공해 준다고 보았음을 알 수 있다. 이를 통해 바쟁은 영화에 담기게 될 현실의 추악함마저 영화의 리얼리즘적 본질이라고 생각함을 추론할 수 있다. 따라서 영화가 현실의 추악함으로부터 자유를 부여한다는 ④의 추론은 적절하지 않다.
[관련 부분] 영화는 현실을 시간적으로 구현한다는 점에서 현실의 연장이며, 현실의 숨은 의미를 드러내고 현실에 밀도를 제공한다는 점에서 현실의 정수이다.

오답 분석

① 1문단 5~6번째 줄을 통해 복제의 욕망은 르네상스 이전까지 작가의 자기표현 의지와 일정 균형을 이루었다고 하였으므로 ①의 추론은 적절하다.
[관련 부분] 그 욕망은 르네상스 시대 이전까지 작가의 자기표현 의지와 일정한 균형을 이루어 왔다.

② 2문단 4~5번째 줄을 통해 영화는 시간의 사실적 재현이 가능하다고 하였으므로 ②의 추론은 적절하다.
[관련 부분] 시간의 흐름에 따른 재현이 가능해진 결과, 더욱 닮은 지문(指紋)같은 현실을 제공하게 되었다.

③ 1문단 2~5번째 줄에서 고대 이집트 인의 복제의 욕망이 조형 예술에 강력한 힘으로 작용했음을 알 수 있으며, 1문단 6~8번째 줄에서 원근법의 등장으로 그 욕망은 더 커졌다고 하였으므로 ③의 추론은 적절하다.
[관련 부분]
- 고대 이집트 인이 만든 미라에는 죽음을 넘어서 생명을 길이 보존하고자 하는 욕망이 깃들어 있거니와, 그러한 '복제의 욕망'은 회화를 비롯한 조형 예술에도 강력한 힘으로 작용해 왔다고 한다.
- 원근법이 등장하여 대상의 사실적 재현에 성큼 다가서면서 회화의 관심은 복제의 욕망 쪽으로 기울게 되었다.

05회 실전동형모의고사

정답

p.50

01	④ 어휘	08	④ 문학	15	② 비문학
02	④ 어휘	09	④ 비문학	16	② 비문학
03	③ 비문학	10	② 비문학	17	④ 비문학
04	② 문학	11	③ 비문학	18	③ 혼합(문학+어휘)
05	③ 문학	12	③ 비문학	19	④ 비문학
06	① 어휘	13	④ 비문학	20	③ 비문학
07	④ 문학	14	② 어법		

취약영역 분석표

영역	틀린 답의 개수
어법	/ 1
비문학	/ 11
문학	/ 4
어휘	/ 3
혼합	/ 1
TOTAL	20

* 취약영역 분석표를 이용해 1개라도 틀린 문제가 있는 영역은 그 영역의 문제만 골라 해설을 다시 한번 꼼꼼히 학습하세요.

01 어휘 혼동하기 쉬운 어휘 난이도 중 ●●○

정답 설명

④ 재산이 붇는 것(○): '분량이나 수효가 많아지다'를 뜻하는 단어 '붇다'의 활용형 '붇는'이 정확하게 쓰였다.

오답 분석

① 사과 껍데기(×) → 사과 껍질(○): '물체의 겉을 싸고 있는 단단하지 않은 물질'을 뜻할 때는 '껍질'을 써야 한다.
- 껍데기: 달걀이나 조개 등의 겉을 싸고 있는 단단한 물질

② 본성을 들어냈다(×) → 본성을 드러냈다(○): '알려지지 않은 사실이 널리 밝혀지다'를 뜻할 때는 '드러나다'를 써야 한다.
- 들어내다: 물건을 들어서 밖으로 옮기다.

③ 부모님의 등살에 못 이겨(×) → 부모님의 등쌀에 못 이겨(○): '몹시 귀찮게 구는 짓'을 뜻할 때는 '등쌀'을 써야 한다.
- 등살: 등에 있는 근육

02 어휘 관용 표현 (관용어) 난이도 중 ●●○

정답 설명

④ 그에게 여러 번 알려줘야 한다는 문맥을 통해, 밑줄 친 '귀가 질기다'가 ④ '둔하여 남의 말을 잘 이해하지 못하다'의 의미로 쓰였음을 유추할 수 있다.
- 귀가 질기다: 둔하여 남의 말을 잘 이해하지 못하다.

오답 분석

① '귀가 얇다'의 뜻풀이에 해당한다.
② '귀를 재우다'의 뜻풀이에 해당한다.
③ '귀(를) 주다'의 뜻풀이에 해당한다.

이것도 알면 합격!

'귀'와 관련된 관용어

귀가 열리다	세상 물정을 알게 되다. 예 몇 번의 시련을 겪으니 귀가 열린 듯하다.
귀(에) 거칠다	하는 말이 온당치 않아 듣기에 거북하다. 예 너는 귀에 거친 말만 하는구나.
귀에 싹이 나다	같은 말을 여러 번 듣다. 예 엄마의 잔소리 때문에 귀에 싹이 난 것 같다.
귀(에) 익다	1. 들은 기억이 있다. 예 귀에 익은 노래야. 2. 어떤 말이나 소리를 자주 들어 버릇이 되다. 예 밤에 시끄러운 소리가 나도 이젠 귀에 익어서 숙면을 취할 수 있다.

03 비문학 화법 (말하기 전략) 난이도 하 ●○○

정답 설명

③ 연구원은 학생이 이해하기 쉽게 설명하고 있지만, 학생의 이해 여부를 확인하며 설명을 이어가는 모습은 나타나 있지 않으므로 답은 ③이다.

오답 분석

① 연구원의 3번째 발화에서 지구에서 빵과 과자를 먹은 일상적인 경험을 들어 액체가 아닌 것들을 먹는 방법에 대해 쉽게 설명하고 있다.
[관련 부분] 지구에서는 보통 빵이나 과자를 먹다 부스러기가 생겨도 괜찮잖아요?

② 학생의 1번째 발화에서 대담의 목적을 '우주 정거장에서의 생활'이라는 주제의 기사를 작성하기 위함임을 밝히고 있다. 또한 이와 관련하여 학생들이 궁금해 하는 내용을 질문할 예정임을 밝히며 대화 주제를 제시하고 있다.

[관련 부분] 교내 신문에 '우주 정거장에서의 생활'이란 주제로 기사를 작성하고자 찾아뵙게 되었습니다. 기사를 준비하면서 우리 학교 학생들이 궁금해 하는 점을 미리 조사했는데요, 그 내용을 바탕으로 질문드리겠습니다.

④ 학생의 3~4번째 발화에서 연구원이 설명한 내용을 반복해 말함으로써 잘 이해하고 있음을 보여주고 있다.

[관련 부분]
- 그렇군요. 빨대를 사용하는군요.
- 부스러기 때문에 지구에서처럼 편하게 음식을 먹을 순 없군요.

04 문학 시어의 의미 난이도 중 ●●○

정답 설명

② 객관적 상관물이란 화자의 감정을 불러일으키는 대상을 의미한다. 제시된 작품에서 화자가 임과 멀리 떨어져 있는 상황에 처해 있다는 내용이 1구에서 나타나고, 이로 인해 화자는 외로움을 느끼고 있다는 것이 발문에 제시되어 있다. 2구에서 등불이 쓸쓸하다고 표현한 것(㉡ 쓸쓸한 등불)으로 보아 이러한 화자의 외로운 심리가 '등불'이라는 소재를 통해 환기되고 있음을 알 수 있으므로 답은 ②이다.

오답 분석

①③ ㉠ '衣裳(의상)', ㉢ '一封書(일봉)'은 '임의 옷'과 '편지 한 장'이라는 의미로, 임을 향한 화자의 그리움과 사랑을 드러낼 뿐 화자와 동일시되는 소재는 아니다.

④ ㉣ '驛使(역사)'는 임에게 옷과 편지를 전달해주는 역할을 할 뿐 화자와 동일시되는 소재는 아니다.

이것도 알면 합격!

객관적 상관물
문학 작품의 표현 방식 중 한 기법으로, 화자의 감정을 불러일으키는 외부적 사건이나 사물을 가리킨다. 시적 화자와 동일한 감정뿐 아니라 대조적인 감정을 떠올리게 하는 것도 객관적 상관물이다.
예 훨훨 나는 저 꾀꼬리 / 암수 정답게 노니는데, / 외로울사 이 내 몸은 / 뉘와 함께 돌아갈꼬?
→ 정답게 노는 꾀꼬리가 화자의 외로움을 불러일으키고 있으므로 꾀꼬리는 객관적 상관물이다.

05 문학 작품의 종합적 감상 (시조) 난이도 하 ●○○

정답 설명

③ '금서(琴書)'는 '거문고와 책'을 의미하는 것으로, 자연 속에서 거문고와 책을 벗 삼아 여유롭게 풍류를 즐기는 삶의 태도를 드러내는 표현이다. 따라서 학문에 집중하고자 하는 화자의 의지를 드러내는 소재라는 ③의 설명은 적절하지 않다.

오답 분석

① 초장과 중장에서 화자는 풍류를 즐긴 후 나귀를 타고 흥겹게 돌아오고 있다. 이를 통해 화자는 자연 속에서 여유로운 생활을 즐기고 있음을 알 수 있다.

② 초장의 '흥(興)을 전나귀에 모도 싯고'는 화자가 자연 속에서 실컷 흥취를 느낀 후 나귀에 몸을 싣고 돌아온다는 내용이다. 이는 화자가 자연에서 느낀 추상적 개념인 '흥'이 나귀의 등에 실어지는 행위로 구체화된 표현임을 알 수 있다.

④ 종장에서 화자는 '아희'에게 거문고와 책을 챙기라고 하며 자신은 그것들과 함께 세월을 보낼 것이라고 말을 건네고 있다. 이를 통해 화자는 전원에서 남은 삶을 한가롭게 보낼 것임을 간접적으로 드러내고 있다.

지문 풀이

전원을 즐기다가 남은 흥을 발을 저는 나귀의 등에 모두 싣고
계곡이 있는 산의 익숙한 길로 흥겨워하며 돌아와서
아이야, 거문고와 책을 준비하여라. (나는 그것으로) 남은 세월을 보내리라.

06 어휘 한자어 난이도 상 ●●●

정답 설명

① 밑줄 친 말을 한자로 바르게 표기하면 ㉠ '自敍傳', ㉡ '有名無實', ㉢ '反芻'이므로 답은 ①이다.
- ㉠ 自敍傳(자서전: 스스로 자, 펼 서, 전할 전): 작자 자신의 일생을 소재로 스스로 짓거나, 남에게 구술하여 쓰게 한 전기
- ㉡ 有名無實(유명무실: 있을 유, 이름 명, 없을 무, 열매 실): 이름만 그럴듯하고 실속은 없음
- ㉢ 反芻(반추: 돌이킬 반, 꼴 추): 어떤 일을 되풀이하여 음미하거나 생각함. 또는 그런 일

오답 분석

㉠ 專(오로지 전)
㉡ 舞(춤출 무)
㉢ 騶(마부 추)

07 문학 작품의 종합적 감상 (고전 소설) 난이도 중 ●●○

정답 설명

④ 2번째 문단에서 추월이가 회계 비장을 유혹하기 위해 다과상을 차리는 모습이 나타나 있지만, 이를 비현실적으로 표현한 것은 아니다. 따라서 작품에 대한 설명으로 적절하지 않은 것은 ④이다.

오답 분석

① 남장을 한 춘풍 처(회계 비장)가 걸인처럼 지내는 춘풍을 만나는 장면을 묘사할 때 서술자가 직접 개입하고 있음을 알 수 있다.

② '봉두난발 덥수룩한데 얼굴조차 안 씻어 더러운 때가 덕지덕지, 십 년이나 안 빤 옷을 도롱도롱 누비어서 그렁저렁 얽어 입었으니'와 같은 외양 묘사를 통해 춘풍의 힘겨운 처지를 드러내고 있다.

③ 춘풍 처가 추월이 자신에게 내어 준 차담상을 춘풍에게 상째로 내어주며, '불쌍하다, 저 걸인 놈아 네가 본디 걸인이냐? 어이 그리 추물이냐?'라고 말한 부분을 통해 춘풍에 대한 연민과 분노의 감정을 드러내고 있음을 알 수 있다.

08 문학 작품의 종합적 감상 (현대 소설) 난이도 하 ●○○

정답 설명

④ '허 생원', '조 선달'로 등장인물들을 지칭하는 것으로 보아 제시된 작품의 서술자가 작품 밖에 위치해 있음을 알 수 있다. 하지만 인물들의 심리를 객관적으로 서술하고 있지는 않으므로 답은 ④이다.

오답 분석

① 허 생원은 '달밤에는 그런 이야기가 격에 맞거든'이라고 말하며 자신의 과거를 회상하고 있다. 따라서 '달밤'은 허 생원에게 과거 회상의 매개체로 기능함을 알 수 있다.

② '짐승 같은 달의 숨소리', '꽃이 소금을 뿌린 듯이'에서 비유법을 사용하여 인물들이 처해 있는 상황과 분위기를 서정적으로 묘사하고 있다.

③ '대화까지는 칠십 리의 밤길'을 통해 허 생원과 조 선달은 '대화'로 가는 길에 있음을 알 수 있다. 또한 '보름을 가제 지난 달은 부드러운 빛을 흐붓이 흘리고 있다'를 통해 시간적 배경은 '밤'임을 짐작할 수 있다.

이것도 알면 합격!

이효석, '메밀꽃 필 무렵'의 주제 및 특징
1. 주제: 장돌뱅이로서 떠도는 삶에 대한 애환과 인간의 근원적 애정
2. 특징
   (1) 전지적 작가 시점으로 등장인물의 행동과 심리를 섬세하게 서술함
   (2) 여운을 남기는 열린 결말의 구성을 취함

09 비문학 논지 전개 방식 난이도 하 ●○○

정답 설명

④ 본성과 양육이 인간에게 미치는 영향(뇌의 시냅스 조직을 조형하여 마음과 행동상에 모종의 결과를 만듦)은 제시되어 있으나, 이를 예시를 통해 보여 주고 있지는 않으므로 설명 방식으로 적절하지 않은 것은 ④이다.

오답 분석

① '미리 조립되어 나오는 존재', '삶이라는 접착제로 단단히 이어 붙여진 존재'와 같이 비유적인 표현을 사용하여 인간에 대해 설명하고 있다.
[관련 부분] 인간은 미리 조립되어 나오는 존재가 아니라, 삶이라는 접착제로 단단히 이어 붙여진 존재다.

② 인간이 구성될 때마다 다른 결과가 발생하는 원인을 밝히고 있다.
[관련 부분] 그 까닭은 첫째 우리가 저마다 다른 유전자 세트를 가지고 출발하기 때문이며, 둘째는 우리가 저마다 다른 경험들을 가지고 있기 때문이다.

③ 본성과 양육이라는 요인이 공통적으로 인간에게 어떠한 영향을 미치는지에 초점을 맞추어 논지를 전개하고 있다.
[관련 부분] 본성과 양육이 ~ 두 요인 모두 궁극적으로는 뇌의 시냅스 조직을 조형함으로써 마음과 행동상에 모종의 결과를 만들어 낸다.

10 비문학 글의 구조 파악 (문장 배열) 난이도 중 ●●○

정답 설명

② ㉠ - ㉣ - ㉡ - ㉤ - ㉢의 순서가 가장 자연스럽다.

순서	중심 내용	순서 판단의 단서와 근거
㉠의 앞	하우크 박사 연구팀이 마야 문명 유적지 근처 바다 속 퇴적물을 조사함	-
㉠	비가 많이 온 해에는 퇴적물에 티타늄 양이 많고, 적게 온 해에는 티타늄 양이 적음	접속어 '따라서': 앞서 언급한 티타늄의 양으로 알 수 있는 정보를 설명함
㉣	하우크 박사 연구팀은 700년부터 950년 사이에 쌓인 퇴적물에서 티타늄 양을 측정함	㉡~㉤에는 퇴적물을 조사한 시기 중 특정 연도와 이에 대한 설명이 제시되므로 연구의 전체 조사 시점을 언급한 ㉣이 가장 먼저 오는 것이 적절함
㉡	티타늄의 양이 극히 적은 810년, 860년, 910년경은 극심한 가뭄이 있었음	㉣에서 소개한 측정 연대 중 유의미한 결과를 얻은 일부 연대가 제시됨
㉤	810년, 860년, 910년경뿐만 아니라, 810년~910년까지의 강수량은 다른 세기보다 훨씬 적음	지시 표현 '이때뿐만이 아니라': ㉡에서 언급한 810년, 860년, 910년경을 가리킴
㉢	전체적인 강수량이 적은 시기 중 810년, 860년, 910년경은 더 극심한 가뭄이 강타함	㉡과 ㉤의 상황을 요약하여 재정리함

11 비문학 세부 내용 파악, 내용 추론 난이도 중 ●●○

정답 설명

③ 2문단 끝에서 1~4번째 줄을 통해 근대 이후 민족어의 기반을 다지기 위해 문법서가 발간되었음을 알 수 있으나, 근대 이전에도 우리말 문법 체계를 정리하려는 노력이 있었는지는 알 수 없다.

[관련 부분] 근대 민족국가는 민족어를 규범화하는 데 노력을 기울일 수밖에 없었다. 문법서를 발간하고 사전을 편찬하는 일은 민족어 규범화의 시작이자 결과였다.

오답 분석

① 1문단 끝에서 3~5번째 줄을 통해 조선 후기에 편찬된 어휘집은 한자어를 표제어로 한 사전임을 알 수 있으며, 2문단 끝에서 1~3번째 줄을 통해 근대에 이르러서야 민족어 규범화 차원에서 우리말로 된 사전이 편찬되었음을 알 수 있다.

[관련 부분]

- 그러나 이들 어휘집은 한자로 쓰인 한자어를 표제어로 하고 여기에 고유어를 대응시킨다는 점에서 우리말 사전의 출발로 보기는 어렵다.
- 문법서를 발간하고 사전을 편찬하는 일은 민족어 규범화의 시작이자 결과였다.

② 1문단 끝에서 1~3번째 줄을 통해 조선 후기에는 우리말을 지적 의사소통의 수단으로 여기지 않았음을 알 수 있다.

[관련 부분] 한글과 우리말에 관심을 가졌던 실학자들조차도 우리말과 글을 지적 의사소통의 수단으로 보지 않았던 것이다.

④ 1문단 1~2번째 줄을 통해 실학자들은 일상에서 쓰이는 우리말 어휘를 정리할 필요성을 느껴, 어휘집을 편찬하였음을 알 수 있다.

[관련 부분] 조선후기 실학자들은 우리말의 어휘를 모으고 이를 어휘집으로 만들었다.

12 비문학 주제 및 중심 내용 파악 (난이도 하 ●○○)

정답 설명

③ 제시문은 유해 자극을 피하기 위한 인간의 진화 방식과 동물의 진화 방식은 차이가 없다고 말하며, 개와 갓난아이의 사례를 근거로 들어 인간 이외의 동물들도 고통을 느낀다고 주장하고 있다. 따라서 제시문의 주장으로 가장 적절한 것은 ③이다.

오답 분석

① 2문단 2~5번째 줄을 통해 개는 인간의 관습적인 표현 방식으로 말하지 못한다는 것을 알 수 있으나, 이것은 말을 할 수 있는지의 여부와는 상관없이 사람과 개 모두 통증을 느낀다는 것을 설명하기 위한 것일뿐 제시문의 주장으로 보기는 어렵다.

[관련 부분] 개를 발로 찼을 때 통증을 느낄 거라는 판단의 근거는 많이 있다. 유일한 차이가 있다면 ~ 개는 아프다고 말하지 못한다는 것뿐이다. 적어도 우리 인간의 관습적인 표현 방식으로는 말하지 못한다.

② 1문단 끝에서 1~3번째 줄을 통해 인간과 동물의 진화 방식이 다르지 않다는 것을 알 수 있다.

[관련 부분] 진화를 통해 다른 동물들과 인간이 전혀 다른 방식을 선택했다면 이는 매우 놀라운 사건이다.

④ 1문단 1~2번째 줄을 통해 유해 자극을 피하는 능력은 고통을 느끼는 능력임을 알 수 있으며 2문단 끝에서 1~4번째 줄을 통해 이러한 고통을 느끼는 능력은 언어의 획득과는 무관하다는 것을 알 수 있다.

[관련 부분]

- 고통을 느끼는 '능력'을 갖춤으로써 유해 자극을 피한다.
- 인간의 갓난아기나 아직 말을 배우지 못한 아이들도 ~ 통증을 느낀다고 확고히 자신한다.

13 비문학 글의 전략 파악 (난이도 중 ●●○)

정답 설명

④ 제시문에서 대상에 대한 다른 견해를 들어 논지를 전환하는 부분은 나타나지 않는다. 제시문은 3문단에서 '표준 발음법을 정하는 기준'으로 '서울말'과 '국어의 전통성과 합리성'을 제시하며, 5문단에서 '현실에서 고착된 관용'은 예외적으로 표준 발음으로 인정한다고 설명하고 있다.

오답 분석

① 3문단에서 표준어의 정의를 제시한 후 표준 발음법에 대해 풀어서 설명하고 있다.

② 1문단에서 '어떻게 소리 내야 할까?'와 같이 물음을 던져 '표준 발음법'이라는 화제에 대한 호기심을 유발하고 있다.

③ '맑군요', '눈'과 '밤', '맛있다'와 '맛없다'의 발음을 예시로 들어 표준 발음법에 대해 설명하고 있다.

14 어법 단어 (용언의 활용) (난이도 중 ●●○)

정답 설명

② '묻다'와 '날다'는 모두 규칙 활용을 하는 동사로 그 유형이 같다. 따라서 답은 ②이다.

- 묻어: '묻다(埋)'의 어간 '묻-'에 어미 '-어'가 결합한 것이다. '묻다'의 어간 '묻-'이 모음 어미와 결합하는 과정에서 어간과 어미 모두 형태 변화가 없는 규칙 활용을 한다.
- 나는: '날다'의 어간 '날-'에 어미 '-는'이 결합한 것이다. 어간 '날-'의 받침 'ㄹ'이 'ㄴ, ㅂ, ㅅ'으로 시작하는 어미나 어미 '-(으)오, -(으)ㄹ' 앞에서 예외 없이 탈락하는 규칙 활용이다.

오답 분석

①③④ 밑줄 친 두 단어는 각각 규칙/불규칙 활용 용언이므로 활용 유형이 서로 다르다.

① • 따라(규칙 활용): '따르다'의 어간 '따르-'에 어미 '-아'가 결합한 것이다. 어간 '따르-'의 끝음절 'ㅡ'가 모음 어미 앞에서 탈락하는 규칙 활용을 한다.
  • 부으면(불규칙 활용): '붓다'의 어간 '붓-'에 어미 '-으면'이 결합한 것이다. 어간 '붓-'의 받침 'ㅅ'이 모음 어미 앞에서 탈락하는 'ㅅ' 불규칙 활용을 한다.

③ • 우니(규칙 활용): '울다'의 어간 '울-'에 어미 '-니'가 결합한 것이다. 어간 '울-'의 받침 'ㄹ'이 자음 'ㄴ' 앞에서 탈락하는 'ㄹ' 규칙 활용을 한다.
  • 구워서(불규칙 활용): '굽다'의 어간 '굽-'에 어미 '-어서'가 결합된 것이다. 어간 '굽-'의 받침 'ㅂ'이 모음 앞에서 '우'로 바뀌는 'ㅂ' 불규칙 활용을 한다.

④ • 굽으신(규칙 활용): '굽다'의 어간 '굽-'에 어미 '-으시-'와 관형사형 어미 '-ㄴ'이 결합한 것이다. 어간 '굽-'이 어미와 결합하는 과정에서 어간과 어미 모두 형태 변화가 없는 규칙 활용을 한다. 참고로 '불에 익히다'를 뜻하는 '굽다'는 'ㅂ'불규칙 활용을 한다.
  • 물어도(불규칙 활용): '묻다(問)'의 어간 '묻-'에 어미 '-어'와 보조사 '도'가 결합한 것이다. 어간 '묻-'의 받침 'ㄷ'이 모음 앞에서 'ㄹ'로 바뀌는 'ㄷ' 불규칙 활용을 한다.

이것도 알면 합격!

용언의 규칙 활용과 불규칙 활용

1. 규칙 활용

규칙	설명	예
'ㅡ' 탈락	두 개의 모음이 이어질 때, 어간의 모음 'ㅡ'가 탈락	• 크-+-어 → 커 • 담그-+-아 → 담가
'ㄹ' 탈락	어간의 끝소리인 'ㄹ'이 어미의 첫소리 'ㄴ', ㅂ, ㅅ' 및 '-(으)오, -(으)ㄹ' 앞에서 탈락	• 불-+-(으)오 → 부오 • 살-+-(으)ㄹ수록→ 살수록
모음 조화	양성 모음은 양성 모음끼리, 음성 모음은 음성 모음끼리 나타남	막아도, 저어도

2. 불규칙 활용

규칙	설명	예
'ㅂ' 불규칙	어간의 끝소리인 'ㅂ'이 모음 앞에서 '오/우'로 바뀜	곱-+아 → 고와
'ㅅ' 불규칙	어간의 끝소리인 'ㅅ'이 모음 앞에서 탈락	긋-+-어 → 그어
'ㄷ' 불규칙	어간의 끝소리인 'ㄷ'이 모음 앞에서 'ㄹ'로 바뀜	듣-+은 → 들은
'르' 불규칙	어간의 끝소리인 '르'가 모음 앞에서 'ㄹㄹ'로 바뀜	부르-+-어 → 불러
'러' 불규칙	어간의 '르'로 끝나는 일부 용언에서 어미 '-어'가 '-러'로 바뀜	푸르-+-어 → 푸르러

15 비문학 세부 내용 파악 난이도 중 ●●○

정답 설명

② 3문단 끝에서 1~2번째 줄을 통해 h와 FL의 비율은 공룡의 종류나 성장 단계에 따라 다르게 적용됨을 알 수 있다. 따라서 h와 FL의 비율이 모든 공룡에게 절대적으로 적용되는 기준이 아니라는 ②는 적절하다.

[관련 부분] h와 FL의 비율은 공룡의 성장 단계나 종류에 따라 약간씩 다르게 적용된다.

오답 분석

① 5문단 2~4번째 줄을 통해 물결 자국이나 건열 등의 퇴적 구조를 분석하여 발자국이 만들어진 당시의 기후나 환경을 짐작할 수 있다는 내용을 확인할 수 있지만, 공룡 발자국 화석에 대한 설명이 아니므로 ①은 적절하지 않다.

[관련 부분] 공룡 발자국과 함께 발견되는 물결 자국이나 건열 등의 ~ 당시의 기후나 환경을 짐작할 수 있다.

③ 4문단 끝에서 1~4번째 줄을 통해 SL/h의 값이 2.0~2.9라면 빠른 걸음으로 추정한다는 것을 알 수 있다. 따라서 SL/h의 값이 2.9 이하인 경우는 달리는 상태가 아닌 빠른 걸음으로 추정되므로 ③은 적절하지 않다.

[관련 부분] '상대적 보폭 거리[SL/h]'를 사용한다. ~ 2.0 이상 2.9 이하이면 빠른 걸음이었을 것으로, 2.9를 초과하면 달렸을 것으로 추정하고 있다.

④ 2문단을 통해 조각류의 발자국은 수각류의 발자국과 발뒤꿈치 모양은 다르지만, 2족 보행렬을 나타낸다는 점이 공통적임을 알 수 있다. 하지만 용각류의 발자국은 2족 보행렬이 아닌 4족 보행렬을 보인다고 하였으므로 ④는 적절하지 않다.

[관련 부분]

- 조각류의 발자국은 세 개의 뭉툭한 발가락이 앞으로 향해 있고 발뒤꿈치는 완만한 곡선을 이룬다. ~ 수각류의 발자국은 날카로운 발톱이 달린 세 개의 발가락과 좁고 뾰족한 발뒤꿈치를 보인다.
- 용각류의 발자국은 ~ 4족 보행렬을 나타낸다. ~ 수각류의 발자국은 ~ 2족 보행렬을 나타내지만

16 비문학 세부 내용 파악 난이도 상 ●●●

정답 설명

② 4문단 1~3번째 줄을 통해 자유주의에서 말하는 자유에는 재산권이 포함되어 있음을 알 수 있으므로 ②의 설명은 적절하다.

[관련 부분] 자유주의에서 말하는 자유는 협의의 자유만을 의미하는 것이 아니라, 생명권과 재산권을 모두 포함하는 기본인권(basic human rights)이다.

오답 분석

① 4문단 끝에서 1~3번째 줄을 통해 개인의 신체 보장은 인간의 기본권으로, 광의의 자유에 해당된다는 것을 알 수 있으므로 ①의 설명은 적절하지 않다.

[관련 부분] 광의의 자유란 ~ 개인의 생명과 신체·재산 보장을 모두 포함한 인간의 기본권 자체를 의미한다.

③ 3문단을 통해 사회적 자유란 사회와 영향을 주고받지 않는 것이 아니라 개인의 사회 활동과 관련된 것임을 알 수 있으므로 ③의 설명은 적절하지 않다.

[관련 부분] 사회적 자유란 ~ 타인이나 사회와 영향을 주고받지 않고 전적으로 개인이 스스로 처리할 수 있는 문제와 관련된 자유가 아니라 ~ 개인의 사회 활동과 관련된 자유를 말한다.

④ 2문단 끝에서 5~6번째 줄을 통해 자유주의는 국가, 조직, 이념 등을 위한 개인의 희생을 반대한다는 것을 알 수 있으나, 개인의 행복을 위한 희생을 어떻게 바라보는지는 제시문에서 확인할 수 없으므로 ④의 설명은 적절하지 않다.

[관련 부분] 따라서 이런 것들(국가, 조직, 이념)을 위해 개인을 수단시하여 희생시키는 것을 반대한다.

17 비문학 작문 (조건에 맞는 글쓰기) 난이도 하 ●○○

정답 설명

④ 교통안전 지키기를 강조하고 '~가는 ~운전'의 구조상 대구를 이룬다. 또한 '교통 천국'이라는 긍정적 표현과, '교통 지옥'이라는 부정적 표현을 모두 사용하고 있다. 따라서 제시된 세 가지 조건을 모두 만족하는 것은 ④이다.

오답 분석

① 교통안전 지키기를 강조하고 있으므로 첫 번째 조건을 만족한다. 그러나 대구의 표현 방식을 활용하지 않고, '우리 거리에 웃음꽃이 핍니다'와 같이 긍정적 표현만 사용하고 있으므로 두 번째, 세 번째 조건을 만족시키지 않는다.

② 교통안전 지키기를 강조하고 '~에게 ~친구'의 구조상 대구를 이루므로 첫 번째, 두 번째 조건은 만족하지만 부정적 표현은 사용하지 않았으므로 세 번째 조건을 만족시키지 않는다.

③ 교통안전 지키기를 강조하고 '~은 안돼요'의 구조상 대구를 이루므로 첫 번째, 두 번째 조건은 만족하지만 '생명위협'과 같이 부정적 표현만 사용하고, 긍정적 표현은 사용하지 않았으므로 세 번째 조건을 만족시키지 않는다.

18 문학+어휘 주제 및 중심 내용 파악, 한자어 난이도 상 ●●●

정답 설명

③ 종장을 통해 제시된 시조의 화자가 자연 경관 속에서 학문에 매진했던 주자의 삶을 계승하고자 함을 알 수 있다. 따라서 시조의 주제는 '학문 수양에 대한 다짐'이고, 이와 부합하는 한자어는 ③ '勉學'이다.

- 勉學(면학: 힘쓸 면, 배울 학): 학문에 힘씀

오답 분석

① 孝道(효도: 효도 효, 길 도): 부모를 잘 섬기는 도리

② 禮讚(예찬: 예도 예, 기릴 찬): 무엇이 훌륭하거나 좋거나 아름답다고 찬양함

④ 醉興(취흥: 취할 취, 일 흥): 술에 취하여 일어나는 흥취

지문 풀이

고산의 아홉 굽이 계곡의 아름다움을 세상 사람들이 모르더니,
내가 풀을 베고 터를 잡아 집을 짓고 사니 (그때야) 벗들이 찾아오는구나.
아, 무이산을 생각하고 주자를 배우리라.

이것도 알면 합격!

이이, '고산구곡담'의 주제 및 특징

1. 주제: 자연의 아름다움과 학문 수양 속 즐거움
2. 특징
   (1) 고산의 아름다움과 학문을 통해 얻은 진리를 사람들에게 알리고 싶어 하는 화자의 정서가 드러남
   (2) 중의법을 사용하여 고산의 아름다움과 학문 수양을 통해 얻은 진리를 예찬함

19 비문학 세부 내용 파악 난이도 하 ●○○

정답 설명

④ 4문단 끝에서 1~2번째 줄을 통해 자기개념이 분명해지면 자기 인식 욕구가 사라지거나 약화된다는 것은 알 수 있다. 하지만 어떠한 양상으로 사라지는지는 제시문을 통해 알 수 없으므로 답은 ④이다.

[관련 부분] 자기개념이 분명해져서 자기 인식 욕구는 사라지거나 약화된다.

오답 분석

① 2문단 1~3번째 줄을 통해 확인할 수 있다.

[관련 부분] '자기 인식 욕구'란 자기를 알고 싶다는 욕구를 말한다. 내가 누구인지 정확하게 알고 싶다는 욕구가 바로 자기 인식 욕구이다.

② 2문단 끝에서 1~2번째 줄을 통해 확인할 수 있다.

[관련 부분] 자기 인식 욕구는 자기개념이 불안정해지면 나타나서

③ 1문단 2~4번째 줄을 통해 확인할 수 있다.

[관련 부분] 주위의 평가에 따라, 혹은 자기 생각의 변화에 따라 얼마든지 바뀔 수 있다. 또한 주위 사람들의 반응에 따라 일시적으로 자기개념이 흔들리는 경우도 있다.

20 비문학 관점과 태도 파악, 적용하기 난이도 상 ●●●

정답 설명

③ 2문단 1~2번째 줄에서 루카치는 자본주의 사회의 노동 소외를 극복하기 위해서는 노동자들이 저항해야 한다고 생각했음을 알 수 있다. 따라서 노동자의 권리를 찾고 지위를 향상시키는 데 목적을 두는 노동조합을 노동 소외를 극복하기 위한 적극적 수단으로 볼 수 있으므로, 루카치의 주장에 부합하는 견해로 가장 적절한 것은 ③이다.

[관련 부분] 루카치는 자본주의 사회의 노동 소외와 물신화 현상의 극복을 노동자들의 저항에서 찾았다.

오답 분석

① 고도로 조직화된 관료제 사회에서는 유기적인 활동이 이루어지도록 하기 위해 모든 직무가 분업화되어 있다. 2문단 3~5번째 줄과 1문단 끝에서 5~6번째 줄에서 지나친 분업은 노동 소외로 이어지고, 노동 소외는 물신화 현상을 야기한다는 것을 알 수 있다. 따라서 고도로 조직화된 관료제 사회에서는 물신화가 일어난다.

[관련 부분]

- 노동자는 분업에 의해 자신이 무엇을 만들고 있는지도 모르는 열악한 노동 소외의 상태에서
- 물신화는 노동 소외에서 비롯된 현상이다.

② 2문단 끝에서 4~6번째 줄에서 루카치는 노동자의 계급 의식을 개별적인 심리 상태가 아닌, 집단의식으로 보았음을 알 수 있다. 따라서 계급투쟁의 필연적인 조건은 집단 차원의 의식 각성이다.

[관련 부분] 노동자의 계급 의식은 개별적인 심리 상태가 아니다. 그것은 ~ 집단의식이다.

④ 1문단을 통해 노동력 자체가 하나의 상품이 된 사회는 물신화 현상이 만연한 사회라는 것과 이러한 사회에서는 물건이 인간을 지배한다는 것을 알 수 있다. 따라서 노동력이 하나의 상품이 된 사회에서 노동 계급의 위상은 추락한다.

06회 실전동형모의고사

정답 p.58

01	④ 문학	08	③ 어휘	15	③ 어휘
02	① 어휘	09	② 비문학	16	④ 문학
03	① 문학	10	④ 비문학	17	④ 비문학
04	① 어휘	11	② 문학	18	③ 비문학
05	④ 비문학	12	② 비문학	19	① 어법
06	④ 비문학	13	① 비문학	20	④ 비문학
07	③ 비문학	14	④ 비문학		

취약영역 분석표

영역	틀린 답의 개수
어법	/ 1
비문학	/ 11
문학	/ 4
어휘	/ 4
혼합	- / 0
TOTAL	20

* 취약영역 분석표를 이용해 1개라도 틀린 문제가 있는 영역은 그 영역의 문제만 골라 해설을 다시 한번 꼼꼼히 학습하세요.

01 문학 시상 전개 방식 난이도 중 ●●○

정답 설명

④ 화자는 1~2구에서 '꾀꼬리'의 다정한 모습을 서술하고 3~4구에서 '꾀꼬리'와는 대조적으로 외로운 처지에 놓인 화자의 고독한 마음을 노래하고 있다. 따라서 자연물인 '꾀꼬리'에 의탁하여 시상을 불러일으킨 후 외롭고 고독한 화자의 내면을 서술하는 방식으로 시상을 전개하고 있다고 볼 수 있으므로 답은 ④이다. 참고로 이와 같이 자연이나 사물을 묘사한 뒤 화자의 감정을 서술하는 기법을 '선경후정(先景後情)'이라 한다.

오답 분석

① 제시된 작품에서 공간을 대비하는 부분은 확인할 수 없다. '자연물(꾀꼬리)'와 '인간(시적 화자)'이 대조되고 있을 뿐이다.

②③ 제시된 작품에서 확인할 수 없다.

지문 풀이

翩翩黃鳥(편편황조) 펄펄 나는 저 꾀꼬리
雌雄相依(자웅상의) 암수 서로 다정한데
念我之獨(염아지독) 외로울사 이내 몸은
誰其與歸(수기여귀) 그 누구와 함께 돌아갈꼬.

이것도 알면 합격!

유리왕, '황조가(黃鳥歌)'의 주제 및 특징

1. 주제: 임의 부재로 인한 슬픔과 외로움
2. 특징
   (1) 객관적 상관물을 사용하여 화자의 처지를 부각함
   (2) 집단 서사시에서 개인적 서정시로 넘어가는 과도기적 작품으로 평가됨
   (3) 선경후정의 시상 전개 방식을 통해 '이별의 정한'이라는 보편적 주제를 드러냄

02 어휘 한자어 (한자어의 표기) 난이도 중 ●●○

정답 설명

① ㉠~㉣의 한자가 모두 바르게 표기된 것은 ①이다.

- ㉠ 비교(比較: 견줄 비, 견줄 교): 둘 이상의 사물을 견주어 서로 간의 유사점, 차이점, 일반 법칙 등을 고찰하는 일
- ㉡ 대조(對照: 대할 대, 비칠 조): 둘 이상인 대상의 내용을 맞대어 같고 다름을 검토함
- ㉢ 유추(類推: 무리 유, 밀 추): 같은 종류의 것 또는 비슷한 것에 기초하여 다른 사물을 미루어 추측하는 일
- ㉣ 분석(分析: 나눌 분, 쪼갤 석): 얽혀 있거나 복잡한 것을 풀어서 개별적인 요소나 성질로 나눔

오답 분석

㉠ 攪: 흔들 교
㉡ 租: 조세 조
㉢ 追: 쫓을 추
㉣ 斫: 벨 작

03 문학 작품의 종합적 감상 (가사) 난이도 중 ●●○

정답 설명

① ㉠ '반벽청등(半壁靑燈)'은 임 없이 혼자 지내는 화자의 방 안 벽에 걸린 등불로, 화자의 쓸쓸하고 외로운 마음을 심화시킨다. 따라서 답은 ①이다.

오답 분석

② ㉡은 화자가 임의 소식을 알고자 여기저기 돌아다닌 탓에 심리적, 육체적으로 힘들어 잠깐 잠이 든 상황이 드러나 있다. 따라서 잠을 통해 힘든 상황을 이겨내려는 의지적 태도를 보인 것이 아니므로 적절하지 않다.

③ ㉢ 'ᄆᆞ옴의 머근 말ᄉᆞᆷ'은 임에 대한 사랑과 그리움의 사연을 의미한다.

④ ㉣ '계셩(鷄聲)'은 꿈속에서나마 임과 재회하려는 화자를 방해하는 장애물로, 화자가 원망하는 대상이다.

지문 풀이

초가집 찬 잠자리에 밤중에 돌아오니, 벽에 걸린 등불은 누구를 위하여 밝았는가? (산을) 오르며 내리며 헤매며 오락가락 하니 잠깐 동안에 힘이 다하여 풋잠을 잠깐 드니 정성이 지극하여 꿈에 임을 보니, 옥 같던 (임의) 모습 반 넘게 늙었구나. 마음에 먹은 말씀 실컷 아뢰고자 하니, 눈물이 계속 나니 말인들 어찌하며, 정을 못다 풀어 목마저 메니, 방정맞은 닭소리에 잠은 어찌 깨었던가?

이것도 알면 합격!

정철, '속미인곡'의 주제 및 특징

1. 주제: 임을 향한 그리움
2. 특징
   (1) 우리말을 뛰어나게 구사한 가사 문학
   (2) 갑녀와 을녀 두 여인의 대화 형식으로 구성하여 참신함이 돋보임
   (3) 여성 화자를 통해 임을 향한 그리움을 진솔하게 표현하여 주제를 효과적으로 전달함

04 어휘 한자 성어 난이도 중 ●●○

정답 설명

① '석작'은 '석후'가 아들임에도 불구하고 나라의 안위를 먼저 생각하여 처형시키고 있으므로 이와 관련된 한자 성어는 ① '大義滅親'이다.
- 大義滅親(대의멸친): 큰 도리를 지키기 위하여 부모나 형제도 돌아보지 않음

오답 분석

② 擧案齊眉(거안제미): '밥상을 눈썹과 가지런하도록 공손히 들어 남편 앞에 가지고 간다'라는 뜻으로, 남편을 깍듯이 공경함을 이르는 말

③ 暗中摸索(암중모색): 1. 물건 등을 어둠 속에서 더듬어 찾음 2. 어림으로 무엇을 알아내거나 찾아내려 함 3. 은밀한 가운데 일의 실마리나 해결책을 찾아내려 함

④ 命在頃刻(명재경각): 거의 죽게 되어 곧 숨이 끊어질 지경에 이름

05 비문학 글의 전략 파악 난이도 중 ●●○

정답 설명

④ 2문단에 '실내화 신기, 문소리 소음 방지 쿠션 사용' 등과 같이 문제 해결을 위한 아파트 주민의 실천 방안은 제시되어 있으나, 관리 사무소 차원에서의 해결 방안은 제시되어 있지 않으므로 답은 ④이다.

오답 분석

① 1문단에서 아파트 주민끼리 층간 소음 문제로 싸움이 일어나서 경찰이 출동한 사례를 들어 층간 소음 문제가 심각함을 알리고 있다.

② 1문단에서 층간 소음 문제의 양상과 심각성을 보여주기 위해 실제 층간 소음을 녹음하여 들려주었고, 2문단에서 층간 소음 문제와 관련된 주민 설문 조사 결과를 발표하였다.

③ 1문단의 '공지 사항 보시고 오신 거죠?', '들어 보니 어떠세요, 좀 심하죠?'와 2문단의 '이 결과는 무엇을 의미하는 걸까요?'와 같이 질문을 던져 청중의 주의를 환기하고 있다.

06 비문학 적용하기 난이도 중 ●●○

정답 설명

④ 제시문은 언어가 사회와 밀접한 관련을 맺고 있으므로 언어에는 사회적인 차이가 반영되고, 이로 인한 언어의 사회적 변이형은 방언으로 나타난다고 설명하고 있다. ①, ②, ③은 모두 이를 보여주는 사례로 적절하나, ④는 언어에 사회와 문화가 반영된 구체적인 예시일 뿐 사회적인 차이로 인해 나타난 언어의 사회적 변이형과 관련된 예시는 아니다. 따라서 제시문의 사례로 가장 적절하지 않은 것은 ④이다.

오답 분석

① 남과 북의 언어 차이는 지역 방언과 사회 방언의 성격을 모두 가진 사례이다.

② 영유아 시기에만 나타나는 독특한 언어 체계는 연령에 따른 차이를 보이는 사회 방언의 사례이다.

③ 표준어와 사투리는 대표적인 지역 방언의 사례이다.

07 비문학 논지 전개 방식 난이도 하 ●○○

정답 설명

③ 필자는 피난 당시 겪은 의식주 생활을 마치 그림을 그리듯이 자세하고 구체적으로 설명하고 있다. 따라서 제시문의 주된 서술 방식은 ③ '묘사'이다.
- 묘사: 어떤 대상이나 사물, 현상 등을 그림을 그리듯이 설명하는 서술 방식

오답 분석

① 인용: 남의 말이나 글을 자신의 말이나 글 속에 끌어 쓰는 서술 방식

② 비교: 둘 이상인 대상의 내용에 대해 그 공통점을 밝혀내어 설명하는 서술 방식

④ 예시: 사례를 들어 일반적이거나 추상적인 원리, 법칙, 진술을 구체화하는 서술 방식

08 어휘 고유어 난이도 상 ●●●

정답 설명

③ '발만스럽다'는 '두려워하거나 삼가는 태도가 없이 꽤 버릇없다'를 뜻하므로 답은 ③이다.

오답 분석

① '말이나 행동이 능글맞은 데가 있다'를 뜻하는 말은 '느물스럽다'이다.

② '정도가 지나쳐 어수선하고 어지러운 데가 있다'를 뜻하는 말은 '요란스럽다'이다.

④ '보기에 쓸데없는 일에 간섭을 잘하는 데가 있다'를 뜻하는 말은 '다사스럽다'이다.

09 비문학 세부 내용 파악 난이도 하 ●○○

정답 설명

② 2문단 끝에서 4~6번째 줄을 통해 현실에서는 노동 강도와 보수가 반비례하는 경우가 많음을 알 수 있다. 따라서 답은 ②이다.

[관련 부분] 현실은 그와 반대여서 힘이 많이 들고 괴로움이 큰 일보다도 힘이 적게 들고 쉬운 일에 종사하는 사람이 더 좋은 대우를 받을 경우가 많다.

오답 분석

① 3문단 1~2번째 줄을 통해 누가 어떤 일자리를 가질지는 자유 경쟁을 통하여 결정된다는 사실을 알 수 있다.

[관련 부분] 어떤 일자리를 누가 차지하느냐 하는 것은 자유 경쟁을 통하여 결정되고

③ 1문단 1~2번째 줄을 통해 사람들은 적성보다는 보수에 따라 직업을 선택하는 경우가 많음을 알 수 있다.

[관련 부분] 적성에 따라서 직업을 선택하기보다는 보수에 따라서 직업을 선택할 경우가 더 많은 것이 우리들의 실정이다.

④ 2문단 4~6번째 줄을 통해 현실적으로 보수가 적은 일은 일 자체가 쉽고 즐거움으로 보상을 받는 경우가 거의 없음을 알 수 있다.

[관련 부분] 보수가 적은 일은 일 그 자체가 쉽고 즐거움으로 보상을 받게 될 것이므로 심각한 사회 정의의 문제가 생길 소지는 크게 줄어들 것이다. 그러나 현실은 그와 반대여서

10 비문학 작문 (개요 수정) 난이도 중 ●●○

정답 설명

④ '청사 옥상에 쉼터를 조성하자'가 글의 주제이므로, ㉣은 글의 흐름상 결론으로 적절하다. 따라서 '청사 옥상 공간에 대한 발상의 전환 촉구'로 결론을 고치는 ④의 수정·보완 방안은 적절하지 않다.

오답 분석

① 쉼터 조성의 필요성은 휴식 공간의 부족과 연관되며, 휴식 시간의 부족과는 관련이 없다. 따라서 ㉠을 '휴식 공간'과 관련된 내용으로 바꾼 ①은 적절하다.

② '청사 휴식 공간에 대한 사람들의 무관심'은 쉼터 조성의 장애 요인에 해당하므로, ㉡을 'Ⅱ- 2'로 옮긴 ②는 적절하다.

③ 'Ⅱ-2-가'에 '자금 확보의 어려움'이 언급되어 있으므로, 이에 대한 해결 방안으로 '재원 확보 방안'을 ㉢에 추가한 ③은 적절하다.

11 문학 인물의 심리 난이도 하 ●○○

정답 설명

② '그'는 자신이 집에 없을 때 아우와 아내 사이에서 벌어진 일을 의심하여, 아내의 해명에도 불구하고 아내를 내쫓는다. 하지만 아내의 해명이 사실이었음을 깨닫고 ㉠처럼 말하고 있으므로 ㉠을 통해 알 수 있는 '그'의 심리는 ② '자책감'이다.

12 비문학 관점과 태도 파악 난이도 하 ●○○

정답 설명

② 4문단 1~2번째 줄을 통해 근대적 학문이 우리나라에 수입된 이후 학문의 위기에 근거한 현상들이 이어져 왔음을 알 수 있으나, 4문단 끝에서 2~3번째 줄을 통해 이러한 현상들이 학문의 위기가 아니라 전성기를 누리게 함을 알 수 있다. 따라서 학문의 위기 현상이 점점 심화된다는 ②의 설명은 필자의 견해로 볼 수 없다.

[관련 부분]

- 그러나 이러한 현상이 새롭게 나타난 것은 아니다. 근대적 학문이 수입된 이래 이러한 현상은 줄곧 이어져 왔다.
- 30년 전과 비교해 보면 위기는커녕 믿을 수 없을 정도의 전성기를 누리고 있다.

오답 분석

① 3문단 1~2번째 줄과 3문단 끝에서 1번째 줄을 통해 확인할 수 있다.

[관련 부분]

- 학문의 위기는 학계의 학문적 업적의 침체에 근거한다.
- 한국의 인문학 위기를 진단할 수 있다.

③ 2문단 1~3번째 줄과, 2문단 끝에서 2~4번째 줄을 통해 확인할 수 있다.

[관련 부분]

- 학문의 위기는 첫째, 절대적 권위를 누리던 기존의 특정 학설이 새로운 학설의 등장으로 흔들리고 있음을 의미할 수 있다.
- 그러나 이 경우는 학문의 위기가 학문의 퇴보보다는 발전의 징표인 이상 우려가 아니라 환영의 대상이다.

④ 1문단을 통해 확인할 수 있다.

[관련 부분] 인문학의 위기에 대한 담론에 앞서 ~ 학문의 위기가 정확히 무엇을 뜻하며 이것이 어떤 근거에 기반하고 있는지 알아야 한다.

13 비문학 화법 (말하기 전략) 난이도 하 ●○○

정답 설명

① A는 발표가 실적으로 이어지지 못했다는 결과에 집중하며, 고객에게 신뢰감을 주는 발표를 위해 B의 비언어적 표현(자세, 눈빛, 몸동작)에 대한 보완 사항을 제안하고 있다.

오답 분석

② B는 고객의 표정이 좋았다는 점을 근거로 자신의 발표를 긍정적으로 판단하고 있다.

③ A는 신제품 발표를 위해 보완되어야 할 점으로 자신감 있는 비언어적 표현을 강조했으나, 비언어적 표현이 언어 표현보다 중요하다는 점은 언급하지 않았다.

④ A는 나중에 전화를 준다던 고객의 답변이 완곡한 거절임을 파악한 반면에 B는 고객의 답변에서 거절의 의미를 읽어내지 못했다.

14 비문학 세부 내용 파악 난이도 중 ●●○

정답 설명

④ 1문단 끝에서 2~5번째 줄을 통해 '인간다운 것'에 대한 핵심적 본질을 동양에서는 '인(仁)'으로 규정하였으나, 서양에서는 '이성(理性)'으로 규정하였음을 알 수 있다. 따라서 답은 ④이다.

[관련 부분] 그러나 그 본질과 속성을 규정하는 동서의 관점은 다르다. 그 속성은 그리스적 서양에서는 '이성(理性)'으로, 유교적 동양에서는 '인(仁)'으로 각기 달리 규정된다.

오답 분석

① 1문단 2~7번째 줄을 통해 알 수 있다.

[관련 부분] 유교의 핵심적 본질은 '인간다운' 삶의 탐구이며, ~ '인간다운 것'은 ~ 오직 인간에게서만 발견할 수 있는 이상적 본질과 속성을 말한다. 이러한 의도와 노력은 서양에도 있었다.

② 1문단 4~6번째 줄과 1문단 끝에서 2~4번째 줄을 통해 알 수 있다.

[관련 부분]

- '인간다운 것'은 인간을 다른 모든 동물과 차별할 수 있는 ~ 이상적 본질과 속성을 말한다.
- 그 속성(인간다운 것)은 그리스적 서양에서는 '이성(理性)'으로 ~ 규정된다. 이성이 지적 속성인데 비해서

③ 2문단을 통해 알 수 있다.

[관련 부분] '인(仁)'이라는 말은 다양하게 정의되며, 그런 정의에 대한 여러 논의가 있을 수 있기는 하다.

15 어휘 한자어 (한자어의 표기) 난이도 중 ●●○

정답 설명

③ ㉠~㉣에는 각각 '㉠ 打開(타개), ㉡ 妥協(타협), ㉢ 他意(타의), ㉣ 妥結(타결)'이 순서대로 들어가므로 답은 ③이다.

- ㉠ 打開(타개: 칠 타, 열 개): 매우 어렵거나 막힌 일을 잘 처리하여 해결의 길을 엶
- ㉡ 妥協(타협: 온당할 타, 도울 협): 어떤 일을 서로 양보하여 협의함
- ㉢ 他意(타의: 다를 타, 뜻 의): 다른 사람의 생각이나 의견
- ㉣ 妥結(타결: 온당할 타, 맺을 결): 의견이 대립된 양편에서 서로 양보하여 일을 마무름

오답 분석

㉠ 聞(들을 문)

㉡ 安(편안할 안), 恊(화합할 협)

㉢ 仙(신선 선)

㉣ 安(편안할 안), 絲(실 사)

16 문학 문장의 의미 난이도 중 ●●○

정답 설명

④ ㉣은 주나라 성왕의 사례를 제시하며, 황상에게도 주 성왕과 같이 역적(정한담)의 말을 듣고 충신(유심과 강희주)을 오해하여 핍박한 과오가 있었음을 인정한 표현이다.

오답 분석

① ㉠은 유충렬의 영웅적 활약상을 드러낸 표현이 아니라, 유충렬의 목소리가 양 군대를 뒤엎을 듯 천지를 진동했다는 과장을 통해 유충렬의 용맹함과 기상을 드러낸 표현이다.

② ㉡은 자연물과 유충렬의 지속적인 공조를 강조하는 표현이 아니라, 유충렬의 한스러움이 드러나는 표현이다.

③ ㉢은 천자의 무능함과 소극적인 성격을 강조하는 표현이 아니라, 과거 유충렬을 중히 여기지 않은 자신에 대한 책망과 충신인 유충렬에 대한 미안함이 드러나는 표현이다.

17 비문학 세부 내용 파악 난이도 중 ●●○

정답 설명

④ 3문단 1~4번째 줄을 통해 동양에서는 옛사람의 글을 소리 내서 읽음으로써 옛사람(고인)의 기운을 받을 수 있다고 생각했음을 알 수 있다.

[관련 부분] 동양에서도 옛사람의 글을 소리 높여 되풀이해 읽다 보면 옛사람의 목소리와 기운이 내 목구멍과 입술에 젖어 들고, 그리하여 글을 쓰면 옛사람의 기운이 절로 스며들게 된다고 생각했다.

오답 분석

① 2문단 1~2번째 줄을 통해 중세 유럽의 보편적인 독서 방식은 낭독(朗讀)이었음을 알 수 있다.

[관련 부분] 중세 유럽에서도 책은 반드시 소리를 내서 읽었다고 한다.

② 1문단 3~4번째 줄에서 동양의 독서 방식을, 2문단 끝에서 3~4번째 줄에서 서양의 독서 방식을 확인할 수 있다. 이를 통해 동양과 서양 모두 몸을 흔들며 낭독하는 독서 방식을 권장했음을 알 수 있다.

[관련 부분]

- 선생은 좌우로 몸을 흔들고, 학생은 앞뒤로 흔들며 읽었다.
- 몸을 흔들고 소리 내어 성스러운 단어들을 읽어야 한다고 믿었다.

③ 제시문을 통해 확인할 수 없는 내용이다.

18 비문학 내용 추론 난이도 중 ●●○

정답 설명

③ 2문단 1~4번째 줄을 통해 낭비의 의미와 낭비가 없는 세상은 없다는 것을 알 수 있으므로 공산 사회에서는 생존에 필요한 한정된 재화의 흐름만이 존재할 것이라는 ③의 추론은 적절하지 않다.

[관련 부분]

- 실제로 이 세상에서 낭비가 없어지거나 사라지는 것을 바라는 것은 환상이다.
- 낭비는 최소한도로 생존하는 데 필요한 양을 넘어선 모든 생산과 소비다.

오답 분석

① 1문단과 4문단을 통해 과거에도 부를 죄악으로 여기는 사고가 만연했을 것임을 추론할 수 있다.

[관련 부분]

- 부의 정당성을 인정하지 않는 경직된 사고가 우리의 의식 속에 얼마나 끈질기게 자리 잡고 있는지 알 수 있다.
- 모든 부를 죄악시하는 극단적인 사고가 문화적인 빈곤으로 이어지지 않았는지 ~ 우리에게는 왜 베르사유 궁전 같은 화려한 문화재가 없을까, 라는 의문에 대한 답이 거기에 들어있을지도 모르겠다.

② 2문단 끝에서 1~4번째 줄을 통해 문화는 잉여 생산과 소비 즉, 낭비에서부터 발생한다는 것을 알 수 있으므로 문화적 축적이 넉넉함을 바탕으로 시작되는 것임을 추론할 수 있다.

[관련 부분] 우리가 먹고사는 데 꼭 필요한 물품 이외에 더 이상을 생산하지도 않고 소비하지도 않는다면 ~ 더 이상 문화라는 것도 존재하지 않을 것이다.

④ 4문단 1~4번째 줄을 통해 우리나라와는 달리 서양 국가에는 화려한 문화재가 있다는 점에서 서양 국가는 상대적으로 부를 죄악시하는 정도가 심하지 않음을 알 수 있다. 따라서 부의 정당성은 서양 국가에서 인정받기가 더 쉬울 것임을 추론할 수 있다.

[관련 부분] 모든 부를 죄악시하는 극단적인 사고가 문화적인 빈곤으로 ~ 우리에게는 왜 베르사유 궁전 같은 화려한 문화재가 없을까

19 어법 한글 맞춤법 (맞춤법에 맞는 표기) 난이도 중 ●●○

정답 설명

① 똑똑하대(O): '-대'는 '-다고 해'의 준말로 화자가 직접 경험한 사실이 아니라 남이 말한 내용을 간접적으로 전달할 때 사용한다. 따라서 맞춤법에 맞는 것은 ①이다.

오답 분석

② 와중에(×) → 도중에(O): 문맥상 '길을 가는 중간'을 뜻하는 '도중'을 써야 한다. '와중'은 '일이나 사건 등이 시끄럽고 복잡하게 벌어지는 가운데'를 뜻한다.

③ 처주지(×) → 쳐주지(O): '인정하여 주다'를 뜻하는 말은 '쳐주다'이므로 어간 '쳐주-'에 어미 '-지'가 붙은 '쳐주지'로 써야 한다.

④ 익숙치(×) → 익숙지(O): '익숙하지'의 준말로, 안울림소리 받침 'ㄱ' 뒤에서 어간의 끝음절 '하'가 아주 줄 적에는 거센소리로 표기하지 않고 준 대로 적는다.

이것도 알면 합격!

어미 '-데'와 '-대'의 차이

-데	1. '-더라'와 같은 의미 2. 화자가 과거에 직접 경험한 사실을 나중에 보고하듯이 말할 때 씀 예 • 그이가 말을 아주 잘하데. • 그 친구는 아들만 둘이데.
-대	1. '-다(고) 해'의 준말 2. 화자가 직접 경험한 사실이 아니라 남이 말한 내용을 간접적으로 전달할 때 씀 예 • 그 여자 예쁘대(예쁘다고 해). • 그 사람 오늘 떠난대(떠난다고 해).

20 비문학 글의 구조 파악 (문단 배열) 난이도 중 ●●○

정답 설명

④ (나) - (라) - (가) - (다)의 순서로 배열되는 것이 가장 자연스럽다.

순서	중심 내용	순서 판단의 단서와 근거
(나)	행복은 사람의 마음에 따라 다르게 느껴짐	접속어나 지시 표현으로 시작하지 않으며 핵심 화제인 '행복'을 제시함
(라)	행복을 위해 필요하다고 생각하는 일반적인 조건들	(나)의 마지막 문장인 '행복의 문제도 마찬가지입니다'에 대한 설명으로 사람들이 일반적으로 생각하는 행복의 조건에 대한 내용을 제시함
(가)	행복의 조건을 갖춘 것과 실제 행복은 서로 다름	접속어 '그러나': (라)에서 사람들이 일반적으로 생각하는 행복의 조건에 대해 반대되는 내용을 제시함으로써 '실제 행복한 것과 행복의 조건을 갖춘 것은 구별되어야 한다'라는 필자의 주장을 강조함
(다)	행복을 위해 가장 중요한 것은 스스로 행복하다고 느끼는 감정임	(가)에 제시된 필자의 주장에 대해 부연 설명함

07회 실전동형모의고사

정답

p.66

01	③ 어법	08	② 문학	15	④ 비문학
02	② 어휘	09	④ 비문학	16	④ 비문학
03	② 비문학	10	④ 비문학	17	③ 문학
04	③ 비문학	11	② 비문학	18	② 어법
05	② 비문학	12	① 비문학	19	② 비문학
06	② 어휘	13	④ 혼합(어법+비문학)	20	④ 문학
07	③ 혼합(비문학+어휘)	14	③ 비문학		

취약영역 분석표

영역	틀린 답의 개수
어법	/ 2
비문학	/ 11
문학	/ 3
어휘	/ 2
혼합	/ 2
TOTAL	20

* 취약영역 분석표를 이용해 1개라도 틀린 문제가 있는 영역은 그 영역의 문제만 골라 해설을 다시 한번 꼼꼼히 학습하세요.

01 어법 문장 (피동 표현과 사동 표현) 난이도 중 ●●○

정답 설명

③ 잔금을 치르다(O): '주어야 할 돈을 내주다'를 뜻하는 '치르다'를 썼으므로 ③은 단어의 쓰임이 옳다.

오답 분석

① 밤을 새다(×) → 새우다(O): '한숨도 자지 않고 밤을 지내다'를 뜻하는 말은 '새우다'이다. '새다'는 '날이 밝아 오다'를 뜻한다.

② 화를 돋구다(×) → 화를 돋우다(O): 문맥상 사동의 의미가 되어야 하므로 '돋다'와 사동 접미사 '-우-'가 결합한 '돋우다'를 써야 한다. 참고로 '돋구다'는 '안경의 도수 등을 더 높게 하다'라는 의미로 쓰인다.

④ 길을 헤매이다(×) → 헤매다(O): '갈 바를 몰라 이리저리 돌아다니다'를 뜻하는 말은 '헤매다'이다. '헤매이다'는 '헤매다'의 잘못된 표기이다.

02 어휘 고유어와 한자어의 대응 난이도 하 ●○○

정답 설명

② '생김새'에 해당하는 한자어는 '形態(형태: 모양 형, 모습 태)'이다. '醜態(추태: 추할 추, 모습 태)'는 '더럽고 지저분한 태도나 짓'을 뜻한다.

오답 분석

① 龜鑑(귀감: 거북 귀, 거울 감): 거울로 삼아 본받을 만한 모범

③ 瓦解(와해: 기와 와, 풀 해): '기와가 깨진다'라는 뜻으로, 조직이나 계획 등이 산산이 무너지고 흩어짐. 또는 조직이나 계획 등을 산산이 무너뜨리거나 흩어지게 함

④ 遝至(답지: 뒤섞일 답, 이를 지): 한군데로 몰려들거나 몰려옴

03 비문학 화법 (공손성의 원리) 난이도 하 ●○○

정답 설명

② 제시된 대화는 준완이가 늦게까지 공부하는 정원이를 칭찬하는 상황임을 보여준다. 밑줄 친 부분에서 정원이는 아직 모르는 게 많아서 공부한 것이라며 자신을 내세우거나 자랑하는 표현을 최소화하고 있다. 따라서 답은 공손성의 원리 중 '겸양의 격률'에 해당하는 ②이다.

오답 분석

① 자신에게 부담을 주는 표현을 최대화하는 것은 '관용의 격률'에 해당한다.

③ 다른 사람에 대한 비방을 최소화하고 칭찬을 극대화하는 것은 '칭찬(찬동)의 격률'에 해당한다.

④ 자신과 다른 사람의 의견 사이의 동일한 부분을 극대화하는 것은 '동의의 격률'에 해당한다.

이것도 알면 합격!

공손성의 원리

요령의 격률	상대방에게 부담이 되는 표현은 최소화하고 상대방의 이익을 최대화함
관용의 격률	화자 자신에게 주는 혜택은 최소화하고, 자신에게 부담을 주는 표현은 최대화함
칭찬(찬동)의 격률	다른 사람에 대한 비방은 최소화하고, 칭찬은 최대화함
겸양의 격률	자신에 대한 칭찬은 최소화하고, 비방은 최대화함
동의의 격률	자신의 의견과 다른 사람의 의견 사이의 다른 점을 최소화하고, 일치점을 최대화함

04 비문학 세부 내용 파악 난이도 중 ●●○

정답 설명

③ 3~4번째 줄에서 '혼서'는 신랑 집에서 폐백과 함께 신부 집으로 보내는 것임을 확인할 수 있으므로 ③은 적절하지 않은 설명이다.
[관련 부분] 신부 집에서 혼인을 할 때에는 신랑 집에서 폐백과 함께 혼서를 보내는 절차가 된다.

오답 분석

① 끝에서 2~4번째 줄에서 확인할 수 있다.
[관련 부분] 납채는 납폐와 별개의 의식이지만 민간에서는 납채를 하지 않았기 때문에 같은 뜻으로 사용되었다.

② 4~6번째 줄에서 확인할 수 있다.
[관련 부분] 납폐는 원래 전안례보다 훨씬 전에 하였지만 여러 가지 폐단으로 조선 후기에는 전안례를 행하는 날 새벽에 하는 것으로 바뀌었다.

④ 1~4번째 줄에서 확인할 수 있다.
[관련 부분] 친영을 기준으로 할 때에는 신랑 집에서 폐백을 보내어 혼인이 이루어졌음을 입증하는 절차지만 신부 집에서 혼인을 할 때에는 신랑 집에서 폐백과 함께 혼서를 보내는 절차가 된다.

05 비문학 세부 내용 파악 난이도 중 ●●○

정답 설명

② 1문단을 통해 대부분의 사람들이 타인의 요구와 기대 속에서 관계를 맺으며 살아간다는 사실을 알 수 있으나, 타인의 기대에 부응하고자 노력할수록 불행해진다는 내용은 제시문을 통해 알 수 없다.

오답 분석

① 1문단 1~3번째 줄을 통해 알 수 있다.
[관련 부분] 사람들의 요구와 기대에 방해받지 않는 단순한 삶은 매력적일 수 있다. 또, 그런 삶을 살아가는 수행자들도 실제로 존재한다.

③ 3문단 2~3번째 줄과 3문단 끝에서 1~2번째 줄을 통해 알 수 있다.
[관련 부분]
- 충성이 우리 삶의 본질적인 덕목임은 틀림없다.
- 그런 충성을 구해내 다시 한번 우리 삶에 제대로 역할을 할 수 있게 만들어야 한다.

④ 2문단 2~4번째 줄을 통해 알 수 있다.
[관련 부분] 근본적으로 불안할 수밖에 없는 관계와 불변하고 싶은 욕구, 이러한 핵심적 갈등은 슬픔과 좌절의 세계로 우리를 인도한다.

06 어휘 한자어 난이도 중 ●●○

정답 설명

② '반출(搬出: 옮길 반, 날 출)'은 '운반하여 냄'을 뜻한다. ②는 문맥상 회사의 중요한 정보를 밖으로 빼내는 것을 막았다는 것이므로, '회사 기밀의 사전 반출을 막으려 했다'의 쓰임이 어색하다. 따라서 '유출(流出)'로 바꾸어 쓰는 것이 적절하다.
- 유출(流出: 흐를 유, 날 출): 귀중한 물품이나 정보 등이 불법적으로 나라나 조직의 밖으로 나가 버림. 또는 그것을 내보냄

오답 분석

① 지침(指針: 가리킬 지, 바늘 침): 생활이나 행동 등의 지도적 방법이나 방향을 인도하여 주는 준칙

③ 인솔(引率: 끌 인, 거느릴 솔): 여러 사람을 이끌고 감

④ 상신(上申: 윗 상, 거듭 신): 윗사람이나 관청 등에 일에 대한 의견이나 사정 등을 말이나 글로 보고함

07 비문학 + 어휘 내용 추론, 한자어 난이도 상 ●●●

정답 설명

③ ㉠의 앞에서는 어떤 사실에 대한 관점이 다를 수 있지만 사실을 다르게 해석하여 보도하면 안 된다는 것을 말하고 있으므로 ㉠에는 '歪曲(왜곡)'이 들어가는 것이 적절하다. 또한 ㉡은 기사의 내용을 사실인 것으로 섣부르게 판단하지 않아야 함을 말하고 있으므로 ㉡에는 '豫斷(예단)'이 들어가야 한다. ㉢은 사실을 분명하게 알기 위해서 당시 정황을 잘 판단해야 함을 언급하고 있으므로 ㉢에는 '把握(파악)'이 들어가야 한다.
- ㉠ 歪曲(왜곡: 기울 왜, 굽을 곡): 사실과 다르게 해석하거나 그릇되게 함
- ㉡ 豫斷(예단: 미리 예, 끊을 단): 미리 판단함. 또는 그 판단
- ㉢ 把握(파악: 잡을 파, 쥘 악): 어떤 대상의 내용이나 본질을 확실하게 이해하여 앎

오답 분석

㉠ 看破(간파: 볼 간, 깨뜨릴 파): 속내를 꿰뚫어 알아차림

㉡ 判別(판별: 판단할 판, 나눌 별): 옳고 그름이나 좋고 나쁨을 판단하여 구별함. 또는 그런 구별

㉢ 分裂(분열: 나눌 분, 찢을 열): 1. 찢어서 나뉨 2. 집단이나 단체, 사상 등이 갈라져 나뉨

08 문학 관점과 태도 파악 난이도 중 ●●○

정답 설명

② '말하는 이'는 현실에 순응하며 살아가는 '여관집의 노비'의 태도에 대해 말하며, '그대'는 '옛 성현들의 말씀'을 따르고자 하지만 오히려 여관집의 노비보다 못하다고 책망한다. 따라서 '여관집의 노비'의 삶의 태도는 '그대'가 따르고자 하는 '옛날 성현들의 말씀'에 가깝다고 할 수 있으므로 답은 ②이다.

오답 분석

① 1~3번째 줄과 11~12번째 줄을 통해 '여관집의 노비'는 분주히 일하는 것을 자기의 운명으로 여기며 순응함을 확인할 수 있다.
[관련 부분]
- 때가 잔뜩 낀 지저분한 얼굴을 하고 부지런히 소나 말처럼 분주히 오가며 일을 하지요.
- 지금의 삶을 본래 정해진 운명이라고 여깁니다.

③ 8~12번째 줄을 통해 '여관집의 노비'가 건강하게 장수하는 이유는 그가 자기가 사는 곳을 '여관'으로 생각하며, 지금의 삶을 본래 정해진 운명으로 여기기 때문임을 알 수 있다. 참고로, 자기가 사는 곳을 잠깐 머물다 가는 '여관'으로 생각한다는 의미는 이 세상 자체를 잠시 몸을 의탁하는 곳으로 여긴다는 뜻이다.
[관련 부분] 살결은 튼실하고, 특별한 재앙을 겪지 않고 천수를 누리고 있지요. 이것은 다른 이유 때문이 아니랍니다. 그 사람은 자기가 사는 곳을 여관으로 생각하며, 지금의 삶을 본래 정해진 운명이라고 여깁니다.

④ 3~7번째 줄을 통해 '여관집의 노비'가 남들보다 못한 생활을 하면서도, 이에 대해 불평하지 않고 편안하게 여김을 확인할 수 있다.
[관련 부분] 지나다니는 사람들에게 빌붙어 아침저녁을 해결하니, 버려진 음식도 달게 먹는답니다. ~ 우리네들이 예전에 견디지 못하는 것을 그 사람은 편안하게 여기니, 마치 쌀쌀한 날씨 속에 선선한 방에서 잠자듯 한답니다.

09 비문학 작문 (글쓰기 전략) 난이도 하 ●○○

정답 설명

④ 제시된 개요는 서론에서 도서관의 의의 및 도서관 이용 현황을 밝히고, 본론에서 도서관 이용의 활성화를 저해하는 요인과 이에 대한 해결 방안을 제시하며, 결론에서 도서관 이용 활성화를 위해 관련 부서의 노력을 촉구하고 있다. 이러한 개요 내용을 단계적으로 나타내는 글쓰기 전략으로 가장 적절한 것은 ④이다.

오답 분석

① 제시된 개요는 도서관 이용 활성화 저해 요인과 이에 대한 해결 방안을 제시하며 관련 부서의 노력을 촉구하고 있다. 따라서 도서관 이용 현황을 아쉬워하는 내용이 아닌 도서관 이용의 활성화를 위해 노력을 촉구하는 방향으로 글쓰기를 마무리해야 한다.

② 도서관을 이용할 때의 문제점을 밝히고 도서관 이용을 활성화하기 위해서는 도서관의 의의가 아닌 도서관 이용 활성화 저해 요인과 활성화 방안에 논의의 초점을 두어야 한다.

③ 시민들의 도서관 이용 방식을 밝히는 것이 아닌 도서관 이용의 활성화를 글쓰기의 목적으로 삼아야 한다.

10 비문학 세부 내용 파악 난이도 하 ●○○

정답 설명

④ 3문단 1~2번째 줄을 통해 민가에서는 특별한 장식 없이 널빤지만으로 잇는 소박한 형태의 난간을 사용했음을 알 수 있다. 또한 3문단 4~6번째 줄을 통해 동자는 계자 난간을 꾸미기 위해 만들어져 장식미를 드러낸다는 것을 알 수 있다. 따라서 글의 내용에 부합하지 않는 것은 ④이다.

오답 분석

① 1문단 끝에서 1~2번째 줄을 통해 난간에 선인들의 여유와 미감이 반영되어 있음을 알 수 있다.
[관련 부분] 선인들은 여유와 미감을 찾고자 했던 것이다.

② 1문단 1~2번째 줄을 통해 난간은 전통 건축물에서 쉽게 볼 수 있음을 알 수 있다.
[관련 부분] 우리의 전통 가옥이나 누정, 사찰, 궁궐의 건축물 등에서 쉽게 볼 수 있는 것이 난간(欄干)이다.

③ 2문단 2~4번째 줄을 통해 전통 건축이 목조 양식을 띠고 있으므로 난간 또한 목조로 이루어져 있다고 하였으므로 전통 건축물 양식에 따라 난간의 재료가 선정되었음을 알 수 있다.
[관련 부분] 우리의 전통 건축물이 대부분 목조 양식을 띠고 있기 때문에 석조 난간보다는 목조 난간이 널리 설치되었다.

11 비문학 작문 (고쳐쓰기) 난이도 하 ●○○

정답 설명

② ㉡ '늘리는'의 목적어는 '조류 개체수'이므로 수나 분량과 관계되는 서술어인 '늘리다'가 문맥상 적절하게 사용되었다. 따라서 ㉡을 '늘이는'으로 고치는 것은 적절하지 않다.
- 늘리다: 수나 분량 따위를 본디보다 많아지게 하다.
- 늘이다: 본디보다 더 길어지게 하다.

오답 분석

① ㉠이 포함된 문장에서 '가리키다'는 목적어를 요구하는 서술어이므로 서술어와의 호응을 위해 ㉠을 '현상을'로 고치는 것은 적절하다.

③ ㉢이 포함된 문단은 녹조 현상의 발생 원인(화학 물질의 유입)에 대한 내용을 담고 있고 다음 문단에는 녹조 현상의 다른 발생 원인(느린 유속)에 대한 내용이 전개된다. 따라서 두 문단 사이에 있는 ㉢(녹조는 다양한 방법으로 쉽게 없앨 수 있음)은 글의 통일성을 해치는 문장이다. 따라서 삭제하는 것이 적절하다.

④ ㉣의 앞은 유속이 빨라 녹조 현상이 발생하지 않는 경우를, ㉣의 뒤는 그와 반대로 유속이 느린 경우에 대해 설명하고 있으므로 ㉣에는 역접의 접속어인 '그러나'가 들어가는 것이 적절하다.

12 비문학 내용 추론 난이도 하 ●○○

정답 설명

① 제시문은 불과 같은 엄격한 통치술은 백성을 통제하기 쉬우나, 물과 같이 관대한 통치술은 효과를 내기가 어렵다고 주장하고 있다. 따라서 문맥상 괄호 안에 들어갈 말로 가장 적절한 것은 ① '엄격한 정치가 많은 것이다'임을 알 수 있다.

13 어법 + 비문학 올바른 문장 표현, 작문 (고쳐 쓰기) 난이도 중 ●●○

정답 설명

④ 밑줄 친 부분을 올바르게 고쳐 쓰기 위한 방안으로 가장 적절한 것은 ④이다.

- ⓜ 방관하며(×) → 참관하며(○): '방관하다(傍觀-)'는 '어떤 일에 직접 나서서 관여하지 않고 곁에서 보기만 하다'를 뜻하는 말이다. 문맥상 '어떤 자리에 직접 나아가서 보다'를 뜻하는 '참관하다(參觀-)'로 고쳐 쓰는 것이 적절하다.
- ⓐ 지향해 주세요(×) → 지양해 주세요(○): '지향하다(志向-)'는 '어떤 목표로 뜻이 쏠리어 향하다'를 뜻하는 말이다. 문맥상 '더 높은 단계로 오르기 위하여 어떠한 것을 하지 않다'를 뜻하는 '지양하다(止揚-)'로 고쳐 쓰는 것이 적절하다.

오답 분석

① • ⓐ 앞∨두고(×) → 앞두고(○): '목적까지 일정한 시간이나 거리를 남겨 놓다'를 뜻하는 '앞두다'는 한 단어이므로 붙여 쓴다.
- ⓑ 밤늦은(○): '밤이 깊다'를 뜻하는 '밤늦다'는 한 단어이므로 붙여 쓴다. 따라서 '밤늦은'이 한 단어가 아니므로 띄어 쓴다는 설명은 적절하지 않다.

② • ⓛ 같던데(○): 과거 어느 때에 직접 경험하여 알게 된 사실을 현재의 말하는 장면에 그대로 옮겨 와서 말할 때는 어미 '-데'를 써야 한다. 어미 '-대'는 화자가 직접 경험한 사실이 아니라 남이 말한 내용을 간접적으로 전달할 때 쓰므로 적절하지 않은 설명이다.
- ⓔ 갖게/가지게(○): 본말인 '가지게'와 준말인 '갖게'는 모두 모두 맞춤법에 맞는 표기이다.

③ • ⓒ 전해줬지요(×) → 전해주셨지요(○): '전해주다'의 주체는 교수님이므로 주체 높임 선어말 어미 '-시-'를 써 높여 표현해야 한다.
- ⓞ 조심하시고(○): '조심하다'의 주체는 교수님이므로 주체 높임 선어말 어미 '-시-'를 써 높여 표현해야 한다. 따라서 '조심하다'로 바꾼다는 설명은 적절하지 않다.

14 비문학 논리적 사고 (논증 방식) 난이도 하 ●○○

정답 설명

③ 제시문과 ③은 모두 두 사물 간의 유사성에 근거하여 결론을 이끌어 내는 방법인 '유비 추론'의 논증 방식을 사용하였다.

- 제시문: 퇴락한 행랑채를 수리했던 경험과 사람이 잘못을 반성하고 고치는 것의 유사성에 근거하여 잘못은 빨리 고쳐야 한다는 결론을 이끌어 내고 있다.
- ③: 속도는 느리지만 쉬지 않고 기어가 결승전에 도달한 거북이와 포기하지 않고 노력하는 자는 승리한다는 유사성에 근거하여 목표를 위해 노력하는 자는 결국 목표 달성의 기쁨을 맛본다는 결론을 이끌어 내고 있다.

오답 분석

① '연역 추론'의 논증 방식을 사용하였다.
- 사람은 숨을 쉬지 않으면 죽는다. (대전제)
- 기도가 막히면 숨이 잘 쉬어지지 않는다. (소전제)
- 따라서 기도가 막히면 사람은 죽는다. (결론)

② '연역 추론'의 논증 방식을 사용하였다.
- 탄산음료가 치아 건강에 해롭다는 것은 다들 알고 있다. (대전제)
- 콜라는 대표적인 탄산음료이다. (소전제)
- 따라서 나는 콜라를 자주 먹지 않을 것이다. (결론)

④ 신약을 투여 받은 환자들에게서 약물을 통한 항암 치료 효과가 나타났고, 다른 암 환자들에게 동일한 약물을 투여했을 때도 치료 효과가 있었다는 경험을 통해 '이 약은 향후 항암 치료에 큰 효과가 있을 것으로 보인다'라는 결론을 내린 것으로 보아 '귀납 추론'의 논증 방식을 사용하였음을 알 수 있다.

이것도 알면 합격!

연역적 구성과 귀납적 구성

연역적 구성	일반적인 사실이나 원리에서 개별적이고 구체적인 사실이나 현상을 이끌어 내는 구성 방식
귀납적 구성	개별적인 특수한 사실이나 현상들을 점검하고, 사례들의 공통점을 바탕으로 일반적인 결론을 이끌어 내는 구성 방식

15 비문학 내용 추론 난이도 하 ●○○

정답 설명

④ 2문단 끝에서 1~2번째 줄을 통해 지중해 사이의 두 나라인 북부 아프리카와 그리스의 협조와 경쟁으로 빵 제조 기술이 생겨나게 되었음을 알 수 있다. 따라서 효모 빵을 갖기 위해 쟁탈전을 벌였다는 추론은 적절하지 않다.

[관련 부분] 북부 아프리카와 그리스가 지중해를 맞대고 서로 협조와 경쟁을 하면서 생겨난 결과입니다.

오답 분석

① 2문단 1~2번째 줄을 통해 빵을 부드럽게 하기 위해서는 효모가 필요함을 추론할 수 있다.

[관련 부분] 효모를 넣지 않고 밀가루 반죽만 해서 구우면 이가 다칠 정도로 딱딱해집니다.

② 1문단 2~5번째 줄을 통해 역사가들은 그림이나 조각품 등을 통해 효모를 넣은 빵이 만들어진 시기를 추정하고 있다는 것을 알 수 있으므로, 역사가들이 고대 그림이나 예술품 등을 사료로 활용함을 추론할 수 있다.

[관련 부분] 역사가들은 기원전 2,000년경에 이집트에서 효모를 넣은 빵이 만들어졌다고 봅니다. 고대 이집트의 그림이나 조각품 중에 이런 모습이 나오기 때문입니다.

③ 1문단 2~3번째 줄과 2문단 2~4번째 줄을 통해 효모를 넣은 빵은 이집트에서 유래된 것임을 추론할 수 있다.

[관련 부분]
- 역사가들은 ~ 이집트에서 효모를 넣은 빵이 만들어졌다고 봅니다.
- 효모를 넣고 빵을 굽는 기술은 당시에 매우 귀중한 기술이었습니다. 결국 이집트에서 발달한 이 기술은

16 비문학 글의 구조 파악 (접속어의 사용) 난이도 중 ●●○

정답 설명

④ ㉠~㉢에 들어갈 접속어는 순서대로 '다시 말해 - 때문에 - 그렇지만'이 가장 적절하므로, 답은 ④이다.
- ㉠: ㉠에서 제시한 속담의 의미를 ㉠ 뒤에서 자세히 풀어 설명하고 있다. 따라서 ㉠에는 요약, 환언의 접속어 '다시 말해'가 들어가는 것이 적절하다.
- ㉡: ㉡ 앞의 문장은 저축이 재산을 증가시키는 가장 확실한 방법이라고 언급하였으며 이는 저축이 저소득 국가에서 권장된다는 ㉡ 뒤의 내용의 근거가 된다. 따라서 ㉡에는 근거와 주장을 차례로 이어주는 '때문에'가 들어가는 것이 적절하다.
- ㉢: ㉢을 포함한 문장은 '저축은 죄악이 될 수 있다'는 내용인데 이는 '저축이 미덕이 될 수 있다'는 ㉢ 앞의 내용과 대조를 이룬다. 따라서 ㉢에는 역접의 접속어 '그렇지만'이 들어가는 것이 적절하다.

17 문학 서술상의 특징 난이도 중 ●●○

정답 설명

③ 제시된 작품에서 비유적인 표현을 통해 소재의 상징적 의미를 드러낸 부분은 찾을 수 없다. 참고로, 중심 소재인 '소'는 국서네의 유일한 재산이자 정신적 기둥을 의미한다.

오답 분석

① 당시의 일상적인 구어체를 활용하여 극의 현실감을 높이고 있다.

② 개똥이가 '소'를 팔려고 했다는 오해를 풀기 위해 직접 상황을 설명하는 대사에서 확인할 수 있다.

④ 제시된 장면에서는 '소'를 둘러싼 국서와 개똥이의 갈등을 중심으로 내용이 전개되고 있다.

이것도 알면 **합격!**

유치진, '소'의 특징
1. 1930년대 일제의 수탈로 인한 가난한 농촌의 현실을 드러냄
2. 작품에서 발생하는 갈등은 모두 '소'를 중심으로 발생함
3. 사실주의 계열의 작품으로는 첫 장막극에 해당하며 방언과 비속어를 사용하여 사실감을 높임

18 어법 문장 (높임 표현) 난이도 중 ●●○

정답 설명

② 높임법 사용이 옳은 것은 ②이다.
- 국장님, 전에 말씀하셨던(O): '말'의 간접 높임말 '말씀'과 선어말 어미 '-시-'를 사용하여 듣는 이인 '국장님'을 높였다.
- 과장님이 하셨습니다(O): 문장의 주체가 화자보다는 높지만, 청자보다는 낮아, 그 주체를 높이지 못하는 어법인 압존법은 직장에서 사용하지 않는다. 따라서 주체를 높이는 선어말 어미 '-시-'를 넣어 '과장님이 하셨습니다'라고 한 것은 옳은 표현이다.

오답 분석

① 자고 가셨어요(×) → 주무시고 가셨어요(O): 서술의 주체인 '할머니'는 높여야 할 대상이므로 '자다'의 높임 표현인 '주무시다'를 사용하여 '주무시고'로 고쳐 쓰는 것이 적절하다.

③ 상품은 품절 상태이십니다(×) → 상품은 품절 상태입니다(O): 주체를 간접적으로 높이는 간접 표현법은 높여야 할 대상의 신체 부분이나 성품, 심리, 소유물과 같이 주어와 밀접한 관계를 맺고 있는 대상에 '-(으)시-'를 붙여 말하는 것이다. 그러나 '상품'은 앞에 언급한 조건에 해당하지 않으므로, 높여 쓰지 않는 것이 적절하다.

④ • 연세가 많이 드셔서(O): 주체인 '할아버지'를 높이는 말로 '나이'의 높임 표현인 '연세'를 사용하였다. 또한 '나이가 많아지다'를 뜻하는 '들다'를 높여야 할 대상에게 쓸 때, 주체 높임 선어말 어미 '-시-'를 붙여 '드시다'로 표현하는 것이 적절하다.
- 이빨이 거의 없으시다(×) → 치아가 거의 없으시다(O): 주체인 '할아버지'는 높여야 할 대상이므로 주체와 관련 있는 신체 부분 '이빨'을 높임 표현인 '치아'로 고쳐 쓰는 것이 적절하다.

19 비문학 주제 및 중심 내용 파악 난이도 중 ●●○

정답 설명

② 1문단에서 성에 대한 편견 및 고정 관념이 수많은 남성과 여성의 삶을 제약하고 자아실현을 가로막고 있다는 점을 설명하며, 2문단에서는 그러한 편견으로부터 자유로워지기 위해 양성성의 개념이 등장했음을 언급하였다. 따라서 제시문의 화제로 적절한 것은 ②이다.

오답 분석

① 1문단을 통해 성 고정 관념의 실태를, 2문단을 통해 양성성 개념의 의의를 알 수 있으나 양성성의 한계에 대해서는 제시문을 통해 확인할 수 없으므로 ①은 제시문의 화제로 적절하지 않다.

③ 1문단 끝에서 1~4번째 줄을 통해 자아실현의 제약 요인(성 고정 관념)을 알 수 있으나, 차별 대우의 사례에 대해서는 제시문을 통해 확인할 수 없으므로 ③은 제시문의 화제로 적절하지 않다.

[관련 부분] 남성과 여성에 대한 편견 ~ 고정관념으로 자리 잡고 있으면서 수많은 남성과 여성의 삶을 제약하고 자아실현을 가로막고 있다.

④ 1문단을 통해 자아실현에 영향을 미치는 수많은 사회·문화적 요인들 중 하나(성에 대한 고정 관념과 차별 대우)를 확인할 수 있으나, 이는 제시문의 전체 내용을 포괄하지 못하므로 ④는 제시문의 화제로 적절하지 않다.

20 문학 시구의 의미 난이도 중 ●●○

정답 설명

④ ㉣은 여전히 당파 싸움만 하는 '너희'를 걱정하고 애달파하는 마음으로 어느새 새끼 한 사리를 다 꼰 화자의 모습이 드러난다. 따라서 '너희'를 대신하여 화자가 새끼 꼬는 일을 한 것은 아니므로 ④는 적절하지 않다.

오답 분석

① ㉠: 너희를 데리고 새 살림을 살고자 한다는 것을 통해 '너희'와 함께 새로운 사회를 이루고자 하는 화자의 소망을 알 수 있다.

② ㉡: 나라에 도적이 닥친 위기 상황에도 여전히 당파 싸움만 하는 관리들의 모습을 보고 한탄하고 있으므로 나라의 미래를 걱정하는 화자의 진심을 알 수 있다.

③ ㉢: 생각이 깊은 새 머슴을 언제 얻어서 시름을 잊을 수 있을지 고민하는 것으로 보아 화자는 나랏일을 위한 인재가 등장하기를 기대하고 있음을 알 수 있다.

지문 풀이

㉠ 너희들을 데리고 새 살림을 살고자 하니,
엊그제 왔던 도적이 멀리 달아나지 않았다고 하는데,
너희들은 귀와 눈이 없어서 그런 사실을 모르는 것인지,
㉡ 화살은 전혀 없고 옷과 밥만 다투느냐?
너희들을 데리고 행여 추운지 굶주리는지 염려하여,
죽조반과 아침저녁을 더 해다가 먹였는데,
(나의 이러한) 은혜는 생각하지 않고 제 일만 하려 하니,
㉢ 사려 깊은 새 머슴을 언제 얻어서,
집안일을 맡기고 걱정을 잊을 수 있겠는가?
㉣ 너희들의 일을 애달파하면서 벌써 새끼 한 사리를 다 꼬았도다.
– 허전, '고공가'

이것도 알면 합격!

허전, '고공가(雇工歌)'의 주제 및 특징
1. 주제: 이기적이고 나태한 관리들의 행태 비판
2. 특징
(1) 농부의 어려움을 국사(國事)에 비유하여 농가(農家)의 한 어른이 게으른 한 머슴들의 행동을 나무라는 방식을 통해 관리들의 무능함을 비판함
(2) 이 작품의 화답가로 이원익의 「고공답주인가(雇工答主人歌)」가 있음

08회 실전동형모의고사

정답 p.74

01	③ 어법	08	② 비문학	15	③ 비문학
02	② 어휘	09	④ 비문학	16	④ 비문학
03	③ 비문학	10	④ 비문학	17	① 비문학
04	② 비문학	11	④ 문학	18	② 문학
05	③ 문학	12	④ 어휘	19	② 비문학
06	② 어휘	13	③ 어휘	20	④ 비문학
07	③ 비문학	14	④ 문학		

취약영역 분석표

영역	틀린 답의 개수
어법	/ 1
비문학	/ 11
문학	/ 4
어휘	/ 4
혼합	− / 0
TOTAL	20

* 취약영역 분석표를 이용해 1개라도 틀린 문제가 있는 영역은 그 영역의 문제만 골라 해설을 다시 한번 꼼꼼히 학습하세요.

01 어법 의미 (다의어의 의미) 난이도 상 ●●●

정답 설명

③ 먼지를 떼고 있다: 이때 '떼다'는 '붙어 있거나 잇닿은 것을 떨어지게 하다'를 뜻한다. 이와 같은 의미로 사용된 것은 ③ '광고지를 전부 뗐다'의 '떼다'이다.

오답 분석

① 물건을 떼러 갈 때마다: 이때 '떼다'는 '장사를 하려고 한꺼번에 많은 물건을 사다'를 뜻한다.

② 월급에서 여러 가지 세금을 떼어: 이때 '떼다'는 '전체에서 한 부분을 덜어 내다'를 뜻한다.

④ 정을 떼는 일은: 이때 '떼다'는 '어떤 것에서 마음이 돌아서다'를 뜻한다.

02 어휘 한자 성어 난이도 중 ●●○

정답 설명

② 제시문의 4~5번째 줄에서 김홍도의 그림은 '꾸밈없는 자연스러움이 돋보인다'라고 하였으므로 괄호 안에 들어갈 한자 성어로 가장 적절한 것은 ② '천의무봉(天衣無縫)'이다.

- 천의무봉(天衣無縫): '천사의 옷은 꿰맨 흔적이 없다'라는 뜻으로, 일부러 꾸민 데 없이 자연스럽고 아름다우면서 완전함을 이르는 말

오답 분석

① 천고마비(天高馬肥): '하늘이 높고 말이 살찐다'라는 뜻으로, 하늘이 맑아 높푸르게 보이고 온갖 곡식이 익는 가을철을 이르는 말

③ 침소봉대(針小棒大): 작은 일을 크게 불리어 떠벌림

④ 곡학아세(曲學阿世): 바른길에서 벗어난 학문으로 세상 사람에게 아첨함

03 비문학 관점과 태도 파악, 세부 내용 파악 난이도 중 ●●○

정답 설명

③ 제시된 작품의 4~7번째 줄을 통해 관상가는 부귀한 자들은 교만한 태도로 인해 최소한의 음식조차 먹지 못하는 시기가 올 것이라고 생각함을 확인할 수 있다. 하지만 여위게 되어도 교만한 태도에서 벗어나지 못할 것이라는 내용은 확인할 수 없으므로 답은 ③이다.

[관련 부분] 부귀하면 교만하고 오만한 마음이 불어나게 되고, 죄가 가득 차면 하늘이 반드시 뒤집어 놓을 것입니다. 쭉정이도 먹지 못하게 되는 시기가 있을 것이기에 '여위겠다.'라고 하였고,

오답 분석

① 4번째 줄을 통해 확인할 수 있다.

[관련 부분] 부귀하면 교만하고 오만한 마음이 불어나게 되고,

② 끝에서 4~6번째 줄을 통해 확인할 수 있다.

[관련 부분] 빈천하면 뜻을 낮추고 자신의 몸가짐을 겸손하게 하여 두려워하며 반성하는 뜻이 있습니다.

④ 끝에서 1~6번째 줄을 통해 확인할 수 있다.

[관련 부분] 빈천하면 ~ 반성하는 뜻이 있습니다. 막힘이 지극하면 반드시 펴지게 되는 법이니, ~ 만 섬의 곡식과 열 대의 수레를 모는 귀함이 있을 것이기에 '당신의 족속은 귀하게 될 것이오.'라고 하였습니다.

04 비문학 화법 (말하기 전략) 난이도 중 ●●○

정답 설명

② 제시문의 밑줄 친 '장면'을 고려하지 않아도 화자의 진정한 발화 의도를 파악할 수 있는 것은 직접 발화이다. ②는 '배가 고프다'를 뜻하는 '시장하다'라는 표현을 통해 배가 고픈 상황임을 알리고 있으므로 장면을 고려하지 않아도 발화 의도를 파악할 수 있다. 따라서 답은 ②이다.

오답 분석

① '바람이 많이 들어오니 창문을 닫아 달라'라는 의도가 담긴 간접 발화에 해당하므로 '장면'을 고려해야 한다.

③ '목소리가 너무 크니 조용히 해라'라는 의도가 담긴 간접 발화에 해당하므로 '장면'을 고려해야 한다.

④ '여름철 실내 적정 온도에 맞게 에어컨 온도를 조절해라'라는 의도가 담긴 간접 발화에 해당하므로 '장면'을 고려해야 한다.

05 문학 작품의 종합적 감상 (현대 시) 난이도 중 ●●○

정답 설명

③ 제시된 작품은 '꽃'이라는 자연물을 통해 생성과 소멸을 거듭하는 대자연의 섭리와 존재의 고독함을 그리고 있다. 그러나 자연물을 통해 생명력과 역동성을 드러내고 있지는 않으므로 답은 ③이다.

오답 분석

① 2연에서 꽃이 저만치 홀로 피어 있다는 내용을 통해 화자와 꽃 사이의 거리감이 느껴진다는 것을 알 수 있다.

② 종결 어미 '-네'의 반복을 통해 화자가 관조적인 태도로 '꽃'을 바라보며 감정을 절제하고 있음을 알 수 있다.

④ 1연과 4연이 서로 대응을 이루는 수미 상관을 통해 형태적 안정감을 주고 있다.

이것도 알면 합격!

김소월, '산유화'의 주제 및 특징

1. 주제: 생성과 소멸이 거듭되는 대자연의 섭리와 존재의 근원적 고독
2. 특징
   (1) 첫 연과 끝 연이 수미 상관의 구조를 이룸
   (2) 종결 어미 '-네'를 통해 감정 절제를 보여주며, 각운을 형성함

06 어휘 관용 표현 난이도 중 ●●○

정답 설명

② '손을 잠그다'는 '어떤 일에 참여하다'를 뜻하므로 ②의 뜻풀이는 적절하지 않다. 참고로, '하던 일을 그만두거나 잠시 멈추다'를 뜻하는 관용 표현은 '손을 놓다'이다.

오답 분석

① 흘게(가) 빠지다: 정신이 똑똑하지 못하고 흐릿하거나 느릿느릿하다.

③ 눈이 무디다: 사물을 보고 깨닫는 힘이 약하다.

④ 입(을) 닦다[씻다]: 이익 등을 혼자 차지하거나 가로채고서는 시치미를 떼다.

07 비문학 적용하기 난이도 중 ●●○

정답 설명

③ 1문단 끝에서 2~3번째 줄을 통해 중고차 구매를 원하는 사람(매수인)은 차량의 주인(매도인)에게 구매하려는 차량에 대한 대금을 지급해야 할 의무가 있음을 확인할 수 있다. 하지만 중개한 사람에게도 매매 대금을 지급해야 한다는 내용은 제시문에서 찾을 수 없으므로 답은 ③이다.
[관련 부분] 매수인은 매도인에게 매매 대금을 지급할 의무가 있고 소유권의 이전을 청구할 권리를 갖는다.

오답 분석

① 1문단 끝에서 4~6번째 줄을 통해 매도인은 매수인에게 매매 대금 지급에 대한 청구권을 가지고 있음을 알 수 있으며, 2문단 4번째 줄을 통해 청구권에 대한 권리가 채권임을 알 수 있다. 따라서 집주인(매도인)은 집을 양도 받는 사람(매수인)에게 집에 대한 대금 지급을 청구하는 채권이 있다.
[관련 부분]
- 매도인은 매수인에게 ~ 매매 대금의 지급을 청구할 권리를 갖는다.
- 청구권을 내용으로 하는 권리가 채권이고,

② 1문단 1~5번째 줄을 통해 계약은 일정한 법률 효과의 발생을 목적으로 한다는 점에서 약속과 차이가 있음을 알 수 있다. 따라서 '여가생활을 위해 점심 식사를 10분 내로 끝내자'라는 약속은 일정한 법률 효과의 발생을 목적으로 하지 않으므로 계약이라고 볼 수 없다.
[관련 부분] 계약도 하나의 약속이다. ~ 이때의 의사는 일정한 법률 효과의 발생을 목적으로 한다는 점에서 차이가 있다.

④ 2문단 4~5번째 줄을 통해 채무는 채권에 따라 이행해야 할 의무임을 알 수 있고, 2문단 끝에서 1~2번째 줄을 통해 채무자가 채무의 내용대로 이행하는 것은 채권을 소멸시키는 변제 행위임을 알 수 있다. 따라서 매물 구매자가 청구 받은 매매 대금을 지급하고, 매물 판매자가 매물에 대한 소유권을 이전하는 것은 채무를 이행한 것으로 변제 행위를 하는 것이다.
[관련 부분]
- 청구권을 내용으로 하는 권리가 채권이고, 그에 따라 이행을 해야 할 의무가 채무이다.
- 채무자가 채무의 내용대로 이행하여 채권을 소멸시키는 것을 변제라 한다.

08 비문학 글의 구조 파악 (문단 배열) 난이도 중 ●●○

정답 설명

② (가) - (다) - (나) - (라)의 순서가 가장 자연스럽다.

순서	중심 내용	순서 판단의 단서와 근거
(가)	기술 유출의 발생 원인과 합법적인 기술 이전의 방법	접속 표현으로 시작하지 않으면서 '기술 유출'이라는 글의 화제를 제시함
(다)	기술 이전 계약 단계에서 기술 공개가 이루어질 수밖에 없는 이유 및 계약이 성립되기까지의 어려움	접속어 '그러나': (가)의 마지막 문장과 상반되는 내용을 제시함
(나)	기술은 이미 유출되었으나 기술 이전 계약이 금지되었을 경우에 발생하는 문제	접속어 '예컨대': (다)에서 언급한 내용과 관련한 구체적인 사례를 제시함
(라)	기업의 기술 유출을 사전에 예방하기 위한 제도적 장치의 필요성	접속어 '따라서': (가), (다), (나)에서 언급한 내용의 결론을 제시함

09 비문학 세부 내용 파악 난이도 중 ●●○

정답 설명

④ 2문단 끝에서 2~3번째 줄을 통해 매일신보는 광복 후에 제호를 대한매일로 바꾸었다는 것은 알 수 있지만 총독부 기관지의 기능이 사라졌는지는 제시문을 통해 알 수 없다.

[관련 부분] 광복 후에는 서울신문으로 재출발했다가 한 때 제호를 대한매일로 바꾸었고

오답 분석

① 1문단 4~6번째 줄을 통해 대한매일신보는 창간 당시에 항일 언론의 성격을 띠었음을 확인할 수 있다.

[관련 부분] 러일전쟁이 일어난 직후 열강의 침탈에 국운이 기울던 시기에 창간되어 6년 동안 민족의 혼을 불러일으키면서 강력한 항일 언론을 펼쳤으나

② 1문단 7~8번째 줄을 통해 대한매일신보는 '매일신보'로 제호가 변경되고 총독부의 기관지로 성격이 변했음을 확인할 수 있다.

[관련 부분] 매일신보로 제호가 바뀌면서 총독부의 기관지로 반민족적인 논조의 신문으로 변질되었다.

③ 2문단 1~2번째 줄을 통해 매일신보는 일제의 식민 통치 시기에도 끊임없이 발행되었음을 확인할 수 있다.

[관련 부분] 매일신보는 35년 간 중단된 일이 없이 일제의 식민지 통치를 오호 선전하면서

10 비문학 세부 내용 파악, 내용 추론 난이도 중 ●●○

정답 설명

④ 1문단 4~6번째 줄을 통해 그리스 시대 건축물은 내부 공간이 좁다는 문제점이 있음을 알 수 있으나, 로마 시대의 건축물이 해당 문제점을 개선했는지는 제시문을 통해 알 수 없다.

[관련 부분] 건축물 안에 좁은 간격으로 기둥이 배열되어야 했기에 내부의 공간을 크게 만들 수 없다는 단점이 있었다.

오답 분석

① 2문단 2~3번째 줄을 통해 로마 시대에는 석재, 벽돌 등을 이용한 조적식 구조물이 주로 세워졌다는 것을 알 수 있으므로 로마 시대에 석조 건축물이 많았음을 추론할 수 있다.

[관련 부분] 로마 시대에는 '조적식 구조물'이 주로 세워졌는데 이것은 석재, 벽돌 등을 쌓아서 만든 것을 뜻한다.

② 1문단 끝에서 3~4번째 줄에서 확인할 수 있다.

[관련 부분] 이것은 날씨가 온화하여 옥외 생활에 불편이 없는 이 지방의 환경과도 관련이 있다.

③ 1문단에서는 그리스 시대의 대표 건축물로 '포세이돈 신전'과 '파르테논 신전'을 제시하였고, 2문단에서는 로마 시대의 대표 건축물로 '콜로세움'과 '수도교'를 제시하였다.

11 문학 작품의 종합적 감상 (고전 소설, 가사) 난이도 중 ●●○

정답 설명

④ (가)는 '심청전'의 일부이고, (나)는 안조환의 '만언사'의 일부이다. (가)의 심봉사는 죽은 줄 알았던 딸과 재회하고 부처님의 도술로 인해 두 눈을 뜨게 된다는 점에서 부정적인 상황이 긍정적으로 변화하였음을 알 수 있다. 하지만 (나)의 화자는 자신의 처지가 가련하다고 말하며 궁핍한 자신의 모습을 '귀신'에 비유하여 신세를 한탄하고 있다는 점에서 상황이 긍정적으로 바뀌지 않았으므로 답은 ④이다.

오답 분석

① (가)의 서술자는 심청을 만난 직후 개안(開眼)하게 되는 심봉사의 상황을 묘사하고 있고, (나)의 화자는 유배 생활 중의 고통스러운 자신의 처지를 귀신과 같다고 직접 묘사하고 있다.

② (가)의 '활짝 밝았으니', '소리 같더니', '보게 되니'를 통해 동일한 연결 어미 '-니'가 반복되고 있지만, (나)에서는 동일한 연결 어미가 반복되고 있지 않다.

③ (가)는 심청과 심봉사의 대화를 통해 이들이 재회하는 장면을 드러내고 있지만, (나)는 화자의 독백을 통해 자신의 신세를 한탄하고 있다.

12 어휘 한자 성어 난이도 중 ●●○

정답 설명

④ 제시문에서는 모든 직원들이 정성을 모으면 어려운 사람들에게 큰 도움을 줄 수 있다고 하였으므로 문맥상 '여러 사람이 조금씩 힘을 합하면 한 사람을 돕기 쉬움'을 뜻하는 말인 ④ '十匙一飯(십시일반)'이 들어가는 것이 적절하다.

오답 분석

① 鵬程萬里(붕정만리): 1. 산을 넘고 내를 건너 아주 멂 2. 아주 양양한 장래를 비유적으로 이르는 말

② 累卵之勢(누란지세): 층층이 쌓아 놓은 알의 형세라는 뜻으로, 몹시 위태로운 형세를 비유적으로 이르는 말

③ 金蘭之契(금란지계): 친구 사이의 매우 두터운 정을 이르는 말

13 어휘 한자어 (한자어의 표기) 난이도 상 ●●●

정답 설명

③ ㉠과 ㉡에 들어갈 한자는 각각 '共榮, 奉仕'이므로 답은 ③이다.

- ㉠ 共榮(공영: 한가지 공, 영화 영): 함께 번영함
- ㉡ 奉仕(봉사: 받들 봉, 섬길 사): 국가나 사회 또는 남을 위하여 자신을 돌보지 않고 힘을 바쳐 애씀

오답 분석

①② 共營(공영: 한가지 공, 경영할 영): 함께 경영함

②④ 奉事(봉사: 받들 봉, 일 사): 웃어른을 받들어 섬김

14 문학 서술상의 특징 난이도 중 ●●○

정답 설명

④ 제시된 작품은 서술자인 '나'가 '점순'의 외모와 성격에 대해 서술하고 있으므로 1인칭 주인공 시점이다. 이때, 1문단 5~7번째 줄의 '이건 우아래가 뭉툭한 것이 내 눈에는 헐없이 감참외 같다. 참외 중에는 감참외가 제일 맛 좋고 이쁘니까 말이다'와 같은 표현을 통해 '나'가 애정 어린 시선으로 '점순'의 외양을 묘사하고 있음을 알 수 있다.

오답 분석

① '나'는 '점순'이 넘어져 흙투성이가 된 밥을 먹었던 과거를 회상하고 있으나, 이를 통해 '점순'에 대한 '나'의 심리 변화는 확인할 수 없다.

② 제시된 부분에는 '점순이'의 외모와 성격이 서술되어 있을 뿐 내화와 외화의 병렬적 구성을 취하고 있지 않다.

③ '계집애'와 같은 비속어와 '우아래', '너머' 등의 방언을 사용하여 향토성과 해학성을 느낄 수 있으나, 판소리 사설 특유의 문체는 제시된 부분을 통해 확인할 수 없다.

15 비문학 논지 전개 방식 난이도 중 ●●○

정답 설명

③ 제시문과 ③에는 모두 사례를 들어 진술을 구체화하는 '예시'의 설명 방식이 쓰였다.

- 제시문: 한국 예술의 특징을 '선의 예술'로 보고, 이를 '기와집 추녀, 버선의 콧등, 반달 같은 미인, 장구 소리'와 같은 구체적인 예를 들어서 설명함
- ③: 텃새에는 '까마귀, 까치, 박새, 꿩, 올빼미' 등이 있음을 예를 들어 설명함

오답 분석

① 묘사: 참새의 머리를 그림을 그리듯이 묘사하고 있다.

② 구분: 민화의 종류를 주제에 따라 구분하고 있다.

④ 정의: 세시 풍속의 정의를 내리고 있다.

16 비문학 내용 추론, 적용하기 난이도 중 ●●○

정답 설명

④ 2문단 3~4번째 줄을 통해 설득의 핵심은 상대의 입장을 파악하는 것임을 알 수 있으므로 고객을 설득하기 위해선 상품에 대한 이해가 아닌 고객의 성향에 대한 이해가 우선시되어야 함을 알 수 있다.

[관련 부분] 설득을 하고 싶다면, 먼저 상대의 입장부터 들어야 한다.

오답 분석

① 1문단 2~4번째 줄을 통해 상대의 마음을 알 수 없을 때는 어설픈 대화보다 침묵이 더 효과적인 설득이 될 수 있다는 것을 알 수 있으므로 ①의 추론은 적절하다.

[관련 부분] 상대의 마음을 전혀 알 수 없을 때에는 차라리 침묵하고 있는 편이 낫다. 어설픈 기술로 덤벼들었다가는 오히려 화를 입을 수도 있다.

② 2문단 끝에서 3~4번째 줄을 통해 상황을 다각도에서 바라봐야 효과적으로 설득할 수 있음을 알 수 있다. 협상은 상대를 설득하여 목적을 달성하는 것이 핵심이므로, 유리한 협상을 위해 여러 방면에서 상황을 분석한 타협안을 준비해야 한다는 ②의 추론은 적절하다.

[관련 부분] 상대를 효과적으로 설득하려면 또한 상황을 다각도에서 바라볼 줄 알아야 한다.

③ 2문단 3~6번째 줄을 통해 사람들의 마음을 움직이는 설득을 위해선 상대방의 입장을 파악하는 것이 중요하다는 것을 알 수 있다. 연설 역시 청중의 입장을 고려하여 공감대를 형성한다면 마음을 울리는 설득이 가능하므로 ③의 추론은 적절하다.

[관련 부분] 설득을 하고 싶다면, 먼저 상대의 입장부터 들어야 한다. ~ 그러고 나면 마음의 움직임을 유추하는 게 가능해진다.

17 비문학 화법 (말하기 전략) 난이도 중 ●●○

정답 설명

① 제시된 대화는 팩스가 고장 난 당일의 담당자가 부재한 가운데 문제 상황을 해결하기 위한 팀장과 팀원들의 이야기를 다루고 있다. 그런데 '팀원2'는 '팀원1'이 팩스를 마지막에 사용하지 않았냐고 추측하며 확실하지 않은 정보를 언급함으로써 갈등을 유발하고 있다. 따라서 답은 ①이다.

오답 분석

② 팀장은 '팀원1'과 '팀원2'의 갈등 상황을 중재하고, 시설 관리 팀에 문의해 보자고 하며 해결 방안을 제시하고 있다. 따라서 팀원들에게 문제를 해결할 것을 일방적으로 명령한다는 설명은 적절하지 않다.

③ '팀원3'은 시설 관리 팀에 문의해 보자는 팀장의 제안에 대해 답하고 있을 뿐, 다른 사람의 말을 중간에 자르고 끼어들며 해결 방안을 제시하고 있지는 않다.

④ '팀원1'은 담당자인 '성재'에게 전화하여 문제를 해결하려고 하거나, 문제의 원인을 자신이라고 추측하는 '팀원2'의 발언에 대해 반박하고 있을 뿐 대화 맥락과 관계없는 이야기를 하며 자신의 책임을 회피하고 있지 않다.

18 문학 인물의 태도 난이도 중 ●●○

정답 설명

② '맹자(孟子)', '풍당(馮唐)' 모두 충신이었으나 임금이 알아주지 않아 세상에 쓰이지 못하고 불우한 일생을 마친 인물들이다. 따라서 이들은 모두 ㉣ '정직한 자'에 해당하므로 ②의 설명은 적절하지 않다.

오답 분석

① ㉠ '화왕'은 ㉡ '장부'의 말을 듣고 외양에 눈이 멀어 충신을 알아보지 못한 자신의 잘못을 깨달으며 갈등이 해소된다.

③ ㉡ '장부'는 '맹자(孟子)'와 '풍당(馮唐)'이 세상에 쓰이지 못하고 불우한 생애를 마쳤음을 예로 들어 임금 된 자들이 '간사하고 아첨하는 자'를 가까이하고 '정직한 자'를 멀리하는 것을 비판하고 있다. 이를 통해 ㉠ '화왕'에게 ㉢ '간사하고 아첨하는 자'를 멀리하고 ㉣ '정직한 자'를 곁에 둘 것을 당부하고 있음을 알 수 있다.

④ '장부'의 진실된 충고로 인해 ㉠ '화왕'은 자신이 ㉣ '정직한 자'를 알아보지 못했다는 깨달음을 얻었으므로 잘못했다고 말하는 것이다.

이것도 알면 합격!

설총, '화왕계(花王戒)'의 '가인(장미)'와 '장부(백두옹)'의 대비

구분	가인(장미)	장부(백두옹)
외모	붉은 얼굴에 옥 같은 이와 신선하고 탐스러운 나들이옷을 입음	머리는 백발이며, 베옷을 입고 허리에는 가죽 띠를 두르고 손에는 지팡이를 짚고 있음
행위	화왕(왕)을 유혹함	화왕(왕)에게 충언함
역할	간신	충신

19 비문학 작문 (조건에 맞는 글쓰기) 난이도 중 ●●○

정답 설명

② '한 방울의 물은 귀중한 생명이야. 한 방울의 물도 귀중한 자산이야'에서 '한 방울의 물 ~ 귀중한 ~ 이야'를 통해 대구의 기법이 사용되었으며, 물이 울면서 아이에게 이야기하는 의인법을 통해 물 절약을 표현하였다.

오답 분석

① 지하철 이용을 통해 자원을 절약하자는 내용이 나타나 있다. 그러나 대구의 기법과 의인법을 사용한 부분을 찾을 수 없다.

③ 에어컨이 부채를 구박하고, 부채가 에어컨에게 말을 하는 부분을 통해 의인법을 사용하여 전기 절약을 표현하였음을 알 수 있다. 그러나 대구의 기법을 사용한 부분은 찾을 수 없다.

④ 자동차가 사람들에게 말을 하는 부분을 통해 의인법을 사용하여 자원 절약을 표현하였음을 알 수 있다. 그러나 대구의 기법을 사용한 부분은 찾을 수 없다.

20 비문학 세부 내용 파악 난이도 중 ●●○

정답 설명

④ 4문단 끝에서 1~2번째 줄을 통해 세책가소설은 사대부의 이상주의와 시민의 현실주의를 함께 다뤄 사대부와 서민 독자 모두를 끌어 들였음을 알 수 있다. 따라서 세책가소설이 사대부의 이상주의를 비판했다는 설명은 적절하지 않으므로 답은 ④이다.

[관련 부분] 사대부의 이상주의와 시민의 현실주의를 함께 보여주면서 양쪽의 독자를 끌어들였다.

오답 분석

① 1문단 2~3번째 줄을 통해 시민은 경제력을 배경으로 하여 사대부로 신분을 상승하고자 했음을 알 수 있다.

[관련 부분] 시민은 경제력을 배경으로 사대부로 상승하고자 했다.

② 2문단 2~5번째 줄과 4문단 끝에서 4~5번째 줄을 통해 세책가는 독서할 여유가 있는 부녀자들을 대상으로 장편 소설을 빌려주며 영업했음을 알 수 있다.

[관련 부분]

- 독서를 할 수 있는 시간 여유를 얻은 부녀자들을 상대로 세책가(貰冊家)가 소설을 빌려주고 돈을 버는 영업을 했다. 영업이 잘되게 하려면 장편을 다수 확보해
- 여성 독자는 ~ 작품이 길어야 여러 날 빌려 보므로 영업에 유리했다.

③ 4문단 끝에서 2~4번째 줄을 통해 세책가소설의 작가들은 독자의 흥미를 가중시키기 위해 사건 전개를 복잡하게 구성하여 제작했음을 알 수 있다.

[관련 부분] 여러 인물이 등장해 복잡한 사건을 벌이는 것이 흥미를 가중시키기 위해 반드시 필요한 방법이었다.

09회 실전동형모의고사

정답 p.82

01	② 어휘	08	③ 비문학	15	③ 어휘
02	① 어휘	09	④ 어법	16	② 문학
03	③ 어법	10	② 문학	17	③ 비문학
04	② 비문학	11	② 문학	18	③ 비문학
05	④ 비문학	12	① 비문학	19	④ 비문학
06	③ 비문학	13	④ 비문학	20	④ 비문학
07	④ 문학	14	① 어휘		

취약영역 분석표

영역	틀린 답의 개수
어법	/ 2
비문학	/ 10
문학	/ 4
어휘	/ 4
혼합	− / 0
TOTAL	20

* 취약영역 분석표를 이용해 1개라도 틀린 문제가 있는 영역은 그 영역의 문제만 골라 해설을 다시 한번 꼼꼼히 학습하세요.

01 어휘 한자어 (한자어의 표기) 난이도 상 ●●●

정답 설명

② 記憶(기록할 기, 생각할 억): 문맥상 '이전의 인상이나 경험을 의식 속에 간직하거나 도로 생각해 냄'을 뜻하는 '記憶'을 써야 하므로 답은 ②이다.

오답 분석

① 岐嶷(갈림길 기, 높을 억): 어린아이가 영리하고 지혜로움

③ 期(기약할 기), 憶(생각할 억)

④ 記(기록할 기), 億(억 억)

02 어휘 한자 성어 난이도 중 ●●○

정답 설명

① '옥석혼효(玉石混淆)'는 '옥과 돌이 한데 섞여 있다'라는 뜻으로, 좋은 것과 나쁜 것이 한데 섞여 있음을 이르는 말이다. 나머지 ②③④는 모두 '효도함'을 뜻하는 한자 성어이므로 의미가 다른 것은 ①이다.

오답 분석

② 반포지효(反哺之孝): '까마귀 새끼가 자라서 늙은 어미에게 먹이를 물어다 주는 효'라는 뜻으로, 자식이 자란 후에 어버이의 은혜를 갚는 효성을 이르는 말

③ 백유지효(伯兪之孝): '백유의 효도'라는 뜻으로, 어버이에 대한 지극한 효심을 일컫는 말

④ 혼정신성(昏定晨省): '밤에는 부모의 잠자리를 보아 드리고 이른 아침에는 부모의 밤새 안부를 묻는다'라는 뜻으로, 부모를 잘 섬기고 효성을 다함을 이르는 말

03 어법 말소리 (음운의 변동) 난이도 중 ●●○

정답 설명

③ '칼날[칼랄], 난로[날:로], 광한루[광:할루]'에는 모두 유음화 현상이 적용되므로 답은 ③이다.

- 칼날: 'ㄴ'이 'ㄹ' 뒤에서 [ㄹ]로 발음되는 유음화 현상이 나타난다.
- 난로, 광한루: 'ㄴ'이 'ㄹ' 앞에서 [ㄹ]로 발음되는 유음화 현상이 나타난다.

오답 분석

① 중화: 서로 다른 요소가 특정한 조건에서 변별 기능을 잃고 구별되지 않는 현상
예 '낟', '낫', '낮', '낱' 등에 쓰인 받침소리는 모두 'ㄷ'으로 발음됨

② 첨가: 형태소가 합성할 때 그 사이에 음운이 덧붙는 것으로, 사잇소리 현상이 이에 해당한다.

④ ㄹ의 비음화: 'ㄹ'을 제외한 모든 자음 뒤에서 'ㄹ'이 [ㄴ]으로 바뀌어 소리 나는 현상
예 침략[침냑], 중력[중녁], 십리[심니], 박람회[방남회]

04 비문학 작문 (고쳐쓰기) 난이도 중 ●●○

정답 설명

② ㉣은 ㉠, ㉡에 이어 '무량수전이 지닌 우리 건축의 멋'에 대한 내용을 설명하고 있으며, ㉢은 '무량수전 앞 안양문에 올라 보는 아름다운 풍경'에 대한 내용이므로 단락의 연결성에 위배된다. 따라서 ㉢과 ㉣의 위치를 바꿔야 제시문을 하나의 단락으로 올바르게 완성할 수 있으므로 답은 ②이다.

오답 분석

① ㉡이 ㉠의 내용을 세부적으로 서술하고 있으므로, ㉠과 ㉡의 위치를 서로 바꾸지 않아도 된다.

③ 조상들의 안목과 미덕은 ㉠, ㉡에서 언급된 무량수전의 아름다움을 통해 알 수 있으므로 구체적인 내용을 추가할 필요가 없다.

④ 제시문은 '무량수전에 나타나는 우리 건축의 멋'에 대해 서술하고 있으므로, 고려 중기에 유행하였던 건축 양식을 제시하는 문장을 추가하면 단락의 통일성을 해치게 된다.

05 비문학 화법 (공감적 듣기) 난이도 하 ●○○

정답 설명

④ 제시문에 따르면 공감적 듣기란 상대방의 이야기에 대해 판단하지 않고 상대의 생각을 이해하며 적절한 공감을 하는 것이다. ④의 대화에서 '나'는 '가'가 처한 상황을 이해하고 '나였어도 너무 속상할 것 같아'라며 공감하는 모습을 보이고 있으므로 공감적 대화로 가장 적절한 것은 ④이다.

오답 분석

①②③ 상대방의 이야기에 대해 판단하거나, 상대방에게 충고를 하고 있으므로 제시문에서 설명한 공감적 대화로 적절하지 않다.

06 비문학 주제 및 중심 내용 파악 난이도 중 ●●○

정답 설명

③ 제시문은 전통문화의 해체 과정에서 일어나는 외래문화의 수용에 대해 언급하며, 문화적 정체의 회복은 전통문화의 재발견과 외래문화의 선별적 수용을 통해 가능하다는 점을 강조하고 있다. 따라서 글의 중심 내용으로 적절한 것은 ③이다.

오답 분석

①④ 제시문에서 확인할 수 있는 내용이나, 글 전체를 포괄하지 못하므로 중심 내용으로 적절하지 않다.

② 2문단 2~5번째 줄을 통해 문화적 복고주의는 문화적 정체성을 회복하기 위한 바람직한 방향이 아님을 알 수 있다.

[관련 부분] 문화적 정체의 회복이 전통 사회 문화로의 복귀나 외래문화의 배격과 같은 문화적 복고주의나 문화적 폐쇄주의로 성취될 수 없음은 물론이다.

07 문학 표현상의 특징과 효과 난이도 중 ●●○

정답 설명

④ '사슴의 무리도 슬피 운다'에서는 화자가 사슴의 무리에 이입하여 슬픈 마음을 간접적으로 드러내고 있다. 따라서 화자의 정서가 직접적으로 표출되고 있다는 ④의 설명은 적절하지 않다. 참고로 '설움에 겹도록 부르노라'에서는 화자의 감정이 직접적으로 표출되고 있다.

오답 분석

① '산산이 / 부서진 / 이름이여!(1행) / 허공중에 / 헤어진 / 이름이여!(2행) / 불러도 / 주인 없는 / 이름이여!(3행) / 부르다가 / 내가 죽을 / 이름이여!(4행)'와 같이 민요조의 3음보 율격으로 운율이 형성된다.

② '이름이여!', '사람이여!'와 같이 영탄법을 사용하여 사랑하는 사람의 죽음으로 인한 슬픔을 격정적인 어조로 표현하고 있다.

③ '붉은 해'를 통해 시간적 배경이 저녁임을, '산'을 통해 화자가 위치한 공간적 배경을 구체적으로 드러내고 있음을 알 수 있다.

이것도 알면 합격!

김소월, '초혼'의 주제 및 특징

1. 주제: 사별로 인한 극한적 슬픔과 임에 대한 그리움
2. 특징
   (1) 반복과 3음보의 민요적 율격으로 운율을 형성함
   (2) 망부석 설화와 전통적인 초혼 의식을 모티프로 함
   (3) 영탄법 등을 사용하여 화자의 슬픔을 격정적으로 표출함

08 비문학 글의 구조 파악 (문장 배열) 난이도 중 ●●○

정답 설명

③ (다) - (가) - (나) - (라)의 순서로 배열되는 것이 가장 자연스러우므로 답은 ③이다.

순서	중심 내용	순서 판단의 단서와 근거
(다)	면대면 소통이 이루어지는 상황들	지시 표현이나 접속어로 시작하지 않으며 글의 중심 화제인 '면대면 소통'을 언급함
(가)	면대면 소통은 음성 언어와 비언어적 표현들을 사용함	지시 표현 '이때': (다)에서 언급한 대화 상황들을 가리키며, 이러한 대화에서 '음성 언어'와 '비언어적 표현들'이 사용됨을 설명함
(나)	면대면 소통 방식은 상대방과 직접 소통을 하므로 기술 매체를 사용 하지 않음	(가)의 대화 참여자들이 소통하는 것을 '개인들 간에 직접 소통이 이루어지는 상황'으로 구체화하며, 여기에 매체가 개입되지는 않음을 보임
(라)	소통 방식은 매체를 통하지 않는 방식과 매체를 경유하는 방식이 있음	지시 표현 '이렇게 보면': 앞선 (가)~(나)의 내용을 토대로 소통 방식을 매체 경유 여부에 따라 두 가지 방식으로 나눔

09 어법 말소리 (음운의 변동) 난이도 중 ●●○

정답 설명

④ 묻히다(음운 축약, 음운 교체): '묻히다[무티다 → 무치다]'는 'ㄷ'과 'ㅎ'이 만나 하나의 음운으로 줄어 [ㅌ]으로 발음되는 음운 축약과, 'ㅌ'이 모음 'ㅣ'로 시작하는 형식 형태소를 만나 [ㅊ]으로 발음되는 음운 교체(구개음화)가 나타난다.

오답 분석

① 옷고름(음운 교체): '옷고름[옫고름 → 옫꼬름]'은 '옷'의 끝소리 'ㅅ'이 [ㄷ]으로 바뀌는 음운 교체(음절의 끝소리 규칙)가 일어난 후, 바뀐 [ㄷ]에 의해 뒤 음절의 첫소리 'ㄱ'이 [ㄲ]으로 발음되는 음운 교체(된소리되기)가 나타난다.

② 낚는다(음운 교체): '낚는다[낙는다 → 낭는다]'는 '낚'의 끝소리 'ㄲ'이 [ㄱ]으로 바뀌는 음운 교체(음절의 끝소리 규칙)가 일어난 후, [ㄱ]이 비음 'ㄴ'을 만나 비음 [ㅇ]으로 발음되는 음운 교체(비음화)가 나타난다.

③ 피붙이(음운 교체): '피붙이[피부티 → 피부치]'는 'ㅌ'이 뒤 음절 첫소리로 연음된 후, 'ㅌ'이 모음 'ㅣ'로 시작하는 형식 형태소를 만나 [ㅊ]으로 발음되는 음운 교체(구개음화)가 나타난다.

10 문학 소재의 의미 난이도 중 ●●○

정답 설명

② ㉡ '절름발이'는 '나'와 아내의 비정상적인 관계를 나타내는 소재이므로, 설명이 옳지 않은 것은 ②이다.

오답 분석

① ㉠ '아내'가 '나'에게 아스피린 대신 아달린을 먹여 온 사건을 통해, '나'는 아내에게 배신감을 느끼게 되며 아내와 자신의 관계가 절름발이와 같다는 것을 깨닫게 된다.

③ ㉢ '정오 사이렌'은 '나'의 의식을 자극함으로써 생명력을 일깨우는 소재로, '나'가 억눌려 있던 자아를 되찾게 되는 시간적 계기가 된다.

④ ㉣ '날개'는 활력과 자아, 삶의 의미를 상징하는 소재로, 날개가 다시 돋기를 소망하는 것은 억압된 삶에서 벗어나 자유로운 자아를 회복하고자 하는 '나'의 욕망을 의미한다.

이것도 알면 **합격!**

이상, '날개'의 주제 및 특징

1. 주제: 무기력한 인생과 자아 분열 속에서 탈피하여 본래의 자아를 찾으려고 하는 의지
2. 특징
   (1) 주인공의 의식의 흐름이 내적 독백을 통해 서술됨
   (2) 식민지 지식인의 어두운 내면을 상징적 장치를 사용하여 드러냄

11 문학 서술상의 특징 난이도 중 ●●○

정답 설명

② 제시된 작품은 '나(옥희)'가 주인공인 어머니의 이야기를 전달하는 1인칭 관찰자 시점으로, 서술의 초점이 어머니에게 맞추어져 있다. 이때 서술자인 '나'는 '어머니는 ~ 몹시 놀란 사람처럼 화다닥하였습니다', '어머니 얼굴이 ~ 빨갛게 되었습니다' 등과 같이 어머니의 외양이나 행동을 묘사하기만 할 뿐 인물의 내면을 정확히 서술하지는 못한다. 따라서 독자는 어머니의 심리를 추측하며 읽어야 한다.

오답 분석

③ 전지적 작가 시점의 특징이므로 적절하지 않다. 참고로 전지적 작가 시점이란 서술자가 인물의 행동이나 심리를 분석하여 서술하는 것으로, 서술자가 작품 속에 직접 개입하여 사건을 진행시키거나 인물을 평가한다.

이것도 알면 **합격!**

신빙성 없는 서술자

'신빙성 없는 서술자'란 서술자 자신이 서술하는 일들에 대한 관찰 및 해석에 대해 완전하지 못하거나 무지한 화자를 말한다. '사랑손님과 어머니' 또한 서술자로 어린아이를 설정하여 1인칭 관찰자 시점으로 이야기를 전개하고 있다. 이를 통해 당시 통념으로 받아들이기 힘든 금지된 사랑 이야기를 어린아이의 시선으로써 저속하지 않게 승화시킬 수 있고, 미성숙한 서술자이기 때문에 나타나는 한계로 독자들은 재미를 느낄 수 있다. 또한 서술자가 직접 전해주지 못하는 내용을 상상할 수 있게 한다는 점에서 독자들에게 읽는 즐거움을 주기도 한다.

12 비문학 세부 내용 파악 난이도 하 ●○○

정답 설명

① 제시문에서 확인할 수 없는 내용이다.

오답 분석

② 2문단 2~3번째 줄에서 확인할 수 있다.
[관련 부분] 인류가 알아낸 가장 완벽한 자연 법칙이라고 생각했던 뉴턴 역학

③ 1문단 3~4번째 줄에서 확인할 수 있다.
[관련 부분] 과학은 인간의 이성으로 진리를 추구해 가는 가장 합리적인 방법이다.

④ 2문단 1~2번째 줄에서 확인할 수 있다.
[관련 부분] 과학 발전의 과정에서 많은 이론이나 학설들이 새로운 이론이나 학설에 의해 부정되었다.

13 비문학 논지 전개 방식 난이도 중 ●●○

정답 설명

④ 제시문과 ④에서는 둘 이상의 사물들에 대해 그 차이점을 밝혀내어 설명하는 '대조'의 설명 방식이 쓰였다.

- 제시문: 투입되는 자본의 규모를 기준으로 '블록버스터 영화'와 '독립 영화'의 차이점에 대해 서술함
- ④: '현실과 이상의 괴리 극복 가능성'을 중심으로 '낭만주의'와 '고전주의'의 차이점을 서술함

오답 분석

① 정의: '시놉시스'의 뜻을 분명하게 규정한다.

② 열거: 찜질방의 '방' 종류를 나열한다.

③ 유추: 우리나라와 유럽 시장의 공통된 속성(실속형 전화기를 선호함)을 바탕으로, 휴대 전화기가 한국에서뿐만 아니라 유럽에서도 잘 팔릴 것으로 보고 있다.

이것도 알면 합격!

논지 전개 방식의 종류

인과	어떤 결과를 가져온 원인과 그로 인해 초래된 결과에 초점을 두는 진술 방식 예 경제 성장이 둔화되었기 때문에 일자리가 늘지 않았다.
정의	용어의 뜻을 분명하게 규정하는 방식 예 초는 불빛을 내는 데 쓰는 물건이다.
예시	사례를 들어 일반적이거나 추상적인 원리, 법칙, 진술을 구체화하는 방식 예 개미는 냄새로 서로 의사소통을 한다. 예를 들어, 먼 장소에 먹이가 있다면 개미는 '페로몬'이라는 화학 물질을 이용하여 냄샛길을 만들고 다른 개미가 그 길을 따라 오도록 만든다.
서사	일정한 시간 내에 일어나는 일련의 행동이나 시간의 흐름에 따라 전개되는 사건에 초점을 두는 진술 방식 예 나는 살금살금 발소리를 죽여 가며 창가로 다가가서, 누군지 모를 여학생의 팔을 살짝 꼬집었다. 그러고는 얼른 창문에 바짝 붙어 섰다.
묘사	대상을 그림 그리듯이 구체적으로 진술하는 방식 예 친구의 얼굴은 달걀형이고 귀가 크며 곱슬머리이다.
비교	사물의 비슷한 점을 밝혀내어 설명하는 방식 예 야구는 축구처럼 공을 가지고 하는 경기이다.

14 어휘 표기상 틀리기 쉬운 어휘 난이도 중 ●●○

정답 설명

① ㄱ에는 '우겨', ㄴ에는 '뒤치다꺼리'가 들어가는 것이 적절하다.

- ㄱ: '억지를 부려 제 의견을 고집스럽게 내세우다'를 뜻하는 말은 '우기다'이므로, '우겨'를 쓰는 것이 적절하다. 참고로 '욱여'의 기본형 '욱이다'는 '욱다'의 사동사로, '안쪽으로 조금 우그러지게 하다'를 뜻한다.
- ㄴ: '뒤에서 일을 보살펴서 도와주는 일'을 뜻하는 '뒤치다꺼리'를 쓰는 것이 적절하다. '뒤치닥거리'는 '뒤치다꺼리'의 잘못된 표기이다.

15 어휘 한자어 (한자어의 표기) 난이도 상 ●●●

정답 설명

③ '대접'의 '대'와 한자가 같은 것은 '대피'의 '대'이다.

- 대접(待接)(기다릴 대, 이을 접): 마땅한 예로써 대함
- 대피(待避)(기다릴 대, 피할 피): 위험이나 피해를 입지 않도록 일시적으로 피함

오답 분석

① 대응(對應)(대할 대, 응할 응): 어떤 일이나 사태에 맞추어 태도나 행동을 취함

② 대부(貸付)(빌릴 대, 줄 부): 주로 은행 등의 금융 기관에서 이자와 기한을 정하고 돈을 빌려줌

④ 대리인(代理人)(대신할 대, 다스릴 리, 사람 인): 다른 사람을 대신하는 사람

16 문학 서술상의 특징 난이도 중 ●●○

정답 설명

② 제시된 작품의 '나'는 '그'의 생김새와 성격, 이미지를 섬세하게 묘사하고 있으므로 문체의 특징으로 가장 적절한 것은 ②이다.

오답 분석

① 제시된 작품에서 말줄임표를 사용한 것은 맞으나, 이를 통해 감정의 절제가 드러나진 않는다. 말줄임표가 사용된 문장에서는 '그'에게 호감을 갖고 있는 '나'의 속마음이 드러난다.

③ 제시된 작품에서는 남의 말을 인용할 때, 현재 말하는 사람의 입장에서 인칭이나 시제 등을 고쳐서 말하는 화법인 간접 화법이 사용되지 않았다.

④ 제시된 작품에서는 '그'의 생김새와 성격, 이미지가 줄글로 상세하게 묘사되고 있을 뿐, 내용을 압축해서 전하는 운문체는 사용되지 않았다.

이것도 알면 **합격!**

강신재, '젊은 느티나무'의 특징
1. 젊은이들의 청순한 사랑을 감각적이고 섬세한 문체에 담은 성장 소설
2. '느티나무'는 순수한 열정을 간직한 두 청춘 남녀의 사랑을 상징함
3. 부모의 재혼으로 인하여 남매가 된 남녀가 이루어 가는 사랑과 재회에 대한 의지 등을 담고 있음

17 비문학 내용 추론 난이도 중 ●●○

정답 설명

③ 3문단 끝에서 1~4번째 줄을 통해 햇빛이 많이 나지 않는 지역의 사람들은 우유로 비타민D를 보충해야 하므로 성인이 되어도 체내에서 락타아제가 계속 생산됨을 알 수 있다. 따라서 일조량이 적은 지역의 성인들은 대부분 우유를 소화하는 데 지장이 없을 것임을 추론할 수 있다.

[관련부분] 햇빛이 많이 나지 않는 지역 사람들은 부족한 비타민D를 얻기 위해 우유에 의존해야 했을 것이다. 이 때문에 어른이 되고 난 후에도 락타아제가 몸에서 생산됐을 가능성이 있다.

오답 분석

① 1문단 4~5번째 줄과 2문단 1~3번째 줄을 통해 어린아이들은 젖당을 잘 소화하며, 젖당을 소화시키기 위해서는 락타아제라는 효소가 몸에서 생성되어야 함을 알 수 있으므로 어린아이들은 락타아제가 체내에서 생성된다는 ①의 추론은 적절하다.

[관련 부분]
- 아기나 어린아이들은 거의 대부분 젖당을 잘 소화하는 반면에
- 젖당을 소화해서 분해하기 위해서는 락타아제라는 효소가 촉매 작용을 해야 하는데

② 2문단 끝에서 4~5번째 줄을 통해 유럽 북부 지역의 사람들은 어른이 돼도 락타아제가 몸에서 생성된다는 것을 알 수 있으므로 덴마크인들은 유제품에 불편함을 느끼지 못할 것이라는 ②의 추론은 적절하다.

[관련 부분] 유럽의 중부와 북부 지역 사람들은 어른이 돼도 락타아제가 계속 몸에서 생성된다.

④ 4문단을 통해 락타아제가 분비되지 않는 사람은 젖당을 미리 분해해 놓은 유제품을 통해 우유를 섭취할 수 있다는 것을 알 수 있으며, 1문단 1~2번째 줄을 통해 젖당이 락토오스라는 점을 알 수 있다. 따라서 락타아제가 분비되지 않는 사람이 락토오스가 분해된 유제품을 선호할 것이라는 ④의 추론은 적절하다.

[관련 부분]
- 락토오스, 즉 젖당은 ~ 탄수화물이다.
- 락타아제가 분비되지 않는 사람들은 ~ 젖당을 미리 분해해 놓은 유제품도 시중에 많이 나와 있다.

18 비문학 내용 추론 난이도 중 ●●○

정답 설명

③ 제시문은 희랍 사람들이 추구한 학문의 성격에 대해 설명하고 있다. 6~7번째 줄을 통해 희랍 사람들은 '보편 타당적인 순수 원리'를 탐구했음을 알 수 있다. 또한 빈칸 바로 앞의 '학문을 위한 학문'이라는 표현을 통해 그들은 학문으로서의 본질을 학문 그 자체에 두었음을 알 수 있다. 따라서 이러한 것과 연결되는 희랍 사람들이 추구한 학문의 성격은 '순수성'이므로 빈칸에는 ③'학문의 순수성'이 들어가는 것이 가장 적당하다.

19 비문학 글의 구조 파악 (문단 배열) 난이도 중 ●●○

정답 설명

④ (라) - (다) - (나) - (가)의 순서가 적절하다.

순서	중심 내용	순서 판단의 단서와 근거
(라)의 앞	고대인들은 평상시에는 각자 노동을 하다가 특정 시기에는 함께 제의를 올리며 놀이를 즐김	-
(라)	신이 만든 자연을 인간 자신을 위해 훼손하는 과정인 노동	키워드 '노동': 앞에서 언급한 '노동'의 개념을 밝힘
(다)	죄를 씻기 위해 유용한 사물을 바치는 집단적 놀이인 제의	지시 표현 '이러한 죄': (라)에서 언급한 '죄'를 가리킴
(나)	제의를 통해 연대감을 느끼는 고대인들	키워드 '바친 희생물': (다)에서 제의에 사용되는 희생물을 부연 설명함
(가)	자본주의 사회에서 변화된 놀이의 의미	지시 표현 '이러한 놀이': (나)의 신에게 바친 제물을 함께 나누는 고대인의 행위를 가리킴
(가)의 뒤	자본주의 사회의 생산성을 극대화한 노동의 문제점과 해결 방안	-

20 비문학 세부 내용 파악 난이도 중 ●●○

정답 설명

④ 5문단 2~7번째 줄을 통해 '맑다'와 '깨끗하다'의 의미 차이는 문맥 속에서 다른 단어로 바꾸어 보는 교체 검증이 아니라, 대립어를 사용하여 두 단어의 의미 차이를 밝히는 대립 검증의 방법을 통해 드러남을 알 수 있다.

[관련 부분] '맑다-깨끗하다'의 경우, ~ 이들과 대립 관계에 있는 '흐리다-더럽다'를 대비시키면 ~ '흐리다'와 '더럽다'의 거리만큼 '맑다'와 '깨끗하다'에도 의미 차이가 있음이 드러난다.

오답 분석

① 4문단을 통해 '달리다'와 '뛰다'가 한정된 문맥에서 그 개념적 의미가 동일한 포괄적 의미의 유의어임을 알 수 있으며, 7문단 1~2번째 줄에서 유의어는 상호 간 경쟁을 하게 된다고 하였으므로 '달리다'와 '뛰다'는 경쟁 관계에 있음을 알 수 있다.

[관련 부분]

- '달리다'와 '뛰다'의 경우 ~ 한정된 문맥에서만 개념적 의미가 동일하다고 해야 할 것이다.
- 유의어는 동일한 개념 영역에 대해서 서로 다른 형태를 갖고 있으므로 상호 간에 경쟁을 하게 된다.

② 6문단을 통해 '실개천-개울'과 같이 유의성의 정도가 모호한 단어는 관련 단어들을 하나로 배열하는 배열 검증을 통해 의미 차이가 드러남을 알 수 있다.

[관련 부분] '실개천-개울-시내-내-하천-강-대하'에서처럼 관련된 단어들을 하나의 축으로 배열하게 되면 '개울'과 '시내'에도 미세한 의미 차이가 드러난다.

③ 1문단 3~4번째 줄을 통해 동의어는 그 수가 매우 제한되어 있음을 알 수 있다.

[관련 부분] 실제로 의미가 같고 모든 문맥에서 치환이 가능한 '동의어'는 그 수가 매우 제한되어 있기 때문에

10회 실전동형모의고사

정답 p.90

01	② 어법	08	④ 비문학	15	④ 비문학
02	① 어휘	09	④ 비문학	16	③ 문학
03	④ 비문학	10	④ 어법	17	③ 비문학
04	① 비문학	11	② 비문학	18	③ 비문학
05	④ 비문학	12	④ 비문학	19	② 어휘
06	① 비문학	13	③ 문학	20	③ 비문학
07	③ 어휘	14	④ 문학		

취약영역 분석표

영역	틀린 답의 개수
어법	/ 2
비문학	/ 12
문학	/ 3
어휘	/ 3
혼합	– / 0
TOTAL	20

* 취약영역 분석표를 이용해 1개라도 틀린 문제가 있는 영역은 그 영역의 문제만 골라 해설을 다시 한번 꼼꼼히 학습하세요.

01 어법 문장 (높임 표현) 난이도 중 ●●○

정답 설명

② '이분'은 '이 사람'을 아주 높여 이르는 3인칭 대명사이다. 따라서 높임 표현에 대한 설명으로 적절한 것은 ②이다.

오답 분석

① '졸고'는 '자기나 자기와 관련된 사람의 원고를 겸손하게 이르는 말'이다. 다른 사람의 원고를 낮추어 말할 수 없으므로 '당신의 원고가 아주 훌륭하더군요'와 같이 표현해야 한다.

③ '차'는 손님과 밀접한 관련을 맺고 있는 대상이므로 '주문하신'과 같이 간접 높임 표현을 사용할 수 있다. 하지만 '나오셨습니다'는 지나친 간접 높임 표현이므로 '나왔습니다'와 같이 표현해야 한다.

④ 제시된 문장에서 '듣잡다'의 사용은 적절하나, '듣잡다'는 '듣다'를 높이는 말이 아닌 겸손하게 이르는 말이므로 적절하지 않다.

02 어휘 혼동하기 쉬운 어휘 난이도 중 ●●○

정답 설명

① 그슬렸다(○): 문맥상 '불에 겉만 약간 타다'를 뜻하는 '그슬리다'를 썼으므로 ①은 단어의 쓰임이 옳다. 참고로 '햇볕이나 불, 연기 등을 오래 쬐어 검게 되다'를 뜻하는 '그을리다'와 혼동하지 않도록 주의해야 한다.

오답 분석

② 애끓는(×) → 애끊는(○): 문맥상 '몹시 슬퍼서 창자가 끊어질 듯하다'를 뜻하는 '애끊다'를 써야 한다.
- 애끓다: 몹시 답답하거나 안타까워 속이 끓는 듯하다.

③ 계발(×) → 개발(○): 문맥상 '토지나 천연자원 등을 유용하게 만듦'을 뜻하는 '개발(開發)'을 써야 한다.
- 계발(啓發): 슬기나 재능, 사상 등을 일깨워 줌

④ 아름(×) → 알음(○): '사람끼리 서로 아는 일'을 뜻하는 '알음'을 써야 한다.
- 아름: 두 팔을 둥글게 모아서 만든 둘레

03 비문학 내용 추론 난이도 중 ●●○

정답 설명

④ 2문단 3~5번째 줄을 통해 겉모습이 훌륭해도 음성적 요소에서 자신감을 느끼지 못하면 호감이 형성되지 않음을 알 수 있다. 따라서 '잘 차려입은 은행원이 어눌한 말투로 고객을 응대하면 호감을 주지 못한다'라는 ④는 적절하다.

[관련 부분] 겉모습이 아무리 멋있더라도 음성에 자신이 없고 말하는 스타일이 어눌하면 우리는 그 사람으로부터 자신감을 느끼지 못한다.

오답 분석

① 1문단을 통해 첫인상의 형성에는 겉모습보다 목소리, 말투 등의 청각적 요인이 더 크게 작용한다고 하였으므로 화법의 결함이 훌륭한 외모로 가려질 수 있다는 추론은 적절하지 않다.

② 3문단 끝에서 1~3번째 줄을 통해 음성을 바꾸는 것은 한계가 있으나 말투는 바꿀 수 있다고 하였으므로 음성과 말투는 언제든지 바꿀 수 있다는 추론은 적절하지 않다.

[관련 부분] 음성이야 타고난 것이니까 한계가 있지만 말투는 얼마든지 바꿀 수 있다.

③ 2문단 끝에서 1~4번째 줄을 통해 자신 있게 말하는 사람에게 호감을 느끼고 자신감이 전염된다고 하였으므로 자신감이 없는 사람과 대화할 경우 상대적으로 자신감을 느낄 수 있다는 추론은 적절하지 않다.

[관련 부분] 겉모습이 조금 떨어지더라도 당당한 모습으로 자신 있게 말하는 사람을 보면 우리는 호감을 느끼고 또 우리 역시 괜시리 자신감에 차게 된다. 자신감도 전염되는 것이다.

04 비문학 세부 내용 파악 난이도 중 ●●○

정답 설명

① 4번째 줄에서 기(氣)에 따라 이(理)가 구현되는 정도가 달라진다는 것을 확인할 수 있으므로 글의 내용과 일치하는 것은 ①이다.

오답 분석

② 5~6번째 줄을 통해 이(理)는 만물이 가진 본성(本姓), 즉 본래의 고유한 특성일 뿐 만물이 세상에 존재하는 상태(모습)로 보기는 어렵다.
[관련 부분] 이(理)가 바로 세상 만물의 본성(本姓), 즉 '성(性)'이다.

③ 끝에서 3~6번째 줄을 통해 호락논쟁(湖洛論爭)은 인성(人性)과 물성(物性)이 같은가 다른가에 대해 논의한 것임을 확인할 수 있다. 하지만 이 논쟁을 통해 이(理)와 기(氣)가 재정의되었는지는 알 수 없다.
[관련 부분] 인성(人性)과 물성(物性)이 같은가 다른가를 놓고 논쟁이 벌어졌다. 인성과 물성이 다르다는 입장을 취했던 호론(湖論)과 그렇지 않다는 입장을 취했던 낙론(洛論) 사이에 벌어진 논쟁을 '호락논쟁(湖洛論爭)'이라 하는데,

④ 끝에서 1~3번째 줄을 통해 호락논쟁(湖洛論爭)은 조선이 중국보다 심화된 성리학적 논의를 전개하게 해 주었음을 확인할 수 있다. 하지만 중국의 성리학이 조선의 성리학의 기반이 되었는지는 알 수 없다.
[관련 부분] 이 논쟁은 조선이 중국보다 심화된 성리학적 논의를 전개하는 장을 마련해 주었다.

05 비문학 관점 및 태도 파악 난이도 하 ●○○

정답 설명

④ 제시문에 따르면 우리 사회는 정보사회로 바뀌고 있으며 우리의 생활이 변화함에 따라 주요 산업의 위상, 사람들의 생활양식 및 가치관까지도 변화하고 있음을 알 수 있다. 끝에서 4번째 줄의 '18세기 산업혁명과 어깨를 나란히 할 수 있을 정도의 변화'라는 말은 우리 사회의 변화 정도가 18세기 당시 산업혁명으로 인한 변화와 유사하다는 의미이므로 정보화로 인한 사회의 변화가 18세기 산업 혁명으로 인한 사회 구조를 뛰어넘을 정도라는 ④ '말수'의 말은 적절하지 않다.

오답 분석

① 1~4번째 줄을 통해 현대사회에 정보가 차지하는 비중이 증가함에 따라 우리 생활에도 변화가 있다는 것을 확인할 수 있다.
[관련 부분] 정보화가 급속히 진전됨에 따라 현대사회에서 정보가 차지하는 비중은 비약적으로 증대하고 있다. 정보사회는 이미 돌이킬 수 없는 대세(大勢)로서 우리의 생활에 다양한 영향을 미치고 있다.

② 4~6번째 줄을 통해 정보화로 인한 생산 체계, 업무 조직 방법 등의 변화는 주요 산업의 위상을 바꾸는 데에 영향을 준다는 것을 확인할 수 있다.
[관련 부분] 세계적으로 생산 체계, 일을 조직하는 방법, 소비의 유형 등이 달라지고 있으며, 이에 따라 주요 산업의 위상도 바뀌고 있다.

③ 끝에서 1~3번째 줄을 통해 기술과 사회의 관계를 바라보는 입장에 따라 우리 사회의 변화 방향과 성격을 다르게 예측하고 있음을 확인할 수 있다.
[관련 부분] 기술(技術)과 사회의 관계를 바라보는 관점에 따라 그 변화의 방향이나 성격이 각각 다르게 예측될 수 있기 때문이다.

06 비문학 논지 전개 방식 난이도 중 ●●○

정답 설명

① ㉠ '릴케'의 작품명은 제시문을 통해 드러나지 않는다. 참고로 3문단 2번째 줄에서 언급되는 '가난한 시대의 시인'은 하이데거의 작품이다.

오답 분석

② 1문단 1~3번째 줄을 통해 필자는 '릴케'의 영향력에 대해 ㉡ '한국의 시인들'에 중점을 두고 논하겠다고 밝혔음을 알 수 있다.
[관련부분] 릴케가 한국의 시인들에게 끼친 영향을 논함에 있어 ~ 릴케에게 중심을 두기보다는 우리 시인들에게 중심을 두는 것이 당연한 일이라 하겠다.

③ 2문단 1~2번째 줄을 통해 ㉠ '릴케'가 ㉡ '한국의 시인들'의 시에 많이 회자된다는 것을 알 수 있다. 또한 3문단 2~4번째 줄을 통해 하이데거가 쓴 릴케론이 ㉡ '한국의 시인들'에게 많은 영향을 끼쳤다는 것을 알 수 있다.
[관련부분]
- 릴케는 ~ 우리나라의 시인들의 시에 더욱 더 많이 회자되게 된다.
- 하이데거가 쓴 릴케론 ~ 이 책을 읽지 않고 시를 썼던 시인은 없던 것 같다.

④ 2문단을 통해 한국전쟁 이후 ㉠ '릴케'가 ㉡ '한국의 시인들'에게 끼친 영향을 릴케의 문학에 내재된 실존주의적 사상과 연결 지어 인과적으로 분석하고 있다.
[관련부분] 릴케는 한국전쟁이라는 동족상잔의 비극을 겪은 뒤 우리나라의 시인들의 시에 더욱 더 많이 회자되게 된다. 릴케의 문학에 내재되어 있던 본질 중 하나가 우리 시인들에게 호소한 결과이다.

07 어휘 한자 성어 난이도 하 ●○○

정답 설명

③ 부모의 유산을 독차지하며 잘 살던 형 놀보는 결국 패가망신하게 되고, 가난하게 살던 동생 흥보는 놀보보다 잘 살게 되었다. 이처럼 인생의 좋고 나쁨은 변화가 많아 예측하기 어려움을 보여주므로 ③ '塞翁之馬(새옹지마)'와 상황이 유사하다.
- 새옹지마(塞翁之馬): 인생의 길흉화복은 변화가 많아서 예측하기가 어렵다는 말

오답 분석

① 狐假虎威(호가호위): 남의 권세를 빌려 위세를 부림

② 緣木求魚(연목구어): '나무에 올라가서 물고기를 구한다'라는 뜻으로, 도저히 불가능한 일을 굳이 하려 함을 비유적으로 이르는 말

④ 亡羊補牢(망양보뢰): '양을 잃고 우리를 고친다'라는 뜻으로, 이미 어떤 일을 실패한 뒤에 뉘우쳐도 아무 소용이 없음을 이르는 말

08 비문학 글의 구조 파악 (문장 배열) 난이도 중 ●●○

정답 설명

④ 'ㄷ - ㅁ - ㄱ - ㄹ - ㄴ'의 순서가 가장 자연스럽다.

순서	중심 내용	순서 판단의 단서와 근거
ㄷ	미국에서 시작된 '공짜 점심은 없다'라는 표현	제시문의 중심 화제인 '공짜 점심은 없다'라는 표현을 제시함
ㅁ	19세기 미국의 술집들은 술을 주문하면 점심을 공짜로 제공함	키워드 '미국': ㄱ에서 언급한 미국에서 유래한 표현에 대해 19세기 미국 술집들의 사례를 들어 설명함
ㄱ	염분이 많이 들어간 공짜 점심으로 인해 술의 소비가 증가함	키워드 '공짜 점심': ㅁ에서 언급한 술을 주문하면 제공되는 공짜 점심이 가게의 상업적 전략임을 밝힘
ㄹ	우리나라에서도 사용하는 공짜 안주 전략	키워드 '원조': ㅁ, ㄱ에서 말한 미국의 상업적 전략을 가리킴
ㄴ	'공짜 점심은 없다'가 경제학의 유명한 문구 가운데 하나가 됨	지시 표현 '이 표현을': 앞서 설명한 '공짜 점심은 없다'라는 표현을 가리키며, 해당 표현이 유명해진 배경을 정리하며 마무리함

09 비문학 내용 추론 난이도 중 ●●○

정답 설명

④ 빈칸 앞에 접속어 '즉'이 있으므로, 빈칸에는 글의 내용을 결론적으로 요약하는 문장이 들어가야 한다. 제시문은 미터법 제정에 대한 내용으로, 고정된 빛의 속력을 기준으로 길이의 표준을 정했음을 설명하고 있다. 따라서 빈칸에 들어갈 내용으로는 가장 적절한 것은 ④이다.

오답 분석

① 고정된 빛의 속력을 이용해 미터 값을 구하게 되었다는 것은 오차 없이 정확한 길이의 값을 구할 수 있음을 의미할 뿐, 속력의 값만 알면 길이의 값을 구할 수 있음을 의미하는 것은 아니다.

② 제시문은 통일된 길이의 표준을 개발하게 된 과정을 설명하고 있으므로 적절하지 않다.

③ 과거에는 빛의 속력 또한 이동 거리와 시간을 통해 측정하였으므로 오차가 발생하였으나, 미터의 표준을 정하면서 정의된 미터 값에 의해 빛의 속력 또한 오차 없이 고정된 값으로 나타낼 수 있게 되었다. 그러나 이는 제시문의 일부 내용일 뿐 결론을 요약한 것으로 보기에는 적절하지 않다.

10 어법 한글 맞춤법 (맞춤법에 맞는 표기) 난이도 상 ●●●

정답 설명

④ 부딪트리면(○): '부딪트리면'은 동사 '부딪다'의 어간 '부딪-'에 강조의 뜻을 더하는 접미사 '-트리다'와 불확실하거나 아직 이루어지지 않은 사실을 가정하여 말할 때 쓰는 연결 어미 '-면'이 결합한 것이므로 한글 맞춤법에 맞는 표기이다. 따라서 답은 ④이다. 참고로 강조의 뜻을 더하는 접미사 '-뜨리다'가 결합된 '부딪뜨리다'도 맞춤법에 맞는 표기이다.

오답 분석

① 잘되야(×) → 잘돼야(○): 'ㅚ' 뒤에 '-어'가 어울려 'ㅙ'로 줄어드는 경우 준 대로 적으므로, '잘되어야'의 준말은 '잘돼야'로 표기해야 한다.

② 능숙터라(×) → 능숙더라(○): 안울림소리 받침 'ㄱ' 뒤에서 어간의 끝 음절 '하'가 아주 줄 적에는 준 대로 적으므로 '능숙하더라'의 준말은 '능숙더라'로 표기해야 한다.

③ 찾는구료(×) → 찾는구려(○): 동사 '찾다'의 어간 '찾-'에 화자가 새롭게 알게 된 사실에 주목함을 나타내는 종결 어미 '-는구려'가 결합되었으므로 '찾는구려'가 옳은 표기이다.

11 비문학 내용 추론 난이도 중 ●●○

정답 설명

② 제시문에서 작가는 교내 백일장 대회, 동아리 활동을 기회로 작가로서의 꿈을 키우게 되었음을 밝히고 있다. 이러한 대답을 이끌어내기 위한 적절한 질문은 작가의 길을 걷게 된 계기나 과정을 묻는 것이어야 하므로 ②가 적절하다.

12 비문학 주제 및 중심 내용 파악 난이도 중 ●●○

정답 설명

④ 제시문에서는 민첩한 사람들이 학문적 성취를 빨리 이루는 것에 비해 둔한 사람들은 속도는 느리지만 깊은 학문적 성취를 이룰 수 있다고 말하며, 둔한 사람이 꾸준하게 노력했을 경우의 강점을 제시하고 있다. 따라서 제시문의 주장으로 가장 적절한 것은 ④이다.

[관련 부분] 너처럼 둔한 아이가 꾸준히 노력한다면 얼마나 대단하겠니? 둔한 끝으로 구멍을 뚫기는 힘들어도 일단 뚫고 나면 웬만해서는 막히지 않는 큰 구멍이 뚫릴 거다. 꽉 막혔다가 뻥 뚫리면 거칠 것이 없겠지. 미욱한 것을 닦고 또 닦으면 마침내 그 광채가 눈부시게 될 것이야.

오답 분석

① 5~7번째 줄에서 말귀를 빠르게 알아듣는 사람들은 곱씹지 않아 깊이가 없다고 하였다. 하지만 이는 제시문의 일부 내용으로 필자가 궁극적으로 주장하는 바로 보기 어렵다.

② 1~2번째 줄에서 자신이 민첩하고 총명하다고 생각하는 데서 문제가 생겨난다고 하였으므로, 스스로 과대평가하는 것에서 문제가 비롯됨을 알 수 있다. 하지만 배움에 있어 겸손해야 한다는 내용은 제시문에 나와 있지 않으므로 글의 주장으로 적절하지 않다.

③ 제시문에 나와 있지 않은 내용이므로 글의 주장으로 보기 어렵다.

13 문학 화자의 정서 및 태도 난이도 중 ●●○

정답 설명

③ 제시된 작품과 ③ 모두 화자가 주어진 삶에 만족을 느끼는 '안빈낙도(安貧樂道)'의 정서를 표현하고 있다. 따라서 답은 ③이다.

- 제시된 작품: 윤선도의 '만흥' 중 일부분으로, 화자는 각 수에서 안분지족의 삶, 안빈낙도하는 삶, 물아일체의 경지에 대해 말하고 있다.
- ③: 한호의 시조로, 산촌 생활 속 소박한 풍류와 안빈낙도에 대해 말하고 있다.

오답 분석

① 유응부의 시조로, 세조의 횡포에 대한 비판과 인재 희생에 대한 걱정을 드러내고 있다.

② 주세붕의 '오륜가' 중 일부로, 부모에 대한 자식의 도리를 강조하고 있다.

④ 이황의 '도산십이곡' 중 일부로, 부단한 학문 수양의 의지를 드러내고 있다.

지문 풀이

산수 간 바위 아래에 띠풀로 이은 초가집을 지으려 하니, / 그것(나의 뜻)을 모르는 남들은 비웃는다지만, / 어리석고 시골에 사는 세상 물정 모르는 내 생각에는 (이것이) 내 분수인가 하노라. // 보리밥, 풋나물을 알맞게 먹은 후에 / 바위 끝 물가에서 실컷 노니노라. / 그 나머지 다른 일이야 부러워할 것이 있으랴. // 잔 들고 혼자 앉아 먼 산을 바라보니 / 그리워하던 임이 온다고 한들 반가움이 이러하랴(이 정도이랴). / 말도 웃음도 아니하지만 마냥 좋아하노라.

① 지난밤에 불던 바람에 눈서리가 쳤단 말인가? / 아름드리 소나무들이 다 기울어 가는구나. / 하물며 아직 피지도 못한 꽃이야 말해 무엇하겠는가?

② 아버님이 나를 낳으시고 어머님이 나를 기르시니, / 부모님이 아니셨으면 이 몸이 없었을 것입니다. / 이 덕을 갚고자 하나 하늘같이 끝이 없습니다.

③ 짚으로 만든 방석을 내지 마라. 낙엽엔들 앉지 못하겠느냐. / 관솔불을 켜지 마라. 어제 졌던 밝은 달이 다시 떠오른다. / 아이야, 변변하지 않은 술과 나물일지라도 좋으니 없다 말고 내오너라.

④ 청산은 어찌하여 영원히 푸르며 / 유수는 어찌하여 밤낮으로 그치지 않는가? / 우리도 그치지 말고 언제나 푸르리라.

이것도 알면 합격!

윤선도, '만흥'의 주제 및 특징

1. 주제: 자연에 묻혀 지내는 즐거움과 임금님의 은혜
2. 특징
   (1) 자연과 물아일체를 이루는 자연 친화적 태도가 드러남
   (2) 자연과 속세를 대비시켜 자연에 묻혀 사는 삶과 임금님의 은혜에 대한 찬양이라는 주제를 드러냄

14 문학 작품의 내용 파악 난이도 중 ●●○

정답 설명

④ 흥보가 박 속에 조상궤(祖上櫃)만 들어 있는 것을 보고는 쓸모가 없다며 갖다 내버리라고 하였으나, 흥보 마누라의 권유로 결국 열어 보게 된다. 따라서 박 안에 쓸모없는 궤를 넣어 두었다고 생각한 인물은 흥보 마누라가 아니라 흥보이므로 적절하지 않은 것은 ④이다.

오답 분석

① 흥보는 굶주리는 어린 자식을 위해 지붕 위의 박을 탔다.

② 흥보 마누라는 궤를 버리자는 흥보의 말을 듣고, 궤를 열어보아도 괜찮다며 적극적으로 행동하고 있다.

③ 흥보는 궤가 '박흥보' 앞으로 왔다는 것을 살펴본 후 궤를 열었다.

15 비문학 세부 내용 파악 난이도 중 ●●○

정답 설명

④ 2문단 끝에서 3~5번째 줄을 통해 시대적인 스타일의 규제는 도시의 아름다움을 보조하는 요소로 작용함을 확인할 수 있다. 따라서 건축물에 담긴 시대적 특징은 도시의 미관을 구현하는 데 도움이 되므로 ④의 설명은 적절하지 않다.

[관련 부분] 그러나 이 스타일의 횡포는 건물이나 도시의 아름다움에 큰 장애물이 되기보다는 오히려 아름다움의 보조 요소가 되기도 한다.

오답 분석

① 1문단 1~2번째 줄을 통해 확인할 수 있다.

[관련 부분] 의식주의 기본이 확보된 다음에야 아름다움이 문제가 될 수 있다.

② 2문단 4~6번째 줄을 통해 확인할 수 있다.

[관련 부분] 어느 시대에나 건물들은 개인적인 창의성에 못지않게 시대적인 스타일의 규제 하에 있게 마련이다.

③ 1문단 끝에서 1~5번째 줄을 통해 확인할 수 있다.

[관련 부분] 근년에 올수록 건물들의 규모와 시설, 외장과 내장이 화려해진 것은 틀림없는 사실이다. 볼만한 건물이 없는 것도 아니다. 그러나 그러한 건물들이 모여 아름다운 시가지를 이루는 곳이 있느냐고 묻는다면, 그에 대한 긍정적인 답이 쉽게 나오지 않는다.

16 문학 시구의 의미 난이도 상 ●●●

정답 설명

③ 제시된 작품은 외세에 맞서 자주독립하고, 문명을 개화하여 부국강병을 이루자고 노래하고 있다. 특히 3연에서는 봉건적인 사회제도나 인습 등의 낡은 의식을 뜻하는 '깁흔 잠'에서 깨어나 개화를 통해 경제력과 군사력을 갖출 것을 말하고 있으므로 작품에 대한 독자의 반응으로 적절한 것은 ③이다.

오답 분석

① 4연은 '서구 열강의 동양 침략'을 의미하는 '셔세 동졈(西勢東漸)'을 막아 주권을 지킬 것을 다짐하고 있다. 따라서 외세의 보호 아래 주권을 수호할 것을 다짐하고 있지 않으므로 ①은 적절하지 않다.

② 2연은 온몸을 바쳐 충군과 애국에 대한 결의를 드러내고 있으나, 이를 통해 자주독립을 강조한 것은 아니므로 ②는 적절하지 않다.

④ 5연은 성별의 차별 없이 동등한 교육을 받아 문명개화를 이루고자 함을 나타내고 있다. 따라서 남녀 성별에 맞는 교육을 통해 개화를 이루어 내는 것은 아니므로 ④는 적절하지 않다.

이것도 알면 합격!

이필균, '애국하는 노래'의 주제 및 특징

1. 주제: 문명개화를 통한 부강한 국가 건설 지향
2. 특징
   (1) 6연의 분연체임
   (2) 가사의 율격인 4음보 및 4·4조의 음수율을 사용함
   (3) 각 연마다 '합가'의 후렴구를 사용하여 민요의 선후창 방식을 계승함
   (4) '~하세, ~보세' 등의 청유형 어미를 통해 계몽적 의도를 전달함

17 비문학 세부 내용 파악 난이도 중 ●●○

정답 설명

③ 3문단 끝에서 1~2번째 줄에서 이해 집단들이 기업에 큰 압력을 행사한다고 하였으므로 기업들이 이해 집단에 압박을 가한다는 설명은 적절하지 않다. 또한 이로 인해 이해 집단들이 다원적인 목적을 추구하는지의 여부는 제시문에 나와 있지 않으므로 답은 ③이다.
[관련 부분] 이는 많은 이해 집단이 기업에게 상당한 압력을 행사하기 시작했다는 것을 의미한다.

오답 분석

① 1문단 끝에서 1~2번째 줄을 통해 자본주의 초기 단계에 기업은 경영자의 이익을 추구했음을 알 수 있다.
[관련 부분] 이 단계에서는 기업의 소유자가 곧 경영자였기 때문에, 기업의 목적은 자본가의 이익을 추구하는 것으로 집중되었다.

② 1문단 4~6번째 줄을 통해 기업은 경쟁에서 살아남고자 소비자들에게 저렴한 가격의 상품을 공급하게 되었음을 알 수 있다.
[관련 부분] 그에 따라 기업은 치열한 경쟁에서 살아남기 위해 주어진 자원을 최대한 효율적으로 활용하여 가장 저렴한 가격으로 상품을 공급하게 되었다.

④ 2문단 1~4번째 줄을 통해 전문 경영자로 인해 기업의 소유와 경영이 분리되어 경영의 효율성이 높아졌음을 알 수 있다.
[관련 부분] 그러나 기업의 규모가 점차 커지고 경영 활동이 복잡해지면서 전문적인 경영 능력을 갖춘 경영자가 필요하게 되었다. 이에 따라 소유와 경영이 분리되어 경영의 효율성이 높아졌지만,

18 비문학 세부 내용 파악 난이도 중 ●●○

정답 설명

③ 끝에서 3~6번째 줄을 통해 목적과 필요를 고려하여 좋은 글을 선택해야 하지만, 자신의 수준에도 맞아야 한다고 하였다. 따라서 목적과 필요에 따라 좋은 글을 선정하되 수준까지 고려해야 하므로 ③은 적절하지 않다.
[관련 부분] 목적과 필요에 따라 책을 선택할 때에는 우선 좋은 글을 선택해야 하지만, 글이 아무리 훌륭해도 내 수준에 맞지 않으면 소화 불량에 걸린다.

오답 분석

① 끝에서 3~4번째 줄을 통해 확인할 수 있다.
[관련 부분] 글이 아무리 훌륭해도 내 수준에 맞지 않으면 소화 불량에 걸린다.

② 1~3번째 줄을 통해 확인할 수 있다.
[관련 부분] 사람마다 개성이 다르듯 그때그때 필요에 따라 방법과 태도가 달라야 한다.

④ 1번째 줄을 통해 확인할 수 있다.
[관련 부분] 이상적인 독서법은 한 가지만 있는 것이 아니다.

19 어휘 한자어 (한자어의 표기) 난이도 상 ●●●

정답 설명

② ㉡ 事顧(일 사, 돌아볼 고)(×) → 事故(일 사, 연고 고)(○): 뜻밖에 일어난 불행한 일

오답 분석

① ㉠ 意義(뜻 의, 옳을 의)(○): 어떤 사실이나 행위 등이 갖는 중요성이나 가치

③ ㉢ 統制(거느릴 통, 절제할 제)(○): 일정한 방침이나 목적에 따라 행위를 제한하거나 제약함

④ ㉣ 困難(곤할 곤, 어려울 난)(○): 사정이 몹시 딱하고 어려움. 또는 그런 일

20 비문학 세부 내용 파악 난이도 중 ●●○

정답 설명

③ 3문단 끝에서 1~4번째 줄을 통해 의대생의 기분이 유쾌한 상태일 경우, 차트의 분석이 빠르게 이루어지고 정확하게 의사결정이 이루어짐을 알 수 있다. 따라서 정확한 판단과 결정을 내려야 하는 상황에서 기분의 영향이 적게 미친다는 것은 글의 내용에 부합하지 않으므로 답은 ③이다.

[관련 부분] 유쾌한 기분은 의사결정에도 긍정적인 영향을 미친다. 기분 좋은 의대생들은 환자의 차트를 보다 빨리 분석하고, 보다 정확한 결정을 내린다.

오답 분석

① 1문단 1~2번째 줄을 통해 개인의 행복 지수와 태도가 상관관계에 있음을 확인할 수 있다.

[관련 부분] 사는 게 재미있고 유쾌하면 사람들의 기본적인 태도에도 변화가 생긴다.

② 2문단을 통해 이타적인 행동은 현재 상태에 대한 행복한 기분에서 비롯됨을 확인할 수 있다.

[관련 부분] 실험실에서 아주 기분 좋은 영화를 보여주거나 재미있는 게임을 하게 한다. ~ '기분 좋은 사람이 더 쉽게 이타적인 행동을 한다'는 원리를 이미 간파하고 있는 것이다.

④ 4문단 3~6번째 줄을 통해 소비자의 기분이 매출에 영향을 주므로 백화점을 밝고 즐거운 분위기로 연출하는 것임을 확인할 수 있다.

[관련 부분] 돈의 지출까지 과감해진다. 그래서 백화점은 즐거운 느낌을 주려고 애쓰는 것이다. 디스플레이나 조명으로 유쾌한 느낌을 극대화한다. 들려주는 음악, 풍기는 향기까지도 백화점의 매출에 중요한 영향을 미치는 까닭이다.

11회 실전동형모의고사

정답 p.98

01	④ 어휘	08	① 어휘	15	④ 비문학
02	③ 비문학	09	④ 비문학	16	② 혼합(문학+어휘)
03	④ 문학	10	① 비문학	17	② 비문학
04	② 어법	11	③ 비문학	18	③ 문학
05	③ 어휘	12	④ 어법	19	② 문학
06	③ 비문학	13	② 비문학	20	② 비문학
07	③ 비문학	14	④ 비문학		

취약영역 분석표

영역	틀린 답의 개수
어법	/ 2
비문학	/ 11
문학	/ 3
어휘	/ 3
혼합	/ 1
TOTAL	20

* 취약영역 분석표를 이용해 1개라도 틀린 문제가 있는 영역은 그 영역의 문제만 골라 해설을 다시 한번 꼼꼼히 학습하세요.

01 어휘 한자 성어 난이도 중 ●●○

정답 설명

④ 나머지 셋과 의미가 다른 것은 ④이다. ④ '척당불기'는 자신의 뜻을 굽히지 않는 굳건한 자세와 관련된 말이나, ① '면리장침', ② '소리장도', ③ '양질호피'는 겉과 속이 다름을 이르는 말이다.

- 척당불기(倜儻不羈): 뜻이 크고 기개가 있어서 남에게 얽매이거나 굽히지 않음

오답 분석

① 면리장침(綿裏藏針): '솜 속에 바늘을 감추어 꽂는다'라는 뜻으로, 겉으로는 부드러운 체하나 속으로는 아주 흉악함을 이르는 말

② 소리장도(笑裏藏刀): '웃는 마음속에 칼이 있다'라는 뜻으로, 겉으로는 웃고 있으나 마음속에는 해칠 마음을 품고 있음을 이르는 말

③ 양질호피(羊質虎皮): '속은 양이고 거죽은 범'이라는 뜻으로, 본바탕은 아름답지 않으면서 겉모양만 꾸밈을 비유적으로 이르는 말

02 비문학 논리적 사고 (논증의 오류) 난이도 중 ●●○

정답 설명

③ 제시문에는 '흑백논리의 오류'가 나타난다. 흑백논리의 오류란 모든 문제를 흑과 백의 양극단으로만 구분하고 중립적인 것을 인정하지 않는 논리이므로, 이와 같은 종류의 오류가 있는 것은 ③이다.

- 제시문: 언니가 고모를 좋아하지 않는 것을 고모를 싫어하는 것으로 단정하여 결론지음
- ③: 선거 운동에 적극적이지 않은 삼촌을 자신이 당선되지 않기를 바라는 사람으로 단정하여 결론지음

오답 분석

① 피장파장의 오류: 자신이 받는 비판이 상대에게도 적용될 수 있음을 근거로 들어 비판받는 상황을 모면하고자 하는 오류

② 인신공격의 오류: 주장의 타당성을 평가하지 않고 주장하는 사람의 인품, 성격, 직업, 정황, 과거의 행적 등을 구실로 삼아 평가하는 오류

④ 성급한 일반화의 오류: 제한되거나 대표성이 없는 증거를 가지고 성급하게 어떤 결론을 도출하는 오류

03 문학 인물의 심리 및 태도 난이도 하 ●○○

정답 설명

④ 8~11번째 줄에서 동네 사람들은 어린 아이들을 데리고 비 오는 날 떠난 고 서방을 걱정하고 있으므로 ④의 설명은 적절하지 않다.

오답 분석

① 3~6번째 줄을 통해 성동리 농민들은 팻말을 보며 생계에 대해 걱정하고 있음을 알 수 있다.

② 끝에서 8~12번째 줄을 통해 성동리 농민들은 빈 짚단, 콩대, 메밀대를 들고 마을을 떠나 탄원하러 가는 모습을 확인할 수 있다. 이를 통해 소작인들이 문제에 적극적으로 대응하고 있음을 알 수 있다.

③ 끝에서 5~8번째 줄을 통해 차압 취소와 소작료 면제를 탄원하고자 보광사로 향하는 남편들을 걱정하고 있음을 알 수 있다.

04 어법 한글 맞춤법 (띄어쓰기) 난이도 상 ●●●

정답 설명

② 밑줄 친 부분의 띄어쓰기가 모두 옳은 것은 ②이다.
- 반성은커녕(○): '은커녕'은 앞말을 지정하여 어떤 사실을 부정하는 뜻을 강조하는 보조사이므로 앞말에 붙여 쓴다.
- 도외시하였다(○): '도외시하다'는 '상관하지 않거나 무시하다'를 뜻하는 한 단어이므로 붙여 쓴다.

오답 분석

① • 그까짓(○): '그까짓'은 '겨우 그만한 정도의'를 뜻하는 한 단어이므로 앞말에 붙여 쓴다.
  • 안된다(×) → 안∨된다(○): 이때 '안'은 부사 '아니'의 준말로 쓰였으므로 뒷말과 띄어 써야 한다.

③ • 춥다는걸(×) → 춥다는∨걸(○): 이때 '걸'은 의존 명사 '것'의 구어적 표현인 '거'에 목적격 조사 '을'이 결합한 말이므로 앞말과 띄어 써야 한다. 참고로, 이때 '걸'은 '것을'의 구어적 표현이다.
  • 잊어∨먹고(○): 이때 '먹다'는 앞말이 뜻하는 행동을 강조하는 보조 용언이므로 앞말과 띄어 쓰는 것이 원칙이나 붙여 쓰는 것도 허용한다.

④ • 끓여먹다가(×) → 끓여∨먹다가(○): 이때 '먹다'는 '음식 등을 입을 통하여 배 속에 들여보내다'를 뜻하는 본용언이므로 앞말과 띄어 써야 한다.
  • 허겁지겁한(○): '허겁지겁하다'는 '조급한 마음으로 몹시 허둥거리다'를 뜻하는 한 단어이므로 붙여 쓴다.

05 어휘 한자 성어 난이도 중 ●●○

정답 설명

③ A 드라마는 처음에 사람들의 이목을 끌고 시청률도 높았으나, 기대에 못 미치는 내용으로 인해 결국 조기 종영을 하게 되었다. 이 상황에는 '용의 머리와 뱀의 꼬리'라는 뜻으로, 처음은 왕성하나 끝이 부진한 현상을 이르는 말인 ③ '龍頭蛇尾(용두사미)'가 어울린다.

오답 분석

① 自初至終(자초지종): 처음부터 끝까지의 과정

② 右往左往(우왕좌왕): 이리저리 왔다 갔다 하며 일이나 나아가는 방향을 종잡지 못함

④ 衆口鑠金(중구삭금): '뭇사람의 말은 쇠도 녹인다'라는 뜻으로, 여론의 힘이 큼을 이르는 말

06 비문학 화법의 원리 난이도 하 ●○○

정답 설명

③ 여행 장소를 물어보는 '가'의 질문에 '나'는 출발일(화요일)과 여행 기간(5박 6일)까지 대답함으로써 필요 이상의 정보를 제공하고 있다. 따라서 양의 격률을 위배한 대화문은 ③이다.

오답 분석

① '나'의 답변에는 중의적인 표현이 포함되어 사람들이 일부만 온 것인지, 아니면 한 명도 오지 않은 것인지 파악하기 어려우므로 '방법(태도)의 격률'을 위배하였다.

② 방 청소를 다했는지 묻는 '가'의 질문에 '나'는 대화 맥락과 관련 없는 담임 선생님 이야기를 하고 있으므로 '관련성의 격률'을 위배하였다.

④ 선수가 바람처럼 빠르기 때문에 신기록을 달성할 수 있었다는 '나'의 대답은 진실성이 떨어지므로 '질의 격률'을 위배하였다.

이것도 알면 합격!

협력의 원리

구분	설명	위반한 예
양의 격률	대화의 목적에 필요한 정보만 제공함	A: 너 체중이 몇 kg이니? B: 응, 168cm에 50kg이야.
질의 격률	진실한 정보만 제공함	A: 너 이곳까지 어떻게 왔니? B: 응, 날아서 왔어.
관련성의 격률	대화의 내용과 관련된 정보만을 제공함	A: 어제 본 영화 정말 재밌지 않았어? B: 오는 길에 옆 반 철수를 봤어.
방법(태도)의 격률	모호하거나 중의적인 표현을 피함	A: 우리 여행 어디로 갈까? B: 글쎄, 너무 덥지 않은 곳으로 가고 싶어.

07 비문학 글의 구조 파악 난이도 중 ●●○

정답 설명

③ 〈보기〉의 문장은 인접한 지역이나 집단 간에 일어나는 전염 확산과 도시 규모에 따른 계층 확산이 동시에 이루어질 수 있다는 내용으로, ⓒ 앞에서는 계층 확산에 대해 설명하고 있고 ⓒ 뒤에서는 계층 확산과 전염 확산이 동시에 이루어지는 사례를 들고 있으므로 〈보기〉의 문장이 들어갈 위치로 가장 적절한 것은 ⓒ이다.

08 어휘 한자어 난이도 중 ●●○

정답 설명

① ㉠~㉣에는 각각 '誇張(과장), 重要(중요), 思考(사고), 以上(이상)'이 순서대로 들어가는 것이 적절하다. 따라서 답은 ①이다.

- ㉠ 誇張(과장: 자랑할 과, 베풀 장): 사실보다 지나치게 불려서 나타냄
- ㉡ 重要(중요: 무거울 중, 요긴할 요): 귀중하고 요긴함
- ㉢ 思考(사고: 생각 사, 생각할 고): 생각하고 궁리함
- ㉣ 以上(이상: 써 이, 윗 상): 수량이나 정도가 일정한 기준보다 더 많거나 나음

오답 분석

㉠ 課長(공부할 과, 어른 장): 관공서나 회사 등에서, 한 과(課)의 업무나 직원을 감독하는 직위. 또는 그 직위에 있는 사람

㉡ 中夭(가운데 중, 일찍 죽을 요): 1. 중년에 죽음. 또는 젊어서 죽음 2. 뜻밖에 당한 재난

㉢ • 私考(사사 사, 생각할 고): 사사로운 생각
- 私庫(사사 사, 곳집 고): 사사로운 개인의 창고
- 事故(일 사, 연고 고): 1. 뜻밖에 일어난 불행한 일 2. 사람에게 해를 입혔거나 말썽을 일으킨 나쁜 짓 3. 어떤 일이 일어난 까닭

㉣ 理想(다스릴 이, 생각 상): 생각할 수 있는 범위 안에서 가장 완전하다고 여겨지는 상태

09 비문학 글의 전략 파악 난이도 하 ●○○

정답 설명

④ 제시문은 정조에 대한 구체적인 일화를 소개하여 도서 수집·관리를 중시한 조선 왕조 국왕에 대한 내용을 뒷받침하고 있다. 따라서 서술상 특징으로 옳은 것은 ④이다.

오답 분석

① 제시문에서 대조의 설명 방법을 사용하여 설명하는 대상의 특징을 강조하고 있는 부분은 찾아볼 수 없다.

② 정조 20년 무렵 규장각 장서가 8만여 권에 달했다는 객관적인 수치를 언급하고 있으나 이는 정조가 도서 수집·관리를 중시한 결과를 보여줄 뿐 글의 타당성을 확보하기 위한 것으로 볼 수 없다. 참고로 타당성이란 사물의 이치에 맞는 성질, 즉 어떤 판단이 가치 있다고 인식되는 성질을 말한다.

③ 정조의 일화를 통해 역사적 사실을 제시한 것은 확인할 수 있으나, 이를 통해 일반적 통념에 대해 반박하고 있지 않다.

10 비문학 세부 내용 파악 난이도 중 ●●○

정답 설명

① 3문단 1~3번째 줄과 4문단을 통해 미국의 정부 기관은 자국민의 생명가치를 910만 달러로 책정했으나, 아프간 전쟁에서 미군의 잘못으로 희생된 현지인들에 대한 보상액은 2,500달러에 불과함을 알 수 있다.

오답 분석

② 3문단 끝에서 1~2번째 줄을 통해 통계적 생명 가치가 경제적 비용보다 높을 경우 정책의 규제가 강화됨을 알 수 있다.
[관련 부분] 경제적인 비용과 생명 가치를 비교해서 생명 가치가 더 높을 경우, 규제는 강화된다.

③ 3문단 1~4번째 줄을 통해 미국의 각 기관별(환경보호청, 식품의약청, 교통부)로 생명 가치를 책정하고 있음을 알 수 있으나, 책정 기준이 무엇인지는 알 수 없다.
[관련 부분] 2010년 미국 환경보호청은 ~ 생명의 가치를 910만 달러(100억 원)로 측정했다. 반면 식품의약청은 790만 달러, 교통부는 610만 달러로 책정했다.

④ 2문단 끝에서 1~2번째 줄을 통해 사망 이전의 정신적 행복 수준으로 돌아가기 위해 친구는 1만 6천 달러, 형제는 2천 달러 수준의 보상이 필요하다는 연구 결과를 알 수 있다.
[관련 부분] 친구는 1만 6천 달러, 형제는 2천 달러 수준이었다.

11 비문학 세부 내용 파악 난이도 하 ●○○

정답 설명

③ 제시문 끝에서 4~5번째 줄을 통해 정당 방위의 옳음에 대한 믿음이 있으므로 부당한 공격을 대응하기 위한 가차 없는 방어 수단도 허용한다는 내용을 확인할 수 있다. 그러나 이로 인해 부당한 공격이 자주 발생한다는 내용은 확인할 수 없다. 따라서 글에 대한 설명으로 적절하지 않은 것은 ③이다.

오답 분석

① 1~2번째 줄을 통해 확인할 수 있다.
[관련 부분] 정당 방위는 개인의 자기 보존 사상 외에도 법이 무엇인가를 확충시켜 주어야 한다는 사상을 밑에 깔고 있다.

② 2~5번째 줄과 7~8번째 줄을 통해 확인할 수 있다.
[관련 부분]
- 자기 자신을 위법 부당한 공격으로부터 방어하는 자는 이로써 법 질서 전체의 효력까지도 방어하는 것이다. 이 사상을 옛날부터 '부정(不正) 대 정(正)의 원칙'이라고 불러 왔다.
- 법 질서 전체의 효력을 확보하기 위한 정당 방위

④ 끝에서 1~3번째 줄을 통해 확인할 수 있다.
[관련 부분] 침해 받은 이익이 재산적 가치밖에 없는 것인데도 방어 수단으로는 그 공격자의 인명에 손해를 가해도 허용된다.

12 어법 단어 (용언의 활용) 난이도 중 ●●○

정답 설명

④ 불지는(×) → 붇지는(○): '살이 찌다'를 뜻하는 단어는 '붇다'로, 어간 '붇-'에 자음으로 시작하는 어미 '-지'와 조사 '-는'이 붙어 '붇지는'으로 활용한다. 따라서 활용이 잘못된 것은 ④이다. 참고로 '붇다'가 모음으로 시작하는 어미와 결합할 경우에는 'ㄷ'이 'ㄹ'로 바뀌어 '불은, 불으니'와 같이 활용한다.

오답 분석

① 가팔라(○): '산이나 길이 몹시 기울어져 있다'를 뜻하는 단어는 '가파르다'로, 어간 '가파르-'에 모음으로 시작하는 어미 '-아'가 결합하여 '가팔라'로 활용한다.

② 아니꼬워(○): '하는 말이나 행동이 눈에 거슬려 불쾌하다'를 뜻하는 단어는 '아니꼽다'로, 어간 '아니꼽-'에 모음으로 시작하는 어미 '-어'가 결합하여 '아니꼬워'로 활용한다.

③ 허예져서(○): '허옇게 되다'를 뜻하는 단어는 '허예지다'로, 어간 '허예지-'에 '-어서'가 결합하여 '허예져서'로 활용한다.

13 비문학 세부 내용 파악 난이도 하 ●○○

정답 설명

② 3문단 끝에서 1~2번째 줄을 통해 사람들에게 소금을 얻는 일이 중요한 과제였으며, 이 과정에서 문명이 발전했음을 알 수 있다. 하지만 소금을 얻을 수 있는 바다 근처에서 문명이 발달했는지는 나와 있지 않으므로 답은 ②이다.

[관련 부분] 소금을 확보하는 일은 사람들에게 중요한 과제였고, 그 과정에서 문명도 함께 발전했던 것이다.

오답 분석

① 3문단 2~3번째 줄에서 확인할 수 있다.

[관련 부분] 농사를 짓기 시작한 다음부터는 소금을 섭취하기가 어려워졌다.

③ 1문단 2~3번째 줄과 1문단 끝에서 1~2번째 줄에서 확인할 수 있다.

[관련 부분]

- 사람에게 필요한 소금의 양도 하루에 3그램 정도밖에 되지 않는다.
- 소금은 사람을 비롯하여 모든 동물이 생명을 유지하는 데 없어서는 안 되는 존재인 것이다.

④ 2문단 1~4번째 줄에서 확인할 수 있다.

[관련 부분] 동물 대부분은 소금을 아끼기 위해 아예 땀을 흘리지 않거나 오줌도 아주 적게 누도록 진화해 왔다. 하지만 사람은 다른 동물들과 달리, 땀과 오줌으로 아낌없이 소금을 배출한다.

14 비문학 주제 및 중심 내용 파악 난이도 중 ●●○

정답 설명

④ 2문단에서 유행어를 사용할 때 얻을 수 있는 긍정적 효과를 설명하고 있으며, 3문단에서 이러한 긍정적 측면은 유행어의 적절한 사용을 전제로 함을 설명하고 있으므로 발화에 나타난 주장으로 가장 적절한 것은 ④이다.

오답 분석

① 2문단 끝에서 1~5번째 줄을 통해 유행어는 아이들의 사회성 발달과 표현력 증진에 효용이 있음을 알 수 있으나, 이러한 효용에 대한 새로운 관점의 논의가 필요하다는 내용은 제시문을 통해 확인할 수 없다.

② 1문단을 통해 아이들은 연대감이나 우월의식을 느끼기 위해 유행어를 사용한다는 사실을 알 수 있으나, 이는 제시문 전체의 내용을 포괄하는 주장은 아니다.

③ 교육적 측면에서 아이들의 유행어 사용이 교정되어야 한다는 내용은 제시문에서 찾을 수 없다.

15 비문학 내용 추론 난이도 하 ●○○

정답 설명

④ (나)의 끝에서 1~4번째 줄을 통해 한국 사회에서 '장유유서'의 이념이 여전히 큰 영향력을 발휘하고 있으며 이로 인해 권위주의 사회가 되었다는 사실을 알 수 있으나, 과거와 달리 권위적 분위기가 완화되었는지는 확인할 수 없다.

[관련 부분] 장유유서는 그 영향력이 조금도 수그러들 기미를 보이지 않는다. 한국 사회를 권위주의 사회로 만든 데에는 이 장유유서의 영향을 아무리 강조해도 지나치지 않을 것이다.

오답 분석

①② (가)의 서거정과 수양대군의 일화를 통해 조선은 '효'와 같은 유교적 이념을 중시하는 사회였음을 알 수 있다.

③ (나)의 2~3번째 줄을 통해 유교적 이념 중 하나인 '오륜'은 현대에 이르러 그 영향력이 반감되었음을 알 수 있다.

[관련 부분] 오륜은 전근대적인 덕목이라 현대에의 영향은 많이 반감되었지만

16 문학 + 어휘 인물의 심리, 한자 성어, 한자어 난이도 중 ●●○

정답 설명

② 제시된 작품의 1~2번째 줄에서 모든 가산은 어떻게 되었냐는 이생의 물음에 최낭은 하나도 잃지 않고 어떤 골짜기에 묻어 두었다고 하였다. 따라서 최낭이 가산을 고식적으로 처리한 것은 아니므로 ②는 적절하지 않다.
• 고식적(姑息的): 근본적인 대책을 세우지 않고 임시변통으로 하는 것

오답 분석

① '몌별(袂別)'은 '소매를 잡고 헤어진다'라는 뜻으로, 섭섭히 헤어짐을 이르는 말이다. 최낭은 이생에게 이별해야 함을 알리고 있으므로 ①의 설명은 적절하다.

③ '각고면려(刻苦勉勵)'는 '어떤 일에 고생을 무릅쓰고 몸과 마음을 다하여, 무척 애를 쓰면서 부지런히 노력함'을 뜻한다. 재회한 이생과 최낭은 금은과 재물을 팔아 모든 예를 다해 제사를 드렸으므로 ③의 설명은 적절하다.

④ '금슬지락(琴瑟之樂)'은 '부부간의 사랑'을 뜻한다. 재회 후 이생과 최낭은 세상과 단절한 채 단둘이 즐거운 시간을 보냈다고 했으므로 ④의 설명은 적절하다.

이것도 알면 합격!

김시습, '이생규장전'의 주제 및 특징
1. 주제: 생사를 넘나드는 남녀 간의 애절한 사랑
2. 특징
   (1) 만남과 이별이 반복되는 구조로 전개됨
   (2) 한시의 삽입을 통해 인물의 심리를 효과적으로 전달함

17 비문학 적용하기 난이도 중 ●●○

정답 설명

② 로맨스 영화를 싫어한다는 것은 액션 영화 외에도 다른 장르의 영화를 좋아할 가능성이 허용됨에도 불구하고 액션 영화를 좋아할 것이라고 단정 짓고 있다. 이는 선택지의 다양성을 인정하지 않아 생기는 '흑백논리의 오류'에 해당하므로 답은 ②이다.

오답 분석

① '귀납법'에 따라 적절하게 논리를 전개하였으므로 어떤 오류의 예시에도 해당되지 않는다. 참고로 '귀납법'이란 개별적인 특수한 사실이나 원리를 전제로 하여 일반적인 사실이나 원리로서의 결론을 이끌어 내는 논증 방법이다.
• 에디슨은 죽었다. 퀴리 부인도 죽었다. (개별적인 사례)
• 따라서 인간은 죽는다. (결론)

③ 미국이 경제 강국이라는 사실을 근거로 들어 미국인들이 모두 부자일 것이라고 추론하는 '분할의 오류'에 해당한다. 참고로 '분할의 오류'란 부분이나 원소가 전체 또는 집합과 같은 성질을 가지고 있다고 추론하는 오류이다.

④ 현지의 사례만을 바탕으로 한국인은 성급한 민족이라는 결론을 내리며 일반화하고 있으므로 ㉠ '성급한 일반화의 오류'에 해당한다.

18 문학 화자의 정서 및 태도 난이도 중 ●●○

정답 설명

③ (다)에서 화자가 그물을 던져두고 소일하는 모습을 통해 화자에게 있어 고기잡이는 생계를 유지하거나 어부로서의 자부심을 드러내기 위한 것이 아닌, 자연에서의 유유자적한 삶을 표현하기 위한 수단임을 알 수 있다. 따라서 어부로서의 자부심이 드러난다는 ③의 설명은 옳지 않다.

오답 분석

① (가)에서 화자는 시냇가에 앉아 막걸리에 금린어(쏘가리)를 안주 삼아 먹으며 한가롭게 시간을 보내고 있다. 이는 물질적인 넉넉함보다는 자연 속에서 안빈낙도하며 행복하게 살고자 하는 화자의 태도가 반영된 것이다. 따라서 (가)를 통해 화자의 소박한 면모를 짐작할 수 있다.

② (나)에서 화자는 초당에서 강바람을 맞으며 한가로운 삶을 즐기고 있는데, 이때 '초당(草堂)'이란 억새나 짚으로 만든 집으로, 소박한 전원생활을 상징한다. 따라서 (나)를 통해 화자의 전원적 삶을 엿볼 수 있다.

④ (라)에서 화자는 눈 쌓인 한겨울에도 춥지 않게 지내는 삶에 만족하며 이를 임금의 은혜 덕분이라고 표현하고 있다. 따라서 (라)를 통해 임금을 향한 화자의 충성심을 느낄 수 있다.

지문 풀이

(가) 강호에 봄이 찾아오니 깊은 흥이 절로 난다.
막걸리를 마시며 노는 시냇가에 물고기가 안주로다.
이 몸이 이렇듯 한가하게 노니는 것도 역시 임금의 은덕이시도다.
(나) 강호에 여름이 찾아오니 초당에 있는 이 몸은 할 일이 없다.
신의 있는 강 물결은 보내는 것이 시원한 바람이로다.
이 몸이 이렇듯 서늘하게 지내는 것도 역시 임금의 은덕이시도다.
(다) 강호에 가을이 찾아오니 물고기마다 살이 올라 있다.
작은 배에 그물을 싣고 물결 따라 흐르게 던져 놓고
이 몸이 소일하며 지내는 것도 역시 임금의 은덕이시도다.
(라) 강호에 겨울이 찾아오니 눈의 깊이가 한 자가 넘는다.
삿갓을 비스듬히 쓰고 도롱이를 둘러 덧옷을 삼으니
이 몸이 춥지 않게 지내는 것도 역시 임금의 은덕이시도다.

이것도 알면 합격!

맹사성, '강호사시가'의 주제 및 특징
1. 주제: 강호에서 자연을 즐기며 임금의 은혜에 감사함
2. 특징
   (1) 우리나라 최초의 연시조임
   (2) 각 연마다 '역군은(亦君恩)이샷다'로 끝맺음으로써 형식적 안정감과 유교적 충의관을 드러냄
   (3) 대구법, 의인법, 대유법을 사용함
   (4) 강호가도의 선구작으로, 이후의 강호한정가 작품에 영향을 줌

19 문학 인물의 심리, 화자의 정서 난이도 중 ●●○

정답 설명

② 제시된 작품과 ②의 화자는 모두 사별로 인한 슬픔과 안타까움의 정서를 표현하고 있다. 따라서 답은 ②이다.

- 제시된 작품: '일장 통곡하다가', '빈소에 들어가 대성통곡하다가', '선군이 죽어 지하에 가 낭자를 따를 것이니' 등을 통해 선군이 낭자의 죽음으로 인해 슬퍼하고 있음을 확인할 수 있다.
- ②: 제시된 작품은 월명사의 '제망매가'의 일부로, 간다는 말도 못다 이르고 죽은 누이를 '뜨러딜 닙'으로 비유하여 누이의 사별로 인한 슬픔과 한탄의 정서를 드러내고 있다.

오답 분석

①④ 임이 부재하는 상황 속에서 임을 걱정하고 그리워한다는 것은 알 수 있지만 사별한 상황이 아니다.

③ 고향에 대한 그리움과 지식인인 화자의 고뇌를 표현한 작품이다.

이것도 알면 합격!

작자 미상, '숙영낭자전'의 줄거리

천상에서 죄를 지어 인간 세상으로 내려온 숙영과 백상군의 외아들 선군은 하늘이 정해준 기간인 3년을 기다리지 못한 채 결혼을 하게 된다. 선군은 과거를 보러 떠났지만 숙영이 그리워 밤중에 집으로 와 자고 가는데 이를 본 백상군은 숙영을 오해한다. 시비 매월의 농간으로 인해 누명까지 쓰게 된 숙영은 결국 자결을 한다. 한편 과거를 보러 간 선군은 꿈을 통해 숙영 사건의 진상을 알게 되고 매월을 처단한다. 숙영은 옥황상제의 은덕을 입어 환생하여 선군과 다시 연을 이어나가게 되고 부귀영화를 누리게 된다.

20 비문학 글의 구조 파악 난이도 중 ●●○

정답 설명

② (가)에 이어질 순서로 (다) - (나) - (라)가 가장 자연스럽다.

순서	중심 내용	순서 판단의 단서와 근거
(가)	• 명예 훼손에 따른 피해를 도와주기 위한 구제 방법으로 경제적인 구제와 비경제적인 구제가 있음 • 비경제적인 구제 방식으로 '반론권'이 있음	-
(다)	반론권의 정의: 언론의 보도로 피해를 입었다고 주장하는 사람이 언론사를 상대로 반대하여 말할 수 있는 권리	(가)에서 제시한 '반론권'에 대해 정의를 내리고 개념을 설명함
(나)	우리나라는 언론중재위원회를 통하여 반론권을 행사하도록 함. 이로 인해 언론 자유의 본질을 훼손할 수 있다는 염려가 있음	(다)에서 제시한 반론권 중 우리나라의 반론권 제도에 대해 부연 설명함
(라)	일부 학자와 언론의 우려와 달리 헌법재판소는 언론중재위원회를 통해 반론권을 행사하는 것은 정당하다고 판단함	접속어 '그러나': (나)에서 제시한 내용과 반대되는 헌법재판소의 견해가 제시됨

12회 실전동형모의고사

정답 p.106

01	③ 어법	08	④ 어휘	15	③ 비문학
02	① 어휘	09	① 어휘	16	③ 비문학
03	③ 비문학	10	④ 비문학	17	③ 비문학
04	① 비문학	11	② 비문학	18	④ 비문학
05	④ 문학	12	④ 비문학	19	③ 비문학
06	③ 문학	13	③ 비문학	20	② 문학
07	④ 문학	14	② 비문학		

취약영역 분석표

영역	틀린 답의 개수
어법	/ 1
비문학	/ 12
문학	/ 4
어휘	/ 3
혼합	– / 0
TOTAL	20

* 취약영역 분석표를 이용해 1개라도 틀린 문제가 있는 영역은 그 영역의 문제만 골라 해설을 다시 한번 꼼꼼히 학습하세요.

01 어법 올바른 문장 표현 난이도 중 ●●○

정답 설명

③ 진로 관련 문제는 담임 선생님과 상의하는 것이(×) → 담임 선생님과 진로 관련 문제를 상의하는 것이(○): '상의하다'는 '~과 ~을 상의하다'의 형태로 쓰이므로 조사 '과'를 '에게'로 바꿔 쓴다는 ③의 설명은 적절하지 않다. 또한 '~을' 대신에 '~에 대하여'가 쓰이기도 하므로 '담임 선생님과 진로 관련 문제에 대하여 상의하는 것이'로 바꿔 쓴 문장도 적절하다. 참고로 '~과'가 쓰이지 않을 경우에는 여럿임을 뜻하는 말이 주어로 온다.

오답 분석

① 배만 맛있고, 사과도 맛있다(×) → 배도 맛있고, 사과도 맛있다(○): '다른 것으로부터 제한하여 어느 것을 한정함'을 뜻하는 보조사 '만'은 사과가 맛있을 가능성을 배제하는 의미가 포함되어 있다. (가)는 배와 사과 모두 맛있다는 의미이므로 '이미 어떤 것이 포함되고 그 위에 더함'의 뜻을 나타내는 보조사 '도'로 바꿔 쓰는 것이 적절하다.

② 일본에게 강력히 대응해야(×) → 일본에 강력히 대응해야(○): '에게'는 앞의 체언이 유정 명사(사람이나 동물 등)일 때 사용하는 조사이고 '에'는 무정 명사일 때 사용하는 조사이다. 이때 '일본'은 무정 명사이므로 조사 '에게'를 '에'로 바꿔 쓰는 것이 적절하다.

④ 옛 추억이 얼마나 생각나든지 그때가 너무 그립다(×) → 옛 추억이 얼마나 생각나던지 그때가 너무 그립다(○): '-든지'는 나열된 동작이나 상태, 대상들 중에서 어느 것이든 선택될 수 있음을 나타내거나 실제로 일어날 수 있는 여러 가지 중에서 어느 것이 일어나도 뒤 절의 내용이 성립하는 데 아무런 상관이 없음을 나타내는 연결 어미이고, '-던지'는 막연한 의문이 있는 채로 그것을 뒤 절의 사실과 관련시키는 데 쓰는 연결 어미이다. 문맥상 (나)는 옛 추억이 생각난다는 사실과 그때가 그립다는 사실 중에서 어느 하나를 선택하는 것이 아니라 두 사실이 서로 유기적으로 관련되어 있는 것이므로 연결 어미 '-든지'를 '-던지'로 바꿔 쓰는 것이 적절하다.

02 어휘 고유어와 한자어의 대응 난이도 중 ●●○

정답 설명

① 여론을 만들고자: 이때 '만들다'는 '새로운 상태를 이루어 내다'를 뜻하므로 '어떤 형상을 이룸'을 뜻하는 '形聲(형성)'으로 바꿔 쓸 수 있다.
- 形聲(모양 형, 이룰 성): 어떤 형상을 이룸

오답 분석

② 규칙을 새로 만들어: 이때 '만들다'는 '규칙이나 법, 제도 따위를 정하다'를 뜻하므로 '作成(작성)'이 아닌 '制定(제정)'으로 바꿔 쓰는 것이 적절하다.
- 制定(절제할 제, 정할 정): 제도나 법률 따위를 만들어서 정함

③ 보고서를 만들기: 이때 '만들다'는 '글이나 노래를 짓거나 문서 같은 것을 짜다'를 뜻하므로 '製作(제작)'이 아닌 '作成(작성)'으로 바꿔 쓰는 것이 적절하다.
- 作成(지을 작, 이룰 성): 서류, 원고 따위를 만듦

④ 영화를 만들려면: 이때 '만들다'는 '영화나 드라마 따위를 제작하다'를 뜻하므로 '制定(제정)'이 아닌 '製作(제작)'으로 바꿔 쓰는 것이 적절하다.
- 製作(지을 제, 지을 작): 재료를 가지고 기능과 내용을 가진 새로운 물건이나 예술 작품을 만듦

03 비문학 주제 및 중심 내용 파악 난이도 중 ●●○

정답 설명

③ 1문단에서는 국문의 출현 과정에 대해 설명하고, 국문의 장점과 의의를 소개하고 있다. 이어서 2~3문단에서는 우리 민족의 모든 계층이 국문을 사용하게 된 과정을 설명하고 있다. 따라서 중심 내용으로 가장 적절한 것은 ③이다.

오답 분석

① 1문단 2~3번째 줄에서 확인할 수 있는 내용이나 이는 제시문 전체를 포괄할 수 없으므로 중심 내용으로는 적절하지 않다.

[관련 부분] 세종 임금이 맡아서 1443년(세종 25)에 창제하고, 1446년(세종 28)에 반포했다.

② 2문단 1~2번째 줄에서 사대부 부녀자들이 한문을 익히기 어려워 했음을 확인할 수 있으나 한문을 익히도록 어떠한 노력을 하였는지는 제시문에서 확인할 수 없다.
[관련 부분] 사대부 부녀자들은 한문을 익히기 어려워 국문을 일상생활에 널리 썼다.

④ 3문단 끝에서 1~3번째 줄에서 상층 남성들도 한문을 버리고 국문을 사용하였음을 확인할 수 있지만 그 과정에서 어떤 갈등을 겪었는지는 제시문에서 확인할 수 없다.
[관련 부분] 근대에는 하층 여성이 국문 사용에 동참하고 상층 남성도 한문을 버려, 국문을 국민 전체가 독점적 의의를 가진 공유물로 삼았다.

04 비문학 작문 (문단 구성 원리) 난이도 하 ●○○

정답 설명

① <보기>는 글의 연결성(일관성)에 대한 설명으로, ㉠~㉣ 중 적절하지 않은 것은 ㉠이다. ㉠의 앞은 체중 감량이 힘들다는 내용인 반면 ㉠은 식습관을 바꾸면 쉽게 살을 뺄 수 있다는 내용이므로 서로 상반된다. 따라서 ㉠의 '그리고'를 '그러나, 하지만, 그런데'와 같이 앞의 내용과 뒤의 내용이 상반됨을 나타내거나 화제를 다른 방향으로 이끌어 나갈 때 쓰는 접속 부사로 고쳐 써야 문장 간의 연결이 자연스러워진다. 따라서 답은 ①이다.

오답 분석

②③④는 모두 연결성이 잘 드러나므로 적절하다. ㉡㉢㉣은 체중 감량에 도움이 되는 식습관을 나열한 것으로, '먼저', '또한', '마지막으로'와 같은 적절한 담화 표지를 활용하여 살을 빼는데 도움이 되는 방법을 순차적으로 제시하고 있다.

이것도 알면 합격!

문단 구성의 원리
1. 완결성: 한 문단에 중심 내용과 뒷받침 내용이 모두 제시되어야 함
2. 통일성: 한 문단의 내용이 하나의 주제를 중심으로 통일되어야 함
3. 연결성(일관성): 주제가 잘 드러나도록 문장과 문장, 문단과 문단이 서로 긴밀하고 유기적으로 연결되어야 함

05 문학 작품의 종합적 감상 (시조) 난이도 중 ●●○

정답 설명

④ 제시된 작품은 '날 ᄎᆞ즈리 뉘 이시리'에서 설의법을 사용하여 속세를 멀리하고 자연에 묻혀 살아가고자 하는 화자의 소망을 드러내고 있다. 따라서 답은 ④이다.

오답 분석

① '눈'과 '밤중'을 통해 시간적 배경이 겨울 밤임을, '산촌(山村)'을 통해 공간적 배경이 산속임을 알 수 있다.

② '무쳐셰라'는 '묻혔구나'를 뜻한다.

③ '돌길'과 '시비(柴扉)'는 외부와 연결하는 통로의 역할을 하므로, 속세와의 단절을 나타낸다는 설명은 적절하지 않다.

지문 풀이

산골 마을에 눈이 오니 돌길이 묻혔구나.
사립문을 열지 마라. (길이 막혔으니, 묻혀 사는) 나를 찾을 사람이 누가 있겠느냐?
다만 밤중에 나타나는 한 조각 밝은 달만이 내 벗인가 하노라.

이것도 알면 합격!

신흠, '산촌(山村)에 눈이 오니'의 주제 및 특징
1. 주제: 속세에서 벗어나 자연 속에서 머무는 삶
2. 특징: 영탄법과 설의법을 사용하여 화자의 정서를 효과적으로 드러냄

06 문학 시어의 의미 난이도 하 ●○○

정답 설명

③ 제시된 부분은 화자가 여름과 가을의 경치를 보며 느낀 흥취를 노래한 부분이다. 이때 ㉠ '녹양(푸른 버드나무)'은 면앙정의 여름 경치를 시각적으로 보여주는 소재이며, ㉡ '어적(어부의 피리)'은 '황앵(꾀꼬리)'과 더불어 화자의 즐거운 감정이 투영된 존재이므로 답은 ③이다.

지문 풀이

가마를 재촉하여 타고 소나무 아래 굽은 길로 오며 가며 하는 때에, ㉠ 푸른 버드나무에서 우는 꾀꼬리는 교태를 못 이겨 하는구나. 나무 사이가 우거져서 나무 그늘이 어우러진 때에 높은 난간에서 긴 졸음을 내어 펴니 물 위의 서늘한 바람이야 그칠 줄을 모르는구나.
된서리 빠진 후에 산 빛이 수놓은 비단 같구나. 누런 구름(가을의 들판)은 또 어찌 넓은 들판에 펼쳐져 있는가? ㉡ 어부의 피리도 흥을 못 이겨 달을 따라 불며 가는구나.

이것도 알면 합격!

송순, '면앙정가'의 주제 및 특징
1. 주제: 자연 속 안빈낙도의 삶과 임금의 은혜에 대한 감사
2. 특징
(1) 대구법, 직유법, 의인법 등의 다양한 표현 방법을 사용함
(2) 계절의 변화에 따라 시상을 전개함
(3) 풍류를 즐기는 태도와 정계 진출에 대한 욕구가 동시에 드러남

07 문학 작품의 내용 파악 난이도 중 ●●○

정답 설명

④ ㉣ 앞의 '윗전(인목 대비)이 이르시기를'을 통해 ㉣ '내'는 윗전을 의미한다는 것을 알 수 있다. ㉠~㉢은 인목 대비의 자식인 '대군(영창 대군)'을 지칭하는 말이므로, 가리키는 대상이 다른 것은 ㉣이다.

오답 분석

① ㉠ 대군: 왕의 적자(嫡子)에게 주던 작위이므로, 인목 대비의 아들 '영창'을 가리키는 호칭임을 알 수 있다.

② ㉡ 내: ㉡ 앞의 '대군이 이르시기를'을 통해 왜 먼저 나가지 않느냐고 묻는 상궁의 질문에 대군이 대답하고 있음을 알 수 있으므로 ㉡ '내'는 대군을 의미한다.

③ ㉢ 강보에 싸인 것: ㉢ 앞의 '병오년(丙午年)에 처음으로 대군을 얻으시자'라는 말을 통해 ㉢ '강보에 싸인 것'은 당시에 태어난 대군을 의미한다는 것을 알 수 있다.

이것도 알면 합격!

'계축일기'의 의의

'계축일기'는 인목 대비의 측근 나인이 기록한 것으로 추정되는 수필 형식의 글이다. '계축일기'에서 갈등의 축을 이루는 중심 인물은 광해군과 인목 대비인데, 이들은 선조가 죽은 뒤 왕위 계승을 둘러싸고 대립 관계를 형성하게 된다. 인목 대비의 폐위와 영창 대군의 죽음, 인조반정에 이르기까지의 궁중 비사(秘史)를 생생하게 다룬 작품이라는 점에서 의의를 지닌다.

08 어휘 한자어 난이도 상 ●●●

정답 설명

④ 밑줄 친 부분에 들어갈 한자어로 가장 적절한 것은 ④ '討議(토의)'이다.

- 討議(토의: 칠 토, 의논할 의): 어떤 문제에 대하여 검토하고 협의함

오답 분석

① 討論(토론: 칠 토, 논할 논): 어떤 문제에 대하여 여러 사람이 각각 의견을 말하며 논의함

② 討伐(토벌: 칠 토, 칠 벌): 무력으로 쳐 없앰

③ 討賊(토적: 칠 토, 도둑 적): 도둑을 침. 또는 적을 토벌함

09 어휘 한자어 (한자어의 표기) 난이도 상 ●●●

정답 설명

① 한자 표기가 옳은 것은 ① '寂寞(적막)'이다.

- 寂寞(고요할 적, 고요할 막): 고요하고 쓸쓸함

오답 분석

② 余裕(여유: 나 여, 넉넉할 유)(×) → 餘裕(여유: 남을 여, 넉넉할 유)(○): 느긋하고 차분하게 생각하거나 행동하는 마음의 상태. 또는 대범하고 너그럽게 일을 처리하는 마음의 상태

③ 壓拍(압박: 누를 압, 칠 박)(×) → 壓迫(압박: 누를 압, 핍박할 박)(○): 기운을 못 펴게 세력으로 내리누름

④ 球築(구축: 공 구, 쌓을 축)(×) → 構築(구축: 얽을 구, 쌓을 축)(○): 체제, 체계 등의 기초를 닦아 세움

10 비문학 적용하기 난이도 하 ●○○

정답 설명

④ 제시문과 ④에서는 모두 성공한 사람들은 관심 분야에 대한 정보를 모으며 성공에 필요한 것을 얻기 위해 노력한다고 설명하고 있다.

- 제시문: 필자는 명문가에서는 부모가 자녀들에게 지혜와 정보를 제공해 줌으로써 성공에 필요한 감각을 길러준다고 설명하고 있다.
- ④: 기업인들이 모이는 자리에서 관련 분야의 시대적 흐름을 파악하고 경영에 필요한 정보를 얻는다고 설명하고 있다.

오답 분석

①②③ 모두 성공하기 위해서는 양질의 정보를 얻기 위한 노력을 해야 한다는 내용이 아니므로, 제시문의 내용과 거리가 멀다.

11 비문학 내용 추론 난이도 중 ●●○

정답 설명

② 괄호 뒤에서 행정 서비스의 효율화 방안으로 능률성, 합리성, 효과성에 기초해야 함을 제시하고 있다. 따라서 이러한 내용과 맥락이 통하는 것은 ② '국가의 지적소유권에 관한 행정 서비스도 이와 같은 자세에서 그 효율화 방안을 생각하여야 할 것이다'이다.

오답 분석

①④ 괄호 뒤의 '그러한'을 통해 앞에서 제시된 문장은 행정 서비스의 효율화 방안과 관련된 것임을 알 수 있으므로 '이념적 충돌을 막아야 한다', '이용자의 논리에 치우친 방안들을 처리해야 한다' 등은 글의 맥락과 맞지 않으므로 적절하지 않다.

③ 2문단에서 프리라이드의 논리가 더 이상 타당하지 않다고 주장하고 있으므로 프리라이드의 논리를 계승·발전시켜야 한다는 내용은 적절하지 않다.

12 비문학 적용하기 난이도 중 ●●○

정답 설명

④ 밑줄 친 부분은 감시자의 시선을 의식하여 스스로의 행동을 통제하게 된다는 내용이다. ④는 감시자 역할을 하는 CCTV를 보고 규율에서 벗어난 자신의 행동(무단 횡단)을 통제(육교를 이용)한 경우이므로, 밑줄 친 부분과 가장 유사한 속성을 지닌 태도이다.

오답 분석

① 감시자의 태도이므로 밑줄 친 부분과는 거리가 멀다.

②③ 감시자의 시선이 나타나지 않으며, 규율에서 벗어난 행동을 통제하고 있지도 않으므로 밑줄 친 부분과 거리가 멀다.

13 비문학 세부 내용 파악 난이도 하 ●○○

정답 설명

③ 1~2번째 줄을 통해 알 수 있는 내용이다.
[관련 부분] 자기개념은 개인의 정치적 위치, 학문적 성공, 또는 신체적 수행 능력, 외모 등 여러 영역의 영향을 받아 결정된다.

오답 분석

①④ 제시문에 언급되어 있지 않은 내용이다.

② 끝에서 3~4번째 줄을 통해 신체적 능력은 다른 영역에 비해 가변성이 높음을 확인할 수 있으므로 ②는 적절하지 않다.
[관련 부분] 특히 신체적 능력은 학문, 사회, 정의 영역에 비해 단기간에 쉽게 변화시킬 수 있는 것으로 알려져 있다.

14 비문학 논지 전개 방식 난이도 상 ●●●

정답 설명

② 제시문과 ②는 모두 공통점에 근거하여 설명하는 '비교'의 방식을 사용하였다.

- 제시문: 세상에는 고통이 존재하고, 이 고통을 통해 더 나은 상태로 나아갈 수 있다는 공통점에 근거하여 칸트와 라이프니츠의 견해를 설명하고 있다.
- ②: 시나리오와 희곡의 공통점(사건 제시 방법, 서술자의 부재, 직접적 심리 묘사의 불가능, 자아와 세계 간의 갈등, 극적인 사건)을 설명하고 있다.

오답 분석

① 정의, 분석: 시냅스의 뜻을 명백히 규정하고, 시냅스의 구성 요소를 밝힘

③ 구분, 대조: 결론을 도출하기 위해 사용하는 과학 방법(상위 개념)을 귀납법과 연역법(하위 개념)으로 나누고 각각의 차이점을 밝힘

④ 유추: '의상과 신체'의 관계에 주목하여 '의식 세계와 내면 세계'의 관계에 대한 동일한 결론을 이끎

15 비문학 글의 구조 파악 (문장 배열) 난이도 중 ●●○

정답 설명

③ ㄷ - ㄱ - ㅁ - ㄴ - ㄹ의 순서가 가장 자연스럽다.

순서	중심 내용	순서 판단의 단서와 근거
ㄷ	사건이 아닌 '사고'가 되는 조건	가장 처음에 오는 문장으로 접속어나 지시어로 시작하지 않으면서, 핵심 화제인 '사건'과 '사고'를 모두 포함하고 있는 ㄷ이 적절함
ㄱ	'사고'로 여기는 경우의 예시 – 교통사고	접속어 '가령': ㄷ에 제시된 핵심 화제(사건, 사고) 중 '사고'로 여겨지는 경우로 교통사고를 예로 들어 설명함
ㅁ	'사고'가 아닌 '사건'으로 여기는 경우	접속어 '반면': 앞의 ㄱ에서 제시한 '교통사고'를 '사건'으로 받아들일 수 있는 경우를 통해 '사고'로 받아들일 때와의 관점의 차이를 설명함
ㄴ	없었으면 좋았을 존재인 '사고'	접속어 '따라서': 앞의 ㄷ, ㄱ, ㅁ에서 제시된 내용을 바탕으로 '사고'에 대해 정리함
ㄹ	'사고'라는 말에는 불행이 전제되므로 부정적인 느낌을 가짐	키워드 '두 지점': 앞의 ㄴ에서 언급한 '애초에 바라던 것'과 '다른 곳'을 '두 지점'으로 가리키며 '사고'라는 말에 불행이 전제되는 이유를 설명함

16 비문학 내용 추론 난이도 상 ●●●

정답 설명

③ 2문단 끝에서 1~2번째 줄을 통해 물 입자의 원 운동(파도)이 찌그러지기 시작하는 것은 수심이 파장의 절반보다 얕을 때임을 확인할 수 있다. 따라서 수심이 파장의 2/3의 높이일 때는 파장의 절반보다 얕지 않으므로 이때 파도의 움직임이 부서진다는 추론은 적절하지 않다.
[관련 부분] 물 입자의 원운동이 찌그러지기 시작하는 것은 수심이 파장의 절반보다 얕을 때부터 일어난다.

오답 분석

① 1문단 끝에서 4~5번째 줄을 통해 너울은 해안과 가까워질 때 파고(원의 지름)가 높아짐을 확인할 수 있다. 따라서 너울이 해안에 근접할 때 원의 지름이 커진다는 추론은 적절하다.
[관련 부분] 너울은 바람이 없어도 멀리 까지 전달되며 해안에 가까워지면 파고가 높아지기도 한다.

② 2문단 6~8 번째 줄을 통해 물 입자의 원운동(파도)은 파장의 절반 이하에 해당하는 깊이에 이르면 거의 무시할 정도가 됨을 확인할 수 있다. 따라서 파장의 1/3의 깊이에서 파도의 힘이 미미하다는 추론은 적절하다.
[관련 부분] 물 입자의 원운동은 깊이 내려갈수록 작아져서 파장의 절반 이하에 해당하는 깊이에 이르면 거의 무시할 정도가 된다.

④ 3문단을 통해 회절 각이 클수록 회절된 파도의 파고(원의 지름)가 낮아짐을 확인할 수 있다. 따라서 파도가 장애물 방하를 만나 진행 방향이 휘어지는 회절의 정도가 클수록 원의 지름이 작아진다는 추론은 적절하다.

17 비문학 내용 추론 난이도 상 ●●●

정답 설명

③ 3문단과 4문단을 통해 인간은 초콜릿과 같은 타인의 특별한 관심이나 대우를 받으면 만족해하며 팁의 금액을 점점 많이 지불함을 알 수 있다. 따라서 인간은 타인에게 특별한 관심과 대우를 받으면 만족해한다는 내용을 추론할 수 있으므로 답은 ③이다.

[관련 부분]

- 실험 결과를 보면 ~ 21% 정도를 팁으로 놓고 간다는 것을 알 수 있었다.
- 그 조건에서는 ~ 손님들은 계산서의 23% 정도의 금액을 팁으로 놓고 갔다.

18 비문학 세부 내용 파악 난이도 중 ●●○

정답 설명

④ 1문단 끝에서 1~3번째 줄을 통해 ㉠ '서양 전통 건축'은 벽체와 천장이 만나는 모서리가 직각으로 맞아떨어지는 경우를 이상적인 공간으로 보았음을 알 수 있다. 또한 4문단 1~2번째 줄에서 ㉡ '한국 전통 건축'이 모서리에 틈을 두는 건축을 지향했음을 확인할 수 있으므로 ㉠, ㉡에 대해 적절하게 이해한 것은 ④이다.

[관련 부분]

- 벽체와 천장이 만나는 모서리가 직각으로 맞아떨어져 물샐틈없이 정밀하게 짜인 경우를 이상적인 공간으로 보았다.
- 대부분의 한국 전통 건축은 모서리를 열 수만 있다면 조금이라도 틈을 만들었다.

오답 분석

① 2문단 끝에서 1~3번째 줄을 통해 ㉠이 모서리가 정확하게 봉합된 사각형 공간을 추구했음을 알 수 있고, 4문단 2~5번째 줄을 통해 ㉡이 모서리를 열어 놓은 사각형 공간을 추구했음을 알 수 있다. 따라서 모서리의 개방성을 중시하는 것은 ㉠이 아닌 ㉡이다.

[관련 부분]

- 모서리가 잘 봉합된 서양 전통 건축의 공간은 ~ 서양인의 생활 방식에 잘 맞는 구조인 것이다.
- 틈을 만들어 모서리를 열어 놓은 사각형 공간은 ~ 투명하고 개방적인 공간이 된다.

② 2문단 끝에서 1~3번째 줄을 통해 개인의 사생활을 중시하는 성향을 반영하는 건축은 ㉡이 아니라 ㉠임을 확인할 수 있다.

[관련 부분] 서양 전통 건축의 공간은 개인의 사생활을 중요시하고 삶에서 편리성을 추구하는 서양인의 생활 방식에 잘 맞는 구조인 것이다.

③ 3문단 끝에서 1~3번째 줄과 4문단 끝에서 1~2번째 줄을 통해 서양 전통 건축과 한국 전통 건축의 주재료가 투명성의 정도와 관련되어 있다는 사실을 확인할 수 있으나, 기하학적 완결성을 고려해 주재료를 선택했다는 내용은 제시문에 나타나지 않는다.

[관련 부분]

- 서양 전통 건축에서 주재료로 사용되는 돌은 건물의 불투명성과 폐쇄성을 배가시키는 역할을 한다.
- 더욱이 나무와 창호지가 주재료라는 점은 투명성을 더욱 배가시켜주었다.

19 비문학 세부 내용 파악 난이도 중 ●●○

정답 설명

③ 4~5번째 줄을 통해 역사가는 기록이 허구일지도 모른다는 의심을 가지고 자료의 진위를 확인한다는 점을 알 수 있다. 따라서 답은 ③이다.

[관련 부분] 역사가는 자료에 기록된 사실이 허구일지도 모른다는 의심을 버리지 않고 이를 확인하고자 한다.

오답 분석

① 7~9번째 줄을 통해 역사가들이 허구적인 것을 연구 대상으로 삼기도 함을 확인할 수 있다.

[관련 부분] 역사가는 허구의 이야기 속에서 그 안에 반영된 당시 시대적 상황을 발견하여 사료로 삼으려고 노력하기도 한다.

② 제시문에서 확인할 수 없는 내용이다.

④ 9~12번째 줄을 통해 이야기가 언어, 문화 등 다양한 측면을 반영하지만 이를 과장하여 재현하는지 알 수 없다. 또한 이야기가 동시대의 현실을 전달해주기도 하므로 현실을 왜곡한다는 설명은 적절하지 않다.

[관련 부분] 지어낸 이야기는 실제 있었던 사건에 대한 기록이 아니지만 사고방식과 언어, 물질문화, 풍속 등 다양한 측면을 반영하며, 작가의 의도와 상관없이 혹은 작가의 의도 이상으로 동시대의 현실을 전달해 주기도 한다.

20 문학 작품의 내용 파악 난이도 하 ●○○

정답 설명

② '나'가 '짙은 오렌지빛'의 물을 단숨에 마셔 버린 것은 가슴 속의 갈증을 해소하기 위함이 아닌, 물장수에게 시골에서 올라와 물을 처음 사 먹는다는 사실을 들킨 것이 부끄러웠기 때문이므로 ②는 적절하지 않은 설명이다.

오답 분석

① '나'는 어지러운 판자촌의 풍경을 보며 거북스러움을 느끼다가 구토를 하게 된다.

③ '나'는 시골집에서부터 사용했었던 '세간'들이 이사 온 판자촌 골목길에 쌓여 있는 모습을 보며 이물스럽게 느끼고 있다.

④ '나'는 이사를 가게 되어 기분이 좋았지만, 눈물을 훔치며 슬퍼하던 '어머니'의 모습을 보았기 때문에 감정을 드러내지 못했다.

MEMO

해커스공무원 **단기 합격생**이 말하는

공무원 합격의 비밀!

해커스공무원과 함께라면
다음 합격의 주인공은 바로 여러분입니다.

대학교 재학 중,
7개월 만에 국가직 합격!

김*석 합격생

영어 단어 암기를 하프모의고사로!

하프모의고사의 도움을 많이 얻었습니다. **모의고사의 5일 치 단어를 일주일에 한 번씩 외웠고**, 영어 단어 **100개씩은 하루에** 외우려고 노력했습니다.

가산점 없이
6개월 만에 지방직 합격!

김*영 합격생

국어 고득점 비법은 기출과 오답노트!

이론 강의를 두 달간 들으면서 **이론을 제대로 잡고 바로 기출문제로** 들어갔습니다. 문제를 풀어보고 기출강의를 들으며 **틀렸던 부분을 필기하며 머리에 새겼습니다.**

직렬 관련학과 전공,
6개월 만에 서울시 합격!

최*숙 합격생

한국사 공부법은 기출문제 통한 복습!

한국사는 휘발성이 큰 과목이기 때문에 **반복 복습이 중요하다고 생각**했습니다. 선생님의 강의를 듣고 나서 바로 **내용에 해당되는 기출문제를 풀면서 복습** 했습니다.

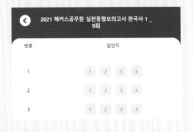